Da capo

Fifth Edition

**Graziana
Lazzarino**
*University of Colorado
at Boulder*

**Annamaria
Moneti**
Syracuse University

THOMSON
━━━━✦━━━━ ™
HEINLE

Australia Canada Mexico Singapore Spain United Kingdom United States

Da capo
Fifth Edition
Lazzarino • Moneti

Senior Editor: Sean Ketchem
Senior Production Editor: Esther Marshall
Director of Marketing: Lisa Kimball
Marketing Manager: Jill Garrett
Manufacturing Manager: Marcia Locke
Compositor: Greg Johnson, Art Directions
Photo Research Manager: Sheri Blaney
Cover/Text Designer: Julie Gecha
Printer: Banta Book Group

Printed in the United States of America
1 2 3 4 5 6 7 8 9 10   07 06 05 04 03 02

For more information contact Heinle, 25 Thomson Place, Boston, Massachusetts 02210 USA, or you can visit our Internet site at http://www.heinle.com

Library of Congress Cataloging-in-Publication Data
Lazzarino, Graziana.
  Da capo : an Italian review grammar / Graziana Lazzarino, Annamaria Moneti.–5th ed.
    p. cm.
  Includes index.
  ISBN 0-03-034179-5 (text)
  1. Italian language–Grammar. 2. Italian language–Textbooks for foreign
  speakers–English. I. Moneti, Annamaria. II. Title.
PC1112.L36 2002
458.2'421 –dc21

                                                                200206850

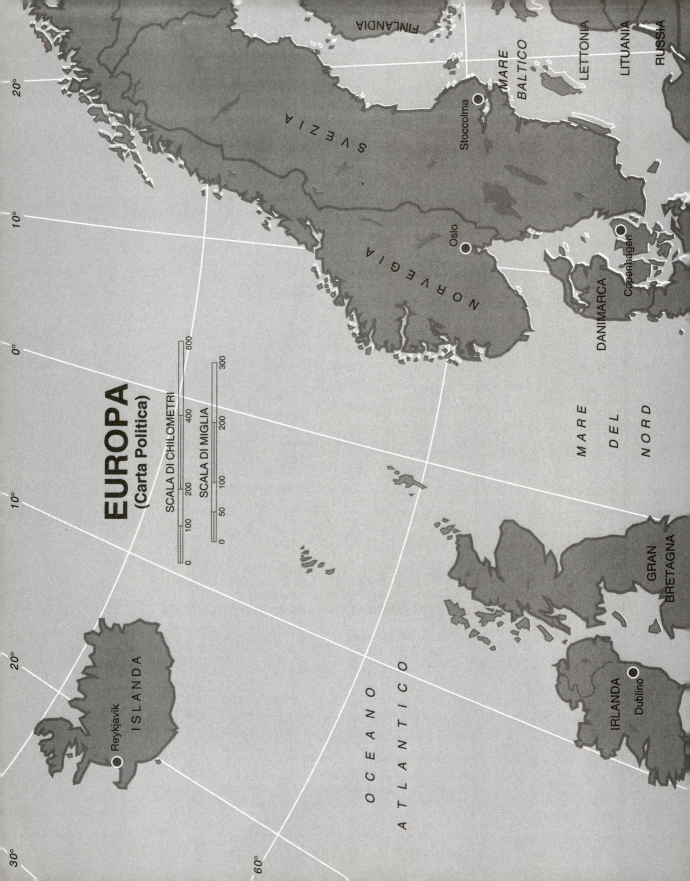

EUROPA
(Carta Politica)

SCALA DI CHILOMETRI

0   100   200   400   600

SCALA DI MIGLIA

0   50   100   200   300

20°
10°
0°
10°
20°
30°

FINLANDIA

SVEZIA

NORVEGIA

Stoccolma

Oslo

MARE
BALTICO

LETTONIA

LITUANIA

RUSSIA

DANIMARCA

Copenhagen

MARE
DEL
NORD

GRAN
BRETAGNA

IRLANDA

Dublino

ISLANDA

Reykjavik

OCEANO
ATLANTICO

60°

PREFACE

When it was first published in 1979, *Da capo* became the foundation for intermediate Italian courses across the country, and subsequent editions have been enthusiastically welcomed. They have featured an ever more comprehensive approach based on streamlined grammar presentations, provision for vocabulary acquisition, balanced development of the four skills, and an introduction to Italian culture. With an enhanced emphasis on oral communication and varied activities that promote proficiency, the ongoing evolution of *Da capo* reflects the most important changes taking place in foreign language instruction.

The Fifth Edition, prepared, like the Third and Fourth Editions, by Annamaria Moneti, continues to present the language of educated native speakers through real-life situations, and brings an enhanced focus on contemporary Italian social realities. Both the substantially revised and new readings, with related activities, encourage a penetrating look at the situation of immigrants in Italy, women in the Italian workplace, the Italian health-care system, and the development of the Mediterranean diet and Italian cuisine. Communicative contexts, including dialogues and other language samples, have in many cases been updated or replaced, and additional pre- and post-reading information and activities have been provided. Some grammar presentations have been revised and some new related exercises have been added. In addition, a new section, **Ricerca Web,** now appears in each chapter, encouraging students to broaden their exploration of related historical, social, and cultural content via the Internet. The new Fifth Edition is thus consistently oriented towards enabling students to understand and appreciate how speakers of Italian live (culture), think (language structures), interact among themselves (language functions and register), conceive of their history, and communicate with one another.

Da capo is designed primarily for intermediate students. It reviews and expands upon all aspects of Italian grammar covered in beginning courses, while providing reading and oral practice within the context of everyday Italian life. It can serve as a basic textbook for experienced learners who want to extend their language skills and knowledge of Italy at an accelerated pace, or as a reference text for advanced and lifelong students. It presents a variety of exercises and activities that give instructors and students ample choices that accommodate their teaching and learning styles.

FEATURES OF THE FIFTH EDITION

Chapter objectives

Each chapter is introduced by chapter objectives that allow students to anticipate linguistic structures and content.

Per cominciare

This section, which in many cases has been updated or revised, opens each chapter with a brief dialogue or other language sample that uses comprehensible input to present the chapter's linguistic structures within a culturally authentic context. A related vocabulary expansion section presents lexical terms in semantic clusters and provides practice through corresponding exercises.

Struttura

The explanation of language structures continues to be streamlined, and the presentations of **Chi?**, **Fare + infinito**, **Lasciare + infinito**, and **Verbi di percezione + infinito** have been rewritten in response to reviewers' suggestions.

New exercises throughout the book provide additional opportunities for practice. Major exercise sequences culminate in interactive, contextualized practice that reflects Italian life today. Every effort has been made to place exercises within the framework of 'authentic simulated discourse,' in order to introduce students to the everyday language of educated native speakers in real-life situations.

Lettura

Expanded **Prima di leggere** sections throughout the book introduce students to the authors and themes of the chapter readings. The goal is to provide more extensive background information, eliciting students' interest by helping them to focus on the authors, the topics, and the language used.

Readings about **gli extracomunitari,** working women, and socialized medicine have been substantially revised to reflect the realities of contemporary Italy. A new reading explains how the Mediterranean diet evolved over the centuries partly because of geographical discoveries.

The **Studio di parole** section continues to provide help with the difficulties posed by words and expressions in the chapter readings. Some **Studio di parole** sections and related exercises have been revised for the Fifth Edition.

Many post-reading activities have been revised, updated, or completely rewritten. **Comprensione** and **Domande per Lei** sections continue to deal with reading comprehension and oral proficiency. **Temi per componimento e discussione** are designed to stimulate critical thinking as required by the National Standards.

Ricerca Web

The **Ricerca Web** section is a new feature of this edition. Students are invited to research a topic related to the general theme of the chapter and to use the information in class discussions or other assignments. The follow-up work may be carried out in Italian or in English, depending on the ability of the class. Topics complement those on the Web Site (**http://dacapo.heinle.com**). The purpose of the activity is to widen students' intellectual experience and awareness of Italian history, lifestyles, and social realities.

Per comunicare

The Fifth Edition of **Da capo** continues to emphasize oral communication. This end-of-chapter section presents idiomatic language functionally within the framework of Italian culture. Students learn to react to real-life situations, such as responding to invitations, or expressing joy or sorrow. Two series of activities allow them to internalize and practice idiomatic expressions: **Che cosa dice?** requires the application of the functions within a simple verbal exchange. **Situazioni,** organized around a role-play activity, challenge students' communicative ability more broadly by engaging their knowledge of vocabulary, language structures, and culture. The Text Audio CD contains the recordings of the **Per comunicare** material.

ACKNOWLEDGMENTS

The authors would like to acknowledge the work of the many reviewers who have provided insightful comments and constructive criticism for improving all four editions of the text:

Vera Anderson	*University of Arizona-Tucson*
Pietro Aragno	*University of Wisconsin at Madison*
Giuliana Carugati	*St. John's University*
Deborah Contrada	*University of Iowa*
Angelo A. De Gennaro	*Loyola Marymount College*
Brandi DeMont	*University of Virginia*
Brunella Notarmarco Dutton	*University of Illinois, Chicago*
Giuseppe Faustini	*Skidmore College*
Rosario Ferreri	*University of Connecticut*
Sylvia Giustina	*University of Oregon*
Ilona Klein	*Loyola College in Maryland*
Jan Kozma	*University of Kansas*
Bernadette Luciano	*University of California-Santa Barbara*
Cinzia D. Noble	*Brigham Young University*
Franco Manca	*University of Nevada, Reno*
Gaetana Marrone-Puglia	*Princeton University*
Giulio Massano	*Southeastern Massachusetts University*
John C. McLucas	*Towson State University*
Luigi Monga	*Vanderbilt University*
Augustus Pallotta	*Syracuse University*
Nicholas Patruno	*Bryn Mawr College*
Elisabetta Pellegrini	*University of Pennsylvania*
Robin Pickering-Iazzi	*University of Wisconsin-Milwaukee*
Pina Piccolo	*University of California-Santa Cruz*
Robert J. di Pietro	*University of Delaware*
Albert Sbragia	*University of Washington*
Michael Sherberg	*Washington University in St. Louis*
Josephine Spina	*Princeton University*
Andrea di Tommaso	*Wayne University*
Claretta Tonetti	*Boston University*
Elissa B. Weaver	*University of Chicago*
Fiorenza Weinapple	*Yale University*
Donna L. Yowell	*University of Washington*

We are also indebted to Barbara Lyons, our development editor, for her commitment and advice, and to the staff of Thomson/Heinle in Boston: Karen Judd, whose support and insights were invaluable; Esther Marshall, who expertly guided this book and its components through all their stages; Melissa Goodrum for her administrative and editorial assistance; Sean Ketchem, who helped bring this project to its successful completion. Our Thanks also go to the freelancers who worked on the different stages of the production: Julie Gecha, cover and interior designer; Greg Johnson, compositor; Ann Goodsell, copyeditor and proofreader.

INDICE

CAPITOLO 14   351

A Mamma Isa
G.L.

A Giancarlo
AM. M.

CAPITOLO 1

In ferie. Giovanna scrive all'amica Mirella e le racconta che cosa succede nella cittadina di Sabaudia.

Per Mirella Motta
Via Balzaretti 50
I. 20133 Milano

Sabaudia, 10 luglio 2003

Carissima Mirella,

da tre giorni sono a Sabaudia, una cittadina a sud di Roma. Abito in una bella villa con giardino non lontano dal mare; l'affitto è molto caro, ma per fortuna non lo pago io. Sono qui con mia madre e mia sorella, papà deve lavorare e viene solo per il fine settimana. La mattina Ada ed io usciamo presto e andiamo al mare a piedi, qualche volta prendiamo la barca a vela o andiamo a pescare. La mamma viene più tardi in macchina.

A Sabaudia d'estate ci sono molte attività interessanti: concerti, mostre d'arte e piccoli festival di musica popolare, ed è facile incontrare musicisti, pittori, scrittori, cantanti e artisti di ogni genere.

Spesso la sera usciamo con i ragazzi che abitano nella casa accanto alla nostra e andiamo al cinema, in discoteca o a prendere il gelato al bar della piazza, dove spesso restiamo a chiacchierare fino a mezzanotte.

E tu cosa fai di bello?

Ciao. Ti lascio perché è molto tardi.

Cari saluti a tutti e a te un abbraccio.

Giovanna

Vocabolario utile

I passatempi   hobbies

*andare in barca a vela[1]   to sail
chiacchierare   to chat
collezionare   to collect

fare alpinismo   to go mountain climbing
giocare a scacchi, a dama   to play chess,
   checkers

*andare in vacanza   to go on vacation
*essere in ferie   to be on vacation;
   to take time off from work
fare una crociera   to go on a cruise

l'affitto   rent
il circolo   club
la mostra d'arte   art exhibition
il posto   place
la sala giochi   arcade

pescare   to fish
sciare   to ski
suonare uno strumento   to play an
   instrument
*uscire   to go out
vedere una mostra   to visit an exhibit

L'ingresso di una villa di Sabaudia. Il cancello e la recinzione sono elementi caratteristici delle case unifamiliari.

ESERCIZI

a. *Completare le frasi con le parole o le espressioni opportune.*

1. La mattina Giovanna e sua sorella _____ .
2. Quando hanno del tempo libero, gli abitanti di Sabaudia possono _____ .
3. La sera le due ragazze _____ .
4. I giovani di solito vanno _____ .
5. Spesso passano la serata _____ .

b. *Vero o falso?*

_____ 1. Sabaudia è una grande città del nord.
_____ 2. Le ville in affitto per l'estate sono molto costose.
_____ 3. A Sabaudia la gente va alla spiaggia.
_____ 4. Non c'è nient'altro da fare.
_____ 5. La mamma di Giovanna passa la giornata in giardino.
_____ 6. Negli indirizzi italiani il codice postale va prima della città.

---

[1] In vocabulary lists in this text, an asterisk before a verb indicates that the verb requires **essere** in compound tenses.

I. Indicativo presente

❧❧ Verbi regolari

A. Italian verbs are divided into three conjugations according to their infinitive endings:

First conjugation: verbs end in **-are** (characteristic vowel **-a-**): **amare** (*to love*).
Second conjugation: verbs end in **-ere** (characteristic vowel **-e-**): **credere** (*to believe*).
Third conjugation: verbs end in **-ire** (characteristic vowel **-i-**): **finire** (*to finish*).

To form the **indicativo presente** (*present indicative*), drop the infinitive endings **-are,
-ere, -ire** and add the appropriate endings to the stems (**am-, cred-, fin-**).

	AMARE	CREDERE	FINIRE	PARTIRE
Singular				
1st person	am**o**	cred**o**	fin**isco**	part**o**
2nd person	am**i**	cred**i**	fin**isci**	part**i**
3rd person	am**a**	cred**e**	fin**isce**	part**e**
Plural				
1st person	am**iamo**	cred**iamo**	fin**iamo**	part**iamo**
2nd person	am**ate**	cred**ete**	fin**ite**	part**ite**
3rd person	am**ano**	cred**ono**	fin**iscono**	part**ono**

1. In the present tense, **-ire** verbs fall into two groups:
   a. Verbs requiring that **-isc-** be inserted between the stem and the endings, except in the first and second persons plural. (See the conjugation of **finire,** above.) These are the majority of **-ire** verbs.
   b. Verbs not requiring the insertion of **-isc-**. (See the conjugation of **partire,** above.)

2. Following is a list of the most common verbs conjugated without **-isc-**:

aprire *to open*	apr**o**	partire *to leave, depart*	part**o**
avvertire *to inform, warn*	avvert**o**	scoprire *to discover*	scopr**o**
coprire *to cover*	copr**o**	seguire *to follow*	segu**o**
divertire *to amuse*	divert**o**	sentire *to hear, feel*	sent**o**
dormire *to sleep*	dorm**o**	servire *to serve*	serv**o**
fuggire *to flee*	fugg**o**	soffrire *to suffer*	soffr**o**
offrire *to offer*	offr**o**	vestire *to dress*	vest**o**

B. Certain verbs require spelling changes in the present indicative.

1. Verbs ending in **-care** and **-gare,** such as **cercare** (*to look for*) and **pagare** (*to pay*), add **-h-** between the stem and endings that begin with **-i-** (second person singular and first person plural) in order to retain the original sound of the stem (hard **c** or **g**).

   cerc-o, cerc-**h**-i, cerc-**h**-iamo
   pag-o, pag-**h**-i, pag-**h**-iamo

2. Verbs ending in **-ciare, -giare,** and **-sciare,** such as **incominciare** (*to begin*), **mangiare** (*to eat*), and **lasciare** (*to leave*), drop the **-i-** of the stem when the verb ending begins with **-i-** (second person singular and first person plural).

incominci-o, incominc-**i**, incominc-**iamo**
mangi-o, mang-**i**, mang-**iamo**
lasci-o, lasc-**i**, lasc-**iamo**

3. Verbs ending in **-gliare,** such as **sbagliare** (*to be mistaken*), also drop the **-i-** of the stem in the same two cases.

sbagli-o, sbagl-**i**, sbagl-**iamo**

4. Verbs ending in **-iare,** such as **studiare** (*to study*) and **inviare** (*to send*), drop the **-i-** of the stem in the second person singular only if the **-i-** is not stressed in the first person singular.

stu̲dio, stud-**i**
invi̲o, invi̲-**i**

↷ Uso dell'indicativo presente

A. The **indicativo presente** corresponds to three forms in English:

lavoro $\begin{cases} \textit{I work} \\ \textit{I am working} \\ \textit{I do work} \end{cases}$

The **indicativo presente** is also used to express an action in the future that is considered certain. There are usually other words in the sentence that indicate a future time.

—Arrivano **fra un'ora.**
They'll arrive in an hour.

—**Quest'estate** studio in Inghilterra.
This summer I'll be studying in England.

B. The **indicativo presente** accompanied by **da** + *a time expression* indicates an action or state that began in the past and continues in the present, that is, it indicates for how long or since when something has been going on. **Da** expresses both *for* and *since*. English uses the present perfect tense (*I have worked, I have been working*) to express this idea.

da quanto tempo + **presente**
presente + **da** + *time expression*

—Da quanto tempo lavori?
How long have you been working?

—Lavoro da due mesi.
I have been working two months.

—Da quanto tempo conosci Laura?
How long have you known Laura?

—Conosco Laura da un anno.
I have known Laura for a year.

—Da quanto tempo non mangiate carne?
For how long have you not eaten meat?

—Non mangiamo carne da giugno.
We haven't eaten meat since June.

—Attenzione, arrivano le formiche.

Alternative ways of expressing the same idea are:

$$\left.\begin{array}{l} \textbf{quanto tempo è che} + \textbf{presente} \\ \textbf{è} + \textit{time expression in the singular} \\ \textbf{sono} + \textit{time expression in the plural} \end{array}\right\} + \textbf{che} + \textbf{presente}$$

or

$$\textbf{è} + \textbf{da} + \textit{time expression (singular or plural)} + \textbf{che} + \textbf{presente}$$

—Quanto tempo è che lavori?
How long have you been working?

—Quanto tempo è che conosci Laura?
How long have you known Laura?

—Quanto tempo è che non mangiate carne?
For how long have you not eaten meat?

—Sono due mesi che lavoro.
—È da due mesi che lavoro.
I have been working two months.

—È un anno che conosco Laura.
—È da un anno che conosco Laura.
I have known Laura for a year.

—È da giugno che non mangiamo carne.
We haven't eaten meat since June.

ESERCIZI

a. *Trasformare le frasi sostituendo il soggetto in parentesi.*

1. I signori Borzini non ricordano nulla. (papà, io e Luca)
2. Tu e Paolo non studiate e perdete tempo. (Angela, io e Vittorio)
3. Io non cucino e non pulisco mai il frigo. (voi due, Diana e Marcello)
4. Gianni quando incomincia una cosa la finisce. (io, la zia Rita)
5. Il treno parte la sera e arriva la mattina. (gli aerei per l'Italia, noi)
6. Filippo dipinge quadri astratti e suona il violoncello. (io, tu e Silvia)

b. *Rispondere alle domande usando le espressioni utili indicate.*

ESEMPIO Luca passa sempre le serate al bar. E tuo marito?
Lui invece passa sempre le serate a casa.

anch'io   anche noi   neanch'io   neanche lui   io non   lui invece   mai
sempre   domani

1. Maria segue cinque corsi questo semestre. E tu?
2. Riccardo paga la cena questa sera. E noi?
3. I tuoi genitori passano le vacanze al mare. E voi, ragazzi?
4. Giorgio ed io non dormiamo mai otto ore per notte. E tu?
5. Loro chiudono sempre la porta a chiave. E voi?
6. Io non gioco a tennis quattro volte la settimana. E tu e Gabriella?
7. I ragazzi in Italia incominciano l'università a ottobre. E noi?
8. Io e Pia andiamo in vacanza in agosto. E Marisa?

c. *Esprimere le seguenti frasi in un altro modo.*

ESEMPIO Vive in America da molti anni.
Sono molti anni che vive in America.

1. Conosciamo quella ragazza da molti mesi.
2. È molto tempo che non fumano una sigaretta.
3. Da quanto tempo aspettate l'autobus?
4. Sono tre settimane che non mangiamo pasta.
5. Non scrivo alle mie amiche da Natale.
6. Parli già da mezz'ora.

d. *Fare le domande mancanti.*

ESEMPIO Non la vedo da Pasqua.
Da quanto tempo non la vedi?

1. Sono quattro ore che studiamo e siamo stanchi.
2. È tanto tempo che non vado al cinema!
3. Gianni ed io siamo amici da quarant'anni.
4. Sono ormai molti anni che i Di Mauro sono vegetariani.

e. *Lavorando in coppia, faccia a un compagno/una compagna le domande seguenti. Lui/lei risponde e fa domande a sua volta. Domandi...*

1. da quanto tempo abita in questa città.
2. da quando frequenta questa università.
3. se studia l'italiano da tanto tempo.
4. cosa fa questa sera.
5. se sono tanti giorni che non va al cinema.
6. se vuole venire con Lei a vedere un film italiano.
7. con quale mezzo e a che ora potete andare.
8. se dopo lo spettacolo c'è tempo per andare in discoteca.

↪ Verbi irregolari

A. Two of the most important irregular verbs in the Italian language are **avere** (*to have*) and **essere** (*to be*).[1]

	AVERE	ESSERE
	ho	sono
	hai	sei
	ha	è
	abbiamo	siamo
	avete	siete
	hanno	sono

B. There are only four irregular verbs in the first conjugation: **andare** (*to go*), **dare** (*to give*), **fare**[2] (*to do, to make*), and **stare** (*to stay*).

ANDARE	DARE	FARE	STARE
vado	do	faccio	sto
vai	dai	fai	stai
va	dà	fa	sta
andiamo	diamo	facciamo	stiamo
andate	date	fate	state
vanno	danno	fanno	stanno

C. Most irregular verbs belong to either the second or the third conjugation. There is no easy way to learn irregular verbs: they must be memorized. Some of them exhibit shared patterns.

RIMANERE *to stay, remain*	SALIRE *to go up*	TENERE *to keep*	VENIRE *to come*
rimango	salgo	tengo	vengo
rimani	sali	tieni	vieni
rimane	sale	tiene	viene
rimaniamo	saliamo	teniamo	veniamo
rimanete	salite	tenete	venite
rimangono	salgono	tengono	vengono

Note that the first person singular and third person plural add **-g-** to the stem.

---

[1] For a list of idiomatic expressions using the verb **avere**, see p. 21.

[2] **Fare** appears to be a verb of the first conjugation, but in many tenses it has characteristics of the second conjugation. It is listed as a second conjugation verb in the Appendix.

BERE _to drink_	TRADURRE _to translate_	DIRE _to say, tell_
bevo	traduco	dico
bevi	traduci	dici
beve	traduce	dice
beviamo	traduciamo	diciamo
bevete	traducete	dite
bevono	traducono	dicono

These verbs use the Latin stems **bev-, dic-,** and **traduc-** plus the regular endings of the second and third conjugations. The one exception is **dite.**

SAPERE _to know_	MORIRE _to die_	USCIRE _to go out_
so	muoio	esco
sai	muori	esci
sa	muore	esce
sappiamo	moriamo	usciamo
sapete	morite	uscite
sanno	muoiono	escono

Note that **sapere** follows the general pattern of first-conjugation irregular verbs.

D. Three frequently used verbs of the second conjugation are **dovere, potere,** and **volere.** Usually these verbs are followed by an infinitive.

DOVERE _to have to, must_	POTERE _to be able, can, may_	VOLERE _to want_
devo/debbo	posso	voglio
devi	puoi	vuoi
deve	può	vuole
dobbiamo	possiamo	vogliamo
dovete	potete	volete
devono/debbono	possono	vogliono

—Non devi ridere quando sbaglio.
  You mustn't laugh when I make a mistake.

—Sono tristi perché non possono andare in ferie.
  They're unhappy because they cannot go on vacation.

—Luigino non vuole studiare. Vuole uscire!
  Luigino doesn't want to study. He wants to go out!

Vengo anch'io alla festa di Pietro.

ESERCIZI

a. **I sedici anni di Pietro.** *Completare il paragrafo scegliendo una forma di* **avere** *o* **essere.**

Paolo e Pietro _Sono_ in casa e aspettano i loro amici. Oggi _è_ il loro compleanno. Compiono sedici anni, _Sono_ gemelli *(twins)*. In casa c'_è_ aria di festa. Ci _Sono_ tante cose da mangiare e Paolo _ha_ una gran voglia di assaggiare *(taste)* tutto. Pietro invece _è_ preoccupato, _ha_ paura di non _essere_ abbastanza simpatico, di non _avere_ successo con le ragazze. Pietro _è_ innamorato di Patrizia, ma lei non _ha_ nessuna intenzione di _____ il ragazzo. «Tu, Patrizia, _hai_ ragione» dice la mamma, «voi ragazzi _siete_ giovani e _avete_ tanto tempo davanti a voi!» Ma Pietro non _è_ d'accordo. Gli adulti _hanno_ strane idee sui giovani. _È_ chiaro che non capiscono niente!

b. *Formare frasi di senso compiuto con i soggetti e le parole indicate.*

1. tu / cosa dire // quando / vedere un amico?
2. noi / non / promettere niente // venire / se / potere

3. loro / non salire // scendere
4. Gina e Aldo / sapere // che / essere tanto simpatici?
5. gli italiani / dare del tu alle persone // che / conoscere bene
6. voi / non dovere dare una risposta // se / non essere pronti
7. papà e mamma / non partire più // rimanere in Italia
8. tu e Maria / non potere fare l'esame // se / stare male

c. **Anche noi.** *Marina e le sue compagne di stanza scoprono di avere molte cose in comune. Seguire l'esempio usando diversi soggetti.*

ESEMPIO MARINA Io bevo solo acqua.
ELENA **Anch'io e Antonella beviamo solo acqua.**

1. rimanere a casa la domenica sera
2. fare la spesa spesso
3. non potere spendere tanti soldi
4. volere studiare in biblioteca
5. dovere lavorare part-time
6. non sapere dov'è la mensa
7. uscire con altri studenti

d. **Storie italiane.** *Completare le seguenti frasi con la forma corretta del presente indicativo dell'infinito fra parentesi.*

1. Io e Silvia _Abitiamo_ (abitare) insieme. _dividiamo_ (dividere) un appartamento di tre stanze e _andiamo_ (andare) molto d'accordo. Io _Lavoro_ (lavorare) part-time; lei _studia_ (studiare): _Fai_ (fare) il primo anno di Lettere. La sera, quando lei _finisce_ (finire) di studiare, noi _giochiamo_ (giocare) a carte, _chiacchieramo_ (chiacchierare), _sentimo_ (sentire) dischi. Poi _andiamo_ (andare) a dormire. La mattina, mentre Silvia ancora _dorme_ (dormire), io _Hesio esco_ (uscire) a fare la spesa, _metto_ (mettere) in ordine la casa, poi _vedo_ (andare) in ufficio. Quasi sempre _mangiamo_ (mangiare) insieme. _Siamo_ (essere) buone amiche.

2. Il protagonista del romanzo, Silvestro, _ha_ (avere) trent'anni, _vive_ (vivere) e _lavora_ (lavorare) a Milano e da quindici anni non _vede_ (vedere) la Sicilia, dove è nato e dove _vive_ (vivere) ancora sua madre. _è_ (essere) gli anni del fascismo e della guerra. Un giorno Silvestro _riceve_ (ricevere) una lettera del padre, da Venezia, che gli _chiede_ (chiedere) di andare in Sicilia, a trovare la madre per l'onomastico di lei (*her saint's day*). Silvestro non _prende_ (prendere) subito la decisione di partire, ma _è_ (essere) quasi costretto a farlo: _va_ (andare) alla stazione per impostare una cartolina di auguri alla madre, ma qui _vede_ (vedere) un cartellone che _invitte_ (invitare) a visitare la Sicilia e _offre_ (offrire) uno sconto sul biglietto di andata e ritorno. Ma soprattutto _sente_ (sentire) una specie di richiamo magico per la sua terra natale. Silvestro _segue_ (seguire) quel richiamo e _sale_ (salire) sul treno diretto in Sicilia.

e. **Parliamo un po'.** *Lavorando in coppia, fare a un compagno/una compagna le domande seguenti. Lui/lei risponde e fa domande a sua volta. Domandare...*

1. che cosa fa la sera quando sta a casa.
2. se legge o guarda la televisione.
3. se suona uno strumento e quale.
4. dove va quando esce con gli amici.
5. quali sono i posti che preferisce.
6. da quanto tempo non mangia veramente bene.
7. se vuole venire con Lei a un ristorante italiano questa sera.

II. Pronomi personali soggetto

A. The subject pronouns in Italian are:

SINGULAR		PLURAL	
io	*I*	noi	*we*
tu	*you (informal)*	voi	*you (informal)*
Lei[1]	*you (formal)*	Loro[1]	*you (formal)*
lui/egli	*he*	loro	*they (m, f)*
lei/ella	*she*		
esso	*it (m)*	essi	*they (m)*
essa	*it (f)*	esse	*they*

Egli and **ella** refer to people and are used instead of **lui** and **lei** in literary or formal style. **Esso** and **essa** refer to animals and things. The plural forms **essi/esse** can refer to people, animals, or things.

Subject pronouns are normally omitted because the verb ending indicates the person and number of the subject.

—Quando andate in ferie?
When are you going to take time off from work?

—Paghiamo l'affitto domani.
We pay the rent tomorrow.

B. Subject pronouns are used, however, in the following cases:

1. After verbs, particularly after the verb **essere,** to emphasize the subject.

—Lo dice lei.
She's the one who says it.

—Pagano loro.
They're going to pay.

—Siamo noi che lo vogliamo.
We're the ones who want it.

—Sei tu, Maria?—Sì, sono io.
Is it you, Mary?—Yes, it's me.

Note that with **essere** the corresponding English construction often uses the impersonal *it.*

---

[1] **Lei** and **Loro**, meaning *you,* are not to be confused with **lei** *(she)* and **loro** *(they).* The capitalization is a visual clue indicating the difference. Although capitalization is optional, we use it in this text.

2. To emphasize the subject with such words as:

solo, solamente, soltanto	*only*
anche, pure, perfino	*also, too, even*
neanche, nemmeno, neppure	*not even, neither, not . . . either*

Solo tu puoi uscire!   Neanche noi mangiamo carne.
You're the only one who is allowed to go out!   *We don't eat meat either.*

3. To contrast one subject with another subject.

Tu dici la verità; lei dice bugie.   Lei può andare; noi restiamo.
You tell the truth; she tells lies.   *You may go; we'll stay.*

ESERCIZI

a. *Completare con la forma corretta del pronome.*

1. Anche ___Tu___ sei stanco?
2. Non dobbiamo pagare ___Noi___; pagano ___loro___!
3. ___Lei___, Signora, dove abita?
4. ___Lei___, Professore, preferisce parlare italiano o francese?
5. ___io___ domando e ___Tu___ rispondi, va bene?
6. ___Noi___ prendiamo un gelato e ___Tu___, Mamma, cosa prendi?
7. Signori, ___loro___ non entrano?
8. Signorine, ___loro___ bevono Coca-Cola?
9. Ragazzi, ___Voi___ avete voglia di camminare?
10. ___io___ non sono sposata e nemmeno ___Lui___ è sposato.

b. **La festa.** *Graziella ha preparato una festa. Adriana è molto curiosa e fa domande sui preparativi. Rispondere usando i pronomi personali.*

1. Viene Andrea? (sì)
2. Solo Anna e Mario non possono venire? (sì)
3. Neanche Franco sa ballare? (no)
4. Anche le ragazze Giannelli portano le paste? (no)
5. Soltanto io e Lucia ti aiutiamo a preparare i rinfreschi? (sì)
6. Neppure Adriana, che è tanto ricca, porta un bel dolce? (no)
7. Soltanto Nicola e Paola portano i dischi? (sì)
8. Solamente io e Michele restiamo dopo la festa? (sì)

III. Nomi

☙ Genere

All nouns are either masculine or feminine. Most end in a vowel. As a general rule, nouns ending in **-o** are masculine, and nouns ending in **-a** are feminine. Nouns ending in **-e** can be either masculine or feminine. Although there is no systematic way of determining the gender of nouns, especially those designating objects, abstract ideas, and concepts, there are some practical rules. Below are a few of the most helpful rules.

1. Nouns ending in **-ore** are masculine.

   autore   colore   fiore   pittore

2. Nouns ending in **-tà, -trice,** and **-zione** are feminine.

   qualità   città   autrice   complicazione

3. Most nouns ending in **-i, -ie, -ione,** and **-ù** are feminine.

   crisi   serie   opinione   gioventù

☙ Formazione del femminile

A. Many nouns referring to people or animals are changed to the feminine form by replacing the masculine ending with a feminine ending.

ENDING	MASCULINE	FEMININE
-o → -a	amico	amica
-e → -a	signore	signora
-o → -essa	avvocato	avvocat**essa**
-a → -essa	poeta	poet**essa**
-e → -essa	studente	student**essa**
-tore → -trice	let**tore**	let**trice**

B. Some nouns ending in **-e, -ga,** and **-ista** are masculine or feminine depending on the person referred to, and do not change endings in the singular.

un cantante	*a singer (m)*	**una cantante**	*a singer (f)*
un collega	*a colleague (m)*	**una collega**	*a colleague (f)*
un pianista	*a pianist (m)*	**una pianista**	*a pianist (f)*

C. ATTENZIONE! Note the differences in meaning between the following pairs of nouns, which appear to be related.

MASCULINE		FEMININE		MASCULINE		FEMININE	
busto	*bust*	**busta**	*envelope*	**pasto**	*meal*	**pasta**	*noodles*
caso	*case*	**casa**	*house*	**porto**	*port*	**porta**	*door*
collo	*neck*	**colla**	*glue*	**torto**	*wrong*	**torta**	*cake*
foglio	*sheet*	**foglia**	*leaf*				

๑๑ Formazione del plurale

A. Most nouns become plural by changing the endings. The following chart shows the most common changes.

CHANGE	SINGULAR	PLURAL
-o → -i	bambino	bambini
-a → -e	ragazza	ragazze
-e → -i	padre/madre	padri/madri

B. Some masculine nouns change gender when they become plural; thus the singular is masculine and the plural is feminine.

SINGULAR		PLURAL	SINGULAR		PLURAL
braccio	*arm*	**braccia**	**osso**	*bone*	**ossa**
ciglio	*eyelash*	**ciglia**	**paio**	*pair, couple*	**paia**
dito	*finger, toe*	**dita**	**sopracciglio**	*eyebrow*	**sopracciglia**
labbro	*lip*	**labbra**	**uovo**	*egg*	**uova**
miglio	*mile*	**miglia**			

C. The plural of certain nouns depends on whether they are masculine or feminine.

1. Masculine nouns ending in **-a**:

CHANGE	SINGULAR	PLURAL
-a → -i	poeta	poeti
-ista → -isti	pianista	pianisti
-ca → -chi	duca	duchi
-ga → -ghi	collega	colleghi

2. Feminine nouns:

CHANGE	SINGULAR	PLURAL
-ista → -iste	pianista	pianiste
-ca → -che	banca	banche
-ga → -ghe	collega	colleghe

D. The plural of certain nouns depends on where the stress falls in the word.

1. Masculine nouns:

STRESS	CHANGE	SINGULAR	PLURAL
the **-i** is not stressed	**-io → -i**	negozio	negozi
the **-i** is stressed	**-io → -ii**	zio	zii
stress is on syllable preceding **-co** [1]	**-co → -chi**	tedesco	tedeschi
stress is on second syllable preceding **-co**	**-co → -ci**	medico	medici

---

[1] Exceptions: **amico/amici; nemico/nemici; greco/greci; porco/porci.**

2. Feminine nouns:

STRESS	CHANGE	SINGULAR	PLURAL
the **-i** is not stressed	**-cia → -ce**	doc**cia**	doc**ce**
the **-i** is stressed	**-cia → -cie**	farma**cia**	farma**cie**
the **-i** is not stressed	**-gia → -ge**	pio**ggia**	pio**gge**
the **-i** is stressed	**-gia → -gie**	aller**gia**	aller**gie**

E. Masculine nouns ending in **-go** have the following changes:

CHANGE	SINGULAR	PLURAL
-go → -ghi	la**go**	la**ghi**
-ologo → -ologi	psic**ologo**	psic**ologi**

F. Invariable nouns:

The following types of nouns have the same form in both the singular and the plural.

1. Nouns ending in a consonant; most of which are foreign words:

   un film   **due film**   un camion   **due camion**

2. Nouns ending in an accented vowel:

   un caffè   **due caffè**   una città   **due città**

3. Nouns ending in **-i**:

   una crisi   **due crisi**   una tesi   **due tesi**

4. Nouns ending in **-ie**:

   una serie   **due serie**

   Exception: una moglie   **due mogli**

5. Family names:

   i Costa   *the Costas*

6. One-syllable nouns:

   un re   **due re**

7. Abbreviations:

una radio	**due radio** (*from* radiotelefonia)
un cinema	**due cinema** (*from* cinematografo)
una bici	**due bici** (*from* bicicletta)
una foto	**due foto** (*from* fotografia)
un frigo	**due frigo** (*from* frigorifero)
una moto	**due moto** (*from* motocicletta)
un'auto	**due auto** (*from* automobile)
un prof/una prof	**due prof** (*from* professore/professoressa)

NOTE: Abbreviations keep the gender of the words from which they are derived.

ESERCIZI

a. Una zona turistica. *Elisabetta parla degli alberghi e delle pensioni di suo padre. Completare il paragrafo con le seguenti parole e fare le modifiche necessarie.*

lago parco albergo (2 volte) pensione (2 volte) bagno doccia
ristorante giacca cravatta giardino pesca arancia banca
chiesa biblioteca negozio

Abitiamo in una zona turistica vicino a dei _____ e a dei grandi _____. Mio padre ha due _____ e due piccole _____ familiari. Gli _____ sono molto eleganti, i _____ e le _____ sono di ceramica italiana; ci sono due _____ famosi in cui gli uomini sfoggiano *(show off)* _____ e _____ di stilisti *(designers)* internazionali. Anche le signore sono sempre molto eleganti. Le _____ sono più modeste ma l'atmosfera è molto simpatica. Ogni mattina, a colazione, offriamo agli ospiti la frutta dei nostri _____: delle _____ o delle _____ a seconda della stagione. Nella città vicina ci sono due _____, due _____, una cattolica e una protestante, e due _____, una pubblica e una privata. Ci sono anche tanti _____ di abbigliamento. Quando venite a trovarci?

b. A casa Cattani. *Riscrivere il brano cambiando il genere di tutti i sostantivi che denotano persone.*

Questa sera c'è una festa a casa della signora Cattani. Viene molta gente: il professor Parenti che è l'autore di un nuovo libro sull'ecologia, il pianista Rovere con la moglie pittrice e il padre poeta, e la zia della padrona di casa, una cardiologa famosa, con il suo collega pediatra. Ci sarà anche la cantante Gina Presti e l'attore cinematografico Paolo Santini. Forse verrà anche una scrittrice americana in compagnia di un regista neozelandese che ha vinto un premio a Venezia. La cameriera è disperata. Vuole chiamare suo fratello in aiuto e magari anche suo cugino, ma non sa se la signora sarà d'accordo.

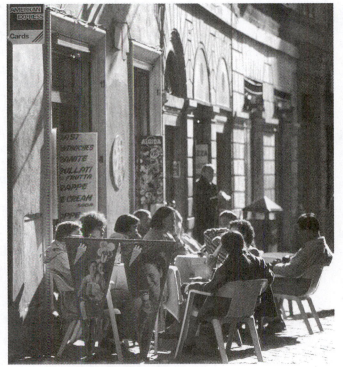

Tempo libero con gli amici in piazza.

LETTURA

Vocabolario utile

il comportamento	behavior	**l'elettrauto**	electrical parts repair shop
il consumismo	consumerism	**l'impegno**	obligation
l'impiego	employment, job	**lo stipendio**	salary
il locale	premises		
la pretesa	demand, expectation	**eventuale**	possible
le serranda	rolling door shutter	**quotidiano**	daily

affiggere (*pp* **affisso**) **un cartello**   to post a sign
annoiarsi   to get bored
regalare   to give something as a gift
sacrificare   to sacrifice
trattarsi di   to be a matter of

Prima di leggere

Luciano De Crescenzo è uno scrittore italiano contemporaneo, autore di diversi libri di successo. Nella sua *Storia della Filosofia Greca,* dalla quale è tratto il brano che segue, l'autore racconta «con parole semplici il pensiero e la vita dei primi filosofi.» Il libro è diretto ai suoi concittadini, i napoletani, che egli chiama discendenti degli antichi greci. Tra i filosofi della storia De Crescenzo inserisce brevi capitoli che, dice, trattano di «filosofi miei, gente come Peppino Russo o Tonino Capone», napoletani che vivono secondo una loro filosofia…

Tonino Capone ha un'officina di elettrauto a Napoli. Lavora quanto è necessario per vivere, ma non gli interessa di arricchirsi. Secondo lui la gente lavora molto per guadagnare tanti soldi e comprare cose inutili. L'importante, invece, è di avere ogni giorno delle ore libere per leggere, andare al mare, parlare con gli amici, insomma, per fare quello che ci piace.

Un giorno l'autore trova che la sua macchina ha la batteria scarica e si dirige a piedi al più vicino elettrauto.

In gruppi di tre o più studenti, discutete la vostra «filosofia della vita». Rispondete alle domande che seguono.

1. Perché la gente lavora? Le ragioni sono molte; discutetene alcune.
2. È importante guadagnare molto e avere tanti soldi da spendere? Perché?
3. Di che cosa pensate di aver bisogno?
4. Che cosa vi piacerebbe avere in più?
5. È vero o no che abbiamo tutti bisogno di ore libere dal lavoro? Perché?

Tonino Capone ovvero filosofia napoletana

La serranda è abbassata e su essa è affisso un cartello con la scritta: «AVENDO GUADAGNATO QUANTO BASTA° TONINO È ANDATO AL MARE». Questa di Tonino è una scelta di vita che presuppone una filosofia…

quanto: what is enough

Ci troviamo in una pizzeria del Vomero°: è l'una di notte, non c'è più nessun
5 cliente, il locale sta per chiudere. A un tavolo d'angolo, davanti a tre tazzine di caffè, siamo rimasti seduti io, Tonino e Carmine, il cameriere anziano° della pizzeria.

neighborhood of Naples

elderly

«Noi per vivere» dice Tonino «abbiamo bisogno di due cose: un po' di soldi, per essere indipendenti dal punto di vista economico, e un po' di affetto, per superare indenni° i momenti di solitudine. Queste due cose però non le regala
10 nessuno: te le devi comprare e te le fanno pagare a caro prezzo con ore e ore di libertà. I meridionali°, per esempio, sono portati a desiderare il posto sicuro°, lo stipendio fisso tutti i ventisette°. Non dico che si tratti di un mestiere° stressante, tutt'altro°, però in termini di libertà l'impiego è un impegno tra i più costosi che esistono: otto ore al giorno… senza considerare gli straordinari° e un eventuale
15 secondo lavoro. E veniamo all'amore: anche in questo caso l'uomo si orienta per una sistemazione di tutto riposo°, si trova una moglie e spera di ottenere da lei quello stipendio affettivo di cui sente il bisogno. Pure° questa soluzione ha il suo costo: nella migliore delle ipotesi sono altre sei ore di libertà che vanno a farsi benedire°. La moglie aspetta il marito che ha appena finito l'orario di ufficio e lo
20 sequestra°. A questo punto facciamoci i conti: otto ore per il lavoro, sei per la moglie, ne restano ancora dieci e bisogna dormire, lavarsi, mangiare e andare su e giù con la macchina tra la casa e il posto di lavoro.»

unharmed

southerners / secure job

payday in public sector / job / not at all

overtime

sistemazione: *well-planned arrangement*
anche

vanno: *go down the drain*

kidnaps

«Donn'Antò,» dice Carmine che, non essendo un intimo, dà del voi a Tonino e lo chiama donn'Antonio «l'unica cosa che non ho capito è questo fatto dei
25 gettoni. Voi dite che uno, per procurarsi soldi, deve cacciare° altri soldi…»

tirar fuori

«Sì,» lo interrompe Tonino, …«se tu sacrifichi tutte le ore della giornata per il lavoro e per tua moglie, non avrai più nemmeno un minuto per restare solo con te stesso.»

«Ho capito, donn'Antò,» annuisce° Carmine senza troppa convinzione «però
30 vedete: io quando lavoro non mi annoio mai, quando sto con mia moglie diciamo che mi annoio così così, è quando resto solo con me stesso che mi annoio moltissimo e allora dico io: non è meglio che vado a lavorare?»

nods

«Questo succede perchè nessuno ti ha mai insegnato a vivere da solo.»
(…)
35 «Comunque non è della solitudine che volevo parlare, ma del tempo libero. E chiariamo° subito una cosa: qua ognuno è padrone di° passare il proprio tempo libero come meglio crede. C'è a chi piace° restare in casa da solo, a leggere o a pensare, c'è invece chi preferisce uscire con gli amici e andare in trattoria, e c'è perfino chi si diverte a girare° con la macchina in mezzo al traffico. L'importante
40 però è che ci sia sempre, per ciascuno di noi, quell'angolino° per potersi dedicare a qualche cosa che non sia la pura occupazione del guadagnare e dello spendere.

let us clarify / **ognuno:** *everybody is free to*

c'è: *there are those who like*

to go around

small corner, niche

Oggi purtroppo il consumismo, con le sue pretese sempre più imperative, con le sue leggi di comportamento, ci costringe a tirare la carretta° molto più di quanto in realtà avremmo bisogno. Basterebbe infatti eliminare le spese superflue per poterci liberare, una volta per tutte°, della condanna del super-lavoro.»

ci: *forces us to slave (lit, to pull the cart)*

una: *once and for all*

45

Luciano De Crescenzo, *Storia della filosofia greca*

Comprensione

1. Un giorno l'autore ha bisogno di Tonino, l'elettrauto, ma non lo trova. Perché?
2. Secondo Tonino, di che cosa hanno bisogno le persone per essere contente?
3. Sono cose che costano care? In che moneta si pagano?
4. Quando uno si sposa, secondo Tonino, quanta libertà perde?
5. Che cosa è importante secondo lui?
6. Che cosa ci impedisce di avere del tempo libero?
7. Qual è la soluzione?

Studio di parole

to marry

sposare, sposarsi con
to marry someone

Elena vuole sposare (sposarsi con) un uomo intelligente.
Helen wants to marry an intelligent man.

sposarsi
to get married

Quando si sposa? A maggio?
When are you getting married? In May?

*essere sposato
to be married

Sei sposato? Da quanto tempo sei sposato?
Are you married? How long have you been married?

la sposa *bride*   **lo sposo** *bridegroom*
gli sposi *newlyweds*

Ecco la sposa! Viva gli sposi!
Here comes the bride! Long live the newlyweds!

to agree

*essere d'accordo
to agree

Non sono d'accordo con te.
I don't agree with you.

mettersi d'accordo
to come to an agreement, to agree

Finalmente si sono messi d'accordo.
They finally came to an agreement.

*andare d'accordo
to get along

Anna va molto d'accordo con Maria.
Anne gets along well with Maria.

d'accordo (*or* **va bene**)
agreed, OK

Allora, ci vediamo alle cinque—D'accordo!
Then we'll meet at five.—Agreed!

to be wrong

*essere sbagliato
to be incorrect
(used when the subject is a thing or
   an idea)

Questo verbo è sbagliato.
This verb is wrong.

sbagliato
wrong (adj)

Il giallo è il colore sbagliato per me.
Yellow is the wrong color for me.

avere torto; sbagliare; sbagliarsi
to be wrong
(used when the subject is a person)

Mia madre ha torto (si sbaglia).
My mother is wrong.

sbaglio
mistake

Fai molti sbagli quando parli.
You make many mistakes when you speak.

to be right

*essere giusto (corretto)
to be right (correct)
(used when the subject is a thing or
   an idea)

È giusto dire così?
Is it correct to say it this way?

giusto
right (adj)

Ecco la parola giusta!
Here's the right word!

avere ragione
to be right
(used when the subject is a.person)

Tu vuoi sempre avere ragione!
You always want to be right!

As in the case of **avere ragione** and **avere torto,** many Italian idioms use the verb **avere** to describe a state of being. The corresponding English expression generally uses the verb *to be.*

avere... anni	*to be . . . years old*	**avere fretta**	*to be in a hurry*
avere bisogno di	*to need*	**avere paura**	*to be afraid*
avere caldo	*to be warm*	**avere sete**	*to be thirsty*
avere fame	*to be hungry*	**avere sonno**	*to be sleepy*
avere freddo	*to be cold*	**avere voglia di**	*to feel like, to want*

Pratica

a. *Scegliere le parole che completano meglio la frase.*

1. Se dici questo, (sei sbagliato/hai torto).
2. Da quanto tempo (sono sposati/si sposano) i tuoi genitori?
3. (È giusto/ha ragione) dire «Ciao!» a un professore?
4. Perché volete sempre (avere ragione/essere giusti)?
5. (Non siamo/non andiamo) ancora d'accordo sul prezzo.

b. *Inserire le espressioni opportune.*

1. Mio marito ed io abbiamo sempre opinioni differenti, non _____.
2. Sono stanco/a, non _____ di uscire.
3. Lavori troppo! Non _____ di una bella vacanza?
4. Chiaretta è una bambina che _____ del buio.
5. Sono due giorni che non mangiano, _____.

c. *Domande per Lei.*

1. Come passa Lei la giornata? Ha molte ore libere?
2. Come occupa il tempo libero?
3. Preferisce la solitudine o la compagnia? Perché?
4. Preferisce avere a Sua disposizione un grosso conto in banca o tante ore libere? Perché?
5. Che cosa si aspetta dal lavoro?

ᕫᕬ Temi per componimento o discussione

1. Perché è importante il tempo libero?
2. Secondo Tonino Capone, la gente lavora tanto per spendere molti soldi in cose superflue. Lei è d'accordo? Dia esempi concreti in favore o contro l'opinione di Tonino.
3. In che modo il consumismo della società contemporanea influisce sulle nostre scelte?
4. Per De Crescenzo «avere una filosofia significa, tra l'altro, possedere una scala di valori in base alla quale operare delle scelte di vita». Qual è la Sua opinione?

RICERCA WEB

L'uso del tempo libero è diverso per persone diverse. In Italia è diffuso il «fai da te», cioè la tendenza a fare da sé piccole riparazioni, specialmente per quanto riguarda la casa, senza ricorrere all'aiuto di operai specializzati. I lavori più impegnativi, specialmente di artigianato *(crafts)*, vanno spesso sotto il nome di «bricolage», cioè lavoretti di vario genere. Ci sono poi altre attività: cucito *(needlework)*, giardinaggio, fotografia...

a. Tempo libero in Italia
b. Casa e tempo libero

Ti va di... ? Adele invita Laura ad andare a vedere la mostra di De Chirico.

ADELE: Pronto, Laura?

LAURA: Ciao, Adele! Allora, ti va di vedere la mostra?

ADELE: Ma certo. Marco dice che è stupenda. Dove ci vediamo?

LAURA: Hai voglia di prendere qualcosa prima? Ci troviamo al Bar degli Artisti ed entriamo alle dieci; il museo è aperto dalle nove alle due.

ADELE: Va bene. Allora, alle nove e mezzo al bar. Ciao.

Estendere un invito

Che ne dici di andare/fare... ?	*What about going/doing . . . ?*
Ti va/Le va di... ?	*Do you feel like . . . ?*
Hai voglia di... ?	
Andiamo a/da... !	*Let's go to . . . !*
Puoi/può venire stasera a... ?	*Can you come tonight to . . . ?*

Accettare un invito

Ma certo!	
Certamente!	*Certainly*
Con piacere.	
Va bene. Dove ci troviamo?	*OK. Where should we meet?*
A che ora ci vediamo?	*What time shall we meet?*

Rifiutare un invito

Mi dispiace, ma devo...	*I'm sorry, but I have to . . .*
Grazie, ma non posso proprio.	*(Thank you but) I really can't.*
Non mi è proprio possibile.	
L'avessi saputo prima!	*If only I'd known it before!*
Se me lo avessi/avesse detto prima!	*If you'd only told me before!*

Parlare al telefono

Pronto, è in casa/c'è... , per favore?	*Hello, is . . . home, please?*
Chi parla?	*Who's calling?*
Con chi parlo?	
Sono... , mi fa parlare con... ?	
Buongiorno, sono... , mi passa/mi può passare... ?	*It's . . . Could I speak to . . . ?*
Le spiace se lascio un messaggio?	*Do you mind if I leave a message?*
Le/gli dica che ha telefonato...	*Tell him/her that . . . called.*
Grazie. ArrivederLa/ci.	*Thank you. Goodbye.*
Ci sentiamo, allora.	*Let's be in touch.*

Che cosa dice?

1. Un amico Le telefona per proporLe di andare insieme in pizzeria. Lei ha un esame domani.
2. Il Suo professore di Relazioni Internazionali L'invita ad una festa in onore di studenti cinesi in visita all'università.
3. Lei telefona a un amico/un'amica per invitarlo/la a un concerto di musica rock, ma risponde il compagno/la compagna di stanza.
4. Degli amici di famiglia, che Lei trova antipatici, Le propongono un campeggio di una settimana in montagna.
5. Un ragazzo/una ragazza che Le piace molto Le telefona per invitarLa in discoteca questa sera, ma Lei ha appena accettato di fare da baby-sitter per i suoi vicini di casa.
6. Lei telefona a un amico/un'amica per proporgli/le di venire con Lei in barca il prossimo fine settimana.

Situazioni

1. Lei è all'università. Suo padre viene a farLe visita e vuole sapere quanto tempo libero ha e come lo passa.
2. Lei è un/un'atleta, ma il Suo ragazzo/la Sua ragazza non è affatto sportivo/a. Ci dica cosa lui/lei fa quando non deve studiare o lavorare e se Lei è d'accordo o no.
3. I Suoi genitori intendono fare una festa per il Suo compleanno, ma Lei ha vinto una crociera per due persone alle Bahamas e intende andarci con il Suo ragazzo/la Sua ragazza. Ne parli con Sua madre.
4. C'è una mostra di Van Gogh nella Sua città. Telefoni a degli amici e faccia programmi precisi per andarci in gruppo.

Come eravamo. Luciano racconta alla sua amica americana Leslie di quando era piccolo.

LUCIANO: Abitavamo a Roma. Ero un bambino allegro e spensierato. Certo, bisognava andare a scuola, anche il sabato purtroppo, ma io facevo presto i compiti. Verso le tre del pomeriggio uscivo con i miei fratelli, andavamo con la mamma ai giardini pubblici. Se faceva brutto tempo, giocavamo in casa o guardavamo i cartoni animati; qualche volta andavo a casa di un amico o veniva lui da me. Almeno una volta all'anno, Papà ci diceva di invitare i nostri amici e ci accompagnava al luna-park e, quando c'era l'occasione, addirittura al circo.

LESLIE: Eri bravo a scuola?

LUCIANO: Ma sì. Di solito prendevo dei bei voti. E alla fine della scuola ci aspettava una lunga estate di libertà.

LESLIE: Cosa facevi durante le vacanze?

LUCIANO: Andavamo in montagna, in Val d'Aosta, dove c'era la casa del nonno. Il nonno era solo, noi gli facevamo compagnia e lui era tanto contento. Quando il tempo era bello, ci portava a fare delle lunghe camminate e ci diceva i nomi delle piante e dei fiori delle Alpi. Gli piaceva giocare con noi. La sera ci raccontava le fiabe della regione e ci insegnava i canti della montagna. Invece a Roma ogni tanto la domenica veniva a prenderci e ci portava allo zoo.

LESLIE: Eri proprio un bambino felice!

Vocabolario utile

L'infanzia *childhood*

l'asilo kindergarten
la bambola doll
i cartoni animati cartoons
il circo circus
la fiaba fairy tale

la fiera fair
il giocattolo toy
la giostra merry-go-round
il luna-park amusement park

Lo zoo

l'anatra duck
la foca seal
l'orso bear

la scimmia monkey
la tigre tiger

Espressioni

*andare all'asilo** to attend kindergarten
da piccolo as a child
da grande as a grown-up
*essere in prima, seconda elementare**
  to be in first, second grade

* **essere promosso** to pass an exam; to complete a (school) year successfully
fare compagnia (a) to spend time with
fare i compiti to do one's homework
prendere un bel/brutto voto to get a good/bad grade

Di pomeriggio i bambini vanno a giocare al parco.

Le emozioni

allegro cheerful, happy	**scatenato** boisterous
malato sick	**solitario** aloof, lonely
malinconico sad	**spensierato** carefree
sano healthy	**tranquillo** quiet

ESERCIZI

a. *Scegliere l'espressione che meglio descrive il testo letto.*

1. Luciano era un bambino _____.
   a. triste
   b. contento
   c. malato
   d. povero

2. La famiglia di Luciano passava le vacanze _____.
   a. in città
   b. al mare
   c. in un grande albergo
   d. sulle Alpi

3. Luciano andava in vacanza _____.
   a. nel mese di luglio
   b. tutta l'estate
   c. un mese in campeggio
   d. pochi giorni

4. Il nonno di Luciano _____ .
   a. fumava la pipa in poltrona
   c. era contento di stare con i bambini
   b. giocava a carte con i suoi amici
   d. abitava al mare

b. **L'intrusa (the intruder).** *Sottolineare la parola che non ha relazione con le altre. Spiegare il perché.*

   1. zoo   acquario   scimmia   circo
   2. foca   orso   tigre   bambola
   3. asilo   fiaba   fiera   giocattolo
   4. circo   luna-park   compito   giostra

c. **I luoghi dei bambini.** *Che cosa si trova nei luoghi seguenti?*

   1. un circo   3. un asilo
   2. uno zoo   4. un luna-park

d. **Come sei?** *Che cosa fa un bambino/una bambina... ?*

   1. malato/a   4. tranquillo/a
   2. sano/a   5. scatenato/a
   3. solitario/a   6. malinconico/a

I. Imperfetto

Verbi regolari

The **imperfetto** (*imperfect* or *past descriptive*) is formed by adding the characteristic vowel and the appropriate endings to the stem. The endings are the same for all three verb conjugations: **-vo, -vi, -va, -vamo, -vate, -vano.**

AMARE	CREDERE	FINIRE
ama**vo**	crede**vo**	fini**vo**
ama**vi**	crede**vi**	fini**vi**
ama**va**	crede**va**	fini**va**
ama**vamo**	crede**vamo**	fini**vamo**
ama**vate**	crede**vate**	fini**vate**
am**a**vano	cred**e**vano	fin**i**vano

◌ Verbi irregolari

Very few verbs are irregular in the **imperfetto.** The most common are shown below.

ESSERE	BERE[1]	DIRE[1]	FARE[1]	TRADURRE[1]
ero	bevevo	dicevo	facevo	traducevo
eri	bevevi	dicevi	facevi	traducevi
era	beveva	diceva	faceva	traduceva
eravamo	bevevamo	dicevamo	facevamo	traducevamo
eravate	bevevate	dicevate	facevate	traducevate
erano	bevevano	dicevano	facevano	traducevano

C'era and **c'erano** correspond to the English *there was, there were.*

C'era un pacco per noi.
There was a package for us.

Non c'erano molte lettere.
There weren't many letters.

◌ Uso dell'imperfetto

A. The **imperfetto** is used:

1. To express an habitual action in the past (equivalent to the past tense, or to *used to* or *would* + verb, in English).

   Andavamo in campagna ogni week-end.
   We went to the country every weekend.

2. To express an action in progress in the past (equivalent to *was* + *-ing* in English).

   I bambini **dormivano** mentre io **lavavo** i piatti.
   The children were sleeping while I was doing the dishes.

—*Non volevi le tue lettere indietro?*

3. To describe conditions and states of being (physical, mental, and emotional) in the past, including time, weather, and age in the past.

   Quand'**ero** bambina, **avevo** i capelli ricci.
   When I was a child, I had curly hair.

   Quando **pioveva** e **faceva** freddo, nessuno **aveva** voglia di giocare fuori.
   When it was raining and cold, nobody felt like playing outside.

   Tutti **sapevano** che Patrizia **era** innamorata di Lorenzo.
   Everybody knew that Patrizia was in love with Lorenzo.

---

[1] In the **imperfetto,** as in the **presente,** the verbs **bere, dire, fare,** and **tradurre** use the Latin stems **bev-, dic-, fac-,** and **traduc-.**

B. The imperfetto may also indicate for how long or since when something had been going on.

—Da quanto tempo lavoravi?   —*How long had you been working?*
—Lavoravo da due mesi.   —*I had been working for two months.*

—Quanto tempo era che lavoravi?   —*How long had you been working?*
—Erano due mesi che lavoravo.   —*I had been working for two months.*

ESERCIZI

a. **Adesso e prima.** *Lei ora abita lontano da casa. Racconti ai Suoi nuovi amici come è cambiata la Sua vita. Usi la forma affermativa con le parole suggerite e il verbo all'imperfetto.*

ESEMPIO   Adesso non viaggiamo più.
               Prima viaggiavamo sempre.

1. Ora non faccio più passeggiate in montagna.
2. Ora non vado più allo zoo o al circo.
3. Ora io e Andrea non giochiamo più a tennis.
4. Adesso non mi diverto più a cucinare per gli amici.
5. Ora non devo più prendere le vitamine per far contenta mia madre.
6. Ora gli amici non vengono più da me la sera a sentire la musica.
7. Adesso Maria ed io non ci vediamo più ogni giorno.
8. Adesso mio padre non protesta più quando torno tardi.

b. *«Lui» si sente in colpa* (guilty), *vuole scusarsi ma gli piace anche fare un po' la vittima. Completare con la forma corretta di* **essere** *o* **avere**.

1. Sono venuto a casa tua ma tu non c' _____ .
2. Non ho aspettato perché _____ fretta.
3. La mia macchina _____ dal meccanico, quindi _____ a piedi.
4. Il tempo _____ bruttissimo e (io) _____ un gran freddo.
5. Al bar ho ordinato un tè, ma quando me l'hanno portato _____ appena tiepido (*lukewarm*).
6. Sono andato a comprare i biglietti del teatro ma il botteghino (*box office*) _____ chiuso.
7. Quando sono arrivato a casa _____ tardi.
8. Non ti ho telefonato perché _____ paura di disturbare.
9. Volevo chiederti scusa. Ieri tu _____ ragione. (Io) _____ uno snob insopportabile e non voglio ammetterlo.

c. **Il mio eroe.** *Un astronauta famoso visita la scuola elementare di Gabriele. Gabriele, che sogna di diventare pilota, gli fa molte domande. Trasformare i verbi in parentesi all'imperfetto, poi immaginare di essere l'astronauta e rispondere alle domande.*

1. Che cosa (volere) _____ diventare Lei quando (essere) _____ piccolo?

2. (Lei) (prendere) _____ dei bei voti quando (fare) _____ le elementari?

3. Quanti anni (avere) _____ quando ha volato per la prima volta?

4. (Essere) _____ nervoso? (Avere) _____ paura?

5. Mentre (volare) _____ verso la luna, a che cosa (pensare) _____? Che cosa (mangiare) _____ e (bere) _____?

6. Sulla luna (esserci) _____ degli extraterrestri? (Parlare) _____ italiano?

d. *Riscrivere ogni frase sostituendo l'imperfetto al presente.*

1. Mia sorella abita a Roma ma non viene spesso a trovarci. Di solito andiamo noi da lei e stiamo a casa sua.

2. Non so mai cosa fare la domenica pomeriggio. I miei amici vanno a vedere la partita ma a me il calcio non interessa. Così sto a casa e mi annoio.

3. Anna lavora come interprete in un'agenzia di viaggi. È una ragazza molto carina e simpatica. Un collega, un certo Alberto, la guarda sempre. Tutti dicono che è innamorato di lei ma che non ha il coraggio di parlarle perché è timido e ha paura di un rifiuto (*refusal*).

e. Da quanto tempo... ? Quanto tempo era che... ? *Esprimere in un altro modo le seguenti frasi.*

ESEMPIO   Luca aspettava Lucia da tre ore.
   Erano tre ore che Luca aspettava Lucia.

1. Fausto era innamorato di Luisa da diversi anni.
2. Erano quasi due mesi che aspettava una sua lettera.
3. Ma lo sciopero della posta durava ormai da sei settimane.
4. Era tanto tempo che provava a telefonarle.
5. Ma il telefono di Luisa era guasto (*out of order*) da più di un mese.
6. Non si vedevano da Natale.
7. Erano due anni che vivevano lontani.
8. Forse Luisa da un po' di tempo aveva un altro ragazzo.

f. Il paese della cuccagna (the land of plenty). *Da bambino/a quale era il Suo gioco preferito? Aveva tanti giocattoli? Preferiva giocare da solo/a o con gli amici/le amiche? Che cosa Le piaceva fare quando era freddo? E quando faceva caldo? Quando era malato/a? Con un compagno/una compagna di classe parli della Sua infanzia. Alternatevi a fare domande e a rispondere. Poi riferite le informazioni alla classe.*

Alcune parole utili:

il Monopoli	la palla	le macchinette *toy cars*
i soldatini *toy soldiers*	i Lego	il trenino *toy train*
le figurine *trading cards*	la bambola	
le biglie *marbles*	la bicicletta	

NOTE: **giocare a** *to play* (*a game*)

II. Aggettivi

A. Italian adjectives agree in gender and number with the nouns they modify. They can be divided into three classes, depending on the ending of the adjective in the masculine singular: **-o, -e,** or **-a.**

		SINGULAR		PLURAL	
		Masculine	**Feminine**	**Masculine**	**Feminine**
First class	(4 endings)	**-o**	**-a**	**-i**	**-e**
Second class	(2 endings)	**-e**		**-i**	
Third class [1]	(3 endings)	**-a**		**-i**	**-e**

nuov**o**   nuov**a**   nuov**i**   nuov**e**
intelligent**e**   intelligent**i**
ottimist**a**   ottimist**i**   ottimist**e**

Studiamo parole nuov**e**.   Fabio ha due figlie intelligent**i**.
We are studying new words.   *Fabio has two intelligent daughters.*

È un ragazzo ottimist**a**.
He is an optimistic young man.

1. A few adjectives like **ogni** (*every*), **qualsiasi** (*any*), and **qualche** (*some*) have only one form and are used only with singular nouns.

   ogni ragazzo e ogni ragazza
   every boy and girl

   qualche uomo e qualche donna
   some men and women

   qualsiasi richiesta
   any request

2. The adjective **blu** (*blue*) and other adjectives of color that were originally nouns (**rosa, viola, marrone,** etc.) are invariable.

   un vestito rosa e un vestito rosso
   a pink dress and a red dress

   scarpe nere e guanti marrone
   black shoes and brown gloves

---

[1] There are only a few adjectives in this class, but they are frequently used. The most common are: **comunista, fascista, socialista, femminista, ottimista, pessimista,** and **egoista.**

3. If an adjective modifies two or more nouns of different genders, the masculine plural form is used.

Il vino e la birra sono cari.
Wine and beer are expensive.

4. Certain adjectives change their spelling in the plural. These changes follow the same patterns that nouns do (see pages 15–16). Other spelling changes in adjectives depend on where the stress falls in the word.

	CHANGE	SINGULAR	PLURAL
stress on syllable preceding **-co**	**-co** to **-chi**	stan**co**	stan**chi**
	-ca to **-che**	stan**ca**	stan**che**
stress on second syllable preceding **-co**	**-co** to **-ci**	antip**a**tico	antip**a**tici
	-ca to **-che**	antipatica	antipatiche
	-go to **-ghi**	lun**go**	lun**ghi**
	-ga to **-ghe**	lun**ga**	lun**ghe**
the **-i-** is not stressed	**-io** to **-i**	vecch**io**	vecch**i**
	-ia to **-ie**	vecch**ia**	vecch**ie**
the **-i-** is stressed	**-io** to **-ii**	rest**i**o	rest**i**i
	-ia to **-ie**	restia	restie
	-cio to **-ci**	ric**cio**	ric**ci**
	-cia to **-ce**	ric**cia**	ric**ce**
	-gio to **-gi**	greg**gio**	greg**gi**
	-gia to **-ge**	greg**gia**	greg**ge**

B. The position of adjectives is governed by the following rules:

1. Descriptive adjectives generally follow the noun they modify.

una ragazza simpatica   un vino rosso   due vestiti eleganti
a pleasant girl   *a red wine*   *two elegant dresses*

They *always* follow the noun when modified by **molto** (*very*) or another adverb.

un palazzo molto bello   una signora abbastanza giovane
a very beautiful palace   *a fairly young lady*

2. Numerals and demonstrative, possessive, interrogative, and indefinite adjectives generally precede the noun they modify.

le prime cinque lezioni   i nostri zii   un'altra strada
the first five lessons   *our uncles*   *another road*

3. A few common descriptive adjectives usually precede the noun.

bello	buono	grande	giovane	lungo
brutto	cattivo	piccolo	vecchio	

Facevamo lunghe passeggiate.
We used to take long walks.

C'era sempre un cattivo odore in cucina.
There was always a bad smell in the kitchen.

ESERCIZI

a. *Mettere al femminile e poi cambiare dal singolare al plurale.*

ESEMPIO   simpatico e gentile
simpatica e gentile
simpatiche e gentili

1. povero ma onesto
2. bello ma egoista
3. stanco morto
4. sano e salvo *(safe and sound)*
5. lungo e difficile
6. utile e necessario
7. stretto o largo? *(narrow or wide?)*
8. dolce o amaro? *(sweet or bitter?)*
9. grande e grosso
10. studioso e intelligente
11. felice e contento
12. brutto e antipatico
13. vecchio e malato
14. bianco, rosso e verde

b. *Completare le frasi con la forma corretta dell'aggettivo fra parentesi. Mettere l'aggettivo al posto giusto.*

ESEMPIO   (straniero) Studiamo due lingue.
Studiamo due lingue straniere.

1. (italiano) Conosci questo pittore?
2. (giallo) Mi piacciono le rose.
3. (antico) Voglio comprare dei mobili.
4. (pubblico) I giardini erano magnifici.
5. (vecchio) Sono quadri.
6. (insopportabile) Hanno due bambini.
7. (brutto) Che odore!
8. (altro) Abbiamo un professore di fisica.
9. (barocco) Capite la musica?
10. (riccio) Mi piacciono i tuoi capelli.

c. *Mettere al plurale.*

ESEMPIO   occhio nero
occhi neri

1. persona ricca
2. uovo fresco
3. giacca blu
4. moglie giovane
5. braccio lungo
6. catalogo artistico
7. albergo centrale
8. figlio unico
9. commedia magnifica
10. crisi inutile
11. parco famoso
12. esempio giusto
13. partito fascista
14. dito sporco
15. caffè caldo
16. film idiota
17. rivista comunista
18. ingegnere tedesco
19. specie rara
20. esercizio noioso

d. *Com'era Lei quando era bambino/a? Lavorando in coppia, ciascuno dei due interlocutori descriva all'altro com'era da bambino/a usando le parole che seguono in frasi complete.*

ESEMPIO   **Quando ero bambino/a, ero studioso/a.**

1. biondo(a) / bruno(a)
2. grasso(a) / magro(a)
3. malinconico(a) / allegro(a)
4. timido(a) / esuberante

5. nervoso(a) / tranquillo(a)
6. disordinato(a) / ordinato(a)
7. ribelle / ubbidiente

∽ *Grande* e *santo*

In addition to their regular forms, **grande** and **santo** may have shortened forms, but only when they precede the noun they modify.

1. **Grande** (*great, big*) can be shortened to **gran** before singular or plural nouns beginning with a consonant other than **s** + consonant, **z**, or **ps**.

   un gran poeta   una gran fame   gran signori
   (*but* un grande scrittore)

   Grande can become **grand'** in front of singular or plural words beginning with a vowel.

   un grand'amore   una grand'attrice   grand'insulti

   The invariable form **gran** can be used as an adverb before an adjective to express the meaning of *quite*.

   una gran bella casa   un gran bell'uomo
   quite a beautiful home   *quite a handsome man*

2. **Santo** (*Saint*) is shortened to **San** before masculine names beginning with a consonant other than **s** + consonant, and to **Sant'** before masculine and feminine names beginning with a vowel.

   San Pietro   Santa Teresa   Sant'Antonio   Sant'Elena
   (*but* Santo Stefano)

   Santo (meaning *holy* or *blessed*) follows the regular pattern **santo, santa, santi, sante** and may precede or follow a noun.

   la Terra Santa   il Santo Padre   tutto il santo giorno
   the Holy Land   *the Holy Father*   *the whole blessed day*

ESERCIZI

a. *Inserire la forma corretta di* **grande** *o* **santo**. *Usare la forma abbreviata quando è possibile.*

ESEMPIO   Il tempo è una **gran** medicina.

1. Mi fate un _____ piacere se venite a trovarmi.
2. La festa di _____ Giovanni è il 24 giugno; quand'è la festa di _____ Anna?
3. Conosci la vita di _____ Caterina?
4. C'era una _____ folla in piazza quel giorno.
5. Il signor Agnelli è un _____ industriale.
6. Il palazzo non sembrava _____ .
7. È vero che studiate tutto il _____ giorno?
8. Elena è una _____ bella donna.
9. Il santo protettore di Bari è _____ Nicola.
10. Le due _____ passioni di Marco sono il cinema e la televisione.

III. Articolo indeterminativo

The forms of the **articolo indeterminativo** (*indefinite article*) are shown below. The form used depends on the gender of the noun it modifies and on the first letter of the word that follows it.

	MASCULINE	FEMININE
before a consonant	**un**	**una**
before **s** + consonant, **z**, or **ps**	**uno**	**una**
before a vowel	**un**	**un'**

un romanzo e una commedia   *a novel and a comedy*
uno zio e una zia   *an uncle and an aunt*
un amico e un'amica   *a male friend and a female friend*

The word immediately following the article determines the form used (as in English: *an egg, a rotten egg*).

uno studente	**un** altro studente
un'edizione	**una** nuova edizione

A. **Un, uno, una,** and **un'** correspond to the English article *a, an;* they are also the forms of the numeral **uno** (*one*).

Un caffè e una Coca-Cola, per favore!
One coffee and one Coca-Cola, please!

B. The indefinite article is omitted after the verbs **essere** and **diventare** (*to become*) before unmodified nouns indicating profession, nationality, religion, political affiliation, titles, and marital status.

Giancarlo vuole diventare medico.
Giancarlo wants to become a doctor.

Enrico era avvocato; era un bravo avvocato.
Henry was a lawyer; he was a good lawyer.

Lei era cattolica e lui era protestante.
She was a Catholic and he was a Protestant.

È sposato o è scapolo?
Is he married or is he a bachelor?

NOTE: **Fare** + *definite article* + *profession* is an alternative to **essere** + *profession*.

Enrico era avvocato.

Enrico faceva l'avvocato.

C. The article is also omitted after **che** (*what a*) in exclamations.

Che bella ragazza!
What a beautiful girl!

Che peccato!
What a pity!

ESERCIZI

a. *Inserire la forma corretta dell'articolo indeterminativo.*

1. È vero che avete aspettato _____ ora e _____ quarto?
2. Ho _____ dubbio: mi hai detto di portare _____ amico o _____ amica?
3. Perché non fai _____ sforzo?
4. Dobbiamo comprare _____ nuovo frigo.
5. Non è _____ buon'idea.
6. «Bel Paese» è il nome di _____ formaggio italiano.
7. Ho bisogno di _____ zaino (*backpack*).
8. Dovete invitare _____ altra ragazza.

b. *Cambiare dal plurale al singolare.*

ESEMPIO   due giornali e due riviste
           un giornale e una rivista

1. due alberghi e due pensioni
2. due mani e due piedi
3. due pere e due fichi
4. due italiani e due tedeschi
5. due signori e due signore
6. due automobili e due biciclette
7. due città e due paesi
8. due mogli e due mariti

c. **Antonio.** *Inserire le forme opportune dell'articolo indeterminativo. Indicare con una X gli spazi vuoti in cui l'articolo non serve.*

Antonio era _____ cameriere. Era _____ italiano, ma voleva diventare _____ americano. Lavorava in _____ ristorante francese in _____ piccola città americana. Era _____ buon lavoro e lui era contento perché guadagnava _____ mucchio *(a lot)* di soldi. Voleva frequentare _____ università prestigiosa e diventare _____ avvocato. Sperava di trovare _____ moglie buona e simpatica e di abitare con lei in _____ bella casa vicino a _____ lago. Invece ha vinto alla lotteria ed è diventato _____ buono a nulla *(good for nothing)*.

ꙮ *Buono* e *nessuno*

Buono (*good*) and **nessuno** (*no, not . . . any*) have parallel forms when they directly precede the noun they modify. Note the similarity with the forms of the indefinite article **un.**

	SINGULAR	
	Masculine	**Feminine**
before a consonant	un / buon / nessun	una / buona / nessuna
before **s** + consonant, **z**, or **ps**	uno / buono / nessuno	una / buona / nessuna
before a vowel	un / buon / nessun	un' / buon' / nessun'

Buono is regular in the plural: **buoni** and **buone.**

buon libro	nessun italiano
buon'automobile	nessun'italiana
buono stipendio	nessun padre
buoni amici	nessuno zio

When **buono** follows the noun it modifies, either directly or after the verb, the regular pattern applies: **buono, buona, buoni, buone.**

un libro buono	Quest'arancia non sembra buona.
a good book	*This orange doesn't seem good.*

ESERCIZI

a. *Inserire la forma corretta di* **buono** *o* **nessuno.**

ESEMPIO   Non c'era **nessuno** sbaglio.

1. Oggi sono di _____ umore perché ho ricevuto una _____ notizia.
2. _____ altro negozio vende questi dolci.
3. Le sue intenzioni non erano _____ .
4. Non avete _____ ragione per criticarmi.
5. Ti raccomando i _____ spettacoli e i _____ compagni.
6. Edmondo non ama _____ altra donna.
7. Non avevo _____ voglia di andare al cinema.
8. Non devi farlo, non è una _____ azione!
9. Non conosco _____ psichiatra italiano.
10. Il vino diventa _____ con gli anni.

IV. Numeri cardinali

A. Cardinal numbers are used in counting, in indicating quantities, and in stating most dates. The Italian cardinal numbers from one to thirty are:

1 uno	11 undici	21 ventuno
2 due	12 dodici	22 ventidue
3 tre	13 tredici	23 ventitré
4 quattro	14 quattordici	24 ventiquattro
5 cinque	15 quindici	25 venticinque
6 sei	16 sedici	26 ventisei
7 sette	17 diciassette	27 ventisette
8 otto	18 diciotto	28 ventotto
9 nove	19 diciannove	29 ventinove
10 dieci	20 venti	30 trenta

The numbers from forty on are:

40 quaranta	100 cento	700 settecento	1.000.000 un milione
50 cinquanta	200 duecento	800 ottocento	2.000.000 due milioni
60 sessanta	300 trecento	900 novecento	1.000.000.000 un miliardo
70 settanta	400 quattrocento	1.000 mille	2.000.000.000 due miliardi
80 ottanta	500 cinquecento	2.000 duemila	
90 novanta	600 seicento		

B. The following are some points to remember when using numbers.

1. The number **uno** follows the rules of the indefinite article.

   un caffè, un espresso, uno scotch, una Coca-Cola, un'aranciata

2. Numbers ending with **-uno** (21, 31, etc.) usually drop the **-o** in front of a plural noun.

   ventun ragazzi, trentun ragazze

3. The indefinite article is not used with **cento** (*hundred*) and **mille** (*thousand*), but it is used with **milione.**

   cento soldati, mille soldati, un milione di soldati

4. *Eleven hundred, twelve hundred,* etc., are expressed as **millecento** (*one thousand one hundred*), **milleduecento** (*one thousand two hundred*).

5. The plural of **mille** is **mila:**

   mille lire, duemila lire, centomila lire

6. **Milione** (pl. **milioni**) and **miliardo** (pl. **miliardi**) are nouns and take **di** before another noun.

   sessanta milioni **di** italiani, un miliardo **di** euro
   But: due milioni cinquecentomila euro

C. Numbers are written differently in Italian and English.

1. In Italian, a comma is used instead of a decimal point to separate whole numbers from decimals.

   14,95 (read **quattordici e novantacinque**) = 14.95

2. A period is used instead of a comma to separate thousands from hundreds and millions from thousands.

   10.000 = 10,000   57.000.000 = 57,000,000

D. Approximate quantities can be indicated with collective numbers, most of which are formed by adding the suffix **-ina** to the cardinal number (minus the final letter).

venti   **una ventina**   *about twenty*
quaranta   **una quarantina** *about forty*

Exceptions: **un centinaio** (pl. **centinaia**) *about a hundred* (*hundreds*); **un migliaio** (pl. **migliaia**) *about a thousand* (*thousands*).

These collective numbers are nouns and take **di** before another noun. In the singular they are preceded by the indefinite article.

Conosco una ventina di persone.   Ho visto centinaia di studenti.
I know about twenty people.   *I saw hundreds of students.*

—*Deve smettere di pensare ai soldi. Ma davvero possiede quattrocento milioni di euro?*

ESERCIZI

a. **L'elenco telefonico** *(telephone book). Ecco alcuni numeri di telefono e il relativo numero di telese-lezione (area code). Imparare a pronunciarli e a scriverli all'italiana.*

ESEMPI   Roma: (06) 47 53 64 **quattro / sette / cinque / tre / sei / quattro**
47 53 64 **quarantasette / cinquantatré / sessantaquattro**
69 97 462 **sessantanove / novantasette / quattrocentosessantadue**

1. Genova:	(10)	34 78 092	20 56 79
2. Firenze:	(55)	44 60 92	57 94 563
3. Milano:	(02)	79 86 345	70 84 21
4. Napoli:	(81)	78 76 75	90 74 20
5. Pisa:	(50)	44 37 869	23 33 43

b. **Anna immagina di essere molto ricca e di fare grandi spese.** *Pronunciare i numeri ad alta voce e poi scriverli.*

un appartamento in città	400.000
un'automobile di marca	45.000
una collana di perle	1.400
un orologio con bracciale d'oro	2.100
un grande tappeto persiano	3.850
TOTALE	452.350

V. Il tempo

A.

Che tempo fa?	*How is the weather?*
Com'è il tempo?	*What is the weather like?*
Fa bello (bel tempo).	
È bello.	*It's nice (fine) weather.*
Il tempo è bello.	
Fa brutto (tempo).	
Fa cattivo tempo.	*It's bad weather.*
(Il tempo) è brutto.	
Fa caldo (freddo, fresco).	*It's hot (cold, cool).*

B.

C'è afa.	*It's muggy.*
C'è foschia.	*It's hazy.*
C'è (la) nebbia.	*It's foggy.*
C'è il sole.	*It's sunny.*
C'è (tira) vento.	*It's windy.*
È sereno.	*It's clear.*
È coperto (nuvolo).	*It's cloudy (overcast).*

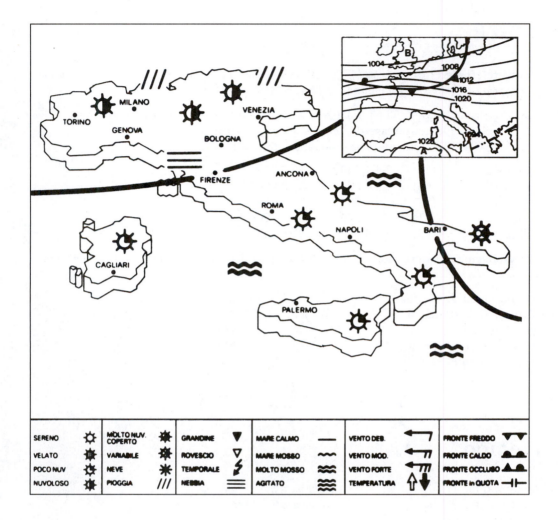

SERENO	☼	MOLTO NUV. COPERTO	✴	GRANDINE	▼	MARE CALMO	—	VENTO DEB.	←	FRONTE FREDDO	▼▼
VELATO	☀	VARIABILE	✴	ROVESCIO	▽	MARE MOSSO	～	VENTO MOD.	←	FRONTE CALDO	●●
POCO NUV	☼	NEVE	✳	TEMPORALE	⚡	MOLTO MOSSO	≈	VENTO FORTE	⬆	FRONTE OCCLUSO	▲●
NUVOLOSO	☀	PIOGGIA	///	NEBBIA	≡	AGITATO	≋	TEMPERATURA	⬆⬇	FRONTE in QUOTA	—|—

C. Piove. (piovere)   *It's raining.*   la pioggia *rain*
Nevica. (nevicare)   *It's snowing.*   la neve *snow*
Grandina. (grandinare)   *It's hailing.*   la grandine *hail*

ESERCIZI

a. **Che tempo fa?** *In gruppi di due o tre studenti, scambiarsi domande sul tempo. Dare tutte le informazioni possibili.*

1. Che tempo fa oggi?
2. Come sono le stagioni a San Francisco?
3. Com'è l'inverno a New York?
4. È bello l'autunno nella Sua città?

5. Nevica qualche volta a Pasqua a Washington DC?
6. Dove fa bello oggi in Italia?
7. Che tempo fa a Milano? e a Palermo?
8. Se andiamo in Italia a luglio, che tempo troviamo?
9. E se andiamo a Natale?

LETTURA

Vocabolario utile

il bagno   bath
la calza   sock, stocking
la camera da letto   bedroom
i capelli (*pl*)   hair (on a person's head)
il dolce   dessert
la luce   light
il piatto   dish, plate
la regola   rule
il ricordo   memory
il rumore   noise
la salute   health
lo sforzo   effort
il vestito   dress, suit
la vetrina   shop window

corto   short (in length)
liscio   straight

riccio   curly

fare bene a   to be good for
fare male a   to be bad for, to hurt
farsi male   to get hurt
lamentarsi (di)   to complain (about)
mettersi   to put on
odiare   to hate
scegliere   to choose
vestire   to dress
vestirsi   to get dressed

Spesso le boutique affrono modelli esclusivi.

Prima di leggere

Il brano che segue, «Ricordi d'infanzia», è l'inizio del romanzo *Vestivamo alla marinara* di Susanna Agnelli. L'autrice appartiene ad una ricca famiglia di industriali piemontesi. Suo nonno, Giovanni Agnelli, è il fondatore della Fiat (Fabbrica Italiana Automobili Torino).

La vita di Susanna Agnelli si svolge in un ambiente sociale privilegiato ed intellettuale; è amica di artisti e scrittori famosi, collabora a riviste italiane e straniere ed è attivamente impegnata nella politica. È stata sindaco *(mayor)* di Porto Santo Stefano in Toscana, Ministro degli Affari Esteri *(Minister of Foreign Affairs)* e Presidente dell'Unione Europea. I suoi scritti riflettono aspetti della società italiana della seconda metà del Novecento.

Nel brano l'autrice rievoca la sua vita a Torino negli anni Trenta, quando era bambina e viveva in famiglia con i fratelli e le sorelle e la governante inglese Miss Parker.

In gruppi di due o tre studenti discutete le seguenti domande:

1. Com'era la vostra vita quando avevate otto o dieci anni? Nella vostra descrizione includete gli elementi seguenti: la città, la famiglia, la casa, i pasti, i vestiti, la scuola, i giochi, gli amici.
2. Torino è una città italiana del nord. Come la immaginate? Pensate alle case, ai negozi, alle strade, ai mezzi di trasporto. Sarà diversa da una città americana?
3. Come sarà stata la vita dei giovani appartenenti a ricche famiglie americane degli anni Trenta? Pensate ai giovani Ford, Rockefeller, Carnegie, Vanderbilt. Com'erano le loro case? Andavano a scuola o avevano educatori privati? Come occupavano il tempo libero? (Pensate ai film e ai programmi televisivi che presentano la società americana e gli «American Castles» dell'epoca.)
4. Susanna Agnelli abitava in un palazzo del centro di Torino, dalle grandi stanze un po' buie, un po' fredde. Come poteva trascorrere la sua giornata con i fratelli, le sorelle e Miss Parker?

Ricordi d'infanzia

Il corridoio era lungo, a destra e a sinistra si aprivano° le camere da letto. A metà corridoio° c'era la camera da gioco dove stavamo quasi sempre, piena di scaffali° e di giocattoli. Noi eravamo tanti e avevamo molte governanti che non si amavano fra di loro: sedevano nella camera da gioco e si lamentavano del freddo, del riscal-
5 damento°, delle cameriere, del tempo, di noi. D'inverno le lampadine erano sempre accese; la luce di Torino che entrava dalle finestre era grigia e spessa°.

Vestivamo sempre alla marinara[1]: blu d'inverno, bianca e blu a mezza stagione e bianca in estate. Per pranzo ci mettevamo il vestito elegante e le calze di seta° corte. Mio fratello Gianni si metteva un'altra marinara. L'ora del bagno
10 era chiassosa°, piena di scherzi e spruzzi°; ci affollavamo° nella camera da bagno, nella bagnarola°, e le cameriere impazzivano°. Ci spazzolavano° e pettinavano i capelli lunghi e ricci, poi li legavano° con enormi nastri° neri.

were located
A: *halfway down the corridor / shelves*

heating

thick

silk

noisy / splashing / we crowded / bathtub / got frantic / brushed / tied / ribbons

[1] **La marinara** means *sailor suit,* so **vestire alla marinara** means *to wear a sailor suit, to dress like a sailor.*

Arrivava Miss Parker. Quando ci aveva radunati° tutti: «*Let's go*» diceva «e non fate rumore». Correvamo a pazza velocità lungo° il corridoio, attraverso l'en-
15 trata di marmo, giravamo l'angolo appoggiandoci° alla colonnina dello scalone e via fino alla° saletta da pranzo dove ci fermavamo ansimanti°. «Vi ho detto di non correre», diceva Miss Parker «*one day* vi farete male e la colpa° sarà soltanto vostra. A chi direte grazie?»

Ci davano da mangiare° sempre quello che più odiavamo; credo che facesse
20 parte della nostra educazione britannica. Dovevamo finire tutto quello che ci veniva° messo sul piatto. Il mio incubo° erano le rape° e la carne, nella quale apparivano piccoli nervi bianchi ed elastici. Se uno non finiva tutto quello che aveva nel piatto se lo ritrovava davanti° al pasto seguente.

Il dolce lo sceglievamo a turno°, uno ogni giorno. Quando era la volta° di
25 Maria Sole noi le dicevamo: «Adesso, per l'amor del cielo, non scegliere "crème caramel" che nessuno può soffrire°». Invariabilmente Miss Parker chiedeva: «So, Maria Sole, che dolce, domani? *It's your turn*». Maria Sole esitava, arrossiva° e sussurrava°: «Crème caramel».

«Ma perché continui a dire "crème caramel" se non ti piace?»
30 «Non mi viene in mente° nient'altro».

Ancor oggi non ho scoperto se quella dannata "crème caramel" le piacesse davvero e non osasse° ammetterlo o se fosse troppo grande lo sforzo di pensare a un altro dolce.

Dopo colazione facevamo lunghe passeggiate. Attraversavamo la città fino a
35 piazza d'Armi, dove i soldati facevano le esercitazioni°. Soltanto se pioveva ci era permesso camminare sotto i portici (i famosi portici di Torino) e guardare le vetrine dei negozi. Guardarle senza fermarsi, naturalmente, perché una passeggiata è una passeggiata e non un trascinarsi in giro° che non fa bene alla salute.

Torino era, anche allora, una città nota per le sue pasticcerie. Nella luce
40 artificiale delle vetrine apparivano torte arabescate°, paste piene di crema, cioc-
colatini, marzapani, montagne di brioches, fondants colorati disposti in tondo° sui piatti come fiori, ma noi non ci saremmo mai sognati di poter entrare in un negozio a comprare quelle tentatrici delizie°. «Non si mangia tra i pasti; *it ruins your appetite*» era una regola ferrea° che mai ci sarebbe venuto in mente di
45 discutere.

Così camminavamo dalle due alle quattro, paltò° alla marinara e berrettino tondo alla marinara con il nome di una nave di Sua Maestà Britannica scritta sul nastro, Miss Parker in mezzo a due di noi da una parte e uno o due di noi dall'altra finché non era l'ora di tornare a casa.

50
Susanna Agnelli, *Vestivamo alla marinara*

---

gathered

along

leaning

via: all the way to the / panting / fault

Ci: they fed us

era / nightmare / turnips

in front

a: in turn / turn

stand

blushed

whispered

viene: comes to mind

non: didn't dare

facevano: were drilling

trascinarsi: dawdling around

intricately decorated

in: around

tentatrici: tempting delicacies / regola: iron-clad rule

winter coat

Comprensione

1. Nel racconto trovate le parole che si riferiscono alla casa degli Agnelli.
2. Quali sono gli elementi che suggeriscono che la famiglia Agnelli era ricca?
3. Perché le vetrine delle pasticcerie contenevano «tentatrici delizie» per i bambini? Che cosa dovevano mangiare invece loro?

4. Come è descritta la città di Torino?
5. L'autrice paragona la disciplina di Miss Parker alla vitalità dei bambini. Descrivete il loro comportamento nell'ora del bagno e durante la passeggiata.
6. Fate una lista degli elementi dell'educazione di Miss Parker: in una colonna descrivete le cose che i bambini dovevano fare e nell'altra le cose che non potevano fare.

Studio di parole

to stop

fermare
to stop someone or something

Il poliziotto ferma la macchina.
The policeman stops the car.

fermata *stop (bus, streetcar, train)*

smettere di + *infinitive*
to cease doing something, to quit

Voglio smettere di mangiare dolci.
I want to stop eating sweets.

fermarsi
to stop moving, to come to a halt

Perché ti fermi davanti a tutti i negozi?
Why do you stop in front of every store?

Smettila!
Stop it! Cut it out!

to think

pensare a
to think of (about) = *to have on one's mind; to take care of*

Non voglio pensare all'esame.
I don't want to think about the exam.

Chi pensa ai rinfreschi?
Who's going to take care of the refreshments?

pensare di + *infinitive*
to plan, to intend to do something

Pensiamo di andare in Italia quest'estate.
We're planning to go to Italy this summer.

pensare di
to think of (about) = *to have an opinion on*

Che cosa pensate dell'educazione britannica?
What do you think of British upbringing?

to walk

camminare
to walk (no destination indicated)

Non dovete camminare sul tappeto.
You must not walk on the rug.

fare una passeggiata
to take a walk, to go for a walk

Dopo colazione facciamo lunghe
   passeggiate.
After breakfast we take long walks.

*andare a piedi
to walk (to a specific place)

Perché non vai in ufficio a piedi?
Why don't you walk to the office?

education

istruzione (*f*)
education

Luigi ha sposato una ragazza senza
   istruzione.
Luigi married a girl without any education.

istruito *educated;* **educato** *well-mannered,*
   polite

educazione (*f*)
upbringing, manners

Ho ricevuto una buona educazione
   da mia madre.
I received a good upbringing from my mother.

Pratica

a. *Scegliere la parola che completa meglio la frase.*

1. Dobbiamo guardare le vetrine senza (fermarci / smettere).
2. Come vado all'università? Ci (cammino / vado a piedi).
3. Non devi pensare solo (ai / dei) soldi!
4. Nessun ostacolo lo può (fermare / smettere).
5. A molte persone piace correre; a me piace (camminare / andare).
6. A che ora (smettete / fermate) di lavorare? Alle sette?
7. Che cosa pensate (a / di) questo libro?
8. Giorgio è molto (educato / istruito): ha tre lauree!

b. *Completare le frasi inserendo la forma italiana richiesta tra parentesi in inglese.*

1. Devi proprio (*stop*) _____ fumare.
2. Hai un esame tra due giorni, non puoi continuare a (*think*) _____
   divertimenti.
3. I bambini Martelli sono veramente molto carini e (*well-mannered*) _____ .

4. Dopo l'incidente Claudio deve (*walk*) _____ col bastone (*walking stick*).
5. Piero non (*thinks any more*) _____ fare il pittore, vuole diventare informatico (*computer expert*).
6. L'autobus 64 (*stops*) _____ qui.

c. *Domande per Lei.*

1. Che pensa di fare dopo la lezione d'italiano? questo week-end? alla fine del semestre?
2. A che cosa pensa quando è felice? e quando è triste?
3. Quando cammina, Lei si ferma davanti alle vetrine dei negozi? Perché sì o perché no?
4. Quali cose vuole smettere di fare e quali cose vuole cominciare a fare?
5. Dove va a piedi? in macchina? in aereo?
6. Le piace camminare? Se sì, dove e per quanto tempo?
7. C'è una buona pasticceria nella Sua città? Cosa c'è in vetrina?
8. Com'erano i Suoi capelli quando era piccolo/a? lunghi? corti? ricci? lisci?
9. Secondo Lei, è bene abituare i bambini a finire tutto quello che hanno nel piatto? Quali altre cose devono imparare a fare i bambini?
10. Lei mangia tra i pasti? Secondo Lei, è vero che mangiare tra i pasti rovina l'appetito?

∾ Temi per componimento o discussione

1. Nel brano letto, avete visto alcune regole dell'educazione britannica. Quali regole fanno parte dell'educazione che avete ricevuto voi? Quali regole dovrebbero far parte di qualsiasi educazione?
2. Ricordi d'infanzia. Come trascorreva il week-end quando era piccolo/a? Cosa faceva con gli amici/le amiche? Aveva un amico/un'amica inseparabile? Com'era? ecc.

RICERCA WEB

La Fiat (Fabbrica Italiana Automobili Torino) è sorta nel 1899, pochi anni prima della Ford (1903). A pochi anni prima risale la fondazione del Touring Club Italiano (1894), l'associazione dedicata allo sviluppo ed alla diffusione del turismo. In Italia c'è un numero elevatissimo di automobilisti che viaggiano non solo per lavoro ma anche a scopo ricreativo e culturale.

a. Breve storia della Fiat
b. Touring Club Italiano
c. Viaggi e turismo Italia

PER COMUNICARE

Dai, racconta! Leslie, l'amica americana di Luciano, non è mai stata in Italia ed è molto curiosa.

LESLIE: A Milano abitavi in centro, non è vero?
LUCIANO: Sì, avevamo una casa in via Manzoni.
LESLIE: Era una casa grande?
LUCIANO: Sì, cioè, mi spiego: non era una casa, era un grande appartamento in un vecchio palazzo.
LESLIE: Ah sì? Ma è vero che in Italia sono pochi quelli che vivono in una casa con giardino e garage come in America?
LUCIANO: Eh, sì. Grande o piccolo abbiamo quasi tutti un appartamento.
LESLIE: Interessante! Dai, raccontami di più dell'Italia!

Controllare l'informazione

(Non) è vero che...?
(Non) è così?   *Isn't it so?*
Dico bene?
Mi sbaglio?   *Am I wrong?*
Correggimi se sbaglio, ma...   *Tell me if I'm wrong, but . . .*

Chiarire e spiegare

Cioè, volevo dire...   *That is, I meant . . .*
Non proprio   *Not really*
O meglio
Piuttosto   *Rather*
Mi spiego   *Let me explain*
A dir la verità
Veramente   *To tell you the truth*

Sollecitare l'interlocutore

Dai, racconta!   *Come on, tell me!*
E poi che cosa ha detto/fatto?
E dopo, com'è andata a finire? *And then, how did it turn out?*
Vuoi/vuole dire che... ?   *Did you mean to say that . . . ?*

Esprimere incredulità

Ma è vero che... ?
Mi hanno detto che...   *They told me that . . .*
Dici sul serio?   *Are you serious?*
Non sarà mica vero che... *It isn't true that . . . , is it?*
È impossibile, non ci credo!
Stai scherzando!   *You must be joking!*

Che cosa dice?

1. Un collega Le dice che è venuto a cercarLa un signore che guidava una Ferrari rossa.
2. Ha comprato i biglietti per andare a sentire Luciano Pavarotti ma un amico Le dice che il cantante è ammalato. Lei telefona al botteghino per avere conferma della notizia.
3. Ha detto al Suo ragazzo/alla Sua ragazza che ha una macchina nuova, ma adesso spiega che invece l'ha comprata usata.
4. Un/a collega ha preso in prestito il Suo libro d'italiano e ora Le sta dicendo che non lo trova più.
5. Ha promesso a un amico/un'amica di passare una settimana con lui. Ora gli/le telefona per cambiare il programma e dirgli/le che invece saranno solo tre giorni.
6. I Suoi amici sono certi che Lei è un ottimo suonatore di flauto e La invitano a far parte di un gruppo musicale; sfortunatamente Lei non è bravo come loro.

SantAndrea

L'AGENZIA DEL CENTRO

CASA ANTICA – VIA RONCIGLIONE

In una signorile palazzina, proponiamo l'acquisto di un secondo plano di mq. 185 composto da: doppi ingressi, salone, tre camere, tre bagni, camera e bagno di servizio, cucina. L'appartamento completamente ristrutturato ha un box e due balconate.

MAZZINI – VIALE CARSO

In un palazzo signorile, proponiamo l'acquisto di un interessante appartamento di mq. 160 adetto ad afficio, composto da: ingresso, salone, studio, tre camere, due bagni, cucina e cameretta.

CENTRO – FONTANA DI TREVI

In un complesso ottocentesco completamente ristrutturato, proponiamo l'acquisto di un delizioso appartamento di mq. 75 composto da: ingresso, soggiorno, una camera da letto, un bagno, cucina, ripostiglio e posto auto.

CENTRO – PIAZZA MARGANA

Tra l'Ara Coeli e il teatro Marcello proponiamo l'acquisto di una prestigiosa residenza cinquecentesca con particolari pregi architettonici, completamente restaurata, di mq. 400 composta da: ingresso, salone, sala pranza, salotto, due camere da letto, due bagni padronali, cucina, dispensa, camera con bagno di servizio e terrazzetto.

ROMA Piazza di Spagna, 31
Tel. 06/6787702-6784787

Situazioni

1. Lei sta guardando con un amico/un'amica un vecchio album di fotografie. Ci sono foto di Lei bambino/a, dei Suoi familiari e della casa in cui abitava quando era piccolo/a. L'amico/a Le chiede di raccontargli/le della Sua infanzia e anche Lei vuole informazioni sulla vita dell'amico/a. Riferisca la conversazione.

2. Lei e il Suo compagno/la Sua compagna vogliono prendere in affitto un appartamento insieme. Discutete le vostre preferenze e poi scrivete un annuncio per un giornale locale.

3. Immagini di essere ospite di Suo nonno/Sua nonna e di fargli/le molte domande sulla vita in America durante la crisi economica degli anni Trenta. Insieme ad un compagno/una compagna, che Le fa da interlocutore/trice, prepari la conversazione.

4. Lei lavora all'agenzia immobiliare *(real estate)* "Sant'Andrea". *[See figure on previous page.]* Un/a cliente vuole comprare un appartamento e Le spiega quali sono i suoi desideri. Lei propone alcune soluzioni e si offre di accompagnarlo/la a vedere le abitazioni disponibili.

PER COMINCIARE
In ascensore

STRUTTURA
Parlare di eventi nel passato
    I. Passato prossimo
Identificare persone e cose
    II. Articolo determinativo
    III. *Bello* e *quello*
Fare domande
    IV. Interrogativi
Espressioni di tempo e dire l'ora
    V. L'ora
    VI. Giorni, stagioni, mesi, anni

LETTURA
Intervista con Elisa

PER COMUNICARE
Offrire un servizio
Sollecitare un servizio
Fare acquisti
Chiedere il prezzo

In ascensore. Marina incontra la signora Bussini, la vicina di casa, in ascensore. La signora è piena di buste e pacchetti.

MARINA: Buongiorno, signora. È stata in centro?

SIGNORA: Sì, da Benedettini, c'erano i saldi di fine stagione. Marina, non ho mai visto dei prezzi così bassi!

MARINA: Davvero? Normalmente Benedettini è così caro... anche durante i saldi è difficile trovare qualcosa veramente a buon mercato.

SIGNORA: Hai ragione. Comunque dopo sono andata da Brogini e lì sì che ho speso un mucchio di soldi.

MARINA: Ha comprato il regalo per Giovanna?

SIGNORA: Ma sì; il commesso mi ha fatto un buono sconto su un servizio di posate stupendo, sai, l'ultima collezione di Alessi. Non ho saputo resistere. Boh, ho pagato con la carta di credito, non era il caso di risparmiare. Giovanna si sposa! Sai, hanno un bell'appartamento in centro.

MARINA: Dice davvero? Be', eccoci arrivate. Faccia tanti auguri a Giovanna da parte mia. ArrivederLa, signora.

SIGNORA: Senz'altro. Ciao, Marina. Salutami la mamma.

Guido e Anita Vegni
annunciano il matrimonio della figlia Giulia
con
Marco Petrelli

Franco e Silvia Petrelli
annunciano il matrimonio del figlio Marco
con
Giulia Vegni

Castellazzo di Bollate
16 Settembre 2003
Chiesa di S. Guglielmo – ore 17

Milano – Via Fatebenesorelle, 18

Milano – Via Balzaretti, 34

Monza – Via Leopardi, 12

Vocabolario utile

I negozi

negozio di   **abbigliamento**   clothing store
                  arredamento   home furnishing store
                  articoli sportivi   sporting goods store
                  biancheria intima   lingerie store
                  elettrodomestici   appliance store
                  mobili   furniture store
                  strumenti musicali   music store

I prezzi

a buon mercato/a poco   }
a prezzo basso   } cheap
a rate mensili   in monthly installments
in saldo/in svendita   on sale
conveniente   cheap

caro   }
costoso   } expensive
dispendioso }
economico   economical

Le compere   *purchases*

fare un affare   to get a bargain
fare un assegno   to write a check
fare delle spese/degli acquisti   to shop
fare la spesa   to shop for groceries
fare lo sconto (su qualcosa)   to give
   a discount
pagare in contanti/con la carta di credito
   to pay cash/with a credit card

risparmiare   to save
* **stare bene**   to fit well
* **stare male**   to fit poorly
saldi di fine stagione   end of season sale
un mucchio di   a lot of

ESERCIZI

a.   *Vero o falso?*

_____ 1. Maria ha incontrato la signora Bussini nel corridoio.
_____ 2. Benedettini ha sempre dei prezzi molto convenienti.
_____ 3. Da Brogini la signora ha risparmiato.
_____ 4. La signora ha comprato un regalo per Giovanna.
_____ 5. La signora ha pagato in contanti.
_____ 6. Maria fa gli auguri alla signora Bussini.

b.   *Sostituire alle parole in corsivo un'espressione equivalente.*

1. La signora non aveva abbastanza *soldi* per pagare il servizio di posate.
2. Gli articoli di Benedettini sono belli ma molto *cari.*
3. La commessa *ha venduto il vestito ad un prezzo più basso.*
4. Non mi posso permettere di pagare la macchina in contanti: pago *un tanto* (**amount**)
   al mese.

5. Durante *i saldi* i prezzi sono sempre *convenienti.*
6. *Ho pagato 25 euro in meno.*

c. **Adesso tocca a Lei.** *Con un compagno/una compagna parli delle compere nel Suo paese. Quando fa degli acquisti, come paga? Quando usa la carta di credito e quando fa un assegno? Che cosa compra in contanti? a rate? Quali negozi hanno dei saldi e quando? Alternate i ruoli ed usate le seguenti parole nelle vostre risposte:*

la bottiglieria   *liquor store*
la calzoleria   *shoe store*
il concessionario d'automobili   *car dealer*
il fotografo   *camera store/photographer*
i grandi magazzini   *department stores*

il negozio di generi alimentari   *food store*
il negozio di articoli sportivi   *sporting goods store*
l'oreficeria   *jeweler*
la pasticceria   *pastry shop*

STRUTTURA

I. Passato prossimo

The **passato prossimo** is a compound tense. It is formed with the appropriate form of the present tense of an auxiliary verb, either **avere** or **essere,** plus the past participle of the verb. The past participle is formed by adding the appropriate ending to the infinitive stem.

INFINITIVE	ENDING	PAST PARTICIPLE
amare	**-ato**	**amato**
credere	**-uto**	**creduto**
finire	**-ito**	**finito**

A. For verbs conjugated with **avere,** the past participle does not change forms unless a direct object pronoun precedes the verb (see p. 91).

PASSATO PROSSIMO *WITH* AVERE					
amare		**credere**		**finire**	
ho	amato	ho	creduto	ho	finito
hai	amato	hai	creduto	hai	finito
ha	amato	ha	creduto	ha	finito
abbiamo	amato	abbiamo	creduto	abbiamo	finito
avete	amato	avete	creduto	avete	finito
hanno	amato	hanno	creduto	hanno	finito

Maria ha mangiato la torta.
Mary ate the cake.

Anche i bambini hanno mangiato la torta.
The children have eaten the cake too.

B. For verbs conjugated with **essere,** the past participle functions like an adjective and agrees in gender and number with the subject of the verb. There are thus four possible endings: **-o, -a, -i, -e.**

PASSATO PROSSIMO *WITH* ESSERE					
entrare		**cadere**		**uscire**	
sono	entrato/a	sono	caduto/a	sono	uscito/a
sei	entrato/a	sei	caduto/a	sei	uscito/a
è	entrato/a	è	caduto/a	è	uscito/a
siamo	entrati/e	siamo	caduti/e	siamo	usciti/e
siete	entrati/e	siete	caduti/e	siete	usciti/e
sono	entrati/e	sono	caduti/e	sono	usciti/e

Maria è uscita.
Mary went out.

Anche i bambini sono usciti.
The children went out too.

When a plural subject includes both masculine and feminine forms, the past participle is in the masculine plural.

Teresa e Lorenzo sono partit**i.**
Teresa and Lorenzo have left.

C. **Essere** is used with:

1. Most intransitive verbs. An intransitive verb is a verb that cannot have a direct object. Most of these verbs are verbs of motion or being (**andare** *to go,* **stare** *to stay*). See the Appendix for a list of verbs requiring **essere** in the **passato prossimo.**

    Chi è andato in aereo?
    Who went by plane?

    La posta non è arrivata.
    The mail didn't arrive.

    Quando siete partiti?
    When did you leave?

    Le ragazze sono state a letto.
    The girls stayed in bed.

    Essere uses the past participle of **stare** as its past participle: **stato.** Thus the **passato prossimo** of **stare** and **essere** is the same:

    Sono stato fortunato.
    I was lucky.

    Sono stato a casa.
    I stayed home.

2. Reflexive and reciprocal verbs (see Capitolo 5):

    Mi sono lavato.
    I washed (myself).

    Ci siamo visti al cinema.
    We saw each other at the movies.

D. The **passato prossimo** is used to report a completed action or event or fact that took place in the past. It has three equivalents in English:

ho lavorato $\begin{cases} \textit{I have worked} \\ \textit{I worked} \\ \textit{I did work} \end{cases}$

Note that the English equivalent of the **passato prossimo** can be either a compound form or, as is usually the case, a simple form.

ESERCIZI

a. *Inserire la forma corretta di* **avere** *o* **essere** *e dare la terminazione corretta del participio.*

1. Il signor Bianchi _____ vendut _____ molti dischi.
2. Quanto tempo _____ durat _____ la conferenza?
3. Perché voi due non _____ venut _____ ?
4. Giovanna ed io _____ ricevut _____ molte lettere.
5. Mamma, non _____ uscit _____ ieri?
6. Tutti i bambini _____ avut _____ un regalo a Natale.
7. Questa rivista non _____ costat _____ molto.
8. Papà, _____ dormit _____ bene?
9. Teresa _____ stat _____ molto gentile con me.
10. _____ capit _____ , ragazzi?
11. Noi _____ rimast _____ a casa tutto il giorno.
12. Nonno, tu _____ nat _____ in Italia o in America?
13. Non capisco perché la professoressa si _____ arrabbiat _____ .
14. I miei zii _____ viaggiat _____ molto.

Participi passati irregolari

The following verbs have an irregular past participle. Most of them are second-conjugation verbs. An asterisk indicates those that require **essere**.

INFINITIVE	PAST PARTICIPLE	INFINITIVE	PAST PARTICIPLE
acc**e**ndere *to light, to turn on*	**acceso**	*rim**a**nere *to remain*	**rimasto**
aprire *to open*	**aperto**	risp**o**ndere *to answer, reply*	**risposto**
bere *to drink*	**bevuto**	r**o**mpere *to break*	**rotto**
chi**e**dere *to ask*	**chiesto**	sc**e**gliere *to choose*	**scelto**
chi**u**dere *to close*	**chiuso**	*sc**e**ndere *to go down*	**sceso**
c**o**rrere *to run*	**corso**	scr**i**vere *to write*	**scritto**
dec**i**dere *to decide*	**deciso**	sm**e**ttere *to stop*	**smesso**
dire *to say, tell*	**detto**	sp**e**gnere *to turn off*	**spento**
fare *to do, make*	**fatto**	sp**e**ndere *to spend*	**speso**
l**e**ggere *to read*	**letto**	*succ**e**dere *to happen*	**successo**
m**e**ttere *to put*	**messo**	tradurre *to translate*	**tradotto**
*morire *to die*	**morto**	vedere *to see*	**visto / veduto**
*n**a**scere *to be born*	**nato**	*venire *to come*	**venuto**
offrire *to offer*	**offerto**	v**i**ncere *to win*	**vinto**
p**e**rdere *to lose*	**perso / perduto**	v**i**vere *to live*	**vissuto**
pr**e**ndere *to take*	**preso**	ucc**i**dere *to kill*	**ucciso**

Hanno speso cinque euro.
They spent five euros.

Perché non siete venuti?
Why didn't you come?

Chi ha rotto il bicchiere?
Who broke the glass?

Che cosa è successo?
What happened?

Verbs ending in **-scere** and **-cere** have a past participle ending in **-iuto.**

Ho conosciuto uno scrittore.
I met a writer.

Il film è piaciuto a tutti.
Everyone liked the film.

ESERCIZI

a. *Inserire la forma corretta del passato prossimo del verbo fra parentesi.*

1. Che cosa (perdere) _____ , mamma?
2. Tutti (prendere) _____ il caffè.
3. Alberto (diventare) _____ un famoso scrittore.
4. I prezzi in Italia mi (sembrare) _____ molto cari.
5. Signorina, quanto (spendere) _____ ?
6. Voi (venire) _____ a piedi?
7. Uno studente mi (chiedere) _____ se poteva fumare, ma io (rispondere) _____ di no.
8. Anche voi (bere) _____ birra?
9. Io (dire) _____ buon giorno, loro mi (dire) _____ ciao!
10. Neanche lei (tradurre) _____ le frasi.
11. I miei amici (decidere) _____ di aspettare un altro mese.
12. Che tempo (fare) _____ ieri?
13. Noi (scegliere) _____ un appartamento di quattro stanze.
14. Non ricordo che cosa (succedere) _____ dieci anni fa.
15. Nessuno (accendere) _____ la radio.

b. **Maschile, femminile.** *Riscrivere ogni frase cambiando dal maschile al femminile e viceversa e facendo ogni cambiamento necessario. Ricordare che molti nomi hanno la stessa forma per il maschile e per il femminile e che il solo cambiamento necessario è quello dell'articolo o dell'aggettivo.*

1. <u>Il protagonista</u> del nuovo film ha annunciato il suo matrimonio.
2. <u>Mio nipote</u> è andato in vacanza.
3. <u>Un uomo</u> si è avvicinato al bambino.
4. <u>Sua sorella</u> è diventata farmacista.
5. <u>Il dottore</u> mi ha fatto i raggi X (*read* "ics").
6. <u>Il grande scrittore</u> ha tenuto una conferenza stampa.
7. <u>Nessun amico</u> mi ha scritto a Natale.
8. <u>L'autrice</u> del libro è morta.

c. **Gli scioperi.** *Michele racconta quello che ha fatto durante un periodo di scioperi. Riscrivere il brano al passato prossimo.*

Ci sono molti scioperi in questo mese e decido di partecipare anch'io. Invece di lavorare faccio delle belle passeggiate. Prendo tanti libri in biblioteca e li leggo con interesse. Preparo dei pranzi meravigliosi e li offro agli amici. Qualche volta vado al cinema qui vicino e vedo dei vecchi film di Chaplin molto divertenti. Decido perfino di comprare un televisore nuovo e spendo un mucchio di soldi. Che bello fare sciopero!

d. Che giornataccia (What a bad day)! *Raccontare ad un amico/un'amica che cosa ha fatto oggi. L'amico/a Le fa domande e Lei risponde facendo riferimento alla lista seguente. Alternatevi i ruoli.*

1. svegliarsi alle 7,00
2. fare la doccia
3. fare colazione e vestirsi in fretta e furia
4. correre alla fermata dell'autobus
5. perdere l'autobus
6. arrivare all'università in ritardo ed entrare nell'aula sbagliata
7. rimanere a lezione fino all'una
8. pranzare alla mensa con Roberta
9. cominciare la ricerca di storia in biblioteca
10. prendere l'autobus e scendere una fermata prima
11. fare due passi prima di arrivare a casa

e. Il milionario eccentrico. *Il signor Bonaventura è un milionario eccentrico. Un giorno Le offre diecimila dollari a una condizione: Lei deve poi dirgli come ha speso i soldi. Lei accetta, prende i soldi, li spende e adesso spiega come li ha spesi.*

∾ *Essere* o *avere*?

Some verbs may be conjugated with either **essere** or **avere** depending on how they are used.

A. Some weather expressions take either **essere** or **avere**.

È piovuto. (Ha piovuto.)   È nevicato. (Ha nevicato.)   È grandinato. (Ha grandinato.)
It rained.   *It snowed.*   *It hailed.*

B. Some verbs require **essere** when used intransitively (without a direct object) and **avere** when used transitively (with a direct object). Note that sometimes the meaning of the verb changes.

passare	**Sono passato** in biblioteca. *I stopped at the library.*	**Ho passato** un'ora in biblioteca. *I spent one hour in the library.*
salire	**Sono saliti** sul treno. *They boarded the train.*	**Hanno salito** la collina. *They climbed the hill.*
scendere	**Siamo scesi** in cantina. *We went down in the cellar.*	**Abbiamo sceso** le scale. *We went down the stairs.*
cambiare	La mia vita è **cambiata.** *My life has changed.*	**Ho cambiato** abitudini. *I changed habits.*
cominciare	Quando è **cominciato** l'anno accademico? *When did the academic year start?*	Quando **hai cominciato** la lezione? *When did you begin the lesson?*
finire	Le vacanze **sono finite** il 30 agosto. *Vacation was over on August 30.*	**Abbiamo finito** il libro. *We have finished the book.*

C. Some verbs of movement take **essere** if a point of departure or a point of arrival is mentioned, no matter how general; otherwise they take **avere**.

correre	**Sono corso** a casa a prendere la chiave. *I ran home to get the key.*	Sono stanco perché **ho corso.** *I am tired because I ran.*
saltare	Il gatto **è saltato** dalla finestra. *The cat jumped from the window.*	Il bambino **ha saltato** tutto il giorno. *The child jumped up and down all day.*
volare	L'uccello **è volato** sull'albero e poi **è volato** via. *The bird flew to the tree and then flew away.*	Il nonno non **ha** mai **volato.** *Grandpa has never flown.*

D. When used alone (not followed by an infinitive), **dovere, potere,** and **volere** require **avere**.

Non sei andato?—No, non ho potuto.
You didn't go?—No, I couldn't.

When followed by an infinitive, these three verbs are conjugated with **avere** or **essere** depending on whether the verb in the infinitive normally requires **avere** or **essere**. It is, however, becoming more and more frequent to use **avere** with **dovere, potere,** and **volere** regardless of the infinitive.

Non ho potuto dormire.
I couldn't sleep.

È dovuto partire.
Ha dovuto partire.
He had to leave.

If **dovere, potere,** or **volere** accompanies a reflexive verb, two constructions are possible: with **avere,** the reflexive pronoun is attached to the infinitive of the verb; with **essere,** the reflexive pronoun precedes the conjugated form of **essere** (see p. 119).

Ho dovuto lavar**mi.**
Mi sono dovuto lavare.
I had to wash.

Non avete voluto curar**vi.**
Non **vi** siete voluti curare.
You refused to take care of yourselves.

ESERCIZI

a. *Riscrivere le seguenti frasi al passato prossimo.*

1. Quando andiamo all'università, passiamo davanti al monumento a Cristoforo Colombo.
2. Dove passi le vacanze?
3. Quando finiscono le lezioni?
4. Non vogliono partire in marzo.
5. La ragazza scende dal treno e corre verso i genitori.
6. Salgono e scendono le scale molte volte e così si stancano.
7. Non vi fermate?—No, non possiamo fermarci.
8. A che ora comincia il film?
9. Corro a casa appena posso.
10. Voli sempre con l'Alitalia?

II. Articolo determinativo

The **articolo determinativo** (*definite article*) has seven different forms according to the gender, number, and first letter of the word it precedes. The English equivalent is always *the*. Its forms are:

	SINGULAR		PLURAL	
	Masculine	Feminine	Masculine	Feminine
before a consonant	il	la	i	le
before **s** 1 consonant, **z**, and **ps**	lo	la	gli	le
before a vowel	l'	l'	gli	le

il dottore e lo psichiatra
la sorella e l'amica
gli americani e le americane

Note that the article is repeated before each noun.

The word immediately following the article determines its form.

il ragazzo   **l'**altro ragazzo
the boy   *the other boy*

lo zio   **il** giovane zio
the uncle   *the young uncle*

∾ Preposizioni articolate

Some common prepositions combine with the definite article to form a single word.

	PREPOSITIONS + ARTICLES						
	+il	+lo	+la	+l'	+i	+gli	+le
a	al	allo	alla	all'	ai	agli	alle
da	dal	dallo	dalla	dall'	dai	dagli	dalle
su	sul	sullo	sulla	sull'	sui	sugli	sulle
in	nel	nello	nella	nell'	nei	negli	nelle
di	del	dello	della	dell'	dei	degli	delle
con	col				coi		

Note that in modern Italian **con** may combine with the article in only two instances:
con + il = **col**   con + i = **coi**

al caffè della stazione
at the railroad-station bar

nelle ore dei pasti
at mealtimes

sui treni e sugli aeroplani
on the trains and on the planes

tè col (con il) latte
tea with milk

nel palazzo dell'avvocato
in the lawyer's building

all'inizio e alla fine
at the beginning and the end

A. The preposition alone is used in common expressions referring to places and rooms of a house.

in campagna	*in, to the country*	**in salotto**	*in, to the living room*
in montagna	*in, to the mountains*	**in biblioteca**	*in, at, to the library*
in città	*in, to the city/town, downtown*	**in giardino**	*in, to the garden*
in paese	*in, to the village*	**in chiesa**	*in, to the church*
in camera	*in, to the bedroom*	**a teatro**	*at, to the theater*

The article must be used, however, if the noun is modified by an adjective or phrase.

nel giardino pubblico
in the public garden

nella biblioteca dello zio
in the uncle's library

B. Note the following special idiomatic uses of prepositions.

alla radio	*on the radio*	**al** telefono	*on the phone*
alla televisione	*on TV*	**sul** giornale	*in the newspaper*

C. The prepositions listed in the chart above, especially **a** and **di,** may be used with other prepositions to form prepositional phrases.

vicino a	*near*	**prima di**	*before*
lontano da	*far from*	**oltre a**	*in addition to*
davanti a	*in front of*	**fino a**	*till, until*
dietro (a)	*behind*	**invece di**	*instead of*

Devo prendere la medicina prima
dei pasti o dopo i pasti?
*Shall I take the medicine before meals
or after meals?*

C'è una banca vicino all'università.
There is a bank near the university.

Bevono il tè invece del caffè.
They drink tea instead of coffee.

Cosa c'è dietro il (al) muro?
What is behind the wall?

∾ Uso dell'articolo determinativo

A. Unlike English, Italian uses the definite article in the following cases:

1. With geographical names (names of continents, countries, rivers, states, provinces, large islands, mountains, lakes).

L'Italia è bella.
Italy is beautiful.

Conosci **il Massachusetts?**
Do you know Massachusetts?

However, the article is omitted after **in** if the geographical term is unmodified, feminine, and singular.

La Toscana è **in** Italia, **nell'**Italia
centrale.
Tuscany is in Italy, in central Italy.

Boston è **nel** Massachusetts, **nell'**America
del Nord.
Boston is in Massachusetts, in North America.

2. With days of the week in the singular to indicate a regular weekly occurence.

Mangiamo pesce **il** venerdì.
We eat fish on Fridays.

The definite article is omitted when referring to a specific day.

Mario è arrivato venerdì.
Mario arrived on Friday.

Assistenza Turistica in Francese e Inglese

Maria Claudia Vico

Corso Vanucci 80
06100 Perugia
Tel: 075/36150

Studio Medico Dentistico

Dott. Fabio Foschi
Via S. Martino 75 Roma
Tel. (06) 647 1324

Viale Carso 71 Roma
Tel. (06) 379 1588

Dott. Prof. Arch. Luigi Nigro

3. With proper names preceded by a title (**Signore,**[1] **Dottore, Professore, Avvocato, Conte, Signora, Signorina,** etc.).

Il Professor Bianchi insegna bene.
Professor Bianchi teaches well.

The definite article is omitted, however, when speaking directly to the person in question.

Professor Bianchi, ha letto il romanzo *Il bell'Antonio*?
Professor Bianchi, have you read the novel Il bell'Antonio?

Buon giorno, signora Rossi. Come sta?
Good morning, Mrs. Rossi, how are you?

---

[1] Titles ending in **-ore** drop the **-e** before a proper name or noun. The capitalization of titles is optional.

4. Before names of languages (all languages are masculine) unless they are preceded by **di** or **in.** The article is also frequently omitted when the language is the object of the verbs **parlare, insegnare,** or **studiare:**

Impariamo **il** francese.
We are learning French.

Ecco il libro **di** francese.
Here is the French book.

È scritto **in** francese.
It is written in French.

In classe **parliamo francese.**
In class we speak French.

5. Before nouns used as generalities or to designate an entire category.

Gli uomini sono mortali.
Men are mortal.

La pazienza è una virtù.
Patience is a virtue.

Lo zucchero è bianco.
Sugar is white.

6. Instead of the possessive (*my, your, his,* etc.) when referring to parts of the body, articles of clothing, and personal effects belonging to the subject of the verb (see p. 98).

Ha alzato **la** mano.
He raised his hand.

Ti sei messo **i** guanti?
Did you put on your gloves?

7. After the verb **avere** with nouns that describe a person physically.

Mirella ha **i** capelli biondi e **gli** occhi verdi.
Mirella has blond hair and green eyes.

La bambina aveva **le** mani fredde.
The child had cold hands.

8. When combined with **a** to convey *every* or *per.*

Lavoriamo otto ore **al** giorno.
We work eight hours a day.

Novanta chilometri **all'**ora.
Ninety kilometers an (per) hour.

Costa un euro **al** chilo.
It costs one euro a kilo.

ESERCIZI

a. *Inserire la forma corretta dell'articolo o della preposizione (semplice o articolata).*

1. _____ italiano è facile, non è vero?
2. Vanno sempre _____ cinema.
3. Mio padre è professore _____ spagnolo.
4. _____ autunno è bello _____ montagna.
5. Ho ricevuto una cartolina _____ zii.
6. Non ricordi il prezzo _____ broccoli?
7. Sento il vento _____ mia pelle.
8. Davanti _____ albergo c'è una statua.
9. _____ Professor Vivaldi è malato.
10. C'è troppo sale _____ minestra.

11. _____ fine del film i due si sposano.
12. Abbiamo passato le vacanze _____ Germania del sud.
13. _____ piccolo Mario non si sente bene.
14. _____ bambini americani non vanno a scuola _____ sabato.
15. Che cosa c'è _____ televisione stasera?
16. Quante ore _____ giorno studiate?
17. Dicono che _____ amore è cieco (blind).
18. _____ ragazze avevano _____ capelli lunghi.

III. *Bello* e *quello*

Bello (*beautiful, handsome, fine*) and **quello** (*that*) have parallel forms when they precede the noun they modify. Note the similarity to the forms of the definite article.

	SINGULAR		PLURAL	
	Masculine	**Feminine**	**Masculine**	**Feminine**
before a consonant	**il/bel/quel**	**la/bella/quella**	**i/bei/quei**	**le/belle/quelle**
before **s** + consonant, **z**, and **ps**	**lo/bello/quello**	**la/bella/quella**	**gli/begli/quegli**	**le/belle/quelle**
before a vowel	**l'/bell'/quell'**	**l'/bell'/quell'**	**gli/begli/quegli**	**le/belle/quelle**

quell'avvocato e **quello** psichiatra   **bei** negozi e **belle** vetrine   **quei begli** occhi

A. When **bello** follows the noun it modifies, either directly or after the verb, it takes the regular adjective endings: **bello, bella, belli, belle.**

Un ragazzo bello può essere egoista.
A handsome young man can be selfish.

L'americana era bella.
The American was beautiful.

I fiori diventano belli dopo la pioggia.
Flowers become beautiful after the rain.

Quello è complicato, ma questo è bello!

B. When **quello** is used as a pronoun, it follows the regular pattern: **quello, quella, quelli, quelle.**

Prendo quello.   Preferiamo questi, non quelli.
I'll take that one.   *We prefer these, not those.*

ESERCIZI

a. **Lo spettacolo di ieri.** *Lucia è andata a teatro ieri sera e ora ne parla con Claudia. Inserire la forma corretta di* **quello** *e* **bello.**

LUCIA: Ho visto un _bello_____ spettacolo ieri sera.

CLAUDIA: Dove?

LUCIA: In _____bel_____ Teatro_____ teatro nuovo di via Pacini.

CLAUDIA: Chi c'era?

LUCIA: C'erano _____ _____ ragazzi che abbiamo conosciuto a casa di Enrico, e c'era anche _____ tipo strano che sembra Einstein.

CLAUDIA: Chi erano gli attori?

LUCIA: C'erano solo due personaggi: _____ maschile era un uomo sui quarant'anni molto affascinante, _____ femminile era una _____ signora che faceva la psichiatra.

CLAUDIA: Com'era la scena *(stage set)*?

LUCIA: Era molto _____ . C'era un _____ scrittoio come _____ di tuo nonno e tanti altri _____ oggetti d'arte. Insomma, è stata proprio una _____ rappresentazione.

IV. Interrogativi

A. The most common interrogative adverbs are:

come[1]   *how*
come mai   *how come*
dove[1]   *where*
quando   *when*
perché   *why*

In questions beginning with interrogative adverbs, the subject is usually placed at the end.[2]

Dove studia l'italiano Mario?
Where does Mario study Italian?

---

[1] **Come** and **dove** usually become **com'** and **dov'** before forms of **essere** beginning with **e-**: **Com'era il film?** *How was the movie?* **Dov'è il concerto?** *Where is the concert?*
[2] In Italian yes-and-no questions, the subject may be placed either at the beginning or at the end of the question: **Gino abita in Italia? Abita in Italia Gino?** *Does Gino live in Italy?*

After **perché** and **come mai,** however, the subject may appear either at the end of the question or before the verb.

Perché studia l'italiano Mario?
Perché Mario studia l'italiano?
Why does Mario study Italian?

B. The interrogative adjectives are:

quanto, -a, -i, -e	*how much, how many*
che	*what, what kind of*
quale, quali	*which, what*

As with all adjectives, interrogative adjectives agree in gender and in number with the noun they modify. **Che,** however, is invariable.

Quanto tempo avete?
How much time do you have?

In che modo intende pagare?
How (in what way) do you plan to pay?

Che frutta vende?
What kind of fruit does he sell?

Quanti figli ha?
How many children do you have?

Quanta birra hanno comprato?
How much beer did they buy?

In quale città è nato?
In which city were you born?

Quale implies a choice between two or more alternatives, whereas **che** is used in a more general sense. In modern usage, however, **quale** and **che** are often used interchangeably.

Che (quali) libri usiamo?
What books are we using?

In che (quale) anno è nato?
What year were you born?

C. The interrogative pronouns are:

chi	*who, whom*
che, cosa, che cosa	*what*
quanto, -a, -i, -e	*how much, how many*
quale (qual[1]), quali	*which (one), which (ones)*

Chi legge i fumetti?
Who reads comic strips?

Quanti hanno detto di sì?
How many said yes?

Che cosa (che, cosa) ha detto?
What did you say?

Quali hai preso?
Which ones did you take?

1. Prepositions, such as **di, a,** and **con,** always precede an interrogative pronoun because Italian sentences must never end with a preposition.

Di chi parliamo?
Whom are we talking about?

Con chi uscite stasera?
With whom are you going out tonight?

A chi dai questi fiori?
To whom are you giving these flowers?

---

[1] **Quale** may become **qual** before forms of **essere** beginning with **e-**.

2. **Di chi,** meaning *whose*, is directly followed by a form of **essere.**

Di chi è quel cane?   Di chi sono i libri?
Whose dog is that?   *Whose books are they?*

3. **Che cosa** + **essere** is used to ask for a definition of the word that follows **essere.**

Che cosa è la semiotica?   Che cosa è l'odio?   Che cosa sono le «fragole»?
What is semiotics?   *What is hatred?*   *What are "fragole"?*

Quale (qual), quali + **essere** is used to ask for information, not for a definition.

Qual è la differenza?   Qual è il problema?   Quali sono le qualità di un
What is the difference?   *What's the problem?*   buon marito?
                                                      *What are the qualities of a good
                                                          husband?*

ESERCIZI

a. *Gli amici di Luigi sono tornati dalle vacanze. Marco vuole sapere com'è andata. In base alle risposte, formulare le domande di Marco usando le parole interrogative.*

1. Sono venuti in aereo.
2. Sono partiti da Londra.
3. Sono arrivati questa mattina.
4. Hanno detto che erano contenti di vederci.
5. Sono andato a prenderli io in macchina.
6. Sono andato a prenderli con la macchina di Roberta.
7. Hanno passato le vacanze in Europa.
8. Hanno passato le vacanze con i loro parenti italiani.
9. Sono stati in Italia tre settimane.
10. Erano cinque anni che non tornavano in Italia.
11. Hanno portato regali a me e ai miei genitori.
12. Ora si riposano per due giorni e lunedì tornano a lavorare.

—Non fa che ripetere: «Chi sono? Da dove vengo? Dove vado?».

b. **Come hanno passato le vacanze?** *Il signor Giannini e la signora Rosati sono in autobus e parlano delle loro vacanze. In gruppi di due studenti, mettete in scena la conversazione. Includete le espressioni seguenti: dove andare, perché, con chi, come/con quale mezzo di trasporto, quanto tempo restare, che cosa vedere, che cosa fare la sera, quanto spendere.*

V. L'ora

A. Italians use both the twelve-hour and the twenty-four-hour clocks to tell time. Official time (for trains, buses, planes, theaters, movies, etc.) is expressed using the twenty-four-hour system. After twelve noon one continues counting up to 24 (midnight). Following is a list comparing the two systems.

12-hour clock		**24-hour clock**	
12 noon	mezzogiorno	le dodici	12:00
1 p.m.	l'una	le tredici	13:00
2 p.m.	le due	le quattordici	14:00
3 p.m.	le tre	le quindici	15:00
4 p.m.	le quattro	le sedici	16:00
5 p.m.	le cinque	le diciassette	17:00
6 p.m.	le sei	le diciotto	18:00
7 p.m.	le sette	le diciannove	19:00
8 p.m.	le otto	le venti	20:00
9 p.m.	le nove	le ventuno	21:00
10 p.m.	le dieci	le ventidue	22:00
11 p.m.	le undici	le ventitré	23:00
12 midnight	mezzanotte	le ventiquattro	24:00

The feminine definite article (**l', le**) is used before the number of the hour. It agrees in form with **ora** (*hour*) or **ore** (*hours*), which is not expressed. All times other than one o'clock are plural and thus require the feminine plural article **le**.

l'una	le due	le undici
one o'clock	*two o'clock*	*eleven o'clock*

B. A fraction greater than half an hour is also expressed as time remaining until the next full hour. Fractions of an hour are expressed with **e** + *the minutes elapsed*.

le due e cinque	le quindici e trenta	l'una e quaranta (le due meno venti)
2:05	*3:30 P.M.*	*1:40*

Un quarto (*a quarter*) and **mezzo** (*a half*) are also used, but not with the twenty-four-hour clock.

le due e un quarto	le tre e mezzo	le cinque meno un quarto
le due e quindici	le tre e trenta	le quattro e quarantacinque
2:15	*3:30*	*4:45*

In everyday conversation the distinction between A.M. and P.M. is made by adding the following expressions to the time: **di mattina** or **del mattino** (*in the morning*), **del pomeriggio** (*in the afternoon*), **di sera** or **della sera** (*in the evening*), **di notte** (*at night*).

le otto di mattina
8 A.M.

le quattro del pomeriggio
4 P.M.

le nove di sera
9 P.M.

le due di notte
2 A.M.

C. To ask and tell time in the present and in the past, use the following expressions:

Che ora è?	**Che ora era?**	**A che ora?**
Che ore sono?	**Che ore erano?**	*At what time?*
What time is it?	*What time was it?*	

È mezzogiorno.	**Era mezzogiorno.**	**A mezzogiorno.**
It is noon.	*It was noon.*	*At noon.*

È l'una.	**Era l'una.**	**All'una.**
It is one o'clock.	*It was one o'clock.*	*At one.*

Sono le due.	**Erano le due.**	**Alle due.**
It is two o'clock.	*It was two o'clock.*	*At two.*

Note that **essere** is used in the third person singular for **mezzogiorno, mezzanotte,** and **l'una** and in the third person plural for all other hours.

The verb **mancare** may also be used to express time.

Mancano venti minuti alle due.
It is twenty minutes to two.

Mancava un minuto a mezzanotte.
It was one minute to midnight.

⌇⌇ Come esprimere la parola *time*

The English word *time* corresponds to several words in Italian, depending on the idea being expressed.

1. **Ora** means *time of day, hour,* or the proper time to do something.

   Signorina, ha l'ora?
   Signorina, do you have the time?

   Mamma, è già ora di mangiare?
   Mother, is it time to eat yet?

2. **Volta** means an instance or an occasion. **Qualche volta** means *sometimes.*

   Devi farlo ancora una volta.
   You must do it once more.

   Sono venuti tre volte.
   They came three times.

3. **Tempo** refers to duration of time, a period of time, or time in the abstract.

   Avete aspettato molto tempo?
   Did you wait a long time?

   Non ho tempo ora.
   I don't have time now.

   Il tempo è denaro.
   Time is money.

4. **Divertirsi** means *to have a good time.*

   Ci divertiamo sempre a Roma.
   We always have a good time in Rome.

ESERCIZI

a. *Completare con* **ora, volta** *o* **tempo.**

1. Hanno visto il film tre _____ .
2. Jack non ha _____ per divertirsi.
3. Ogni _____ che viene lei, piove!
4. A che _____ è l'ultimo treno?
5. Bambini, è _____ di andare a dormire.
6. Tu non perdi _____ !
7. Che _____ sono?
8. C'era una _____ una bella principessa.

VI. Giorni, stagioni, mesi, anni

A. Days of the week are not capitalized and do not require an article unless a routine weekly action is expressed.

Sono arrivati sabato.
They arrived (on) Saturday.

Non lavorano **il** sabato.
They don't work on Saturdays.

B. Le stagioni

1. The names of the seasons are not capitalized and are usually preceded by the definite article.

   La primavera è la mia stagione preferita.
   Spring is my favorite season.

2. **In** or **di** is used without the definite article to express *in* + the season.

   In primavera piove spesso.
   It often rains in the spring.

   Dove vanno le mosche **d'**inverno?
   Where do flies go in the winter?

C. I mesi

1. Months are not capitalized, and do not require an article. All months are masculine.

   Di solito agosto è il mese più caldo.
   Usually August is the hottest month.

2. **In** or **a** is used to express *in* + the month.

   In gennaio fa freddo.
   It's cold in January.

   Si sono sposati **a** maggio.
   They married in May.

3. The masculine definite article + a cardinal number + a month is used to express a specific day of the month or *on* + the day of the month. An exception is *the first,* which is **il primo** + the month.

il due settembre
September second
on September second

l'undici settembre
September eleventh
on September eleventh

il primo settembre
September first
on September first

4. Italian uses a different word order than English in numerical abbreviations.

9/5 = il nove maggio (not *September fifth!*)
1/9 = il primo settembre (not *January ninth!*)

D. Gli anni

The masculine singular definite article is used when referring to a year. The article combines with prepositions.

Il 1929 è stato un anno molto difficile.
1929 was a very difficult year.

La guerra è finita **nel** 1945.
The war ended in 1945.

Kennedy fu presidente **dal** 1960 **al** 1963.
Kennedy was president from 1960 to 1963.

E. The following expressions are used to refer to dates and time.

1. To ask about dates:

In che giorno?—Il cinque ottobre.
On what day?—On October fifth.

Quanti ne abbiamo oggi?—Ne abbiamo cinque.
What's today's date?—It's the fifth.

Che giorno è oggi?—È il cinque ottobre.
What day is today?—It is October fifth.

2. To express times of day:

di mattina (la mattina)
in the morning

di sera (la sera)
in the evening

di pomeriggio (nel pomeriggio)
in the afternoon

di notte (la notte)
at night

3. To indicate past time:

due ore (giorni, settimane, mesi) fa
two hours (days, weeks, months) ago

il mese scorso (la settimana scorsa, l'anno scorso)
last month (last week, last year)

4. To indicate future time:

fra due ore (giorni, settimane, mesi)
in two hours (days, weeks, months)

il mese prossimo (la settimana prossima, l'anno prossimo)
next month (next week, next year)

5. To indicate duration and approximation of time:

dalle due alle tre
from two to three

fino alle quattro
until four

verso le cinque
around five o'clock

ESERCIZI

a. Parliamo un po'.

1. Che giorno era ieri? Quanti ne avevamo?
2. Fino a che ora resta all'università ogni giorno Lei?
3. Dov'era due anni fa e cosa faceva?
4. Qual è il Suo giorno preferito? Qual è la Sua stagione preferita? Perché?
5. Lei studia meglio di sera, di notte o di mattina?
6. Che cosa ha fatto ieri dalle undici a mezzogiorno?
7. Che cosa ha intenzione di fare l'estate prossima?
8. Quale data è importante per Lei? Perché?
9. Quante volte ha saltato la lezione d'italiano quest'anno?

b. Brevi interviste.

1. Lei è esperto/a di oroscopi e Antonio è venuto da Lei per un consiglio. Gli chieda le informazioni necessarie: la data di nascita, il giorno della settimana e l'ora.
2. Lei studia italiano in Minnesota. C'è un nuovo studente che viene dalle Isole Vergini. Scambiatevi le informazioni sul tempo *(weather)* e le stagioni nei rispettivi paesi, e spiegate quali sono per voi i mesi migliori dell'anno e perché.
3. I Suoi genitori Le telefonano spesso. Oggi Le chiedono se è molto impegnato/a. Li informi sull'orario delle lezioni giorno per giorno.

LETTURA

Vocabolario utile

la bancarella (market) stall	**la réclame** advertising
la borsa handbag	**la roba** stuff
il dubbio doubt	**le scarpe da ginnastica** sneakers
i generi alimentari food items	**la scelta** choice
il golfino sweater	**lo/la stilista** designer
il paragone comparison	**il tailleur** (woman's) suit
la pelletteria leather store	**il vitto** food
la provvista supply	

apposta on purpose	**sotto casa** near home
in compenso in return	

abituarsi to get used to	**potersi permettere (non me lo posso**
accontentarsi to be content with	**permettere)** to be able to afford
consigliare bene/male to give	(I can't afford it)
good/bad advice	**sistemarsi** to settle (down)
fare bella figura to look smart/elegant	**valere la pena (non ne vale la pena)**
	to be worthwhile (it's not worth it)

Le vetrine dei negozi eleganti espongono le creazioni di stilisti famosi.

Prima di leggere

Elisa Ercolessi ha conseguito° la laurea in fisica presso l'Università di Bologna e ora è candidata al dottorato di ricerca° in fisica teorica alla Syracuse University. Le abbiamo domandato le sue opinioni sul «fare gli acquisti» in America.

obtained

PhD

In gruppi di tre o più studenti, esaminate i vari modi di fare gli acquisti nel vostro paese.

1. Quali negozi vendono articoli a buon mercato? Che cosa conviene comprare in questi negozi? Sono prodotti di buona qualità?
2. In generale, come sono i prezzi negli Stati Uniti? È possibile vestirsi e mangiare spendendo abbastanza poco?
3. Agli Italiani piace fare bella figura. Pensate che sia più importante essere eleganti o stare comodi? Perché?
4. Preferite avere poche cose belle e costose o molte cose a buon mercato? Perché?
5. Cathy ha comprato una bella borsa in un negozio di Boston. Il giorno dopo ha visto, in un altro negozio, una borsa che le piace di più. Spiegate a un'amica italiana cosa può fare Cathy.
6. In Italia non esiste il «money back guaranteed». È solo possibile fare un cambio per ragione di misura o di colore, e non sempre. Secondo voi, gli Americani avrebbero difficoltà in Italia? Fate un esempio.

Intervista con Elisa

DOMANDA *Da quanto tempo è negli Stati Uniti?*

RISPOSTA Sono venuta alla fine dell'anno scorso.

DOMANDA *Come si è sistemata?*

RISPOSTA Ho preso un appartamento. È modesto, ma non potevo permettermi
5   molto di più.

DOMANDA *Trova che la vita è cara in America?*

RISPOSTA Non necessariamente. Ho notato che, se uno si accontenta, è possibile
  mangiare e vestirsi spendendo poco.

DOMANDA *Dove fa le spese?*

10 **RISPOSTA** Per il vitto al supermercato. I prezzi sono forse più bassi che in Italia, ma
  non c'è paragone con il macellaio o il negozio di frutta e verdura sotto casa.

DOMANDA *Ma anche in Italia ci sono i supermercati. Lei non ci va?*

RISPOSTA Sì, certo. Ora abbiamo addirittura gli ipermercati dove si compra all'in-
  grosso°, ma ci andiamo una volta al mese per le provviste di base come l'olio, lo
15   zucchero, la pasta... quella roba lì che magari° costa meno. Ma il fruttivendolo o il
  mercato rionale° hanno prodotti freschi. Una cosa che mi ha colpito è che qui ho
  potuto comprare frutta e verdure tutto l'anno senza la differenza dovuta alle
  stagioni.

DOMANDA *Ha fatto spese di altro genere?*

20 **RISPOSTA** Ho comprato jeans, magliette e tante scarpe da ginnastica e da sport. In
  Italia un paio di Nike o di Timberland costano molto di più.

DOMANDA *E cos'altro?*

RISPOSTA Niente. I vestiti belli costano quanto in Italia e allora tanto vale°
  comprarli là. Devo anche dire che non ho ancora imparato a fare le spese in un
25   grande magazzino, anche se bello. C'è troppa roba di qualità differenti, io ho la
  decisione difficile° e la grande scelta mi aumenta i dubbi. E poi, a dir la verità, non
  ho capito dove conviene fare le spese. I giornali sono sempre pieni di réclame di
  svendite e ogni volta mi domando se ho speso bene i miei soldi, se non hanno
  alzato apposta i prezzi prima di abbassarli, se non mi sono lasciata imbrogliare.

30 **DOMANDA** *Ma a Bologna dove fa le spese?*

RISPOSTA Mah, io sono abitudinaria°. Conosco un paio di boutique che vendono
  modelli esclusivi anche se non firmati da stilisti famosi, una pelletteria che ha delle
  belle borse, i golfini si trovano dappertutto°, qualche volta perfino sulle bancar-
  elle del mercato... Finisco per andare sempre negli stessi posti, anche perché mi
35   conoscono, mi consigliano bene e mi fanno lo sconto.

DOMANDA *Lei è sempre molto elegante. Evidentemente compra della roba di buona
  qualità e non a buon mercato, mi sbaglio?*

RISPOSTA Dipende. Le cose belle non sono mai veramente a buon mercato. Un
  bel tailleur può costare 400 euro in compenso fa bella figura per diversi anni.

40 **DOMANDA** *Secondo Lei, che cosa conviene comprare in America?*

RISPOSTA Gli oggetti elettrici e elettronici: radio, televisori, videoregistratori, lettori
  CD°, computer, forni a microonde, asciugacapelli... Solo che poi in Italia non
  funzionano perché la tensione è differente.

DOMANDA *È vero. Allora, cosa riporterà in Italia?*

RISPOSTA Un mare° di libri e una bella macchina fotografica.

wholesale (line 14)

perhaps (line 15)

mercato: *neighborhood market* (line 16)

tanto: *you might as well* (line 23)

io ho: *I am slow to decide* (line 26)

person of fixed habits (line 31)

everywhere (line 33)

lettori: *CD players* (line 42)

great quantity (line 45)

Comprensione

1. Elisa ha già un titolo universitario? Quale?
2. Che cosa fa in America?
3. Dove abita? Dove fa la spesa? Secondo voi mangia spesso in casa o va al ristorante?
4. A Elisa piacciono tutti i prodotti che trova nei negozi di generi alimentari?
5. Quali articoli di vestiario ha comprato Elisa? Perché?
6. Elisa si è abituata a fare le spese nei grandi magazzini? Le piace? Perché sì, perché no?
7. Secondo voi Elisa spende tanti soldi ogni anno per rinnovare tutto il guardaroba?
8. Quali sono gli articoli che si comprano a buon prezzo in America?
9. Che cosa pensa di riportare in Italia Elisa? Perché?

Studio di parole

to raise, to rise

alzare
to raise, to cause to rise (an object)
used with a direct object

Perché hai alzato la mano?
Why did you raise your hand?

aumentare
to raise, to increase (an amount)

Hanno aumentato il prezzo del caffè.
They raised the price of coffee.

aumento *raise, increase*

alzarsi
to get up, to stand up

La domenica mi alzo sempre tardi.
On Sundays I always get up late.

*****essere alzato; *****stare alzato**
to be up; to stay up

Sono le sei e la mamma è già alzata.
It's six o'clock and mama is already up.

to return

*****tornare, ritornare**
to come, go back

Sei ritornata tardi ieri sera.
You came back late last night.

Devo ritornare in ufficio.
I have to go back to the office.

A questo punto non posso più tornare indietro.
At this point I cannot go back again.
(I have reached the point of no return.)

riportare
to return, bring back

Hai riportato i libri alla biblioteca?
Did you return the books to the library?

restituire
to give back

Gianni, ti devo restituire i soldi che mi hai prestato.
Gianni, I have to give back to you the money you lent me.

to ask

chiedere (qualcosa **a** qualcuno)
to ask for, to request

domandare (qualcosa **a** qualcuno)
to ask (a question), to inquire

Ho chiesto il conto al cameriere.
I asked the waiter for the bill.

Domanda a papà quando torna.
Ask daddy when he's coming back.

Non mi piace chiedere favori alla gente.
I don't like to ask people for favors.

Vi ho domandato il prezzo tre volte!
I've asked you for the price three times!

The distinction between **chiedere** (= **chiedere per avere**) and **domandare** (= **interrogare per sapere**) is not always maintained. **Chiedere** is being used more and more frequently and seems to be replacing **domandare**.

Note: *To ask a question* is **fare una domanda.**
Mi fate sempre tante domande!
You always ask me so many questions!

Pratica

a. *Scegliere la parola che completa meglio la frase.*

1. Non dovete (chiedere/fare) domande imbarazzanti.
2. Non sono ancora le otto e la mamma (si alza/è alzata) da due ore!
3. Ho bisogno della ricevuta (*receipt*). Ricordati di (chiederla/domandarla)!
4. Non sappiamo perché non hanno (alzato/aumentato) il prezzo della benzina quest'estate.
5. Perché non hai (restituito/ritornato) la macchina fotografica a Simona?

b. *Inserire le parole opportune.*

1. Abbiamo perso la strada! Perché non _____ indietro?
2. In periodo di esami noi _____ a studiare fino a tardi.
3. I miei studenti _____ sempre tante _____ e io rispondo.
4. Quando papà _____ la voce vuol dire che è arrabbiato.
5. Ho bisogno di soldi, ma non ho il coraggio di _____li ancora a mia madre.
6. Diego voleva _____ti un'informazione, ma non c'eri.

c. *Domande per Lei.*

1. In quali giorni della settimana si alza tardi Lei? Quante volte si è alzato/a tardi questa settimana?
2. Lei trova facile chiedere favori alla gente? Che cosa chiede senza problema e che cosa non chiede mai?
3. Hanno aumentato le tasse (*tuition*) alla Sua università negli ultimi anni? Quanto paga all'anno? Le sembra troppo, poco, giusto? Perché?
4. Quando va in vacanza, Le piace tornare nei posti che conosce? Perché?
5. Lei riporta spesso i Suoi acquisti ai negozi dove li ha comprati? Perché?

✆ Temi per componimento o discussione

1. Quali sono i vantaggi e/o gli svantaggi di fare le spese in un grosso centro commerciale, dove si trova di tutto, invece di in diversi negozi in città?

2. Tutti noi, ogni volta che compriamo qualcosa, facciamo delle scelte in relazione al nostro bilancio (*budget*). Dati i soldi che ha, che cosa compra Lei? (dei bei vestiti, un'automobile nuova, libri, gioielli, mobili, dischi...) Dove? Perché?

3. Paragoni (*compare*) il modo di acquistare i generi alimentari negli Stati Uniti con quello di altri paesi che conosce o di cui ha sentito parlare. Per esempio, come si farà la spesa in Europa, in Africa o in Cina? Tenga in considerazione fattori come l'organizzazione della società, la disponibilità (*availability*) dei prodotti a livello locale, la loro conservazione, i mezzi di trasporto, ecc.

 ## RICERCA WEB

La moda italiana è famosa in tutto il mondo e le collezioni costituiscono un elemento fortemente positivo per l'economia nazionale. Il Web ci permette di vedere e, perché no, di giudicare le ultime creazioni degli stilisti italiani. Per alcuni di loro, la carriera è iniziata in maniera modesta e il successo è arrivato più tardi.

a. Moda italiana
b. Stilisti famosi: vita, storia, stile, collezioni:
   Armani, Benetton, Laura Biagiotti, Fendi, Ferragamo, Gucci, Nina Ricci...

PER COMUNICARE

Nel negozio di calzature. Carla vuole comprare un paio di scarpe in un negozio nel centro di Palermo.

COMMESSO: Prego, signorina.
CARLA: Vorrei vedere quei mocassini marrone in vetrina, per favore.
COMMESSO: Che numero porta?
CARLA: Il trentotto e mezzo.
COMMESSO: Vengo subito.
CARLA: Sono proprio delle belle scarpe. Quanto vengono?
COMMESSO: Cento euro con lo sconto del venticinque per cento.
CARLA: Sono piuttosto care!
COMMESSO: Ma sono molto comode e di ottima qualità. Vuole provare anche la sinistra?
CARLA: No, grazie. Sono molto belle ma vorrei pensarci un po'.

Offrire un servizio

Desidera?
Prego.   } *How can I help you?*
Mi dica.
In che cosa Le posso essere utile?   *What can I do for you?*
Tocca a Lei, mi dica.   *It's your turn.*

Sollecitare un servizio

Per favore/piacere/cortesia...
Mi dà/mostra/fa vedere... ?
Vorrei vedere/provare...
Ho/avrei bisogno di...
Non ha/avrebbe per caso... ?   *You wouldn't by any chance have . . .*
Sa dove posso trovare... ?

Fare acquisti

(Sì) mi piace. Lo/la prendo.
Va bene. Prendo questo/a.
(Non) è proprio quello che cercavo.   *This is (not) exactly what I was looking for.*
Mi ci faccia pensare...   *Let me think about it.*
Abbia pazienza! Non so quale/i   *Be patient. I don't know what to choose.*
   scegliere.
Grazie, ma è troppo caro/a.

Chiedere il prezzo

Quanto costa/viene?
Quanto fa in tutto?
In tutto costa/viene/sono... mila euro.   *Altogether, it's . . . thousand euros.*
Mi fa lo sconto?
Che sconto mi fa?
Allora, quanto Le devo?   *How much do I owe you, then?*

Che cosa dice?

1. Lei entra nella pelletteria «Mirella» perché vuole vedere una valigia blu in vetrina. Cosa domanda?
2. È sabato pomeriggio e la libreria di Suo padre è piena di clienti. Dica a una signora che è il suo turno e chieda cosa desidera.
3. È il compleanno del Suo fidanzato/della Sua fidanzata e vuole comprargli/le qualcosa d'oro. Chieda al gioielliere di farLe vedere qualcosa.
4. Sta scegliendo una nuova montatura per gli occhiali dall'ottico di famiglia, ma non sa quale prendere. L'ottico deve servire altri clienti. Lei si scusa e dice di essere indeciso/a.

Situazioni

1. Lei vuole regalare un televisore al suo ragazzo/alla sua ragazza. Il commesso Le propone alcuni apparecchi molto belli, ma costano troppo. Finalmente trova quello che vuole, ma non ha abbastanza contanti; per fortuna il negozio accetta i traveler's checks.
2. Deve fare degli acquisti per Sua madre. Telefoni ad un amico/un'amica e gli/le chieda se vuole venire in centro con Lei. L'amico/l'amica Le chiede che cosa deve comprare e in quali negozi vuole andare. Lui/lei accetta di venire e entrambi stabilite il luogo e l'ora dell'appuntamento. (Possibili suggerimenti: un rullino di foto per Sua madre, della carta per il computer di Sua sorella, una scatola di cioccolatini per Sua nonna, una cintura di pelle per Suo padre, i biglietti per il teatro, un dolce, dei fiori...)
3. Il Suo amico Jack è tornato dall'Italia con una bellissima giacca di pelle. Secondo Lei deve averla pagata moltissimo. Invece Jack l'ha comprata a un mercato di Firenze e Le racconta quanti soldi ha risparmiato, come ha fatto l'affare, ecc.
4. Lei ha comprato un nuovo divano (*sofa*). Spieghi a Sua madre che non aveva abbastanza soldi e ha dovuto chiederli a un amico/un'amica. Li ha ottenuti, ma al 15% di interesse. Pazienza! Ora la Sua camera è più bella con il divano nuovo.

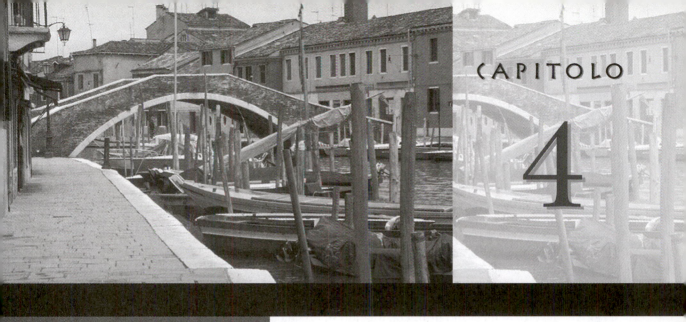

CAPITOLO 4

❧ ❧ ❧ ❧ ❧ ❧ ❧ ❧ ❧

Alberto è in ritardo. La mamma ha bisogno della macchina e aspetta Alberto con impazienza. Eccolo finalmente!

MAMMA: Sei arrivato! Non tornavi più!

ALBERTO: Scusa. Ho incontrato Sabina e siamo rimasti a parlare.

MAMMA: Come sta?

ALBERTO: Bene! Non l'ho mai vista così contenta. Lei e Andrea sono andati ad abitare nella loro nuova casa in viale Manzoni.

MAMMA: Mi fa piacere. Erano diversi anni ormai che abitavano con i genitori di lui. L'hanno comprata la casa?

ALBERTO: No, l'hanno avuta in eredità dalla zia di Andrea.

MAMMA: Capisco, sì. Lidia voleva molto bene a suo nipote. Lei non si è mai sposata, non aveva figli, e Andrea è sempre stato il suo nipote preferito.

ALBERTO: È vero, lo dicevano tutti. Poi, quando sua zia ha capito che stava proprio male, ha fatto testamento e gli ha lasciato l'appartamento.

MAMMA: Mi fa proprio piacere. Ma lasciami andare ora. Ti aspettavo perché avevo bisogno della macchina.

Vocabolario utile

La famiglia

il coniuge spouse
i genitori parents
il figlio, la figlia son, daughter
il fratello, la sorella brother, sister

il (bis)nonno, la (bis)nonna
  (great-)grandfather, (great-)grandmother
il gemello, la gemella
  twin brother, twin sister

I parenti

il cognato, la cognata brother-in-law,
  sister-in-law
il genero, la nuora son-in-law,
  daughter-in-law
il suocero, la suocera father-in-law,
  mother-in-law

il cugino, la cugina cousin
il nipote, la nipote nephew, niece; grandson,
  granddaughter
lo zio, la zia uncle, aunt

Stato civile

celibe single (man)
nubile single (woman)
coniugato/a married
divorziato/a divorced

separato/a separated
scapolo bachelor
vedovo/a widower, widow

Espressioni

*andare a trovare   to visit
  aver fiducia in   to trust
  comportarsi bene, male   to behave properly, to misbehave
  divorziare, separarsi   to divorce, to separate
*essere affezionato a   to be fond of
*essere in buoni rapporti   to have a good relationship
  fare testamento   to make one's will
  festeggiare   to celebrate
  lasciare/ric_evere in eredità   to bequeath, to inherit
  litigare   to quarrel
  voler bene a   to love

ESERCIZI

a. *Rispondere alle domande seguenti.*

1. Perché era in ritardo Alberto?
2. Dove sono andati ad abitare Andrea e Sabina?
3. Come hanno ottenuto la loro nuova abitazione?
4. Perché la zia Lidia ha lasciato l'appartamento ad Andrea?
5. Che cosa ha fatto la zia di Andrea quando ha capito che stava proprio male?

b. *Dare il contrario delle espressioni sottolineate.*

1. Si sono sposati a maggio.
2. Sul passaporto c'è scritto che Piero è ancora celibe.
3. Piero è affezionato a Carla.
4. Vanno d'accordo.
5. Si fanno molta compagnia.
6. Si comportano molto bene con i parenti di lui e di lei.

c. **Chi sono?** *Rispondere con il corrispondente termine di parentela.*

ESEMPIO Chi è il padre di Suo marito?
              È mio suocero.

1. la moglie di Suo figlio
2. il figlio di Sua sorella
3. il fratello di Suo marito
4. il marito di Sua figlia
5. il fratello di Sua sorella
6. Suo padre e Sua madre
7. la sorella di Suo padre
8. il padre di Sua madre
9. il figlio di Sua figlia
10. Suo zio, Sua cugina e Suo nipote

I. Passato prossimo e imperfetto

A. The **passato prossimo** and the **imperfetto** each have specific uses and express different things about the past. They cannot be used interchangeably without affecting the meaning of a sentence.

1. The **passato prossimo** is a *narrative* tense used to report a specific action that was completed in the past. The action may have lasted a short time or a long time, and it may have taken place once or a specified number of times, but it was completed. The **passato prossimo** answers the question *What happened?*

   Ieri sera Riccardo **ha studiato** fino a mezzanotte.
   Last night Richard studied until midnight.

2. The **imperfetto** is a *descriptive* tense used to describe how things or people were in the past. It is also used to express a past action that was habitual, that is, repeated over a general period of time, or a past action in progress, that is, going on, with no reference to its completion. The **imperfetto** answers the questions *What was it like? What used to happen? What was happening?*

   Ogni sera Riccardo **studiava** fino a mezzanotte.
   Every evening Richard studied until midnight. (habitual action)

   Ieri sera Riccardo **studiava** quando è arrivato un telegramma.
   Last night Richard was studying when a telegram arrived. (action in progress)

   Riccardo **era** un bravo studente: **studiava** all'Università di Firenze e **prendeva** bei voti.
   Richard was a good student: he studied at the University of Florence and got good grades. (description)

B. There are particular cases where a careful distinction between the two tenses is necessary.

1. The **imperfetto** describes conditions and states of being (physical, mental, and emotional) in the past that have no specific beginning; the **passato prossimo** express-es the onset of a state of being at a definite time in the past.

Quando ero piccola, **avevo** paura del buio.	Quando la polizia mi ha fermato, **ho avuto** paura.
When I was little, I was scared of the dark.	*When the police stopped me, I got scared.*

2. The **imperfetto** expresses an action that was going on while something else was also going on (**imperfetto**) or when something else happened (**passato prossimo**).

I bambini **dormivano** mentre io **lavavo** i piatti.	I bambini **dormivano** quando papà **ha telefonato.**
The children were sleeping while I was doing the dishes.	*The children were sleeping when daddy called.*

C. The verbs most often used in the **imperfetto** are **avere** and **essere** as well as verbs indicating emotions and mental states: **amare, credere, desiderare, pensare, potere, ricordare, sapere, sperare, volere,** etc.

Erano stanchi perché **avevano** troppo lavoro.
They were tired because they had too much work.

Giovanni **amava** Laura e **sperava** di sposarla entro la fine dell'anno.
Giovanni loved Laura and was hoping to marry her by the end of the year.

Time, age, and weather in the past are also usually expressed in the **imperfetto**.

Quanti anni **avevi** quando ti sei sposato?
How old were you when you got married?

Era mezzanotte quando sono tornati a casa.
It was midnight when they returned home.

D. Certain verbs take on different meanings or different implications depending on whether they are used in the **imperfetto** or the **passato prossimo**.

conoscere	**Conoscevo** un industriale.	**Ho conosciuto** un industriale.
	I knew an industrialist.	*I met an industrialist.*
sapere	**Sapevo** che Mario era sposato.	**Ho saputo** che Mario era sposato.
	I knew Mario was married.	*I found out that Mario was married.*

The **imperfetto** of the verbs **dovere, potere,** and **volere** leaves uncertain whether or not the action one *was supposed to do, was capable of doing,* or *was willing to do* was carried out; the **passato prossimo,** in contrast, indicates clearly that the action was carried out.

dovere	**Dovevamo** comprare molte cose.	**Abbiamo dovuto** comprare molte cose.
	We were supposed to buy many things.	*We had to buy many things.*
potere	Mi **potevano** capire.	Mi **hanno potuto** capire.
	They could (had the ability to) understand me.	*They could (were able to, managed to) understand me.*
	(no reference to a specific occasion)	(one specific occasion)
volere	**Volevano** offrire il caffè.	**Hanno voluto** offrire il caffè.
	They wanted to offer coffee.	*They insisted upon offering coffee.*
	Marco **non voleva** rispondere.	Marco **non ha voluto** rispondere.
	Marco didn't want to answer.	*Marco refused to answer.*

E. The **imperfetto** and the **passato prossimo** are often used together. The **imperfetto** describes a circumstance that accompanies the main action, which is expressed by the **passato prossimo.**[1] The **imperfetto** sets the scene and provides the background; the **passato prossimo** advances the plot.

---

[1] In formal narrations (novels, short stories, historical works), the **passato remoto** is ordinarily used instead of the **passato prossimo** (see p. 142).

Era mezzanotte (*description*) e tutti dormivano (*description*). I ladri hanno rotto (*action*) una finestra e sono entrati (*action*). Hanno preso (*action*) tutto quello che hanno trovato (*action*) e sono andati via (*action*).

Ieri mattina quando mi sono alzato (*action*), non mi sentivo bene (*description*). Sono andato (*action*) alla finestra e ho guardato (*action*) fuori. Mi sono subito sentito (*change of state*) meglio. Era (*description*) una bella giornata. Il sole splendeva (*description*) e gli uccelli cantavano (*description*). Tutti sembravano (*description*) felici.

The **imperfetto** also expresses the habitual nature of a particular action.

Piero era innamorato (*description*) di Patrizia ma non aveva il coraggio (*description*) di parlarle. Ogni volta che la vedeva (*habit*), scappava (*habit*)... Una sera l'ha vista (*action*) in biblioteca. Patrizia era sola (*description*) e studiava (*description*) molto diligentemente. Piero si è avvicinato (*action*) e le ha chiesto (*action*): «Scusa, sai che ore sono?»

ESERCIZI

a. *Mettere le seguenti frasi al passato. Un verbo sarà al passato prossimo, l'altro all'imperfetto.*

ESEMPIO Tornano a casa perché è tardi.
Sono tornati a casa perché era tardi.

1. Non mangio molto perché non ho appetito.
2. Lui non si ferma perché ha fretta.
3. Dato che piove, stiamo a casa.
4. Noi non usciamo perché non ci sentiamo bene.
5. Dato che hai mal di testa, prendi due aspirine.
6. Non telefonano perché non ricordano il numero.
7. Non scrivete perché non avete l'indirizzo?

b. *Formare nuove frasi mettendole o all'imperfetto o al passato prossimo, secondo il senso, e usando le espressioni fra parentesi.*

ESEMPIO Faccio colazione (ogni mattina; stamattina)
Facevo colazione ogni mattina.
Ho fatto colazione stamattina.

1. Pranzo al ristorante. (di solito; ieri sera)
2. Prendi l'autobus. (tutti i giorni; oggi)
3. Non comprano caramelle di menta. (stamattina; di solito)
4. Uscite soli. (la sera; quella volta)
5. Andiamo al cinema. (il sabato; sabato scorso)
6. Si vedono. (il 5 agosto 1991; ogni estate)
7. Parla in italiano. (ieri; in generale)

c. **Dopo la festa.** *Completare il brano inserendo i verbi indicati all'imperfetto o al passato prossimo secondo il senso.*

Marina è tornata tardi, (essere) _____ una bella festa, lei (divertirsi) _____ e non (volere) _____ andar via. La mattina dopo (alzarsi) _____ tardi, (sentirsi) _____ male e (avere) _____ un gran mal di testa. La mamma, con aria di disapprovazione, le (dire) *ha detto*: «Cosa (mangiare) *hai mangi* ieri sera? Qualcosa ti (fare) _____ male?» Lei non (rispondere) *ha risposto*, (sorridere) *ha sorriso* soltanto. Non (volere) *voleva* dare tante spiegazioni. Più tardi (telefonare) *ha telefonato* Franco e le (proporre) *ha proposto* di venirla a prendere e di portarla a lezione in macchina.

d. *Mettere al passato scegliendo il tempo opportuno (o imperfetto o passato prossimo).*

1. La bambina non sta bene: è a letto con la febbre, è calda e agitata. La mamma chiama il dottore. Il dottore viene e visita la bambina. Dice che ha l'appendicite e che bisogna operarla. Lui consiglia di portarla all'ospedale a Roma.

2. Sento la sveglia e mi alzo. Vado subito nel bagno, faccio la doccia e mi vesto. Poi vado in cucina. Il mio compagno di camera dorme ancora e russa *(is snoring)* come un camion carico in salita. Scendo le scale di corsa e vado a bere un caffè nel bar sotto casa perché così, a stomaco vuoto, non mi sento troppo in forma. Salgo sulla mia Ferrari al solito posteggio, innesto la marcia *(put it in gear)* e parto come un razzo *(rocket)*. Subito mi accorgo che dietro di me c'è una macchina. Accelero e anche la macchina accelera. È una Cadillac nera 1960. Guardo bene nello specchietto retrovisivo *(rear-view mirror)*. La guida un tizio *(guy)* grosso con gli occhi gialli, una specie di gorilla che ha anche una cicatrice *(scar)* sulla mano destra. Vedo che la sua giacca, dalla parte sinistra, ha un rigonfiamento *(bulge)*. Prendo una strada deserta, freno di colpo, poi salto giù.

(Adapted from Carlo Manzoni)

e. **Lui e lei.** *Mettere l'infinito tra parentesi all'imperfetto o al passato prossimo secondo il senso.*

Quando si sono sposati, (volersi molto bene) *si vole*. (Volersi bene) *si voluti* per cinque anni, ma ora tutto è finito. Loro (volere) *volevano* avere tanti bambini, ma (nascere) *è nato* un figlio solo, Lorenzo. Il bambino aveva diciotto mesi quando loro (divorziare) *sono divorziati*. Ora lui vive con la mamma. Quando lui e lei (essere) *erano* ancora insieme, lei non (lavorare) *lavorava*, (occuparsi) *si occupava* solo della casa e del bambino. Poi (dovere) *ha dovuto* cercare un impiego. (Trovare) *trovato* un posto in un'agenzia di viaggi. Lei (essere) *era* molto preoccupata perché non (sapere) *saceva* la geografia, ma tutto (andare) *andava* bene. Alla fine (conoscere) *ha conosciuto* un rappresentante che in quel periodo (fare) *ha fatto* molti viaggi all'estero. Un giorno lui la (invitare) *ha invitato* a cena, due o tre volte (andare) *andava* al cinema o a teatro. Ora sono felicemente sposati.

II. Pronomi personali (oggetto diretto)

A.   A direct object is a person or thing that directly receives the action of the verb. It answers the question *whom?* or *what?* Verbs that take a direct object are called *transitive verbs* (for example, *to see, to find, to eat*). Those that cannot take a direct object are called *intransitive verbs* (for example, *to come, to wait up for, to think about*). The forms of the direct object pronouns are:

	SINGULAR		PLURAL	
1st person	**mi**	*me*	**ci**	*us*
2nd person	**ti**	*you (informal)*	**vi**	*you (informal)*
	La	*you (formal)*	**Li, Le**	*you (formal)*[1]
3rd person	**lo**	*him, it (m)*	**li**	*them (m)*
	la	*her, it (f)*	**le**	*them (f)*

1.   Italian direct object pronouns normally precede a conjugated verb.

Conoscete Luigi?—Sì, **lo** conosciamo bene.
Do you know Luigi?—Yes, we know him well.

Lei compra i biscotti, io **li** faccio.
She buys cookies; I make them.

2.   **Lo, la** (and less often **mi, ti, ci, vi**) drop their final vowel before verbs beginning with a vowel, except forms of **essere,** and before the forms **ho, hai, ha, hanno** from **avere.** However, the plural forms **li, le, Li, Le** are *never* elided.

L'italiano? **L'**hanno imparato in Italia.
Italian? They learned it in Italy.

Abbiamo la televisione, ma non **l'**accendiamo mai.
We have a TV but we never turn it on.

Ti aiuto quando posso.
I help you when I can.

Li invitate a cena.
You invite them to supper.

3.   Direct object pronouns governed by an infinitive normally follow it and are attached to it. The infinitive drops the final **-e.**

Perché fingi di non conoscer**mi?**
Why do you pretend not to know me?

Ho voglia di comprar**lo.**
I feel like buying it.

If the infinitive is governed by the verbs **dovere, potere,** or **volere,** the pronoun may either be attached to the infinitive or precede the entire verb phrase.

Voglio invitar**ti.**
Ti voglio invitare.
I want to invite you.

Dobbiamo aiutar**la.**
La dobbiamo aiutare.
We must help her.

---

[1] **Li** and **Le** are rarely used and are replaced by the informal **vi: Signori, vi invito a prendere un caffè.** *Ladies and gentlemen, I invite you to have a cup of coffee.*

B. **Ecco** (*here is, here are, there is, there are*) points out or draws attention to people, places, or things.

Ecco il nonno e la nonna!
Here are grandpa and grandma!

Ecco la pensione!
Here is the small hotel!

Ecco la risposta giusta!
Here's the right answer!

1. **Ecco** differs from as **c'è, ci sono** (*there is, there are*). The latter forms state that a person, place, or thing exists without pointing out or drawing attention to it.

Ecco i tuoi vestiti!	**Ci sono** dei bei vestiti nei negozi del centro.
Here are your clothes!	*There are fine clothes in the stores downtown.*
Ecco il libro che cercavi!	**C'è** un libro molto interessante in libreria.
There's the book you were looking for!	*There's a very interesting book at the bookstore.*
Ecco gli studenti!	**Ci sono** degli studenti qui?
Here are the students!	*Are there any students here?*

2. When **ecco** is used with a pronoun rather than a noun, the pronoun is a direct object pronoun and is attached to **ecco.**

ecco**mi**	*Here I am.*		ecco**ci**	*Here we are.*	
ecco**ti**	} *Here you are.*		ecco**vi**	} *Here you are.*	
ecco**La**			ecco**Li**		
			ecco**Le**		
ecco**lo**	*Here he/it is.*		ecco**li**	*Here they (m) are.*	
ecco**la**	*Here she/it is.*		ecco**le**	*Here they (f) are.*	

C. Some Italian verbs take a direct object where their English equivalents require a preposition + object.

ascoltare	*to listen to*
chiedere	*to ask for*
pagare	*to pay for*
aspettare	*to wait for*
cercare	*to look for*
guardare	*to look at*

Amo la musica; **l'**ascolto spesso.
I love music; I often listen to it.

È un bel libro: quanto **l'**hai pagato?
It's a fine book. How much did you pay for it?

Se vuoi il conto, devi chieder**lo**.
If you want the check, you must ask for it.

Avete trovato le chiavi o **le** cercate ancora?
Have you found the keys, or are you still looking for them?

D. The invariable pronoun **lo** is used with **credere** or **pensare** (*to think*), **sperare** (*to hope*), **sapere** (*to know*), **dire** (*to tell*), and **chiedere** (*to ask*) to express the previously mentioned topic that is the object of the verb.

Lo credi?
Do you think so?

Non **lo** sappiamo.
We don't know.

Può andare in Italia?—**Lo** spero davvero.
Can you go to Italy?—I really hope so.

Chi **l'**ha detto a Elena?
Who told Elena?

With some verbs, **lo** can be replaced by **di sì** in affirmative sentences, and by **di no** in negative sentences.

Credo/penso **di sì.** (**Lo** credo.)
I think so.

Credo/penso **di no.** (Non **lo** credo.)
I don't think so.

ESERCIZI

a. **Non è vero!** *Silvana pensa che Daniele non l'aiuti abbastanza. Immagini di essere Daniele e di contraddire quanto dice Silvana. Completi ogni frase.*

ESEMPIO   Non pulisci mai il tuo studio.
           Non è vero! Lo pulisco ogni sabato.

1. Non fai mai la spesa.
2. Non mi aiuti mai a cucinare.
3. Non lavi mai i piatti.
4. Non ordini mai il pranzo in rosticceria (*delicatessen*).
5. Non compri mai le paste.
6. Non paghi mai le bollette del gas e della luce.
7. Non porti mai Antonio all'asilo.
8. Non mi ascolti mai.

b. **Non lo so.** *Ha prestato* (lent) *alcune cose al Suo compagno/alla Sua compagna di stanza e ora le rivuole. Gli/le chieda dove le ha messe.*

ESEMPIO   STUDENTE 1   Dove sono i miei occhiali da sole?
           STUDENTE 2   **Io non li ho (non li vedo, non li trovo).**
           oppure   **Eccoli!**

1. le fotografie della festa
2. la scatola delle aspirine
3. gli appunti (*notes*) di francese
4. il rasoio
5. la schiuma da bagno
6. il dentifricio
7. le cassette di Eros Ramazzotti
8. le chiavi della macchina

c. *Rispondere alle domande usando il pronome* **lo** *e i verbi* **chiedere, credere/pensare, dire, sapere, sperare.**

1. Chi ha vinto il campionato di calcio?
   (You have no idea.)
2. È vero che Flavia ha ereditato le perle della nonna?
   (Her brother says so.)
3. Possiamo prendere la macchina nuova?
   (They must ask your father about it.)
4. È vero che vai a studiare in Italia?
   (You really hope so.)
5. Credi che Silvana diventerà una vecchia zitella?
   (You do/don't think so.)

III. L'accordo del participio passato

The past participle of a verb conjugated with **avere** is invariable unless a third person direct object pronoun (**lo, la, li, le**) precedes the verb. In such cases the past participle agrees with the pronoun in gender and number.

Ho mangiato la pizza. (*no agreement*)
I ate the pizza.

L'ho (**la ho**) mangiata tutta. (*agreement*)
I ate it all.

Hai aperto le lettere?—No, non **le** ho
  aperte.
Did you open the letters?—No, I didn't open them.

Ho comprato dei bei dischi. **Li** ho pagati
  troppo, però!
*I bought some beautiful records. I paid too much
  for them, though!*

Note that the singular direct object pronouns **lo** and **la** are elided with the forms of **avere** that follow, but the plural forms **li** and **le** are not elided.

—La stoffa che ho comprato per coprire le pol-
trone, l'ho pagata veramente una sciocchezza.

1. The direct object pronoun **La** (*you,* formal) is considered masculine if the person addressed is male, feminine if female. The past participle agrees accordingly.

Professore, scusi se non **L'**ho salutato.
Excuse me, Professor, if I didn't greet you.

Signora, scusi se non **L'**ho salutat**a.**
Excuse me, Madam, if I didn't greet you.

2. Agreement of the past participle with other direct object pronouns (**mi, ti, ci, vi**) is optional.

Mamma, dov'eri? Non **ti** ho vist**o** (vist**a**).
Mother, where were you? I didn't see you.

Ragazzi, **vi** abbiamo cercat**o** (cercat**i**) dappertutto.
Boys, we looked for you everywhere.

ESERCIZI

 a. *I genitori di Pietro e Lucia tornano dalle vacanze dopo aver lasciato i figli soli per due settimane. Che cosa trovano? Seguire l'esempio.*

ESEMPIO lasciare una Coca-Cola nel congelatore *(freezer)*
Chi ha lasciato una Coca-Cola nel congelatore?
L'ha lasciata Pietro.

1. usare i bicchieri di cristallo
2. mettere la cuccia del cane *(doghouse)* in bagno
3. rompere la porta del garage
4. avere un incidente con la macchina
5. lasciare l'immondizia *(trash)* in cantina
6. non avere pagato la luce
7. cogliere tutti i fiori del giardino
8. lasciare aperte le finestre mentre pioveva
9. rovinare le videocassette
10. usare i cosmetici della mamma

 b. *Domandare ad un compagno/una compagna quali film, programmi televisivi o opere di teatro ha visto ultimamente. Lui/lei risponde, usando i pronomi, e spiega il perché della risposta. Alcune parole utili:*

ieri sera	i mondiali di calcio	vedere
l'anno scorso	*La vita è bella*	registrare *(to tape)*
due settimane fa	il concerto di Pavarotti	guardare
	il telegiornale	
	La domenica sportiva	

ESEMPIO STUDENTE 1 Hai guardato le Olimpiadi invernali l'anno scorso?
STUDENTE 2 **Sì, le ho guardate. Gli sport invernali sono affascinanti.**
No, non le ho guardate. Non ho avuto tempo.

IV. Negativi

A. A negative sentence in Italian must always have a negative word before the verb. Usually this negative word is **non.** Only object pronouns are placed between **non** and the verb.

Maria Luisa **non** capisce il francese.
Marie Louise doesn't understand French.

Non ho comprato una pipa.
I didn't buy a pipe.

Quando mi vede, **non** mi saluta.
When he sees me, he doesn't greet me.

Perché non me la regala? Non la usa mai!

B. Other words may be used with **non** and the verb to form negative sentences:

non... affatto		*not at all*
non... ancora		*not yet* (the affirmative counterpart is **già,** *already*)
non... che		*only*
non... mai		*never*
non... mica		*not at all, not in the least, not really*
non... né... né...		*neither . . . nor*
non...	**neanche** **neppure** **nemmeno**	*not . . . even*
non... nessuno (pronoun)		*nobody, no one, not . . . anybody*
non... nessuno/a (adjective)		*no, not . . . any, not a single*
non...	**niente** **nulla**	*nothing, not . . . anything*
non... più		*no longer, no more, not . . . again* (the affirmative counterpart is **ancora,** *still*)

Non is necessary when the companion negative word follows the verb. If a negative word other than **non** precedes the verb, however, **non** is omitted.

Non sono **affatto** stanco.
I'm not at all tired.

Non è **mica** stupido.
He is not at all stupid.

Non li vediamo **più.**
We don't see them anymore.

Non conosco **né** Firenze **né** Roma.
I know neither Florence nor Rome.

Nessuno è perfetto.
Nobody is perfect.

Niente era facile.
Nothing was easy.

Neanche noi paghiamo.
We don't pay either.

Né Lorenzo **né** Teresa capiscono.
Neither Lorenzo nor Teresa understands.

1. **Niente** (**nulla**) and **nessuno** can be used in a question without **non** to mean *anything* or *anyone.*

   Hai bisogno di **niente?**
   Do you need anything?

   Ha riconosciuto **nessuno?**
   Did you recognize anyone?

2. Several negative words can be used in the same sentence.

   Sono tirchi: **non danno mai niente** a **nessuno.**
   They are stingy: they never give anything to anyone.

C. To express *not . . . any* with a plural noun, use either **non** and the plural noun or **non** and the singular noun with the appropriate form of **nessuno.**

Non leggo giornali.
I don't read any newspapers.

Non vedo macchine.
I don't see any cars.

Non leggo **nessun** giornale.
I don't read a single newspaper.

Non vedo **nessuna** macchina.
I don't see a single car.

ESERCIZI

a. **Lei è malato/a.** *Un amico/un'amica La viene a trovare ma Lei è di cattivo umore e risponde sempre in modo negativo.*

1. C'è qualcosa di buono in frigo? (niente)
2. Ma come, non c'è del latte, delle uova... ? (né, né)
3. Non è venuto qualcuno a portare la spesa? (nessuno)
4. Non è venuta Paola ieri sera? (neppure)
5. Ma tu che cosa hai fatto? (nulla)
6. Cosa fai tutto il giorno? Guardi la TV? (mai)
7. Sono le 9,00. Hai mangiato? (non ancora)
8. Ma insomma, come sei scorbutico/a! (affatto) È solo che sono stufo/a di essere malato/a.

b. **Sai se... ?** *Antonietta è andata a trovare il fratello che si è appena sposato. La nonna è curiosa e vuole sapere come vanno le cose. Rispondere alle domande della nonna usando i pronomi e le forme negative.*

ESEMPIO   Pagano l'affitto puntualmente?
No, non lo pagano mica puntualmente.

1. Hanno ringraziato tutti i parenti dei regali?
2. Vanno a trovare i suoceri spesso?
3. Scelgono le tende della cucina la prossima settimana?
4. Fanno la spesa insieme?
5. Hanno una colf (*cleaning lady*)?
6. Hanno comprato il tavolo per il soggiorno?
7. È vero che Diana aspetta un bambino?
8. Diana cerca sempre un lavoro?

—*Si è bloccato: non va nè avanti nè indietro . . .*

V. Aggettivi e pronomi possessivi

The same forms are used for both possessive adjectives and possessive pronouns. Note that the definite article is normally part of the possessive form.

	SINGULAR		PLURAL	
	Masculine	**Feminine**	**Masculine**	**Feminine**
my / mine	il mio	la mia	i miei	le mie
your / yours	il tuo	la tua	i tuoi	le tue
your / yours (formal)	il Suo	la Sua	i Suoi	le Sue
his / hers / its	il suo	la sua	i suoi	le sue
our / ours	il nostro	la nostra	i nostri	le nostre
your / yours	il vostro	la vostra	i vostri	le vostre
your / yours (formal)	il Loro	la Loro	i Loro	le Loro
their / theirs	il loro	la loro	i loro	le loro

A. Possessive adjectives precede the noun they modify. They agree with the noun in gender and number: *my university*, la mia università; *our teachers*, i nostri professori.

1. No distinction is made between *his* and *her*. The possessive agrees with the *object* possessed, *not* with the person who possesses it.

l'uomo e **la sua** pipa
the man and his pipe

Paolo e **il suo** amico
Paolo and his friend

la donna e **il suo** cane
the woman and her dog

Francesca e **il suo** amico
Francesca and her friend

2. If clarification is needed, **di lui** or **di lei** is used.

l'amico **di lui**
his friend

l'amico **di lei**
her friend

3. The English *of mine, of yours,* etc., is expressed with the possessive adjective before the noun without the definite article. There is no equivalent for *of* in these constructions.

un mio amico
a friend of mine

due miei cugini
two cousins of mine

questa nostra città
this city of ours

4. When the possessive form is preceded by a preposition, the article combines with the preposition (see p. 61).

davanti **alla** mia porta
in front of my door

dalle tue finestre
from your windows

nei suoi occhi
in his (her) eyes

B. The possessive adjective **proprio** (**il proprio, la propria, i propri, le proprie**) corresponds to the English *one's* or *one's own*. **Proprio** is used in impersonal expressions instead of the usual possessive forms in the third person.

Bisogna riconoscere i propri errori.
One must recognize one's mistakes.

È necessario ascoltare la propria coscienza.
It is necessary to listen to one's conscience.

C. In some common expressions the possessive adjective is used without the definite article and may be placed after the noun.

a casa mia (sua, ecc.) *at my (his, etc.) house*   a nostra disposizione *at our disposal*
È colpa tua.   *It is your fault.*   per conto mio   *on my own*
da parte sua   *on his behalf*   Sono affari loro.   *It's their business.*
in vita nostra   *in our life*

∾ Il possessivo con termini di parentela

The possessive adjective is used *without* the definite article when it modifies a noun expressing a family relationship in the *singular*. **Il loro** is an exception: it always requires an article. Compare:

mio zio   **i miei** zii
tuo cugino   **i tuoi** cugini
sua sorella   **le sue** sorelle
nostra cugina   **le nostre** cugine
vostra madre   **le vostre** madri
il loro fratello   **i loro** fratelli

If the noun expressing a family relationship is modified by an adjective, or if it takes a suffix, the article is retained. Compare:

mio marito	**il mio** futuro marito	*my future husband*
nostra zia	**la nostra** povera zia	*our poor aunt*
tuo cugino	**il tuo** cuginetto	*your little cousin*

ESERCIZI

a. **Andiamo alla festa.** *Con chi vanno alla festa queste persone? Usare gli aggettivi possessivi.*

ESEMPIO   Anita / un amico
Anita va con un suo amico.

1. io e Giulio / un cugino
2. Maria / delle compagne di corso
3. mia cognata / la zia
4. Lei e Sua moglie / i suoceri
5. tu / degli amici
6. tu e Marina / i figli
7. Gaetano / la fidanzata
8. Sua nuora / i genitori

b. *Inserire la forma corretta di* **suo** *e* **loro.**

1. Laura non troverà mai _i suoi_ orecchini in questo disordine.
2. Anna e Luca dicono che Baglioni è _il loro_ cantante preferito.
3. Claudio cerca _la sua_ camicia bianca nella stanza di _sua_ sorella.
4. Quale madre non ama _i suoi_ figli?
5. Ogni regione italiana ha _la sua_ storia e _le sue_ caratteristiche.
6. Hanno avuto _i loro_ problemi.
7. Non capisco gli italiani e _la loro_ politica.
8. Elena vuole molto bene a _il suo_ padre.

c. **L'album di famiglia.** *In gruppi di tre o quattro studenti, portate in classe fotografie dei vostri genitori, parenti ed amici. Spiegate agli altri chi sono le varie persone. Descrivete l'aspetto fisico, il carattere, ecc.*

d. **Il mio cugino preferito.** *Con un compagno/una compagna, parlate dei vostri parenti. Alternatevi a rispondere e domandate...*

1. chi è/era il vostro parente preferito.
2. quale tipo di rapporto avete/avevate con lui/lei.
3. quando lo/la andate/andavate a trovare.
4. quali altri parenti avete perso di vista *(lost touch with)*.
5. quali parenti vedete ancora, che cosa fanno, se sono sposati, separati, ecc.

ᏜᏁ Pronomi possessivi

Possessive pronouns have the same forms as possessive adjectives. They agree in gender and number with the nouns they replace.

Mi dai la tua penna? Ho perso **la mia.**
Will you give me your pen? I've lost mine.

I tuoi fiori sono belli; anche **i nostri** lo sono.
Your flowers are beautiful; ours are too.

1. Possessive pronouns normally retain the article even when they refer to relatives.

   Mio marito sta bene; come sta **il tuo?**
   My husband is well; how is yours?

   Suo padre ha parlato **col mio.**
   Your father spoke with mine.

2. The masculine plural forms **i miei, i tuoi, i Suoi,** etc., are used to refer to relatives and close friends.

   Tanti saluti **ai tuoi.**
   Best regards to your family.

   Arrivano **i nostri!**
   Here come our friends!

3. When a possessive pronoun is used after a form of **essere** and the sentence expresses possession, the article is usually omitted.

   È **Sua** quella macchina?
   Is that car yours?

   Questi dischi sono **Suoi?**
   Are these records yours?

   Quel che è **mio** è **tuo.**
   What is mine is yours.

   The article is retained if emphasis is desired or a distinction needs to be made.

   Questa è la mia macchina. Quella là è **la Sua.**
   This is my car. That one is yours.

ᏜᏁ Differenze nell'uso del possessivo fra l'italiano e l'inglese

1. In Italian possessive adjectives are usually omitted when possession is obvious. This is particularly true in reference to parts of the body and items of clothing.

   Ho lasciato **l'ombrello** al ristorante.
   I left my umbrella at the restaurant.

   Hai cambiato **idea.**
   You have changed your mind.

   Luigino dorme con **la bocca aperta.**
   Luigino sleeps with his mouth open.

   Perché scuoti sempre **la testa?**
   Why do you always shake your head?

   With a plural subject, each of whom possesses only one of the same item, the singular form is used to refer to the thing possessed.

   Abbiamo alzato **la voce.**
   We raised our voices.

   I bambini oggi portano **il cappotto** ma non i guanti.
   Today the children are wearing their coats but not their gloves.

2. Express phrases such as *my book and Mary's, your friends and the lawyer's* with a form of **quello** + **di** + *the possessor.*

   il mio libro e **quello di** Maria
   my book and Maria's
   (my book and that of Maria)

   i tuoi amici e **quelli d**ell'avvocato
   your friends and the lawyer's

3. Express *at/to Luigi's, at/to my brother's, at/to the butcher's*, etc., with **da** + *a person's name* or a noun referring to a person, or with **a (in) casa di** + *noun* when referring to someone's residence.

Ci piace mangiare **da Luigi.**
We like to eat at Luigi's.

Elena abitava **dagli zii.**
Elena was living at her aunt and uncle's.

Siete andati **dall'avvocato?**
Did you go to the lawyer's?

Stasera studiamo **in casa di** Roberto (**da** Roberto).
Tonight we're studying at Robert's.

ESERCIZI

a. **Fare la valigia** (to pack). *Le vostre due figlie hanno fatto le valigie per le vacanze. Controllate che non abbiano dimenticato nulla. Seguite l'esempio e usate i pronomi possessivi.*

ESEMPIO MADRE Hai preso i miei asciugamani?
FIGLIA I tuoi? Sì, li ho presi.

1. prendere la cinepresa (*camcorder*) di papà
2. prendere le scarpe di Gino e Daniele
3. mettere in valigia il tuo costume da bagno e quello di tua sorella
4. mettere in valigia la mia macchina fotografica
5. prendere il tuo libro di algebra
6. trovare i miei occhiali da sole
7. cercare il calcolatore di Daniele
8. prendere la carta stradale di Gino

LETTURA

Vocabolario utile

le faccende di casa (*pl*) household chores
Facoltà di Lettere Department of Humanities
fare lettere to study humanities
il mobile piece of furniture
i mobili furniture
il paese village; country

la pensione inexpensive hotel
la serata evening
il sogno dream
  fare un sogno to have a dream
la stanza room

materno maternal, on one's mother's side
paterno paternal, on one's father's side

senz'altro of course
solo alone, lonely

Agli italiani piace arredare la casa con qualche mobile antico.

aiutare qualcuno a + *infinitive*   to help someone do something
ammobiliare   to furnish
ammobiliato   furnished
***crescere** (*pp* **cresciuto**)   to grow up
disturbare   to bother, to disturb

sopportare[1]   to tolerate
  insopportabile   unbearable
trovarsi bene con qualcuno   to feel comfortable with someone
perdere di vista qualcuno   to lose touch with someone

Prima di leggere

Il brano che segue è di Natalia Ginzburg. Natalia, nata Levi, è di famiglia ebrea ed antifascista. Sia lei che i familiari hanno avuto vita difficile in seguito alle leggi razziali antisemitiche; sono però riusciti tutti ad evitare la deportazione nei campi di concentramento.

A ventidue anni, alla vigilia della seconda guerra mondiale, Natalia sposa Leone Ginzburg, ebreo russo e dirigente° della cospirazione antifascista. Leone è più volte arrestato per motivi politici e trascorre tre anni confinato° con Natalia e i bambini, in un paesino d'Abruzzo; più tardi, a Roma, è arrestato dai tedeschi e muore a trentatré anni nella prigione di Regina Coeli in seguito alle torture subite.

Natalia aveva ventotto anni e tre bambini. Nei primi anni del dopoguerra, lavora come redattrice° di Einaudi, una delle grandi case editrici° italiane. Nel 1950 si risposa con Gabriele Baldini, professore di letteratura inglese presso l'Università di Roma.

leader

under political confinement

editor
case: *publishing houses*

[1] Note: *to support* is **mantenere.**

Natalia Ginzburg è autrice di racconti, romanzi e opere di teatro. Scrive in una lingua piana, che presenta il modo di parlare, di essere e di vivere della gente; è uno stile che riflette l'interesse dell'autrice per le cose e i sentimenti semplici della vita di ogni giorno.

Elena, studentessa universitaria, cerca una stanza a Roma. Viene da Pistoia, una cittadina della Toscana. L'anno scorso, a Roma, abitava a casa degli zii, ma vuole cambiare. Legge un'inserzione° sul giornale, telefona, prende appuntamento e va a vedere la stanza.   *want ad*

In gruppi di due o più studenti, rispondete alle domande che seguono.

1. Secondo voi, perché Elena cerca una stanza?
2. Quali possono essere i motivi di Teresa, la signora che ha messo l'inserzione sul giornale, per affittare una stanza del proprio appartamento?
3. Voi affittereste una stanza a uno sconosciuto/una sconosciuta°?   *stranger*
4. Con un altro studente/un'altra studentessa immaginate il dialogo tra le due donne quando Elena va a vedere la stanza.

La stanza

TERESA: Allora vuol guardare la stanza? (Apre una porta in fondo e guardano la stanza.) Oggi non si vede San Pietro perché c'è la nebbia. Sennò° si   *otherwise*
vede. L'aria è buona, siamo sotto al Gianicolo[1]. Lei è studentessa? cosa studia?

5 ELENA: Lettere. Faccio il second'anno.[2] L'anno scorso stavo dagli zii, ma non ci voglio più stare dagli zii perché c'è rumore. Dormo con due cugine e la sera, quando devo stare alzata a studiare, si lamentano della luce. I miei genitori vivono in campagna, vicino a Pistoia. Hanno là una piccola pensione per stranieri. Non mi danno molti soldi, perché non ne hanno
10 molti, e dicono che posso stare dagli zii. Dagli zii non spendo niente. Però non mi piace. No, non è che non mi piace, ma c'è rumore.

TERESA: Io non voglio soldi per la stanza. Un po' di compagnia e qualche piccola faccenda di casa. Vivo sola.

ELENA: Non è sposata?

15 TERESA: Sono sposata. Sono separata. Siamo rimasti abbastanza in buoni rapporti, spesso lui mi viene a trovare. Mi ha telefonato anche poco fa. Mi ha detto: «Ma sì, fai bene, cercati una ragazza, una studentessa, per non essere sola in casa». Perché io, la notte, sola in questa casa, ho paura. Prima avevo la donna di servizio, ma rubava, e l'ho mandata via.
20 Ma poi era vecchia. Io non mi trovo bene coi vecchi. Forse perché sono cresciuta in casa dei nonni, i nonni paterni. Non mi volevano bene. Preferivano mio fratello. Che brutta infanzia! Per esempio non sto con mia

---

[1] The **Gianicolo** is a hill on the west bank of the Tiber.
[2] **Faccio il second'anno; prim'anno; terz'anno; quart'anno.** I am a sophomore; freshman; junior; senior.

25		madre perché è vecchia. Non la tollero. Non è che non ci° vado d'accordo, del resto° è impossibile non andare d'accordo con mia madre, perché non dice mai una parola. Penso che in tutta la sua vita avrà detto non più di cento parole. Ma non tollero, non la sopporto. Va d'accordo lei con sua madre?	*with her* **del:** *besides*
30	ELENA:	Oh sì. Ma mia madre non è vecchia. È tanto giovane. Sembriamo sorelle. E non fa mica niente per conservarsi° giovane. Si lava la faccia col sapone da bucato°. Alle sei della mattina è in piedi, con la sua sottana scozzese a pieghe°, i suoi scarponi°, i suoi calzettoni° rossi. Sta sempre con gli scarponi perché gira per la campagna, sguazza nei rigagnoli°, affonda° nel fango. Va nell'orto, va nel pollaio°, va nella legnaia°, va in paese a fare la spesa col sacco in spalla°. Non si riposa un attimo, ed è sempre allegra. Mia madre è una donna straordinaria.	*to keep* **sapone:** *laundry soap* **sottana:** *plaid pleated skirt / workboots / knee socks* **sguazza:** *splashes in brooks / sinks / chicken coop / woodshed /* **in:** *on her shoulders (back)*
35			

(...)

	TERESA:	Allora la vuole la stanza?	
	ELENA:	Senz'altro, grazie, penso di sì. Posso venire già domani?	
40	TERESA:	Venga domani. L'aspetto. Non la disturberò quando deve studiare. Ma quando smetterà un momento di studiare, ci faremo un poco di compagnia. Ho bisogno di compagnia. Sono rimasta sola come un cane. E non so stare sola, questa è la cosa orribile. Mi viene l'angoscia°.	**Mi:** *I get panicky*
	ELENA:	Non ha amiche?	
45	TERESA:	No. Avevo amiche quand'ero ragazza, ma poi le ho perse di vista, perché ero sempre con Lorenzo, e non avevo bisogno di nessuno quando avevo lui. Avevamo amici e amiche in comune, quelli con cui passavamo le serate, ma ora non li vedo più. Non ne ho voglia, perché mi ricordano il tempo che avevo Lorenzo ed ero sua moglie, e si stava°	**stavamo**
50		così bene, spensierati, felici come due ragazzi, e con tanti sogni.	
	ELENA:	Ma non ha detto che era un inferno la vita con lui?	
	TERESA:	Sì, era un inferno. Ma io ero felice in quell'inferno, e darei la vita per tornare indietro, per essere di nuovo come un anno fa. Ci siamo separati solo da un anno. Separazione consensuale°. Sua madre voleva che	*by mutual consent*
55		facesse la separazione per colpa°, così non mi pagava gli alimenti°. Lui non ha voluto. Dopo che ci siamo separati, m'ha aiutato a cercare questa casa, e m'ha dato dei soldi per ammobiliarla. Ho comprato qualche mobile. Il buffet.	**per:** *pressing charges / alimony*
	ELENA:	Il buffet di palissandro°? Questo che vuole vendere?	*rosewood*
60	TERESA:	Sì. Cosa me ne faccio di° un buffet? Non ho piatti. Non invito mica mai nessuno a pranzo. Mangio in cucina. Son sola.	**Cosa:** *what shall I do with*
	ELENA:	Ma allora perché l'ha comprato?	
	TERESA:	Non so. Credo che l'ho comprato perché avevo l'idea che Lorenzo tornasse a stare con me. E allora, se tornava, io dovevo dargli una vera	
65		casa.	
	ELENA:	E invece non tornerà?	
	TERESA:	Non tornerà mai. È finita°.	**È:** *it's all over*

Natalia Ginzburg, *L'inserzione*

Comprensione

1. Perché Teresa non vuole soldi per l'affitto della casa?
2. Quali informazioni dà Elena di se stessa e della propria situazione?
3. Quali informazioni invece dà Teresa di se stessa e del suo rapporto con l'ex marito?
4. Paragonate i rapporti che Elena e Teresa hanno con i vari membri della loro famiglia.
5. Quali azioni della madre di Elena potrebbero essere definite «straordinarie»?
6. La madre di Teresa e la madre di Elena: con quale delle due andrebbe più facilmente d'accordo Lei? Perché?
7. Teresa spiega perché non va d'accordo coi vecchi: Lei trova plausibile la sua spiegazione?
8. Che impressione ha della vita attuale di Teresa?
9. Lei pensa che Elena si troverà bene in casa di Teresa? Perché?

Studio di parole

to know

conoscere
to be acquainted or familiar with (people, places); to meet

Conosci quell' uomo?
Do you know that man?

Sì, l'ho conosciuto in casa di amici.
Yes, I met him at my friends' house.

Conosco la città e i suoi monumenti.
I know the city and its monuments.

sapere + *infinitive*
to know how, to be able to do something

Non so nuotare.
I don't know how to swim. (I can't swim.)

sapere
to be aware of, to have knowledge of (facts); to find out

Sai dove sono andati?
Do you know where they went?

Come avete saputo che Cristina si è sposata?
How did you find out that Christine got married?

to see

vedere
to see, to watch, to meet

Hai visto questo film?
Have you seen this film?

Ci vediamo stasera.
We'll see each other (we'll meet) tonight.

trovare (in the expressions **andare a trovare, venire a trovare**)
to see socially, to visit

Quando andiamo a trovare la nonna?
When are we going to visit Grandmother?

Lui viene a trovarmi spesso.
He comes to see me often.

to remember

ricordare qualcosa/qualcuno
ricordarsi di qualcosa/qualcuno
(used interchangeably)
to remember something/someone

Ricordi quella domenica?
Ti ricordi di quella domenica?
Do you remember that Sunday?

ricordar(si) di + *infinitive*
to remember to do something

Devi ricordarti di pagare il conto.
You must remember to pay the check.

Non ricordo d'aver comprato il giornale.
I don't remember having bought the newspaper.

to forget

dimenticare qualcosa/qualcuno
dimenticarsi di qualcosa/qualcuno
(used interchangeably)
to forget something/someone

Non dimenticate mai nessuno voi?
Non vi dimenticate mai di nessuno voi?
Don't you ever forget anyone?

dimenticar(si) di + *infinitive*
to forget to do something

Chi ha dimenticato di spegnere la luce?
Who forgot to turn off the light?

to remind

ricordare qualcosa **a** qualcuno
to remind someone about something

Ho ricordato a Giorgio la sua promessa.
I reminded George of his promise.

ricordare a qualcuno **di** + *infinitive*
to remind someone to do something

Vuoi ricordare a Maria di comprare il latte?
Will you remind Mary to buy the milk?

to tell

dire qualcosa **a** qualcuno
to say, to tell

Gli voglio dire una cosa.
I want to tell him something.

Può dirmi l'ora?
Can you tell me the time?

parlare di qualcosa/qualcuno **a** qualcuno
to tell, to talk about something or someone to someone

Ha parlato a tutti della sua famiglia.
He talked to everyone about his family.

raccontare qualcosa **a** qualcuno
to narrate, to recount, to relate

Ti voglio raccontare una favola, una storia, una barzelletta, i miei guai, la trama, un sogno.
I want to tell you a fable, a story, a joke, my problems, the plot, a dream.

to steal

rubare qualcosa **a** qualcuno
*to steal (a thing); to take something away
from someone*

Le hanno rubato il portafoglio.
They stole her wallet.

derubare or **rapinare** qualcuno
to rob (a person)

Mia zia è stata derubata/rapinata.
My aunt was robbed.

to rent

affittare
to rent (as owner or renter)

La signora ha affittato la camera grande.
The lady rented the large room.

noleggiare
to rent moveable things (as owner or renter)

Mio zio noleggia barche ai turisti.
My uncle rents boats to tourists.

prendere in affitto
to rent (as renter)

La studentessa vuole prendere in affitto
una stanza con uso di cucina.
*The student wants to rent a room with kitchen
privileges.*

prendere a nolo
to rent moveable things (as renter)

Volevamo prendere a nolo un'automobile.
We wanted to rent a car.

Related words: **affitto** and **noleggio** *rent*

Pratica

a. *Scegliere la parola che completa meglio la frase.*

1. Chi (sa/conosce) come si chiama mio padre?
2. Vi voglio (dire/raccontare) un sogno che ho fatto stanotte.
3. Chi ha (derubato/rubato) Marina?
4. Avevano pensato di (noleggiare/affittare) una macchina, ma poi sono andati in treno.
5. Cristina ha (conosciuto/saputo) il suo futuro marito a una festa.
6. È terribile. Giorgio ha (rubato/derubato) una collana dal gioielliere.

b. *Inserire le forme opportune secondo i suggerimenti.*

1. Chi (*to forget*) _____ di chiudere il garage?
2. Devo (*to remind*) _____ Mario _____ andare in banca.
3. I Sabatini (*to rent*) _____ una villa al mare.
4. Cesare è insopportabile! (Lui) (*to tell*) _____ a tutti la storia della sua vita.
   Che noia! E per di più (*to tell*) _____ sempre tante bugie.
5. Io non (*to know*) _____ il marito di Franca, ma (*to know*) _____
   che è un industriale molto ricco.

6. Il nonno (*to talk*) _____ sempre _____ politica o _____ economia italiana degli anna Trenta.

7. Matteo non (*to forget*) _____ di telefonare ai suoi genitori almeno una volta la settimana.

8. È incredibile, ma Elena non (*to know*) _____ guidare!

c. *Domande per Lei.*

1. Lei è studente o studentessa? Che anno fa?
2. Dove vive Lei? In una residenza universitaria, in una stanza ammobiliata, in un appartamento o in una casa? Vive solo/a o con altre persone?
3. Dove mangia quando è solo/a? E quando invita qualcuno a pranzo?
4. Lei sa stare solo/a o ha bisogno di compagnia? Di solito con chi passa le serate?
5. Con quale dei Suoi parenti va più d'accordo Lei? Perché?
6. Lei si trova bene con le persone che parlano poco?

⌘ Temi per componimento o discussione

1. Preparare una conversazione nella quale uno studente/una studentessa fa la parte di Teresa così com'è (*as she is*) o parafrasando la sua situazione. L'altro/a fa la parte di Elena aggiungendo propri contenuti.
2. Immaginate di essere la Teresa del racconto e scrivete l'inserzione per affittare la stanza.
3. Si trova in un'università lontana da dove vive la Sua famiglia. Scriva una lettera a casa nella quale parla del Suo compagno/della Sua compagna di stanza, della residenza universitaria in cui abita, dei corsi che segue, delle attività del tempo libero, ecc.
4. Teresa dice: «Non so star sola». Saper stare soli è un'arte che non tutti hanno. Parlare dei problemi della solitudine nella società contemporanea.

RICERCA WEB

La Teresa della storia di Natalia Ginzburg è «separata». In Italia, la separazione legale dei coniugi per almeno tre anni precede le pratiche per il divorzio. Il divorzio è legale in Italia. Elena frequenta l'università. L'università italiana, e quelle europee in generale, assomigliano più alle «graduate school» che ai «college» americani.

a. Matrimonio e divorzio in Italia
b. Università di Roma, Facoltà di Lettere e Filosofia

Al telefono. Filippo sta parlando al telefono con il suo amico Carlo per comunicargli una grande notizia.

FILIPPO: Pronto, Carlo?

CARLO: Filippo! Che piacere sentirti! Come stai?

FILIPPO: Benissimo! È nato Luigi!

CARLO: Auguri! Quando è nato?

FILIPPO: Ieri sera poco prima delle 11,00, e pesa quasi quattro chili!

CARLO: Magnifico! E la mamma e il bambino stanno bene?

FILIPPO: Sì, sì, grazie. E non è tutto! Ieri mi è arrivata la notizia di una promozione e di un aumento di stipendio.

CARLO: Congratulazioni! Sono proprio contento per te!

*Letizia e Claudio DeAngelis
con la piccola Paola*

*Partecipano la Nascita
di Carlo Maria*

*Reggio Calabria,
17 maggio 2002*

Fare gli auguri

Tanti auguri!	
Falle/gli gli auguri da parte mia/nostra.	*Give her/him my/our wishes.*
Buon anno!	
Buon Natale!	
Buona Pasqua!	
Buone feste!	*Season's greetings!*
Buon compleanno!	
Felice anniversario!	
... cento di questi giorni!	*. . . and many more! (lit: a hundred days like this one)*
Auguri di pronta guarigione!	*Wishes for a quick recovery!*
Ti auguro di guarire presto!	*Get well soon!*

Congratularsi

Complimenti!
Congratulazioni!
Mi congratulo per la promozione/il
nuovo libro/la vittoria alle elezioni...
Mi fa molto piacere/sono proprio
contento/a per te!
Te lo meritavi davvero!   *You really deserved it!*

Esprimere apprezzamento

Bravo/a!
Molto bene!
Hai fatto un ottimo lavoro!
Ti meriti il riconoscimento di noi tutti. *You deserve our recognition.*

Esprimere rammarico

Mi rincresce.
Mi dispiace moltissimo.   *I'm really sorry.*
Dio mio, che disgrazia!
Fai/faccia le mie/nostre condoglianze a... *Give my condolences to . . .*

Che cosa dice?

1. Il Suo/La Sua collega d'ufficio ha appena ricevuto una promozione.
2. È l'anniversario di matrimonio dei Suoi genitori.
3. Matteo, il Suo fratello minore, è diventato «eagle scout».
4. Il Suo bisnonno compie novantacinque anni.
5. Il marito della Sua vicina di casa ha avuto un incidente stradale. Lei incontra la Sua vicina in ascensore.
6. È il 31 dicembre e Lei telefona agli amici.
7. Il fratello della Sua amica Silvia è rimasto vedovo. Lei incontra Silvia in autobus.

Situazioni

1. Lei va a far visita alla Sua amica Marcella che si sta per sposare. Riferisca la conversazione tra Lei e la Sua amica.
2. Immagini di essere un avvocato e di avere un processo (*trial*) importante. È tornato/a in ufficio per rivedere certi dati e trova che il Suo/la Sua assistente Le ha preparato una documentazione utilissima. Gli/Le scriva un biglietto in cui lo/la ringrazia ed esprime il Suo apprezzamento.
3. La Sua amica Irene ha aperto qualche mese fa una boutique molto elegante in centro. Ieri ha saputo che il negozio è fallito (*bankrupt*) e che Irene è piena di debiti. Le telefoni per avere notizie e manifestarle il Suo rammarico.
4. Il Suo ex capufficio La invita al battesimo di suo figlio Nicola. Purtroppo Lei parte per la Grecia il giorno della cerimonia. Gli scriva un biglietto spiegando che Le dispiace di non poter partecipare e faccia gli auguri al neonato.

CAPITOLO 5

Una cena importante. La signora Morandi e la figlia hanno invitato a cena i Guiducci, i genitori di Franco che da un anno è il ragazzo di Simona. La mamma e Simona discutono i preparativi.

SIMONA: Per primo facciamo delle penne all'arrabbiata? A Franco piacciono molto.

MAMMA: Non so, sono piccanti, forse non vanno bene per tutti.

SIMONA: Allora, i tortellini alla panna.

MAMMA: Buon'idea! E per secondo?

SIMONA: Delle scaloppine di vitello al Marsala?

MAMMA: Sì, con un contorno di insalata mista.

SIMONA: Ci occorrono formaggi?

MAMMA: Direi di no, facciamo le cose semplici. Ordiniamo un dolce, un bel millefoglie,[1] e finiamo con della frutta fresca.

SIMONA: Se mi dici che cosa ci occorre, penso io a fare la spesa.

MAMMA: Mi bastano poche cose al mercato. Il resto lo posso ordinare.

SIMONA: Telefoni anche al pasticciere?

MAMMA: Sì, sì, gli telefono io.

SIMONA: Grazie, mamma, pensi sempre a tutto. Se mi fai la lista delle cose da comprare, vado subito al mercato.

Vocabolario utile

la carne   meat
il cibo   food
il contorno   side (vegetable) dish
la crema   custard
la frutta fresca/di stagione   fruit in season
la merenda   snack (time)

amaro   bitter
bollito   boiled
cotto   cooked
crudo   raw
dolce   sweet, mild
fritto   fried

la panna (montata)   (whipped) cream
il pesce   fish
il primo, secondo (piatto)   first, second course
la torta gelato   ice-cream cake
la verdura   vegetables

grasso   greasy, fatty
insipido   tasteless, bland
magro   lean
piccante   spicy, hot
salato   salty
saporito   tasty, flavorful

---

[1] **Millefoglie:** Torta di pasta sfoglia (*puff paste*) a più strati inframezzati con crema o cioccolato.

cucinare to cook
*dimagrire to lose weight
*ingrassare to put on weight

cotto {
al forno baked
alla griglia on the grill/barbecued
a vapore steamed

*essere a dieta to be on a diet

fare da mangiare to cook
fare una cura dimagrante to be on a diet
fare un dolce to bake a cake
non sapere di niente to be tasteless

ESERCIZI

a. *Vero o falso?*

_____ 1. Simona vuole preparare un dolce per il suo futuro suocero.
_____ 2. A Franco non piacciono le penne all'arrabbiata.
_____ 3. La signora Morandi fa i tortellini perché vanno bene per tutti.
_____ 4. La cena a casa Morandi include l'antipasto, il primo, due secondi, i formaggi, il dolce e la frutta.
_____ 5. Per primo offriranno l'insalata.
_____ 6. Simona è disposta ad andare al mercato.
_____ 7. La signora Morandi fa la spesa per telefono.

b. *Inserire le parole opportune.*

1. Piero ed io ci alziamo ad ore differenti e non facciamo mai la _____ insieme.
2. Per secondo prendo il pollo alla cacciatora, ma non so cosa ordinare come _____ .
3. È difficile invitare a cena Renato, sta facendo _____ e dice che non può mangiare quasi niente.
4. Anna ha paura del colesterolo, mangia quasi sempre _____ .
5. Durante l'inverno non è facile trovare della buona frutta _____ .

c. *Dare il contrario di ciascuna parola o espressione.*

1. insipido
2. magro
3. ingrassare
4. non sapere di niente
5. amaro

STRUTTURA

I. Pronomi personali (oggetto indiretto)

A. An indirect object differs from a direct object in that the action of the verb affects it *indirectly;* the action of the verb is done *to* or *for* the indirect object. Compare:

DIRECT

I brought *the book.*

INDIRECT

I brought *my sister* the book.
I brought the book *to my sister.*
I brought the book *for my sister.*

An indirect object answers the question *to whom?* or *for whom?* In English an indirect object may either stand alone or be introduced by *to* or *for*. In Italian the indirect object noun is always introduced by **a;** the indirect object pronoun stands alone without **a.**

B. Indirect object pronouns differ from direct object pronouns only in the third person singular and plural forms.

	SINGULAR		**PLURAL**	
1st person	**mi**	*to me*	**ci**	*to us*
2nd person	**ti**	*to you* (informal)	**vi**	*to you*
	Le	*to you* (formal)	**Loro**	*to you*
3rd person	**gli**	*to him*	**loro (gli)**	*to them*
	le	*to her*		

1. Indirect object pronouns, like direct object pronouns, normally precede a conjugated verb except for **loro** and **Loro,** which follow the verb.

   Non **le** danno molti soldi.
   They don't give her much money.

   Gli ho offerto un caffè.
   I offered him a cup of coffee.

   In contemporary usage **loro** is often replaced with **gli,** which precedes the verb.

   Quando parliamo **loro?**
   Quando **gli** parliamo?
   When shall we speak to them?

2. With the exception of **loro,** indirect object pronouns governed by an infinitive normally follow the infinitive and are attached to it. The infinitive drops the final **-e.**

   Ho bisogno di parlar**Le.**
   I need to talk to you.

   Preferiamo non dir**ti** niente.
   We prefer not to tell you anything.

   Perché avete deciso di non scrivere **loro?**
   Why did you decide not to write to them?

If the infinitive is governed by the verb **dovere, potere,** or **volere,** the pronoun may either be attached to the infinitive or precede the entire verb phrase.

Posso parlar**Le?** Non dobbiamo risponder**gli.**
Le posso parlare? Non **gli** dobbiamo rispondere.
May I talk to you? *We mustn't answer him.*

3. When the verb is in a compound tense and an object pronoun precedes it, it is important to know whether the object pronoun is direct or indirect in order to use the correct form of the past participle. The past participle can agree with the preceding direct object pronoun (see p. 91); it *never* agrees with a preceding indirect object pronoun.

   Patrizia? L'ho vist**a** ieri ma non le ho parlat**o.**
   Patrizia? I saw her yesterday, but I didn't speak to her.

4. Some Italian verbs take an indirect object, whereas their English equivalents take a direct object.

   Telefono **a Mario.** **Gli** telefono.
   I phone Mario. *I phone him.*

   The most common of these verbs are:

bastare	*to suffice, to last*	**piacere**	*to please*
chiedere (domandare)	*to ask*	**rispondere**	*to answer*
dire	*to tell*	**somigliare**	*to resemble, to be like*
dispiacere	*to be sorry*	**telefonare**	*to phone*
fare bene	*to be good for*	**volere bene**	*to love*
fare male	*to hurt, to be bad for*		

   Signora, chi **Le** ha risposto? Il fumo **gli** fa male.
   Ma'am, who answered you? *Smoking is bad for him.*

   Telefonate agli amici; telefonate **loro** (**gli** telefonate) ogni giorno.
   You call your friends; you call them every day.

   Somiglio a mia madre; **le** somiglio nel naso.
   I resemble my mother; my nose is like hers.

ESERCIZI

a. *Sostituire all'oggetto indiretto la forma corretta del pronome corrispondente.*

   ESEMPIO · Leggo la lettera a mio fratello.
      Gli leggo la lettera.

   1. Voglio bene a mio padre.
   2. Abbiamo chiesto ai bambini come stavano.
   3. Quando hai parlato alla professoressa?
   4. Non capite che date fastidio al nonno?
   5. Offro sempre un caffè all'avvocato.
   6. Non volete scrivere ai vostri genitori?
   7. È vero che somigli alla zia?
   8. Non danno molti soldi ai figli.

—Le ripeto, dottore, è un caso davvero insolito...

b. *Inserire* **lo** *o* **gli.**

1. Siamo stati contenti di riveder ____Lo____ e di parlar ____gli____ .
2. Qualcuno ____gli____ ha mandato un pacco.
3. Non ____lo____ avete ancora ringraziato?
4. Tutti volevano aiutar ____Lo____ .
5. Perché fingete di non conoscer ____Lo____ ?
6. Chi ____gli____ ha insegnato il francese?
7. La carne non ____gli____ fa bene.
8. Il suo stipendio non ____gli____ basta.

c. *Inserire* **la** *o* **le.**

1. Che cosa ____Le____ hai regalato per il suo compleanno?
2. ____LA____ salutiamo sempre quando ____LA____ vediamo.
3. Non ____le____ hanno detto la verità.
4. Devi risponder ____le____ in italiano.
5. Nessuno ____LA____ invita.
6. Perché non ____Le____ telefonate?
7. Quante volte ____le____ hai scritto?
8. Perché ____LE____ avete raccontato questa barzelletta?

d. *Completare con le forme dirette o indirette dei pronomi personali.*

Lorenzo e Teresa sono separati, però lui va a trovar ____LA____ regolarmente e
telefona spesso. Dopo che si sono separati, lui ____La____ ha aiutata a cercare casa
e ____le____ ha anche dato i soldi per ammobiliar ____La____ . Lorenzo
vuole ancora bene a Teresa ma lei non ____Lo____ ama più. Una volta lui ha detto:
«____Ti____ voglio ancora bene.» E lei ____lo____ ha risposto: «Non
____Ti____ voglio più vedere. Non venire più a trovar ____mi____ !»

e. **Parliamo un po'.** *Rispondere alle domande seguenti usando i pronomi appropriati.*

1. Lei scrive ai Suoi genitori? A chi scrive spesso? Scrive delle lettere romantiche al Suo fidanzato/alla Sua fidanzata? Che cosa gli/le dice?
2. Che cosa presta al Suo compagno/alla Sua compagna di stanza? Perché? Che cosa chiede Lei al Suo compagno/alla Sua compagna di prestarLe?
3. Il vostro professore d'italiano corregge sempre i compiti? Spiega bene le regole della grammatica?

f. *Lei non vuole dare troppe informazioni al Suo avvocato. Sua sorella si preoccupa. Completare la conversazione inserendo le risposte suggerite e usando i pronomi.*

1. —Hai telefonato all'avvocato? —Sì, _____ ho telefonato.
2. —Hai detto la verità? —No, non _____ no detto tutta la verità.
3. —Ma lui non ti ha fatto domande? —Sì, _____ ha fatto molte domande.
4. —E tu che cosa hai detto? —Non _____ ho risposto sempre.
5. —Ma perché? —Perché non voglio dir _____ tutto.
6. —Sei proprio strano, proprio come tuo padre. —Sì, lo so, (io) _____ rassomiglio molto.
7. —L'avvocato ti ha mandato il conto? —Sì, _____ ha mandato il conto.
8. —L'hai pagato? —No, non _____ ho ancora mandato l'assegno.
9. —Non so cosa dirti. —Non devi dir _____ niente. Non ti preoccupare!

II. *Piacere* e verbi come *piacere*

To express likes, dislikes, and interests, Italian uses the verb **piacere,** which functions very differently from its English equivalent. The verb **piacere,** meaning *to like* or *to be pleasing,* is one of a number of common Italian verbs that use an indirect object where English uses a subject.

A. With verbs like **piacere,** the subject generally follows the verb; it is the subject that determines whether the verb is singular or plural. (Note that **piacere** is mostly used in the third person singular or plural.)[1]

A Maria piacciono i dolci, ma la cioccolata non le piace.
Maria likes sweets, but she doesn't like chocolate.

Note that when the person who *likes* is expressed with a noun, it is introduced by **a;** when expressed with a pronoun, the indirect pronoun alone is used.

B. When what is *liked* is expressed with an infinitive (*he likes to read*), **piacere** is used in the third person singular even if the infinitive has a plural object.

Ci piace leggere.　　　　Ci piace leggere i fumetti.
We like to read.　　　　*We like to read comic strips.*

---

[1] The other persons of **piacere** are occasionally used: **Tu mi piaci così come sei.** *I like you as you are.* **Noi conservatori non piacciamo ai giovani.** *Young people don't like us conservatives.*

C. Note that **piacere** is conjugated with **essere** in compound tenses; thus its past participle agrees in gender and number with the subject (that which is *liked*). The past tenses of **piacere** in the third person singular and plural are:

	SINGULAR	PLURAL
Imperfetto	piaceva	piacevano
Passato prossimo	è piaciuto/piaciuta	sono piaciuti/piaciute

Gli **piaceva** correre.
He used to like to run.

Mi **è piaciuta** Roma.
I liked Rome.

Ti **sono piaciute** altre città?
Did you like other cities?

D. Note that in the following expressions there is no pronoun equivalent for the English *it* and *them*. Instead, these pronouns are expressed in the singular and plural verb endings.

Mi piace molto.
I like it a lot.

Mi piace di più.
I like it better.

Ti piacciono?
Do you like them?

E. The following verbs function like **piacere**:

non piacere	*to dislike, not to like*
dispiacere	*to be sorry; to mind; to be bothered*
mancare	*to not have, to lack, to be short of; to miss*
occorrere	*to need*
parere	*to look, to appear*
restare	*to have . . . left*
sembrare	*to seem*

ESERCIZI

a. **Che cosa regalare?** *È Natale e Lei sta decidendo che cosa regalare a parenti ed amici. Seguire l'esempio.*

ESEMPIO   Suo padre / la musica classica
STUDENTE 1   **A tuo padre piace la musica classica?**
STUDENTE 2   **Sì, gli piace. Esatto... gli posso comprare un disco di Vivaldi.**
or   **No, non gli piace.**

1. la suocera / i profumi francesi
2. i nonni / i dolci
3. tu e la tua ragazza / una cinepresa
4. la mamma / dei libri italiani
5. lo zio Giorgio / un binocolo
6. i tuoi fratelli gemelli / un nuovo videogioco
7. tu / un telefono personale
8. il tuo fidanzato/la tua fidanzata / una penna d'oro

b. *Dite come vi piacciono i seguenti cibi.*

> ESEMPIO a te il pesce / fritto o alla griglia?
> STUDENTE 1 **Come ti piace il pesce, fritto o alla griglia?**
> STUDENTE 2 **Mi piace alla griglia.**

1. alla mamma le patate / lesse (*boiled*) o in insalata?
2. a papà le uova / fritte o sode (*hard-boiled*)?
3. a Gabriella la carne / arrosto o alla griglia?
4. a te il gelato / di frutta o al cioccolato?
5. a voi la frutta / fresca o cotta?
6. agli amici i formaggi / dolci o piccanti?

c. Che te ne pare? *Rispondere alle seguenti domande usando le espressioni in parentesi. Seguire l'esempio.*

> ESEMPIO Che cosa ti piace fare? (passeggiare all'aria aperta)
> **Mi piace passeggiare all'aria aperta.**

1. A Sua moglie come sembra questo albergo? (molto buono)
2. Che cosa sembra impossibile a Maria e a Pietro? (di potersi sposare)
3. Che cosa manca al cuoco per il dolce? (la farina e lo zucchero)
4. Quante pagine restano a Antonia da leggere? (trenta pagine)
5. Quante macchine vi occorrono per la gita a Venezia? (solamente una macchina)
6. Quali cose non ti piace fare? (fare gli esercizi d'italiano, pulire la mia stanza, cucinare)
7. Quanti giorni di ferie ti restano? (una settimana)
8. Che cosa vi dispiace di non saper fare? (parlare bene l'italiano, pilotare un aereo, suonare il sassofono)

d. Ecco il risultato. In coppia, cambiate le frasi secondo l'esempio e aggiungete le conseguenze. Usate i verbi: **dispiacersi, mancare, occorrere, (non) piacere, restare.**

> ESEMPIO Non ho più francobolli.
> STUDENTE 1 **Mi occorrono dei francobolli.**
> STUDENTE 2 **Allora devi andare alla posta.**

1. Devi lavorare in ufficio altre quattro ore.
2. Senza l'olio non possiamo fare la pizza.
3. Non hai abbastanza tempo per finire il componimento.
4. Il proprietario del ristorante «Tre Fontane» ha saputo che il cuoco è malato.
5. Siamo ospiti a casa Mancusi; ci hanno dato le chiavi di casa e le abbiamo perse.
6. Claudio ha tutto quello che vuole.
7. Chiara da ragazza adorava Robert Redford.
8. Io e Nino non amiamo le verdure molto cotte.

e. **Parliamo un po'.** *Lavorando in gruppi di due o più studenti, discutete i preparativi per una setti-mana bianca* (skiing trip) *sulle Alpi. Cercate di inserire nella conversazione alcune delle espressioni che seguono.*

1. **piacere:** le montagne, lo sci, l'inverno, la neve, le serate intorno al caminetto (*fireplace*), viaggiare, visitare paesi stranieri
2. **restare:** molte cose da fare, ancora due esami prima delle vacanze, tre settimane di studio
3. **mancare:** biglietti aerei, passaporti, prenotazione dell'albergo
4. **occorrere:** sci nuovi, soldi, lezioni di sci

III. Verbi riflessivi

A reflexive verb is one in which the action reverts back to the subject.

I see myself in the mirror.
He considers himself intelligent.
They amuse themselves playing ball.

In English, the reflexive meaning is often understood but not expressed.

I washed (myself) this morning.   *He shaved (himself) last night.*

In Italian, reflexive verbs are *always* conjugated with reflexive pronouns. Reflexive pronouns are the same as object pronouns except for the third person singular and plural forms.

PRONOMI RIFLESSIVI				
	Singular		**Plural**	
1st person	**mi**	*myself*	**ci**	*ourselves*
2nd person	**ti**	*yourself*	**vi**	*yourselves*
3rd person	**si**	*yourself/ oneself* *himself/ herself*	**si**	*yourselves/themselves*

In dictionaries and vocabulary lists reflexive verbs can be recognized by the endings **-arsi, -ersi,** and **-irsi.** The **-si** is the third person reflexive pronoun attached to the infinitive with the final **-e** dropped. Below is the present indicative of regular reflexive verbs for the three conjugations.

LAVARSI *to wash*	**VEDERSI** *to see oneself*	**VESTIRSI** *to get dressed*
mi lavo	mi vedo	mi vesto
ti lavi	ti vedi	ti vesti
si lava	si vede	si veste
ci laviamo	ci vediamo	ci vestiamo
vi lavate	vi vedete	vi vestite
si lavano	si vedono	si vestono

A. Reflexive pronouns precede conjugated verb forms but are attached to the infinitive. Even when the verb is in the infinitive, its reflexive pronoun agrees with the subject.

Ho bisogno di lavar**mi.**
I need to wash.

Perché preferite alzar**vi** presto?
Why do you prefer to get up early?

B. When a reflexive infinitive is used with a form of **dovere, potere,** or **volere,** the reflexive pronoun can be attached to the infinitive or precede the entire verb phrase.

Il bambino non vuole vestir**si.**
Il bambino non **si** vuole vestire.
The child doesn't want to get dressed.

Il bambino non ha voluto vestir**si.**
Il bambino non **si** è voluto vestire.
The child refused to get dressed.

Note that when the reflexive pronoun precedes **dovere, potere,** or **volere** in a compound tense, these verbs are conjugated with **essere.**

C. In compound tenses all reflexive verbs are conjugated with **essere,** and the past participle agrees in gender and number with the subject.

Cristina si è vestit**a** in fretta.
Christina got dressed in a hurry.

Perché vi siete arrabbiat**i?**
Why did you get angry?

◦◦ Uso dei verbi riflessivi

A. The reflexive is used in Italian when the subject performs an action on a part of his or her body: *I washed my face; They put on their gloves.* In Italian the definite article is used with parts of the body and clothing instead of the possessive adjective as in English.

Mi sono lavato **la** faccia.
I washed my face.

Si mettono **i** guanti.
They put on their gloves.

B. Many verbs in Italian have reflexive forms but are not reflexive in meaning.

accorgersi (di)	*to notice*	**lamentarsi (di)**	*to complain (about)*
alzarsi	*to get up*[1]	**laurearsi**	*to graduate (from a university)*
annoiarsi	*to get bored*	**riposarsi**	*to rest*
divertirsi	*to have a good time*	**sentirsi**	*to feel*
appoggiarsi	*to lean*	**svegliarsi**	*to wake up*

C. The reflexive form is also used to express meanings that are not reflexive.

1. Verbs can be used reflexively to emphasize the involvement of the subject in the action expressed by the verb. Compare:

Ho comprato una bicicletta.
I bought a bicycle.

Mi sono comprato/a una bicicletta.
I bought myself a bicycle.

---

[1] Note that Italian often uses the reflexive form of a verb where English uses *to get* + another word.

2. Nonreflexive verbs can be used in the plural with the plural reflexive pronouns **ci, vi, si** to express a reciprocal or mutual action: *(to) each other, (to) one another.*[1]

Lorenzo ed io **ci amiamo.**
Lorenzo and I love each other.

Si sono conosciuti all'università.
They met (each other) at the university.

Ci siamo visti ieri sera.
We saw each other last night.

Vi scrivete ogni giorno.
You write to each other every day.

Oh! Ti sei fatto male?

ESERCIZI

a. **Io invece...** *Seguire l'esempio e completare ciascuna frase con la forma riflessiva del verbo in corsivo.*

ESEMPIO   Carla mette i bambini a letto.
   Io invece mi metto gli occhiali e guardo la TV.

1. Mia cognata non *aiuta* mai mio fratello. Io e Mario invece _____ quando possiamo.
2. Carlo *fa compagnia* alla zia. I miei zii invece _____ a vicenda.
3. Io e la mamma *prepariamo* la cena. Mio fratello invece _____ per uscire.
4. Giacomo *sveglia* il suo compagno di stanza alle 7,30. Noi invece _____ alle 6,00 ogni mattina.
5. La mamma *lava* il neonato. Gli altri figli invece _____ da soli.
6. Io e mio marito *parliamo* sempre troppo. Voi due invece non _____ da tre giorni.
7. Laura non *telefona* mai a Vittorio. Lei e Carlo invece _____ ogni sera.
8. Io *saluto* i miei colleghi. Io e Marco però abbiamo litigato e non _____ più.

---

[1] To clarify that a sentence is to be understood reciprocally rather than reflexively, one of the following phrases may be added: **fra (di) loro** *among themselves,* **l'un l'altro (l'un l'altra)** *one another,* **a vicenda, reciprocamente,** *mutually.*

b. **Una storia che finisce male.** *Raccontare la storia di Riccardo e Gabriella prima al presente e poi al passato usando i seguenti verbi.*

vedersi al supermercato / guardarsi, parlarsi / darsi appuntamento / rivedersi molte volte / innamorarsi / andare in vacanza, scriversi / telefonarsi / sposarsi / non andare d'accordo / bisticciare (*bicker*) / separarsi / divorziare

c. *Descrivete una giornata tipica della vostra vita usando il maggior numero possibile di verbi riflessivi. Descrivete poi un giorno speciale del vostro passato in cui avete fatto tutto in modo diverso.*

d. **Parliamo un po'.** *Rispondere alle seguenti domande.*

1. A che ora si è svegliato/a stamattina? Si è alzato/a subito o è rimasto/a a letto per un po'?
2. Si lava sempre i denti al mattino?
3. A chi assomiglia di più, a Suo padre o a Sua madre?
4. In che anno si sono conosciuti i Suoi genitori? Quando si sono sposati? Lei quando pensa di sposarsi?
5. I Suoi amici si ricordano sempre del Suo compleanno? Lei cosa fa se si dimenticano di farLe gli auguri?
6. Di che cosa si lamentano normalmente gli studenti universitari?

IV. Suffissi speciali

To express special shades of meaning of a noun or an adjective, English uses suffixes (bird*ie*, green*ish*) or a descriptive adjective or adverb (*little house, rather fat*). In Italian, the preferred way to indicate size, quality, and speaker's attitude is to use a suffix rather than a separate qualifying word: cas**etta** (*little house*); libr**one**[1] (*big book*); vent**accio** (*bad wind*). When a suffix is added to a word, the final vowel of the word is dropped.

A. The following suffixes indicate smallness or express affection and endearment:[2]

-ino, -ina, -ini, -ine	uccello *bird*	uccellino *cute little bird*
-etto, -etta, -etti, -ette	cugino *cousin*	cuginetto *little cousin*
-ello, -ella, -elli, -elle	fontana *fountain*	fontanella *little fountain*
-icello, -icella, -icelli, -icelle	vento *wind*	venticello *breeze*
-icino, -icina, -icini, -icine	cuore *heart*	cuoricino *little heart*
-olino, -olina, -olini, -oline	radio *radio*	radiolina *little radio*
-uccio, -uccia, -ucci, -ucce	bocca *mouth*	boccuccia *cute little mouth*

---

[1] Words that end in **-one** or **-ona** add a **-c-** before adding one of the listed suffixes: **bastone** *stick* → (+ -ino) **bastoncino**.

[2] Some feminine words become masculine when one of the listed suffixes is added:

la finestra *window* → **il finestrino** *small window*

la stanza *room* → **lo stanzino** *small room*

Also note that more than one suffix can be attached to the same word: **fiore** *flower* → **fior-ell-ino, cassa** *case* → **cass-ett-ina.**

B. The suffix **-one, -ona, -oni, -one** indicates largeness.[3]

naso *nose* →   nasone *big nose*
libri *books* →   libroni *big, heavy books*

C. The following suffixes indicate poor quality or ugliness, in either a material or a moral sense.

-accio, -accia, -acci, -acce	tempo *weather*	tempaccio *awful weather*
-astro, -astra, -astri, -astre	poeta *poet*	poetastro *very bad poet*
-iciattolo, -iciattola, -iciattoli, -iciattole	mostro *monster*	mostriciattolo *gremlin*

D. Many of the above suffixes may also be added to adjectives.

bello *beautiful*	bellino *pretty, cute*
pigro *lazy*	pigrone *quite lazy*
dolce *sweet*	dolciastro *sickeningly sweet*
noioso *boring*	noiosetto *rather boring*

E. A number of Italian nouns appear to end in one of the preceding suffixes. Their meaning, however, is in no way influenced by the suffix.

posto *place*	postino *postman* (*nice little place is* posticino)
tacco *heel*	tacchino *turkey* (*little heel is* tacchetto)
burro *butter*	burrone *ravine*

ESERCIZI

a. *Sostituire una parola sola alle parole in corsivo.*

1. Il mio compagno è un *ragazzo grande e grosso.*
2. Non mi piacciono le persone che usano *parole brutte.*
3. A Natale gli abbiamo regalato un *piccolo treno.*

---

[3] Some feminine words become masculine when the masculine suffix **-one** is added:

la nebbia *fog* →   **il nebbione** *dense fog*
la palla *ball* →   **il pallone** *soccer ball*
la porta *door* →   **il portone** *front door*

4. Ti mando un *grosso bacio.*
5. È un *vino leggero* che non fa male. (Use **-ello.**)
6. Una *nebbia molto densa* è scesa sulla città. (Rewrite the whole sentence after you've found your word.)
7. È un bel ragazzo, ma ha un *grosso naso.*
8. Come mai sei uscito con questo *tempo così brutto?*
9. Si credono illustri, ma sono dei *poeti da strapazzo* (hack poets).
10. È stata una conferenza *piuttosto noiosa.*

V. Aggettivi e pronomi indefiniti

Indefinite adjectives and pronouns indicate quantity and quality without referring to any particular person or thing. Italian indefinites can be grouped into three categories according to how they are used: as adjectives, as pronouns, and as both adjectives and pronouns.

A. The following are the most common indefinite *adjectives.* They are invariable and always modify a singular noun.

AGGETTIVI INDEFINITI			
ogni	*every*	**qualsiasi**	*any, any sort of*
qualche	*some*	**qualunque**	*any, any sort of*

Ogni inverno andiamo in montagna.
Every winter we go to the mountains.

Qualche negozio era già chiuso.
Some stores were already closed.

Qualsiasi libro va bene.
Any book is fine.

Devo farlo a qualunque costo.
I must do it at any cost.

B. The following are the most common indefinite *pronouns.* They are used only in the singular.

PRONOMI INDEFINITI			
uno/a	*one*	**chiunque**	*anyone, whoever*
ognuno/a	*everyone*	**qualcosa**	*something*
qualcuno/a	*someone*	**niente, nulla**	*nothing*

Uno non sa mai cosa dire.
One never knows what to say.

La porta era aperta a chiunque.
The door was open to anyone.

Ognuno ha i propri difetti.
Everyone has his/her own faults.

C'è qualcosa che non va.
There's something wrong.

Qualcuno ha preso la mia penna.
Someone took my pen.

Non volevano niente.
They didn't want anything.

1. **Qualcosa, niente,** and **nulla** are considered masculine for purposes of agreement.

Niente è perdut**o**.
Nothing is lost.

È success**o** qualcosa?
Has something happened?

2. When **qualcosa** and **niente** are followed by an adjective, **di** precedes the adjective, which is always masculine. When followed by an infinitive, **da** precedes the infinitive.

Abbiamo visto qualcosa **di** bello.
We saw something pretty.

Non ho niente **da** vendere.
I have nothing to sell.

C. The following indefinites can be used as both *adjectives* and *pronouns*.

AGGETTIVI E PRONOMI INDEFINITI	
alcuni, -e (plural only) *some, a few*	Ci sono alcuni errori. *There are a few mistakes.* Non tutte le ragazze hanno capito; alcune sono confuse. *Not all the girls have understood; some are confused.*
altro, -a, -i, -e *other*	Ci sono altre ragioni. *There are other reasons.*
altro *something (anything) else*	Desidera altro? *Do you need anything else?*
altri, -e *others*	Dove sono andati gli altri? *Where have the others gone?*
certo, -a, -i, -e *certain*	Quella ragazza ha un certo fascino. *That girl has a certain charm.* Certi non capiscono. *Certain (people) don't understand.*
ciascuno, -a (singular only) *each, each one*	Consideriamo ciascuna proposta. *We consider each proposal.* Hai parlato con ciascuno di loro? *Did you speak to each of them?*
molto, -a, -i, -e *much, many, a lot (of)*	Mangiamo molto formaggio e molta frutta. *We eat a lot of cheese and a lot of fruit.* Molte non sono venute. *Many (girls) didn't come.*
nessuno, -a (singular only) *no, none, no one*	Non ho nessuno zio a Chicago. *I have no uncles in Chicago.* Nessuno vi ha chiamato. *No one called you.*
parecchio, -a, parecchi, parecchie *a lot (of), several*	Abbiamo visto parecchie persone. *We saw several people.* Hai speso parecchio! *You spent a lot!* *(continued)*

poco, -a, pochi, -e *little, few*	C'era poco tempo. *There was little time.*
	Pochi lo sanno. *Few people know it.*
quanto, -a, -i, -e *how much, how many*	Quante parole inutili! *How many useless words!*
	Quanti hanno pagato? *How many have paid?*
tanto, -a, -i, -e *so much, so many*	Hanno fatto tanti errori. *They have made so many mistakes.*
	Tanti non ricordano perché. *So many don't remember why.*
troppo, -a, -i, -e *too much, too many*	Hai usato troppo zucchero. *You've used too much sugar.*
	Siamo in troppi. *There are too many of us.*
tutto, -a, -i, -e *all, whole, every*	Ho mangiato tutta la torta. *I ate the whole cake.*
tutto *everything*	Chi ha visto tutto? *Who saw everything?*
tutti, -e *everyone*	Tutti amano le vacanze. *Everyone loves vacations.*

1. **Tutto** takes an article when used as an adjective.

   Abbiamo lavorato **tutta la** settimana.
   We have worked all (the whole) week.

   Tutti **i** bambini lo sanno.
   All children know this.

   Tutto is used in the idiomatic expressions **tutt'e due** *both*, **tutt'e tre** *all three*, **tutt'e quattro** *all four*. Note that the definite article is used when such expressions modify a noun.

   tutt'e due **i** ragazzi
   both boys

   tutt'e tre **le** riviste
   all three magazines

2. Some of the words listed above are also used as adverbs, and as such they are invariable.

molto	*very, quite, awfully*	**tanto**	*so* (like **così**)	**quanto**	*how* (like **come**)
poco	*not so, not very, hardly*	**troppo**	*too*		

   Siamo molto stanchi.
   We are very tired.

   Siena è poco lontana.
   Siena is not very far.

   Quanto sono intelligenti!
   How intelligent they are!

   Erano tanto felici.
   They were so happy.

   Sei troppo egoista.
   You are too selfish.

ESERCIZI

a. *Scegliere la parola corretta.*

1. _____ (Qualunque/chiunque) può venire con noi.
2. _____ (Nessuna/nulla) persona è venuta a piedi.
3. _____ (Ogni/ognuno) uomo ha i suoi problemi.
4. Posso fare _____ (qualcuno/qualcosa) per lui?
5. Solo _____ (qualche/qualcuno) prigioniero è riuscito a fuggire.
6. Per ammobiliare la stanza, bastano _____ (alcuni/ogni) mobili.
7. _____ (Chiunque/qualunque) letto è buono per dormire quando abbiamo sonno.
8. In biblioteca c'erano solo _____ (qualche/alcune) studentesse.
9. Non sappiamo _____ (nessuno/niente).
10. Ho letto _____ (qualche/qualcuno) dei suoi romanzi.

b. *Mettere un pronome indefinito al posto delle parole sottolineate.*

ESEMPIO Ho imparato <u>tante cose</u> in questo corso.
Ho imparato tanto in questo corso.

1. <u>Ogni persona</u> è responsabile delle sue azioni.
2. Ha bisogno di <u>altre cose</u>?
3. <u>Nessuna persona</u> lo dice.
4. <u>Nessuna cosa</u> sembra facile all'inizio.
5. <u>Qualsiasi persona</u> lo farebbe in poco tempo.
6. Voi volete sapere <u>troppe cose</u>.
7. <u>C'è un uomo che</u> ti vuole parlare.
8. <u>Ogni cosa</u> era sul tavolo.
9. <u>Qualche persona</u> ha detto di no.
10. Potevamo comprare del vino per <u>pochi soldi</u>.

c. *Scegliere la parola corretta.*

1. Quella signora ha _____ (tanto/tanti) soldi.
2. Abitano _____ (poche/poco) distante da casa mia.
3. Siamo _____ (troppo/troppi) isolati in questo posto.
4. C'era _____ (molto/molta) neve in montagna.
5. Avete _____ (poco/poche) idee.
6. _____ (Quanti/quanto) sono i tuoi cugini? Sette o diciassette?
7. _____ (Quanto/quanta) è bella la giovinezza!
8. È una ragazza _____ (molto/molta) strana.
9. Mia madre sembrava _____ (tante/tanto) giovane.
10. _____ (Troppe/troppa) gente crede ancora a queste cose.

VI. Il partitivo

A. The partitive is expressed in English as *some, any, a few.* The same meaning can be conveyed in Italian in the following ways:

1. With the combined forms of **di** + *definite article* (**del, dello, della, dell', dei, degli, delle**).

Ho mangiato **del** formaggio.   Conosciamo **degli** italiani.
I ate some cheese.   *We know some Italians.*

2. With **qualche** + *singular noun* or **alcuni, -e** + *plural noun* to mean *some, a few.* Although **qualche** always takes a singular noun and **alcuni, -e** always a plural noun, they express the same plural meaning in English.

Invitano **qualche amica**.   **Qualche studente** lo sapeva.
Invitano **alcune amiche**.   **Alcuni studenti** lo sapevano.
They invite some girlfriends.   *A few students knew it.*

3. With **un poco di, un po' di** to mean *some, a bit of,* with a singular noun that is either abstract (*time, patience*) or measurable rather than countable (*milk, bread*).

Abbiamo bisogno di un po' di tempo.   Volete un po' di latte?
We need some time.   *Do you want some milk?*

B. The partitive is left unexpressed in negative sentences and is frequently omitted in interrogative sentences.

Ci sono lettere per me?   Non abbiamo soldi.
Ci sono **delle** lettere per me?   *We don't have any money.*
Are there any letters for me?

ESERCIZI

a. *Inserire la forma corretta:* **del, dello,** *ecc.*

1. Ha ordinato acqua minerale.
2. Ci sono italiane alte e snelle.
3. Compriamo insalata e frutta.
4. Conoscono avvocati e ingegneri.
5. Cerchi giornali e riviste italiane.
6. Sono bei ragazzi.
7. Ieri sera ho preso pesce.
8. Vogliamo vino, birra e scotch!

b. *Inserire* **qualche** *o* **alcuni/alcune.**

1. Hanno avuto _____ guaio.
2. C'erano _____ parole difficili nell'esercizio.

3. Ho bisogno di _____ cosa.
4. Abbiamo passato _____ ore insieme.
5. Si sono sposati _____ anni fa.
6. Avete letto _____ bel racconto in classe?
7. L'ho già visto in _____ altro luogo.
8. La polizia ha fermato _____ macchina.

c. **La spesa.** *Simona ha fatto la spesa e mamma vuol sapere se ha comprato tutto quello che le occorre. Inserire le forme opportune dei partitivi:* **di** + *(articolo),* **qualche, alcuno, un po' di...**

MAMMA: Hai comprato _____ pane?

SIMONA: Sì, e anche _____ cornetto salato per domani mattina. Ho preso anche _____ grissini e _____ pizza all'olio.

MAMMA: C'era _____ bella frutta al mercato?

SIMONA: No, ho trovato solo _____ fragole e _____ pere, e allora ho comprato _____ scatola di frutta surgelata (*frozen*). Per la macedonia va bene.

MAMMA: E l'insalata?

SIMONA: Ho preso _____ di tutto, anche il radicchio e l'indivia belga. Come sono cari! Mi sono rimasti solo _____ spiccioli.

MAMMA: Pazienza! Senti, c'è ancora un po' di caffè caldo nella caffettiera.

SIMONA: Ah, grazie! Vado in cucina a prenderlo.

Cucina casalinga, cibo sano.

LETTURA

Vocabolario utile

il bue	*ox*	**la pecora**	*sheep*
la capra	*goat*	**il peperoncino**	*chili*
il cavolo	*cabbage*	**il peperone**	*pepper*
il cetriolo	*cucumber*	**il raccolto**	*crop*
la cipolla	*onion*	**la selvaggina**	*game*
il fagiolino	*string bean*	**il tacchino**	*turkey*
il fagiolo	*bean*	**la zucca**	*squash*
la fava	*broad bean*		
il grano/frumento	*wheat*	**attingere**	*to draw from*
il maiale	*pig*	**condire**	*to season*
la mucca	*cow*	**diffondere**	*to spread*
la nocciola	*hazelnut*	***sopravvenire**	*to arise*
l'oca	*goose*	**spargere**	*to spread*
l'ortaggio	*vegetable*		

Prima di leggere

Una delle conseguenze delle grandi scoperte geografiche (XVI⁰ secolo) è stata quella di introdurre in Europa piante ed animali originari del nuovo mondo. Come vedremo, ciò ha contribuito a cambiare radicalmente la dieta degli europei. Ora noi abbiamo infinite scelte e ci possiamo nutrire in maniera equilibrata, spendendo molto o poco, ma è un privilegio recente.

In gruppi di due o tre studenti, discutete gli aspetti dell'alimentazione moderna. Cercate di rispondere alle domande seguenti.

1. Cosa s'intende per «dieta mediterranea»?
2. Molti di noi ottengono le proteine dalla carne. Quali altri cibi contengono proteine? Come fanno i vegetariani ad ottenere una dieta equilibrata?
3. I fagioli, originari dell'America tropicale e subtropicale, contengono proteine, carboidrati e sali minerali. Conoscete preparazioni per le quali si usano i fagioli? In quale parte del mondo sono più diffuse? Sapete perché?
4. Noi viviamo in una società ricca, i supermercati e i negozi d'importazione ci forniscono di tutto, e ci possiamo divertire a cucinare cibi di ogni genere con poca fatica. Era lo stesso per le nostre nonne e bisnonne? Perché?

Dieta mediterranea e cucina italiana

«Dieta mediterranea» ci fa pensare a spaghetti al pomodoro, peperoni ripieni°, *stuffed*
patate arrosto e fagiolini all'olio e limone. Ma è sempre stato così? Facciamo un
po' di passi indietro.

Cosa mangiavano gli abitanti delle zone mediterranee alla fine del XV° seco-
5 lo, cioè prima delle grandi scoperte geografiche? Dato che, come dice un prover-
bio italiano, «non c'è niente di nuovo sotto il sole», i ricchi avevano molte scelte
mentre i contadini° e gli altri abitanti delle campagne si nutrivano essenzialmente *peasants*
dei prodotti della terra, sempre che non sopravvenisse una carestia° e non ci *famine*
fosse una guerra, nel qual caso il solo spostamento dei soldati sarebbe bastato a
10 distruggere i raccolti.

Le tavole dei signori erano ben imbandite° anche perché spesso pensavano **ben:** *well-stocked*
loro, per così dire, a fare la spesa, passavano giornate intere dedicate alla caccia° *hunting*
e riportavano cervi e daini°, cinghiali° e altri tipi di selvaggina. C'erano poi gli *deer / boars*
animali da cortile° come polli e oche e, molto diffusi, i maiali. Sembra che la dieta *barnyard*
15 del tempo non prevedesse grande uso di carne bovina° e ovina°; le femmine *beef / lamb*
degli animali, cioè mucche, pecore e capre, si tenevano per la produzione del
latte con cui si facevano i formaggi. I buoi servivano per i lavori agricoli.

L'agricoltura produceva grano, orzo° da cui qualcuno aveva scoperto come *barley*
fare la birra, e altro cereali come la segale° e l'avena°. Con i cereali si facevano *rye / oats*
20 delle specie di *tortillas*—niente a che vedere con il pane come lo intendiamo noi
data la mancanza di lievito°—o delle minestre composite con l'aggiunta di cavoli, *yeast*
piselli, fave e cipolle a cui i meno poveri aggiungevano dei pezzetti di carne.

Chi abitava vicino al mare aveva la risorsa del pesce; la famosa *bouillabaisse
provençale* è stata per lungo tempo il cibo dei pescatori poveri, che nella loro
25 minestra mettevano pezzi di pesce, di quelli di scarto°, con tante spine° che *inferior quality / bones*
nessuno comprava.

Le piante e gli animali che i navigatori riportavano dal nuovo mondo erano
spesso considerati curiosità botaniche o zoologiche. Il pomodoro, per esempio,
apparve in Italia alla fine del Settecento°, ma c'è voluto un altro mezzo secolo *1700s*
30 perché a qualcuno venisse in mente di usarlo insieme all'olio, al formaggio ed alle
erbe locali per condire la pasta. La pasta esisteva, ma non doveva essere molto
appetibile, diciamo che non sapeva di niente. I vermicelli, altro tipico cibo dei
poveri, era condita con un po' di formaggio e si mangiava con le mani; è stato il
sugo di pomodoro a diffondere l'uso della forchetta. Col tempo sono nate
35 combinazioni geniali tra pomodori e prodotti locali—olio, burro, carne di bue e
di maiale, sarde° e frutti di mare, erbe aromatiche e formaggi—che hanno creato *sardines*
i famosi sughi° della cucina italiana. I pomodori si mangiano anche crudi° in *sauces / raw*
insalata o a fette con la mozzarella (la famosa «caprese»), al forno ripieni e, naturalmente, sulla pizza.

40 Anche le patate furono ricevute con molto sospetto. Erano piccole, brutte,
sporche, piuttosto cattive° nella minestra—a nessuno era venuto in mente di *bad-tasting*
pelarle. Eppure furono un elemento fondamentale nella dieta europea; non
dimentichiamo le vicissitudini° degli irlandesi che nell'Ottocento° emigrarono in *tribulations / 1800s*

massa verso New York in seguito alla rovina del raccolto delle patate dovuta all'infestazione di un parassita. Gli italiani, sempre immaginativi, hanno adottato le patate creando preparazioni originali: *gnocchi, crocchette, soufflè,* e poi patate in insalata, al forno, in umido° con la carne o con altri ortaggi.

45

Il mais° o granturco, cioè grano straniero, si diffuse rapidamente dai semi riportati da Cristoforo Colombo in Spagna e in Portogallo. In Italia è coltivato nel Veneto fin dalla metà del Cinquecento° e la polenta è stato uno degli alimenti principali nelle zone dell'Italia settentrionale. Ma anche la polenta è stata per lungo tempo cibo dei poveri, bollita nel latte o fredda e tagliata a fette con sopra qualche fettina di cetriolo. Nella dieta moderna la polenta si accompagna con carni in umido, salsicce, formaggi e funghi. Parte del granturco è coltivato come foraggio°, altrimenti se ne ricava la farina; i grani sono piuttosto grossi e duri, i contadini li abbrustoliscono nella brace°, ma non si usa mangiare l'equivalente americano del "corn on the cob" cotto nell'acqua salata.

50

55

Anche diversi prodotti ortofrutticoli° vengono dal nuovo mondo. Fagioli e fagiolini, zucche e zucchine, peperoni e peperoncini contribuiscono a variare in mille modi le preparazioni culinarie italiane ed europee.

60

Ad arricchire la varietà degli animali da cortile è arrivato in europa il tacchino. Quelli che si comprano dal pollivendolo° italiano sono piuttosto piccoli, forse perché conviene cucinarli quando sono giovani e teneri. Dall'Inghilterra si è sparsa la tradizione di preparare il tacchino ripieno e cotto al forno per Natale. Sono anche apprezzati i petti e i filetti al burro, con i funghi e il marsala°, con prosciutto e mozzarella.

65

E per finire, non dimentichiamo il cacao. Originario dall'America centrale e meridionale, arrivò in Europa grazie a Cortès. Era considerato fonte di energia, ma inizialmente fu visto con sospetto dalla chiesa cattolica. Però piaceva. In Italia è arrivato verso la seconda metà del Cinquecento a Torino per merito del Duca Emanuele Filiberto di Savoia. Più tardi il cioccolato, senza la sua componente di grasso costituita dal burro di cacao, fu unito alle nocciole e nacquero i famosi «giandujotti», prodotti dalla casa Caffarel di Torino.

70

L'incontro tra il vecchio e il nuovo mondo è stato per l'Europa la scoperta di un tesoro, ma i benefici dell'incontro sono stati scambievoli°. Colombo, fin dal suo primo viaggio, ha portato nel nuovo mondo l'olio d'oliva. Il grano, che riempie i silos degli Stati Uniti e del Canadà, deriva dai semi portati dall'Europa e dall'Europa sono venuti cavalli e maiali. I banani° sono arrivati originariamente a Santo Domingo grazie a Colombo, e la canna da zucchero, originaria del Golfo del Bengala, si è diffusa nelle Antille, creando ricchezza per alcuni ma anche, purtroppo, miserabili condizioni di vita per quanti lavoravano nelle piantagioni.

75

80

L'apporto di nuove colture° è stato estremamente positivo per l'Italia. Sono cambiati in meglio l'aspetto dell'ambiente naturale°, il tipo dei prodotti disponibili° nei mercati e la dieta degli abitanti. C'è senz'altro di che essere grati al nuovo mondo.

85

in: *stewed*

corn

1500s

fodder

li: *roast them in the embers*

from vegetable and fruit gardens

poultry seller

Marsala wine

mutual

babana trees

plant cultures

environment

available

Comprensione

1. Com'era il pane di qualche secolo fa? Perché?
2. Quando si è cominciato ad usare il sugo per la pasta più o meno come lo intendiamo noi?
3. Piacevano agli europei le patate provenienti dal nuovo mondo? Sì, no, perché?
4. Come viene utilizzato il granturco in Italia?
5. Quali prodotti ortofrutticoli sono arrivati in Europa dopo Colombo?
6. Come sono i tacchini italiani?
7. Che cosa ha dato l'Europa alle Americhe?
8. Quali sono state le conseguenze dell'incontro tra il vecchio e il nuovo mondo?

Studio di parole

to taste

sapere di
to taste of; to have the flavor of

Non sa di niente.
It has no flavor.

assaggiare
to taste, to try (food)

È buono! Vuoi assaggiarlo?
It's good! Do you want to try it?

to play

suonare
to play (an instrument), to ring

Suono il piano e la chitarra.
I play the piano and the guitar.

È suonato il campanello?
Chi ha suonato il campanello?
Has the bell rung?
Who rang the bell?

giocare a + noun
to play (a game, a sport)

Io gioco a tennis; tu giochi a carte.
I play tennis; you play cards.

praticare (fare) uno sport
to play a sport

Quante persone praticano questo sport?
How many people play this sport?

recitare
to act, to play a role

Quell'attore recita bene.
That actor acts well.

to work

lavorare
to work

Lavorano in una fabbrica di biciclette.
They work in a bicycle factory.

funzionare
to work (machines, systems, etc.)

Il televisore non funziona.
The TV is not working.

to spend

passare
to spend (time)

Passavamo il tempo allegramente.
We spent the time happily.

Dove hai passato le vacanze?
Where did you spend your vacation?

spendere
to spend (money)

Hai pagato due euro? Hai speso troppo.
Did you pay two euros? You spent too much.

Pratica

a. *Scegliere la parola o l'espressione che completa meglio la frase.*

1. Dove hai intenzione di _____ Natale quest'anno? Con i tuoi?
2. Il mio orologio non _____ bene. È sempre indietro di dieci minuti!
3. Quando hai imparato a _____ il piano e a _____ a tennis?
4. In quel ristorante uno _____ poco e mangia bene.
5. Da quanto tempo _____ in quest'ufficio Lei?
6. Mi piacciono gli attori che _____ bene.
7. Tu, quali sport _____ quando hai tempo?
8. Il postino _____ sempre due volte.

b. *Inserire le parole mancanti nel significato opportuno.*

La vita dei contadini durante il Rinascimento non era facile. Dovevano *(to work)* _____ nei campi e poi *(to spend)* _____ un mucchio di tempo a preparare da mangiare. Non credo che avrei voglia di *(to taste)* _____ il loro pane o la loro minestra. Le patate poi erano brutte, nere e *(tasted)* _____ di terra.

   Come sempre, i ricchi stavano bene. Potevano *(to spend)* _____ molti soldi per comprare i prodotti di terre lontane. Le donne si divertivano a *(to play)* _____ l'arpa e il clavicembalo, gli uomini si dedicavano alla politica e agli affari, ma trovavano anche il tempo di *(to play)* _____ a scacchi *(chess)*.

   Vi piacerebbe partecipare ad una rappresentazione teatrale e *(to play)* _____ la parte di un personaggio del Seicento (1600)?

c. *Domande per Lei.*

1. I Suoi piatti preferiti contengono ingredienti di origine europea? Quali?
2. Le hanno mai offerto cibi strani come lumache *(snails)*, cosce di rana *(frogs' legs)*, animelle e cervello *(sweetbreads and brains)*, alghe *(seaweed)*? Racconti una Sua esperienza vera o immaginaria.
3. Cosa prepara quando invita a pranzo o a cena i Suoi amici?

⚬⚲ Temi per componimento o discussione

1. Che tipo di provviste alimentari avranno avuto i «Pilgrims» inglesi che hanno fondato Plymouth nel 1620? Descriva ad un amico europeo le difficoltà nutritive dei primi coloni.

2. Thanksgiving *(il Giorno del Ringraziamento)* è una festa nazionale che commemora un fatto storico. Che cosa rappresenta per Lei? Qual è il significato di Thanksgiving per la società americana contemporanea?

3. Ai nostri giorni è sempre più diffuso l'uso di cibi surgelati o comunque pronti. Si comprano al supermercato e, grazie al microonde, in pochi minuti si può andare a tavola. Costano molto? Sono buoni? Chi ne fa grande uso? Lei li compra? Perché?

4. Nonostante le comode offerte del «fast food», ci sono molti «gourmet clubs» e tante trasmissioni televisive dedicate alla cucina. Pensa che cucinare sia un'attività creativa? Che abbia un significato sociale? Sì, no, perché?

 ## RICERCA WEB

Cristoforo Colombo non ha bisogno di presentazione, ma è una figura controversa come controverse sono le conseguenze delle scoperte geografiche del Quattrocento e del Cinquecento.

   a. L'età delle scoperte
   b. Cristoforo Colombo navigatore

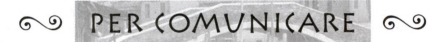

⚬⚲ PER COMUNICARE ⚲⚬

La tavola apparecchiata

C'è ancora una preferenza per la tovaglia anche se è venuto di moda il servizio all'americana°. Ogni commensale° avrà uno o due piatti, uno dei quali sarà «fondo» se il pranzo prevede una minestra. A sinistra dei piatti si mettono le forchette (non più di due), a destra il coltello e il cucchiaio (se serve). In alto, davanti ai piatti ci saranno le posatine da frutta e da dessert; un po' a destra i bicchieri dell'acqua e del vino, un po' a sinistra il piattino del pane e la coppetta dell'insalata. Il tovagliolo, piegato in due o a triangolo, va a destra del piatto. Quando forchetta e coltello sono usati insieme, la forchetta rimane a sinistra ed è la mano sinistra che porta il cibo alla bocca.

servizio: place-mats / table companion

    Il burro non viene messo in tavola; si usa soltanto per la prima colazione. Se il caffè è servito a tavola, le tazzine saranno portate al momento. Il pane è in un cestino°, ma non c'è bisogno di coprirlo con un tovagliolo perché di solito non è servito caldo. I candelabri e le candele sulla tavola sono una moda di importazione recente; tradizionalmente la stanza da pranzo è molto bene illuminata.

small basket

    Le persone a tavola tengono le braccia il più possibile vicino al corpo e ambedue le mani rimangono visibili durante tutto il pranzo. Buon appetito!

Per chi non ha voglia o tempo di cucinare, ci sono trattorie a buon mercato.

Offrire da bere o da mangiare

Le/Ti posso offrire qualcosa da bere?	*Can I offer you something to drink?*
Che cosa prendi/prende?	*What will you have?*
Prendi qualcosa da mangiare/bere?	*Would you like something to eat/drink?*
Vuoi/Vuole assaggiare... ?	*Would you like to try . . . ?*
Ti va/hai voglia di bere/mangiare... ?	*Do you feel like drinking/eating . . . ?*
Come lo preferisci il vino, bianco o rosso?	*Do you prefer white or red wine?*

Accettare cibo o bevande

Sì, grazie.	*Yes, thank you.*
Perché no? Lo/La prendo/bevo volentieri.	*Why not? I'll eat/drink it with pleasure.*
Con molto piacere, grazie.	*With pleasure, thank you.*
Sì, volentieri.	*Yes, please.*
Sì, ma la prossima volta offro io.	*Yes, but next time I'll treat.*

Rifiutare cibo o bevande

No, grazie. Sono a dieta.	*No thanks, I'm dieting.*
Grazie, ma sono astemio/a.	*Thanks, but I don't drink.*
Ti/La ringrazio, ma non posso mangiare/bere...	*Thanks, but I can't eat/drink . . .*
Sono a posto/sto bene così, grazie.	*I'm fine, thanks.*
No, grazie, non si disturbi/non ti disturbare.	*Thanks, but don't bother.*

Espressioni per la tavola

La cena è servita.	*Dinner is served.*
È pronto. Venite a tavola.	*It's ready. Come to the table.*
Buon appetito!	*Enjoy your meal!*
Serviti/Si serva pure!	*Help yourself!*
Non fare/faccia complimenti: ne prenda un altro po'.	*Don't be shy: have some more.*
Mi passi/passa il sale, per cortesia?	*Can you please pass the salt?*
Buonissimo!	*Very good!*
Questo è davvero speciale/delizioso.	*This is really special/delicious.*
Mi dà la ricetta?	*Can you give me the recipe?*

Che cosa dice?

1. Ha appena sperimentato una nuova ricetta per la torta di mele. Propone alla vicina, che sta lavorando in giardino, di assaggiarla.
2. Vuole fare il risotto alla milanese. Chieda la ricetta a Sua zia.
3. Incontra il Suo avvocato al bar e vuole offrirgli/le il caffè.
4. Il Suo/La Sua capufficio sta andando allo snack bar e Le chiede se Lei vuole qualcosa.
5. Le offrono della Sambuca, ma Lei non beve alcoolici.
6. Il pranzo è pronto e Sua madre chiama tutti a tavola.
7. Ha preparato una cena tipica americana per uno studente italiano che è piuttosto timido e mangia poco. Lei lo invita a mangiare di più.
8. Al mare il vicino di ombrellone le offre un aperitivo. Lei accetta e dice che la prossima volta è il Suo turno.

Situazioni

1. Prima di andare da McDonald's chieda al Suo compagno/alla Sua compagna di stanza se ha fame. Domandi cosa vuole da mangiare, da bere e se vuole il dolce. Dica che gli/le vuole offrire il pranzo visto che lui/lei l'ha aiutata a studiare per il compito di italiano. Il Suo compagno/La Sua compagna La ringrazia e dice di volere un hamburger al formaggio e delle patatine fritte, ma non prende niente da bere.
2. Lei è a cena a casa del Suo fidanzato/della Sua fidanzata. Con altri tre studenti che assumeranno i diversi ruoli (padre, madre e fidanzato/a), rappresenti la serata.
3. Lei passa a casa dei Rossi per riportare a Mario gli appunti di matematica. La famiglia sta festeggiando la promozione della figlia Susanna. Lei saluta tutti e si congratula con Susanna. Il signor Rossi Le vuole offrire qualcosa da bere, Mario La invita a restare e la signora Le porta un pezzo di torta gelato. Lei però ha fretta. Rifiuta cortesemente e inventa una scusa per poter tornare a casa.
4. Con un compagno/una compagna del corso di italiano, discuta un menù per ciascuna delle situazioni seguenti.
   a. un picnic con un ragazzo/una ragazza che ha appena conosciuto/a
   b. una cena veloce con un paio di amici che sono venuti a trovarvi inaspettatamente
   c. un rinfresco per la festa di laurea (*graduation party*) della vostra amica Laura

CAPITOLO 6

Al liceo scientifico. La signora Di Stefano ha accettato di fare una breve conferenza alla scuola di suo figlio Nicola che frequenta il primo liceo scientifico. Le hanno chiesto di parlare di Enrico Fermi. Ecco i suoi appunti.

Enrico Fermi nacque a Roma nel 1901. Nel 1922 ottenne la Laurea di Dottore in Fisica e nel 1926 era professore di fisica teorica all'Università di Roma. Nel 1934 decise di occuparsi di fisica sperimentale insieme a Edoardo Amaldi, Bruno Pontecorvo, Franco Rasetti e Emilio Segré, i cosiddetti «ragazzi di via Panisperna» dal nome della strada in cui avevano il laboratorio. Nel 1937 Fermi e collaboratori trovarono che era possibile ottenere la radioattività indotta dai neutroni lenti. Proprio per questa scoperta, l'anno successivo Fermi ricevette il Premio Nobel per la fisica. In quel periodo in Italia erano entrate in vigore le leggi antisemitiche fasciste e la moglie di Fermi, Laura Capon, era di famiglia ebrea. I Fermi andarono a Stoccolma per l'assegnazione del Premio Nobel e non tornarono in Italia; si stabilirono invece negli Stati Uniti. Nel 1942, alla University of Chicago, Fermi diresse un famoso esperimento nel quale si produsse energia nucleare controllata.

Intanto la famiglia cercava di imparare la lingua e i costumi del paese, e di adattarsi alla nuova cultura. Laura aveva già scoperto alcuni anni prima che non è facile trovare un idraulico quando si cerca un «ploombber». Il processo di «americanizzazione» continuò a Los Alamos dove, durante la seconda guerra mondiale, Fermi collaborò alle ricerche per lo sviluppo delle armi atomiche.

Alla fine della guerra (1946) i Fermi tornarono a Chicago dove Enrico morì nel 1954.

Alla fine delle lezioni è piacevole restare a parlare con gli amici.

Vocabolario utile

le **abitudini** habits
la **comunicazione** communication
la **conferenza** lecture; conference
l'**incomunicabilità** inability to communicate
l'**isolamento** isolation
la **legge** law

il **liceo (classico, scientifico, linguistico)**
  high school (with classical, scientific,
  linguistic oriented programs)
la **ricerca** research
la **scoperta** discovery
lo **sviluppo** development

cosiddetto so-called
ebreo Jewish
indotto induced

lento slow
successivo following

adattarsi to adapt oneself to
apprendere to learn

dirigere to direct
produrre to produce, to bring about

breve soggiorno short stay
*__entrare in vigore__ to go into effect (a law)
lunga permanenza long stay

proprio per questo for this very reason
usi e costumi customs (of a people)

ESERCIZI

a. *Vero o falso?*

_____ 1. Quando Fermi divenne professore era già anziano.
_____ 2. A Roma fu professore di ingegneria elettronica.
_____ 3. Ottenne il premio Nobel nel 1939.
_____ 4. Non tornò in Italia a causa delle leggi razziali.
_____ 5. Diresse l'esperimento sull'energia nucleare controllata alla Columbia
  University nel 1942.
_____ 6. La famiglia Fermi non ebbe difficoltà di adattamento in America.
_____ 7. Fermi partecipò alle ricerche sulla bomba atomica a Los Alamos.
_____ 8. Quando morì, a Chicago, era molto vecchio.

b. *Inserire le parole che meglio completano le frasi.*

1. Tutti i cittadini devono rispettare _____ .
2. Gli immigrati hanno difficoltà ad apprendere gli _____ e i
  _____ del nuovo paese.
3. Nel 1992 si celebrò il cinquecentenario della _____ dell'America da parte
  di Cristoforo Colombo.
4. I risultati della _____ sull'energia nucleare hanno contribuito a cambiare
  il nostro mondo.
5. Parlare le lingue straniere è importante per una migliore _____ fra i
  popoli.
6. Una buona alimentazione è necessaria allo _____ fisico e intellettuale del
  bambino.
7. Da quando gli è morta la moglie, il signor Ponte non vede più nessuno, vive in
  campagna in completo _____ .

Creare nuove frasi che contengano le seguenti parole o espressioni.

1. lento
2. lunga permanenza
3. incomunicabilità

4. successivo
5. conferenza

STRUTTURA

I. Passato remoto

⌘ Verbi regolari

The **passato remoto** (*past absolute*) is formed by adding to the stem the characteristic vowel of the verb (except for the third person singular) and the appropriate endings: **-i, -sti, -mmo, -ste, -rono.** To form the third person singular, **-are** verbs add **-ò** to the stem, **-ere** verbs add **-è,** and **-ire** verbs add **-ì.**

AMARE	CREDERE	FINIRE
am**ai**	cred**ei** (cred**etti**)	fin**ii**
am**asti**	cred**esti**	fin**isti**
am**ò**	cred**è** (cred**ette**)	fin**ì**
am**ammo**	cred**emmo**	fin**immo**
am**aste**	cred**este**	fin**iste**
am**arono**	cred**erono** (cred**ettero**)	fin**irono**

Note the accent mark in the third person singular and the placement of stress in the third person plural.

Most **-ere** verbs have an alternate set of endings for the first and third persons singular and the third person plural.

Carlo andò in cucina e si sedè (sed**ette**) al tavolo.
Carlo went into the kitchen and sat at the table.

⌘ Verbi irregolari

Following are the **passato remoto** forms of some common irregular verbs:

AVERE	ESSERE	DARE	STARE
ebbi	fui	diedi (detti)	stetti
avesti	fosti	desti	stesti
ebbe	fu	diede (dette)	stette
avemmo	fummo	demmo	stemmo
aveste	foste	deste	steste
ebbero	furono	diedero (dettero)	stettero

A. Most of the verbs that have an irregular **passato remoto** (mainly -**ere** verbs) follow a "1-3-3" pattern: the irregularity occurs only in the first person singular and the third persons singular and plural; -**i, -e,** and -**ero** are the respective endings. The endings of the other persons are regular.

CHIEDERE	
(1) **chiesi**	chiedemmo
chiedesti	chiedeste
(3) **chiese**	(3) **chiesero**

B. Some common verbs that follow the 1-3-3 pattern are listed below. It is helpful to learn the irregular forms of the **passato remoto** together with the past participle since typically both are irregular and they sometimes share the same irregular stem.

INFINITIVE	PASSATO REMOTO (1ST PERSON SINGULAR)	PAST PARTICIPLE
accendere	**accesi**	acceso
chiudere	**chiusi**	chiuso
conoscere	**conobbi**	conosciuto
decidere	**decisi**	deciso
leggere	**lessi**	letto
mettere	**misi**	messo
nascere	**nacqui**	nato
perdere	**persi**	perso/perduto
piacere	**piacqui**	piaciuto
prendere	**presi**	preso
rimanere	**rimasi**	rimasto
rispondere	**risposi**	risposto
rompere	**ruppi**	rotto
sapere	**seppi**	saputo
scegliere	**scelsi**	scelto
scendere	**scesi**	sceso
scrivere	**scrissi**	scritto
spegnere	**spensi**	spento
spendere	**spesi**	speso
succedere	**successi**	successo
tenere	**tenni**	tenuto
vedere	**vidi**	visto/veduto
venire	**venni**	venuto
vincere	**vinsi**	vinto
vivere	**vissi**	vissuto
volere	**volli**	voluto

C. **Bere, dire, fare,** and **tradurre** use the original Latin stems **bev-, dic-, fac-,** and **traduc-** to form the regular persons.

BERE	DIRE	FARE	TRADURRE
bevvi	dissi	feci	tradussi
bevesti	**dic**esti	**fac**esti	**traduc**esti
bevve	disse	fece	tradusse
bevemmo	**dic**emmo	**fac**emmo	**traduc**emmo
beveste	**dic**este	**fac**este	**traduc**este
bevvero	dissero	fecero	tradussero

Uso del passato remoto e del passato prossimo

A. The **passato remoto,** like the **passato prossimo,** expresses an action completed in the past. Following are the formal rules that govern the use of these two tenses.

1. If the action took place in a period of time that has not yet ended (today, this month, this year), or if the effects of the action are continuing in the present, the **passato prossimo** is used.

In questo mese **ho letto** molto.
This month I've read a lot.

Tu **hai ereditato** molti soldi.
You have inherited a lot of money.

2. If the action occurred during a period of time that has ended (two months ago, last year, the other day), and has no continuing effect on or reference to the present, the **passato remoto** is used.

L'altro giorno **incontrai** tuo fratello.
The other day I met your brother.

L'anno scorso **andammo** al mare.
Last year we went to the beach.

3. Today many Italians (especially in the North) never use the **passato remoto** in speaking or writing unless it is formal writing. Some people use both tenses. Others (especially in the South) tend to use the **passato remoto** every time they write or talk about the past, no matter how recent it may be. Students of Italian are advised to use the **passato prossimo** in everyday conversation and to learn the forms of the **passato remoto** in order to understand them, to write them, and above all to recognize them when used in literary texts.

B. The **imperfetto** is used with both the **passato prossimo** and the **passato remoto** for descriptions (ongoing actions, outward conditions, or inner states of mind) and habitual actions.

Dato che non **avevano** molto tempo,
  partirono (sono partiti) subito.
*Since they didn't have much time, they left
  right away.*

Arrivai (sono arrivato) alla stazione
  proprio mentre il treno **partiva.**
I got to the station as the train was leaving.

—... e immaginatevi **il ribrezzo** che provò il
ranocchio ad essere trasformato in **principe**...

ribezzo: *disgust*
principe: *prince*

ESERCIZI

a. **Guido è un tipo strano.** *Sostituire il passato remoto al passato prossimo.*

Guido è un tipo strano. L'abbiamo conosciuto a casa di amici e poi l'abbiamo visto al cinema. M'interessa e cerco di sapere tutto di lui. So che è andato in biblioteca ed è riuscito a trovare il libro che cercava, però è uscito senza cappello e ha preso il raffreddore. Poi è venuto a riportarti dei dischi. Tu l'hai invitato ad entrare ma lui ha preferito restare sulla porta di casa. Gli hai chiesto come stava, ma lui non ha risposto. Ti ha salutato cortesemente e se ne è andato. È entrato in farmacia a comprare una medicina, ha preso delle aspirine e poi si è messo in macchina. Tra il raffreddore e le aspirine era mezzo addormentato ed ha avuto un incidente. L'incidente è avvenuto sull'autostrada, per fortuna non ci sono stati morti né feriti gravi. Però la sua bella Lancia Delta aveva una serie di ammaccature *(dents)* e lui l'ha portata dal carrozziere *(body shop)*. Per un po' di giorni, è andato in ufficio in metropolitana. Quando i colleghi gli hanno chiesto notizie, lui ha detto: «È stata colpa mia, ho sbagliato a prendere l'autostrada in quelle condizioni.» Giusto! Ma chissà cosa gli passava per la testa quel giorno!

b. **Il congresso.** *Dica cosa fecero i partecipanti al congresso sugli usi dell'energia nucleare. Riscrivere le frasi usando l'imperfetto e il passato remoto.*

1. Quasi tutti i partecipanti noleggiano una macchina perché c'è lo sciopero dei trasporti pubblici.
2. Partecipa anche la nostra professoressa di fisica perché uno dei relatori *(speakers)* è un suo conoscente, ex collaboratore di Fermi.
3. Molti fanno domande perché il tema è interessante.
4. Alla fine ci chiedono se vogliamo firmare una petizione.
5. Il mio vicino di posto *(seat)* se ne va via presto perché non è d'accordo con quello che dicono i relatori.
6. Il professor Brown lascia il congresso prima della fine perché deve prendere l'aereo.
7. Tu e la tua compagna di corso ascoltate tutte le relazioni del congresso perché trattano di argomenti interessanti per la vostra tesi.

c. *Completare il seguente brano usando l'imperfetto o il passato remoto.*

Molto tempo fa _____ (vivere) nella città di Verona un ricco signore che _____ (avere) un novelliere *(storyteller)* al quale, per passatempo, _____ (fare) raccontare delle favole durante le lunghe serate d'inverno. Una notte che il novelliere _____ (avere) gran voglia di dormire, il suo signore gli _____ (dire), come al solito, di raccontare qualche bella storia. Allora egli _RaCONTÒ_ (raccontare) la seguente novella: «Ci _____ (essere) una volta un contadino che era andato alla fiera *(fair)* con cento monete *(coins)* e aveva comprato due pecore *(sheep)* per ogni moneta. Tornato *(having returned)* con le sue pecore a un fiume che aveva passato pochi giorni prima, _Trovò_ (trovare) che il fiume era molto cresciuto per una gran pioggia. Mentre il contadino _STAVA_ (stare) alla riva e _aspettava_ (aspettare) aiuto, _vide_ (vedere) venir giù per il fiume un pescatore *(fisherman)* con una barchetta, ma tanto piccola che _CONTEVA_ (contenere) soltanto il contadino e una pecora per volta. Il contadino _COMINCIÒ_ (cominciare) a passare con una pecora; il fiume _eRA_ (essere) largo; egli _remava_ (remare, *to row*) e _passava_ (passare)». Qui il novelliere _Smise_ (smettere) di raccontare. «Continua» _disse_ (dire) il signore. Ed egli _rispose_ (rispondere): «Lasciate passare le pecore, poi racconterò il fatto». E _si mise_ (mettersi) comodamente a dormire.

(Adapted from *Il Novellino*)

d. **Dove conoscesti la nonna?** *Con un compagno/una compagna sviluppare la conversazione al passato remoto o all'imperfetto in base ai suggerimenti dati. Seguire l'esempio.*

ESEMPIO   conoscere / la nonna / a casa di amici di famiglia
        STUDENTE 1 **Nonno, dove conoscesti la nonna?**
        STUDENTE 2 **La conobbi a casa di amici di famiglia.**

1. lei / essere / una bella ragazza di ventitré anni
2. io / innamorarmi / subito di lei
3. io dopo un mese / dirle che // volere sposarla
4. lei / rispondere che // io dovere parlare con suo padre
5. suo padre / dire che // essere d'accordo
6. le due famiglie / incontrarsi a casa della nonna
7. io / essere molto nervoso / e rompere un bicchiere. // essere / una cosa terribile
8. noi / sposarsi a ventisei anni
9. mio suocero / fare una bellissima festa
10. dopo dieci mesi / nascere un bel bambino. // essere tuo padre

II. Trapassato prossimo e trapassato remoto

There are two past perfect tenses in Italian that correspond to the past perfect in English. They are called the **trapassato prossimo** and the **trapassato remoto.**

A. The **trapassato prossimo** is formed with the **imperfetto** of **avere** or **essere** plus the past participle of the verb. The agreement of the past participle follows the same rules as those for the **passato prossimo** (see pp. 55–56).

VERBS CONJUGATED WITH *avere*		VERBS CONJUGATED WITH *essere*	
avevo	amato	ero	partito/a
avevi	amato	eri	partito/a
aveva	amato	era	partito/a
avevamo	amato	eravamo	partiti/e
avevate	amato	eravate	partiti/e
avevano	amato	erano	partiti/e

The **trapassato prossimo** corresponds to the English past perfect (*had* + past participle: *I had worked, he had gone, she had fallen*). It expresses an action in the past that had already occurred before another past action, expressed or implied, took place.

Laura si è messa il vestito che **aveva comprato.**
Laura put on the dress she had bought.

Ero stanco perché **avevo lavorato** troppo.
I was tired because I had worked too much.

Non ti ho detto che **erano venuti** soli?
Didn't I tell you they had come (they came)[1] alone?

---

[1] Note that in English the simple past can be used instead of the past perfect.

Quando è arrivata la polizia i ladri erano fuggiti in treno.

B. The **trapassato remoto** is formed with the **passato remoto** of **avere** or **essere** plus the past participle of the verb.

VERBS CONJUGATED WITH *avere*		VERBS CONJUGATED WITH *essere*	
ebbi	amato	fui	partito/a
avesti	amato	fosti	partito/a
ebbe	amato	fu	partito/a
avemmo	amato	fummo	partiti/e
aveste	amato	foste	partiti/e
ebbero	amato	furono	partiti/e

The trapassato remoto also corresponds to the English past perfect. It is used only in subordinate clauses introduced by conjunctions of time, such as **quando, dopo che, (non) appena, come** (*as*), **finché (non),** and only if the verb in the independent clause is in the **passato remoto.** Its use is thus very limited and confined mostly to formal narrative.

Appena **ebbe detto** quelle parole, si pentì.
As soon as he had said those words, he was sorry.

Quando egli **fu uscito,** tutti rimasero zitti.
When he had left, everybody kept quiet.

ESERCIZI

a. *Sostituire ai verbi fra parentesi la forma corretta del trapassato prossimo o remoto.*

1. Quando siamo usciti, _____ (smettere) di piovere.
2. Gli ho raccontato la barzelletta che mi _____ (raccontare) tu.
3. Professore, Le ho portato il libro che mi _____ (chiedere).
4. Appena mi _____ (riconoscere), mi salutarono cordialmente.
5. Trovammo un ragazzo che _____ (addormentarsi) su una panchina.
6. Hai detto che _____ (capire), ma in realtà non hai capito un bel niente!
7. Visitammo la città dopo che _____ (riposarsi) un po'.
8. Non appena _____ (finire) il loro lavoro, partirono per un viaggio.
9. Aspettai finché tutti _____ (uscire) e poi telefonai.
10. La bambina aveva ancora fame perché _____ (mangiare) solo un panino.

III. Ci

Ci is used in several ways in Italian. As we have already seen, it is the first person plural of object pronouns and reflexive pronouns (for example, **Ci danno delle caramelle; Ci siamo alzati alle sette**).

A. **Ci** is also used to replace a prepositional phrase introduced by **a, in,** or **su.**[1]

1. **a (in, su)** + *a place* (the English equivalent is usually *there*):

---

[1] For a list of verbs that require **a** or **su,** see Appendix, pp. 378 and 380.

Sei stato **a Roma?**—No, non **ci** sono mai stato.

Have you been to Rome?—No, I've never been there.

Tosca abita **in campagna,** ma non **ci** sta volentieri.

Tosca lives in the country, but she doesn't live there willingly.

If a place has not been previously mentioned, **là** or **lì** is used instead of **ci.**

Dove posso sedermi?—Siediti lì!

Where can I sit?—Sit there!

2. **a (su)** + *a thing* (or, less frequently, a person):

Tu credi alla psicanalisi?—No, non **ci** credo.

Do you believe in psychoanalysis?- —No, I don't believe in it.

Posso contare **sul tuo silenzio?**—Sì, **ci** puoi contare.

May I count on your silence?—Yes, you may count on it.

3. **a** + *an infinitive phrase:*

Sono riusciti **a finirlo?**—Sì, **ci** sono riusciti.

Did they succeed in finishing it? —Yes, they succeeded in that.

Voglio provare **a mangiare** meno; voglio provar**ci.**

I want to try to eat less; I want to try it.

Note that the placement of **ci** is the same as that of object pronouns.

B. Some common verbs acquire an idiomatic meaning when combined with **ci.**

entrarci
to have something to do with

Tu non **c'entri.**
You have nothing to do with it.

vederci (no direct object)
to be able to see

Ho acceso la luce perché non **ci vedevo.**
I turned on the light because I couldn't see.

sentirci (no direct object)
to be able to hear

Dovete parlare più forte; non **ci sentiamo.**
You must speak louder; we can't hear.

metterci
to take (time)

Quanto tempo **ci hai messo** per finire la tesi?
How long did it take you to finish your thesis?

Una lettera **ci mette** di solito una settimana.
A letter usually takes one week.

volerci
to take (time, money, effort, etc.)

Ci vuole molto tempo per imparare bene una lingua: **ci vogliono** anni!
It takes a long time to learn a language well; it takes years!

Ci vogliono molti soldi per vivere in Italia?
Does it take a lot of money to live in Italy?

Volerci is used in the third person singular or plural depending on the noun it precedes. It is conjugated with **essere** in compound tenses.

Ci vuole + *singular noun*	**C'è voluto**/**a** + *singular noun*
Ci vogliono + *plural noun*	**Ci sono voluti**/**e** + *plural noun*

Non **c'è voluta** un'ora per tradurre la lettera; **ci sono volute** due ore!
It didn't take an hour to translate the letter; it took two hours!

Both **metterci** and **volerci** express the idea of *taking time,* but they function differently. **Metterci** is used when the person or thing taking the time is indicated. **Volerci** is used when only the length of time is indicated.

Ci metto due ore per pranzare.
It takes me two hours to eat dinner.

Ci vogliono due ore per pranzare.
It takes two hours to eat dinner.

Note that if another verb follows **metterci** or **volerci**, it is expressed by **per** or **a** + *infinitive.*

Ci vuole un mese **per (a) finire** tutto.
It takes a month to finish everything.

Quanto ci avete messo **a (per) venire?**
How long did it take you to get here?

ESERCIZI

a. **Mi dica...** *Giovanna è famosa per la sua curiosità. Fa molte domande, ed alcune piuttosto bizzarre. Rispondere usando* **ci.**

1. Mi dica, ha mai provato a fare la pizza?
2. Ha mai mangiato al ristorante «Il Caminetto»?
3. È mai stato/a al Festival dei Due Mondi a Spoleto?
4. È mai andato/a a un'udienza del Papa?
5. È mai salito/a sulla cupola di San Pietro?
6. Ha mai giocato a calcio?
7. Ha mai provato a fare una cura dimagrante?
8. È mai riuscito/a a perdere peso?
9. Lei crede ai fantasmi?

b. *Riscrivere le seguenti frasi usando* **volerci** *invece di* **essere necessario.**

ESEMPIO Sono necessarie molte cose per vivere bene.
   Ci vogliono molte cose per vivere bene.

1. Che cosa è necessario per riuscire nella vita?
2. Un tempo non era necessario molto per vivere bene.
3. È necessaria molta pazienza coi bambini e con le persone anziane.
4. Quali qualità sono necessarie per essere un buon marito o una buona moglie?
5. Non sono state necessarie molte parole per convincerlo.
6. Furono necessari trentamila euro per comprare quell'automobile.

C'è scritto: «Made in Japan».

c. *Completare le seguenti frasi con la forma corretta di* **volerci** *o* **metterci.**

1. Tu hai letto il romanzo in un'ora? Io _____ tre ore!
2. Quanto tempo _____ per costruire una casa in America?
3. Quando non c'erano i jet, _____ molte più ore per traversare l'Atlantico; oggi, da New York a Milano, _____ solo sette ore e quindici minuti!
4. Io scrivo sempre a mia madre in Italia; una lettera _____ cinque o sei giorni in condizioni normali.
5. Ha detto di sì, ma _____ molto per convincerlo.
6. Quando c'è molto traffico, i miei cugini _____ un'ora per traversare la città.

d. *Completare le seguenti frasi con la forma corretta di* **andarci, contarci, entrarci, resisterci, sentirci, starci, vederci.**

1. È stata un'esperienza terribile: io a vedere un'autopsia non _____ più.
2. La nonna a settant'anni leggeva ancora senza occhiali; _____ benissimo.
3. Io soffro di claustrofobia: dieci giorni in nave non _____ .
4. Non capisco perché non mi lasci parlare e mi dici cose che non _____ niente.
5. Cesare promette sempre di pensare a tutto ma poi non fa niente: proprio non puoi _____ .
6. Gli ho detto mille volte di avvertirmi quando torna tardi, ma proprio non _____ .

IV. *Ne*

A. **Ne** has several uses in Italian. Just like **ci,** **ne** is used to replace a prepositional phrase. Usually, the prepositional phrase is introduced by **di,**[1] sometimes by **da.**

1. **di** + *a person or thing*

    Non dovete avere paura **degli esami;** non dovete aver**ne** paura.
    You must not be afraid of the exams; you must not be afraid of them.

    Che cosa pensate **del presidente?** Voglio sapere che cosa **ne**[2] pensate.
    What do you think of the president? I want to know what you think of him.

2. **di** + *an infinitive phrase*

    Hai voglia **di uscire** stasera?—No, non **ne** ho voglia.
    Do you feel like going out tonight?—No, I don't feel like it.

3. **da** + *a place* (the English equivalent *from there* is not always expressed):

    È già uscito **dal portone?**—Sì, **ne** è uscito proprio in questo momento.
    Did he already go out the door?—Yes, he just this minute went out (of it).

    Note that the placement of **ne** is the same as that of object pronouns.

B. **Ne** is also used in the following cases.

1. **Ne** replaces the partitive construction (see p. 127). Its English equivalent is *some* or *any.*

    Vuoi **del formaggio?**—Sì, **ne** voglio.
    Do you want some cheese?—Yes, I want some.

2. **Ne** also replaces nouns preceded by a number or an expression of quantity (**molto, poco, tanto, troppo,** etc.; **un chilo, due bottiglie, tre scatole,** etc.). Note that the number or expression of quantity remains. **Ne** means *of it, of them,* even though this is often unexpressed in English.

    Quante sorelle avete?—**Ne** abbiamo **due.**
    How many sisters do you have?—We have two.

    Leggono molti giornali?—Sì, **ne** leggono **molti.**
    Do they read many newspapers?—Yes, they read many.

    Hai comprato il pane?—Sì, **ne** ho comprato **un chilo.**
    Did you buy the bread?—Yes, I bought one kilo.

    With **tutto,** direct object pronouns are used instead of **ne.** In English we can say *I ate all of it;* in Italian one must say **L'ho mangiato tutto,** *I ate it all.*

    Non ho più arance; **le ho** mangiate tutte.
    I don't have any more oranges; I ate them all.

---

[1] For a list of verbs and expressions that require **di,** see the Appendix, p. 379.

[2] **Ne** is used with the verb **pensare** when **pensare** means "to think about" in the sense of "to have an opinion about." **Ci** is used with **pensare** when it means "to think about" in the sense of "to direct one's thoughts toward": **Pensi all'Italia quando ne sei lontana?—Sì, ci penso sempre.** *Do you think about Italy when you are away?—Yes, I think about it all the time.*

3. When **ne** replaces a noun in the partitive construction or a noun preceded by an expression of quantity, and the verb is in a compound tense, the past participle agrees in gender and number with the noun **ne** replaces.

Hanno comprato **dei romanzi?**—Sì, **ne** hanno comprat**i.**
Did they buy any novels?—Yes, they bought some.

Hai visitato molte **chiese?**—Sì, **ne** ho visitat**e** sette.
Did you visit many churches?—Yes, I visited seven.

C. Ne can also be used idiomatically in the following ways.

1. **Ne** is often used redundantly in addition to the prepositional phrase it would ordinarily replace.

Che **ne** dici **di questo quadro?**   **Del romanzo** era meglio non parlar**ne.**
What do you think of this painting?   *It was better not to talk about the novel.*

2. **Ne** can be added to the verbs **andare** and **stare,** which become reflexive to form **andarsene** and **starsene. Starsene** has the same meaning as **stare; andarsene** means *to go off* or *to go away* (like **andare via**).

Quando sono stanca, **me ne vado**   Voi **ve ne andate?** Noi rimaniamo ancora
   a letto.   un po'.
When I'm tired, I go off to bed.   *Are you leaving? We'll stay a little while longer.*

Me ne sto a casa a guardare la TV.
I'm staying home to watch TV.

ESERCIZI

a. *Completare le seguenti frasi usando* **ci** *o* **ne.**

1. Voi credete agli UFO?—No, non _____ci_____ crediamo.
2. Che cosa pensate di questo libro?—Be', veramente non sappiamo cosa pensar _____NE_____.
3. Hanno bisogno di carta?—No, non _____NE_____ hanno bisogno.
4. Allora, posso contare sul tuo aiuto?—Sì, _____ci_____ puoi contare senz'altro!
5. Tre bicchieri non bastano; bisogna prender _____NE_____ almeno sei.
6. Avevate paura del buio quando eravate bambini?—Sì, _____ avevamo paura.
7. Io ho partecipato alle loro riunioni; _____ vuole partecipare anche Lei?
8. Hai pensato alle conseguenze dello sciopero? Bisogna pensar _____ a queste cose!
9. Arrivarono a Genova la mattina e _____ ripartirono la sera.
10. È vero che si sono lamentati dei loro superiori?—Sì, se _____ sono lamentati.
11. È un'università famosa; _____ hanno studiato molti grandi scrittori.
12. Che cosa sapete dell'ultima crisi di governo in Italia?— _____ sappiamo poco.

13. Signorina, è stata allo zoo questa settimana?—Sì, _____ sono stata due volte.

14. Ragazzi, siete passati in biblioteca?—Sì, _____ siamo passati.

b. *Due studenti parlano tra di loro. Inserire le parti mancanti usando* **ci** *e* **ne.**

ESEMPIO   Allora, andate al museo?
—**Sì, ci andiamo domani.**

1. Quanti biglietti avete comprato?— _____ quindici.
2. Viene anche il professore?—Sì, _____ .
3. Parlerete di arte contemporanea?—Certo, _____ a lungo.
4. Hai letto qualche articolo?—Ma sì, _____ sette o otto.
5. Hai pensato all'argomento della tesi?—Certo che _____ !
6. Quante scelte hai?— _____ tre.
7. Beato te! Io non _____ nessuna.—Non ti preoccupare, _____ è tempo!
8. Stavi andando in biblioteca?—No, _____ sono appena uscito.
9. Allora, andiamo a prendere il caffè?—No, scusa, non _____ ho voglia. Preferisco andarme _____ a casa e cercare di dormire un po'.

V. Pronomi personali (forme combinate)

A. When a verb has both a direct and an indirect object pronoun, the combined forms are governed by certain rules:

1. The indirect object always precedes the direct object.
2. The indirect object pronouns **mi, ti, ci, vi** change the final **-i** to **-e. Gli** changes to **glie-** and is written as a single word in combination with the other object pronoun.
3. **Gli, le,** and **Le** *all* become **glie-** before the other object pronouns.

INDIRECT OBJECT PRONOUNS	DIRECT OBJECT PRONOUNS				
	+ lo	**+ la**	**+ li**	**+ le**	**+ ne**
mi	me lo	me la	me li	me le	me ne
ti	te lo	te la	te li	te le	te ne
gli le Le }	glielo	gliela	glieli	gliele	gliene
ci	ce lo	ce la	ce li	ce le	ce ne
vi	ve lo	ve la	ve li	ve le	ve ne
... loro	lo... loro (glielo)	la... loro (gliela)	li... loro (glieli)	le... loro (gliele)	ne... loro (gliene)

B. In present-day Italian the forms with **glie-** tend to replace **lo, la, li, le, ne** + **loro.**

1. The combined forms occupy the same position in a sentence as the single forms. They precede a conjugated verb and follow an infinitive and are attached to it. They can either precede or follow an infinitive governed by **dovere, potere,** or **volere.**

Te lo hanno promesso? Allora devono dar**telo!**

Did they promise it to you? Then they must give it to you!

Se avete la macchina, perché non **ce la** prestate?

If you have the car, why don't you lend it to us?

Vuole il conto? **Glielo** porto subito.

Do you want the check? I'll bring it to you immediately.

Se vi chiedono dove abito, non dovete dir**lo loro** (dir**glielo**).

If they ask you where I live, you must not tell them.

Le avete mandato le rose?—Sì, **gliele** abbiamo mandat**e.**
You sent her the roses?—Yes, we sent them to her.

Note that the past participle still agrees in gender and number with the preceding direct object pronoun, even when the direct object pronoun is combined with another pronoun.

2. When a reflexive verb takes a direct object pronoun or **ne,** the reflexive pronoun combines with the other pronouns according to the rules above. In the third person singular and plural, **si** becomes **se.**

REFLEXIVE PRONOUNS	DIRECT OBJECT PRONOUNS				
	lo	**la**	**li**	**le**	**ne**
mi	**me lo**	**me la**	**me li**	**me le**	**me ne**
ti	**te lo**	**te la**	**te li**	**te le**	**te ne**
si	**se lo**	**se la**	**se li**	**se le**	**se ne**
ci	**ce lo**	**ce la**	**ce li**	**ce le**	**ce ne**
vi	**ve lo**	**ve la**	**ve li**	**ve le**	**ve ne**
si	**se lo**	**se la**	**se li**	**se le**	**se ne**

Quando vi lavate i capelli?—Ce li laviamo ogni giorno.
When do you wash your hair?—We wash it every day.

L'esame era troppo difficile così **me ne** sono lamentato.
The exam was too difficult so I complained about it.

Se hanno bisogno degli occhiali, perché non vogliono metter**seli?**
If they need glasses, why don't they want to put them on?

3. When **ci** is used with **avere** in colloquial Italian, it combines with the direct object pronouns and **ne** to form **ce lo, ce la, ce li, ce le, ce ne** + **avere.**

Scusi, ha detto che non ha più pane?—È vero, non **ce n'**ho più.
Excuse me, did you say that you have no bread left?—That's right, I don't have any left.

Ci avevate già la televisione in Italia nel 1960?—Sì, **ce** l'avevamo già.
Did you already have TV in Italy in 1960?—Yes, we already had it.

4. When **ne** is used with the verb **esserci** (**c'è, ci sono, c'era,** etc.), **ci** becomes **ce: ce n'è, ce ne sono, ce n'era,** etc.

C'è del vino?—Sì, **ce n'è.**
Is there any wine?—Yes, there is some.

C'era molta gente; **ce n'era** molta davvero.
There were a lot of people; there were really a lot.

Ci sono ristoranti italiani?—No, non **ce ne** sono.
Are there any Italian restaurants?—No, there aren't any.

∾ Espressioni idiomatiche con pronomi combinati

The following are some idiomatic expressions that include combinations of personal pronouns. Each expression uses the feminine **la,** which refers to an unexpressed noun such as **cosa, vita, causa,** etc. We have already seen this use of **la** in **smetterla** (see p. 46).

avercela con qualcuno
to have a grudge against someone, to have it in for someone

Io non ti ho fatto niente; perché **ce l'hai** con me?
I didn't do anything to you; why do you have a grudge against me?

farcela
to manage, to cope

Aveva studiato poco ma **ce l'ha fatta** agli esami.
He hadn't studied very much but he did all right on his exams.

cavarsela
to manage, to get by

Laura non è una cuoca esperta però **se la cava.**
Laura isn't an experienced cook but she gets by.

godersela
to enjoy life

Michele non fa nulla tutto il giorno e **se la gode.**
Michael does nothing all day and just enjoys life.

prendersela (= **offendersi**)
to take offense

Lui ci ha rimproverato e noi **ce la siamo presa** (ci siamo offesi).
He reprimanded us and we took offense.

Note that the reflexive pronouns change but **la** is invariable. If the verb is in a compound tense, the past participle agress with **la.**

ESERCIZI

a. *Sostituire alle parole sottolineate la forma corretta dei pronomi corrispondenti e riscrivere le frasi.*

1. —Ha già raccontato questa favola ai bambini?
   —Sì, ho già raccontato <u>questa favola ai bambini.</u>
2. —Non vuoi chiedere l'indirizzo alla ragazza?
   —No, non voglio chiedere <u>l'indirizzo alla ragazza.</u>
3. —Offri sempre il caffè al dottore?
   —Sì, offro sempre <u>il caffè al dottore.</u>
4. —Chi ha portato sei rose alla signora?
   —È Carlo che ha portato <u>sei rose alla signora.</u>
5. —Qualcuno ha indicato la strada ai turisti?
   —No, nessuno ha indicato <u>la strada ai turisti.</u>

6. —Hai aperto la porta al professore?
   —Sì, io apro sempre <u>la porta al professore.</u>
7. —Sei tu che hai dato le caramelle ai bambini?
   —No, è la nonna che ha dato <u>le caramelle ai bambini.</u>
8. —Chi voleva parlare della droga agli studenti?
   —Sono io che volevo parlare <u>della droga agli studenti.</u>

b. *Completare le seguenti frasi con i pronomi adatti.*

1. È vero che non gli hai voluto restituire le lettere?—È vero: non _____ ho volute restituire.
2. Mi puoi spiegare la situazione?—Mi dispiace, ma non posso spiegar _____.
3. Ti ha descritto la casa?—No, non _____ ha descritta.
4. Quand'è che ci mostri le foto?— _____ mostro dopo cena, va bene?
5. Perché non si mette gli occhiali?—Non _____ mette perché ci vede.
6. Ve ne andate già?—Sì, _____ andiamo perché è tardi.
7. Mamma, mi racconti una favola?— _____ racconto anche (*even*) due se finisci la minestra.
8. Si ricorda il nome di quel cantante?—No, non _____ ricordo.
9. Quanti dollari le hai chiesto?— _____ ho chiesti cento.
10. Avete detto il prezzo alla mamma?—No, non vogliamo dir _____.

c. *Riscrivere le seguenti frasi sostituendo alle parole sottolineate i pronomi adatti e facendo i cambiamenti necessari.*

1. Mi racconti <u>la trama?</u>
2. Ci potete parlare <u>dello sciopero?</u>
3. Non tutti si accorgono <u>dei propri difetti.</u>
4. Non ti hanno presentato <u>la signora?</u>
5. Le hai portato <u>gli appunti?</u>
6. Vi hanno promesso <u>l'aumento?</u>
7. Perché non vuole insegnarci <u>le parolacce?</u>
8. Gli hai regalato <u>i piatti?</u>
9. Gli hai regalato dodici <u>piatti?</u>
10. È vero che gli italiani sanno godersi <u>la vita?</u>

d. *Luciano si è appena iscritto al vostro corso d'italiano. Lavorando in gruppo, cercate di capire che tipo è. Domandate...*

1. se se la prende facilmente. (perché?)
2. se se la cava agli esami senza studiare tanto. (come?)
3. se ce la fa a ballare tutta la notte. (come fa?)
4. se prende la vita sul serio o se se la gode? (Qual è la sua filosofia?)
5. se è disposto a dare soldi agli amici che gli chiedono un prestito (*loan*). (perché sì/no?)
6. se ce l'ha con qualcuno. (con chi?)

Emigranti italiani a New York all'inizio del 900.

Vocabulario utile

l'amicizia friendship	**i fumetti** comics
fare amicizia to make friends	**il pregiudizio** prejudice
la fantasia imagination	**lo straniero** foreigner
emarginato excluded	
accorgersi di to notice, to realize	**giudicare** to judge
*****andare a caccia** to go hunting	**giurare** to swear; to promise
*****andare in pensione** to retire	**rendersi conto** to realize
conversare to converse, to chat	**rivolgere la parola** to talk to, to address
farsi capire to make oneself understood	**voler dire** to mean

Prima di leggere

Sulla copertina° del suo libro *Grammatica della fantasia*, Gianni Rodari è definito giornalista, ma non bisogna dimenticare la sua attività di fabulatore°. Gli interessa «l'arte di inventare» suggerita dalle tecniche dei surrealisti francesi. Ed è l'attività fantastica che inizialmente applica come insegnante di scuola elementare. «Dovevo essere un pessimo maestro», dice, e aggiunge:

cover

storyteller

«Raccontavo ai bambini, un po' per simpatia, un po' per voglia di giocare, storie senza il minimo riferimento alla realtà né al buon senso°...» A partire dagli anni Sessanta, Rodari ha scritto molti libri di favole per bambini, ha partecipato a riunioni con i genitori ed è stato in tante scuole «a raccontare storie ed a rispondere alle domande dei bambini», con lo scopo di stimolarne l'immaginazione e l'invenzione fantastica. Secondo Rodari, la fantasia ha un ruolo fondamentale nello sviluppo dei bambini, non solo come mezzo per «vedere» la realtà in modo nuovo e originale, ma anche come strumento di educazione linguistica e civica.

buon: *common sense*

Il protagonista del racconto *Il topo dei fumetti* è un povero topo scappato da un giornale a fumetti, ma nel mondo dei topi veri non riesce a farsi capire perché non parla la loro lingua.

In gruppi di tre o quattro studenti, discutete il problema dell'incomunicabilità.

1. La gente, quando parla, dà sempre lo stesso significato alle parole? Dare un esempio.
2. Cercate sempre di capire quello che vi dicono gli altri?
3. Quali sono le vostre reazioni quando non capite quello che gli altri dicono? Vi sentite superiori, inferiori, emarginati... ?
4. In italiano l'espressione «parlare turco°» vuol dire parlare in maniera incomprensibile, non esprimersi chiaramente. Qual è la corrispondente espressione in inglese?

Turkish

Il topo dei fumetti

Un topolino dei fumetti, stanco di abitare tra le pagine di un giornale e desideroso di cambiare il sapore° della carta con quello del formaggio, spiccò° un bel salto e si trovò nel mondo dei topi di carne e d'ossa°.

taste / **fece**

carne: *flesh and blood*

—*Squash!*[1]—esclamò subito, sentendo odor di gatto.

5 —Come ha detto?—bisbigliarono° gli altri topi, messi in soggezione° da quella strana parola.

whispered / *awe*

—*Sploom, bang, gulp!*—disse il topolino, che parlava solo la lingua dei fumetti.

—Dev'essere turco,—osservò un vecchio topo di bastimento°, che prima di 10 andare in pensione era stato in servizio° nel Mediterraneo. E si provò a rivolgergli la parola in turco. Il topolino lo guardò con meraviglia e disse:

ship

in: *on duty*

—*Ziip, fiish, bronk.*

—Non è turco,—concluse il topo navigatore.

—Allora cos'è?

15 —Vattelappesca°.

Così lo chiamarono Vattelappesca e lo tennero un po' come lo scemo del villaggio°.

who knows? (colloquial)

scemo: *village idiot*

---

[1] Italian cartoons borrow many exclamations from English.

—Vattelappesca,—gli domandavano,—ti piace di più il parmigiano o il groviera°?   *Swiss cheese*

20 —Spliiit, grong, zizziziiir,—rispondeva il topo dei fumetti.

—Buona notte,—ridevano gli altri. I più piccoli, poi, gli tiravano la coda apposta° per sentirlo protestare in quella buffa maniera:—*Zoong, splash, squarr!*   *on purpose, deliberately*

Una volta andarono a caccia in un mulino°, pieno di sacchi di farina° bianca   *mill / flour*
e gialla. I topi affondarono° i denti in quella manna e masticavano° facendo: *crik,*   *sank / chewed*
25 *crik, crik,* come tutti i topi quando masticano. Ma il topo dei fumetti faceva:—
Crek, screk, schererek.

—Impara almeno a mangiare come le persone educate,—borbottò° il topo   *grumbled*
navigatore.—Se fossimo su un bastimento saresti già stato buttato a mare. Ti
rendi conto o no che fai un rumore disgustoso?

30 —*Crengh,*—disse il topo dei fumetti, e tornò a infilarsi° in un sacco di   *tornò: slipped back in*
granturco°.   *corn*

Il navigatore, allora, fece un segno agli altri, e quatti quatti° se la filarono°,   *very quietly / **andarono***
abbandonando lo straniero al suo destino, sicuri che non avrebbe mai ritrovato la   ***via***
strada di casa.

35 Per un po' il topolino continuò a masticare. Quando finalmente si accorse di
essere rimasto solo, era già troppo buio per cercare la strada e decise di passare la
notte al mulino. Stava per addormentarsi, quand'ecco nel buio° accendersi due   *darkness*
semafori° gialli, ecco il fruscio° sinistro di quattro zampe di cacciatore. Un gatto!   ***luci** / rustling*

—*Squash!*—disse il topolino, con un brivido°.   *shudder*

40 —*Gragrragnau!*—rispose il gatto. Cielo, era un gatto dei fumetti! La tribù°   *group, tribe*
dei gatti veri lo aveva cacciato perché non riusciva a fare *miao*° come si deve.   *meow*

I due derelitti° si abbracciarono, giurandosi eterna amicizia e passarono tutta   *poveretti*
la notte a conversare nella strana lingua dei fumetti. Si capivano a meraviglia°.   ***a:** marvelously*

Gianni Rodari, *Favole al telefono*

Comprensione

1. Dove abitava il topo dei fumetti? Perché cambiò «casa»?
2. Che lingua parlava? Secondo voi chi poteva capirlo?
3. Che cosa pensa il topo di bastimento? Ha ragione o si sbaglia?
4. Dove andarono un giorno tutti insieme e che cosa successe?
5. Perché Vattelappesca non tornò a casa con i compagni?
6. Chi arrivò di notte al mulino?
7. Come mai il gatto non mangiò il topo e i due diventarono amici?

Studio di parole

to happen

*accadere   *avvenire   *capitare   *succ**e**dere

These four verbs above all convey the meaning *to happen*. **Succedere** is used the most frequently. Do not confuse **succedere** with *to succeed*, which is **riuscire**. All four verbs are conjugated with **essere** in the compound tenses.

Che cosa è accaduto? Che cosa accadde?
Che cosa è avvenuto? Che cosa avvenne?
Che cosa è capitato? Che cosa capitò?   *What happened?*
Che cosa è successo? Che cosa successe?

to succeed

riuscire a + *infinitive*
to succeed in doing something
Used in all persons. The subject of
the verb is the person who succeeds.

riuscire di + *infinitive*
to succeed in doing something
Used only in the third person singular. The
person who succeeds is expressed by an
indirect object.

Io non riesco a parlare.
I cannot talk.

Non mi riesce di parlare.
I cannot talk.

Francesca non è riuscita a farlo.
Francesca couldn't do it.

A Francesca non è riuscito di farlo.
Francesca couldn't do it.

Riuscire a + *infinitive* is the more common of the two constructions.

Related expressions: **riuscita** *result;* **buona riuscita, successo** *success;* **cattiva riuscita,**
insuccesso *failure*

L'iniziativa ha avuto buona riuscita (buon successo).
The enterprise was successful.

Note that there is no Italian equivalent of the adjective *successful.* The idea is expressed with
avere successo or **riuscire.**

to try

cercare di + *infinitive*
to try to do something

provare a + *infinitive*
to try to do something

Ha cercato di convincermi ma non ci è
riuscito.
He tried to convince me but he didn't succeed.

Se non capisce, prova a parlargli in inglese.
*If he doesn't understand, try to speak English
to him.*

Cercare means *to try* in the sense of attempting to do something; **provare** means to try something as an experiment, a test.

Provare + *noun* means *to try, to try on, to try out.*

Hai provato le fettuccine?
Have you tried the fettuccine?

Ho comprato il vestito senza neppure
provarlo.
I bought the dress without even trying it on.

Related word: **prova** *test, trial; rehearsal*

Pratica

a. *Inserire le forme opportune di* **riuscire** *e* **provare.**

1. Marina è molto contenta; _____ a prendere trenta e lode nell'esame di storia.
2. Non _____ a dormire abbastanza? Perché non _____ a bere meno caffè?
3. Lucia torna dal supermercato. La compagna di camera le domanda: «_____ a comprare tutto? Ti sono bastati i soldi?».
4. Anna è triste, si sente incompresa perché non le _____ di farsi capire dagli amici.
5. Non ci vedi bene? _____ ad accendere la luce!

b. *Inserire la parola che completa meglio la frase.*

Annalisa (cercare/provare) _____ smettere di fumare, ma non (succedere/ avere successo) _____. Purtroppo (succedere/cercare) _____ sempre qualcosa: si sentiva depressa, aveva un esame, aveva litigato con il suo ragazzo... Date le circostanze non (riuscire/cercare) _____ resistere. (Lei cercare/provare) _____ perfino l'ipnosi, ma senza (prova/successo) _____. Un vero disastro! Maria dice che Annalisa non ha volontà. Lei (riuscire/succedere) _____ smettere di fumare in due settimane.

c. *Domande per Lei.*

1. Che cosa Le dice il modo di parlare delle persone? Ha mai giudicato gli altri in base al loro modo di esprimersi?
2. Dia alcuni esempi di pregiudizi o stereotipi legati a gruppi sociali o etnici del Suo paese.
3. I topi in carne e ossa non cercano di capire il povero topo dei fumetti; sono presuntuosi e intolleranti. Conosce qualcuno che si sia comportato / si comporti come loro? In quali circostanze?
4. Come ci aiutano la fantasia e la creatività nella vita quotidiana?

✧◦ Temi per componimento o discussione

1. Cambiate la fine del racconto e immaginate che il topo non incontri il gatto dei fumetti al mulino. Che cosa accade al topo? (Nella narrazione usate il passato remoto.)
2. L'individuo e la società possono eliminare l'incomprensione causata dalle barriere linguistiche e culturali.
3. L'inglese deve essere la sola lingua ufficiale degli Stati Uniti. Un gruppo esamina i pro e l'altro i contro di tale posizione. L'insegnante agisce da moderatore/moderatrice e la classe ha un dibattito sul tema. (Prima di iniziare, consultate le espressioni a pp. 161–162.)

RICERCA WEB

Il Premio Nobel è un prestigioso riconoscimento internazionale destinato a coloro che *(those who)* hanno contribuito con la loro opera al benessere dell'umanità. Fu istituito nel 1901 dall'industriale e chimico svedese Bernhard Nobel (1883–96), che divenne molto ricco in seguito alla scoperta della dinamite. Nobel destinò parte del suo patrimonio ad una fondazione con il compito di distribuire annualmente cinque premi: per la fisica, la chimica, la medicina, la letteratura e per la pace. Nel 1968 la Banca Centrale di Svezia istituì un sesto premio per le scienze economiche.

Premi Nobel italiani:

Camillo Golgi (medicina 1906)
Giosuè Carducci (letteratura, 1906)
Ernesto Moneta (pace, 1907)
Guglielmo Marconi (fisica, 1909)
Grazia Deledda (letteratura, 1926)
Luigi Pirandello (letteratura, 1934)
Enrico Fermi (fisica, 1938)
Emilio Segrè (fisica, 1959)

Salvatore Quasimodo (letteratura, 1959)
Giulio Natta (chimica, 1963)
Salvatore Luria (medicina, 1969)
Eugenio Montale (letteratura, 1975)
Renato Dulbecco (medicina, 1975)
Carlo Rubbia (fisica, 1984)
Rita Levi-Montalcini (medicina, 1986)

PER COMUNICARE

Ma allora, dov'era Fermi? Dopo il discorso della signora Di Stefano, molti ragazzi/molte ragazze alzano la mano per fare domande.

STUDENTE 1:	Scusi...
SIGNORA:	Sì, dimmi.
STUDENTE 1:	Io sapevo che Fermi ha ricevuto il Premio Nobel per la bomba atomica.
SIGNORA:	No, ti sbagli, ma sono in molti a pensarlo.
STUDENTE 2:	Ma non è possibile! A Stoccolma ci è andato da Roma, mica da Chicago!
CLASSE:	Brava! Giusto! È vero!
STUDENTE 3:	Ma allora, dov'era Fermi?
STUDENTE 2:	Era a Los Alamos, in una città segreta a duemila metri d'altezza.
SIGNORA:	Hai ragione! È proprio come dici tu!
STUDENTE 4:	Posso dire una cosa?
SIGNORA:	Sì, certamente!
STUDENTE 4:	Secondo me la bomba è una gran brutta invenzione.

Chiedere la parola

Scusa/scusi/scusate... Permetti/permette... ?	*Excuse me . . .*
Posso dire/aggiungere... ?	*May I say/add . . . ?*
Vorrei dire una cosa.	*I would like to say something.*

Dare la parola

Sì, dica/dimmi... ⎫	*Please, tell me . . .*
Dì/dica pure. ⎭	
Prego!	*Go ahead!*
Prego, certamente!	*Certainly!*

Esprimere accordo

Sì, è vero. È così.	*It's true. That's so.*
Proprio così.	*Exactly right.*
Hai/ha ragione.	*You are right.*
Sono pienamente d'accordo.	*I fully agree.*
È come dici tu/dice Lei.	*It's just as you say.*

Esprimere disaccordo

No, non è così. Ti sbagli.	*No, that's not so. You are wrong.*
Assolutamente no!	*Not at all!*
Non sono d'accordo.	*I do not agree.*
Non è come dici tu/dice Lei.	*It is not as you say.*
A dire il vero, io penso che...	*Actually, I believe . . .*

Che cosa dice?

1. Lei ha comprato un computer ma qualcosa non funziona. Il venditore non vuole cambiarglielo e dice che l'ha rotto Lei.
2. Si discute il mondiale di calcio (*soccer world cup*). I Suoi amici parlano tutti insieme e Lei vorrebbe dire la Sua (opinione).
3. Immagini di essere un ispettore/un'ispettrice di polizia e di stare studiando un caso difficile. Un Suo/Una Sua collega le offre delle possibili interessanti soluzioni.
4. Suo padre Le dice: «Il dottore pensa che, se voglio stare tranquillo, devo fare l'operazione».
5. Il Suo/La Sua collega è al telefono e Lei ha bisogno urgente di parlare con lui/lei.

Situazioni

1. Il Suo fratello minore Le dice che ha intenzione di aprire una pizzeria. Lui pensa di avere delle buone ragioni. Lei è di opinione contraria.
2. Sua sorella e Suo cognato stanno bisticciando (*are arguing*) a proposito di come chiamare il bambino che sta per nascere. Si interrompono a vicenda e non si mettono d'accordo. Riferisca quello che si dicono.
3. Lei sta discutendo un progetto di lavoro con altri compagni/altre compagne. Qualcuno nel gruppo è molto timido e tende a parlare poco, ma Lei sa che si tratta di una persona che ha sempre delle ottime idee. Ne sollecita l'opinione e dichiara il Suo accordo.

PER COMINCIARE

Le sorprese della vita

STRUTTURA

Presentare azioni future

    I. Futuro

Parlare di eventi realizzabili in determinate condizioni

    II. Condizionale

    III. *Dovere, potere* e *volere*

LETTURA

Gli extracomunitari

PER COMUNICARE

Comunicare per lettera

Terminare una lettera

Indicare il destinatario sulla busta

Iniziare una lettera

Abbreviazioni utili

Le sorprese della vita. Marina ha grandi progetti per il futuro. Si trasferirà in California e si dedicherà alla pittura.

Palermo, 14/7/2003

Caro Giorgio,

due righe con le ultime notizie.

Forse ti darò un dispiacere, ma devo dirti che i miei programmi per l'immediato futuro sono cambiati.

Ora che ho finito l'università, dovrei cercarmi un impiego a tempo pieno, invece darò le dimissioni dallo studio dove lavoro la sera e andrò in California dal mio amico Richard. Abiteremo insieme, divideremo le spese e risparmieremo. Così io realizzerò il mio sogno di dedicarmi alla pittura. Come ben sai, avrei voluto fare la scuola d'arte, ma mio padre non era d'accordo.

Carmela ti avrà detto che ho avuto in eredità un appartamento a Catania e un po' di soldi. Ne avrò abbastanza per vivere. Quando avrò finito i soldi, tornerò. Mio padre si rassegnerà. Un giorno avrò un lavoro regolare, porterò a casa uno stipendio favoloso e lui sarà contento.

Non so se diventerò una grande pittrice, ma mi farà bene uscire di casa e vivere all'estero per un po'. Incontrerò gente nuova e farò nuove esperienze. Sarà interessante.

Come va il tuo nuovo lavoro al conservatorio? Sei stato fortunato a trovarlo in così poco tempo!

Ti scriverò da San Francisco. Perché non mi vieni a trovare durante le vacanze? Resterò almeno un anno, hai tempo per pensarci.

Ti abbraccio,

Marina

Vocabulario utile

il conservatorio music school
la pittura painting
i programmi plans

la scuola d'arte art school
lo stipendio salary
lo studio office; study

dedicarsi to devote oneself
dividere to share
rassegnarsi (a) to resign oneself to
realizzare to make (come) true, fulfill

averne abbastanza to have enough
  (of something)
a tempo pieno/parziale full/part
  time
dare le dimissioni to resign, to quit
dare un dispiacere a qualcuno
  to worry/trouble someone
***essere contento/scontento (di)**
  to be happy/unhappy (with)

Madonna con Bambino, Artemisia Gentileschi

ESERCIZI

a. *Vero o falso?*

_____ 1. Marina continuerà a lavorare a tempo pieno.

_____ 2. In California Marina pagherà la sua parte delle spese.

_____ 3. Marina ha studiato pittura.

_____ 4. Quando tornerà Marina andrà ad abitare con suo padre.

_____ 5. Il padre di Marina non è contento.

_____ 6. Marina frequenterà il conservatorio.

_____ 7. Giorgio è fortunato.

b. *Completare le frasi in maniera opportuna.*

1. In questo ufficio non resisto più!—Ma perché non _____ ?

2. Franco lavora all'Olivetti e ha un ottimo _____ .

3. Flavia non studia più chimica, ha deciso di _____ alla ceramica.

4. Tutti abbiamo dei sogni che non _____ mai.

5. L'architetto Nigro ha uno _____ nuovo in centro. È molto bello. L'hai visto?

6. Dopo la laurea, Piero ha trovato subito un lavoro a tempo _____ ed è molto _____ .

7. Matteo è tristissimo. Lucia l'ha lasciato e lui non si _____ .

STRUTTURA

I. Futuro

The two future tenses in Italian correspond to the two future tenses in English. They are called **futuro semplice** and **futuro anteriore**.

A. The **futuro semplice** (*simple future*) is formed by dropping the final **-e** of the infinitive and adding the endings **-ò, -ai, -à, -emo, -ete, -anno**; **-are** verbs change the **-a-** of the infinitive ending to **-e-**.

AMARE	CREDERE	FINIRE
amer**ò**	creder**ò**	finir**ò**
amer**ai**	creder**ai**	finir**ai**
amer**à**	creder**à**	finir**à**
amer**emo**	creder**emo**	finir**emo**
amer**ete**	creder**ete**	finir**ete**
amer**anno**	creder**anno**	finir**anno**

Note that unlike the other simple tenses, the third person plural of the future retains the stress on its ending.

1. Some verbs have spelling changes in the future tense for phonetic reasons.

   Verbs ending in **-care** and **-gare** insert an **h** after **c** and **g** in order to maintain the hard sound:

   cercare: cer**ch**erò, cer**ch**erai, etc.
   pagare: pa**gh**erò, pa**gh**erai, etc.

   Verbs ending in **-ciare, -giare,** and **-sciare** drop the **i** of the stem:

   cominciare: comin**c**erò, comin**c**erai, etc.
   mangiare: man**g**erò, man**g**erai, etc.
   lasciare: la**sc**erò, la**sc**erai, etc.

2. A number of verbs have irregular stems in the **futuro semplice**.

   Some verbs drop the characteristic vowel of the infinitive:

INFINITIVE		FUTURE
andare	**andr-**	andrò
avere	**avr-**	avrò
cadere	**cadr-**	cadrò
dovere	**dovr-**	dovrò
parere	**parr-**	parrò
potere	**potr-**	potrò
sapere	**sapr-**	saprò
vedere	**vedr-**	vedrò
vivere	**vivr-**	vivrò

Some verbs, besides dropping the characteristic vowel of the infinitive, undergo further changes:

INFINITIVE		FUTURE
bere (bevere)	**berr-**	berrò
rimanere	**rimarr-**	rimarrò
tenere	**terr-**	terrò
valere	**varr-**	varrò
venire	**verr-**	verrò
volere	**vorr-**	vorrò

Some verbs in **-are** keep the characteristic vowel of the infinitive:

INFINITIVE		FUTURE
dare	**dar-**	darò
fare	**far-**	farò
stare	**star-**	starò

3. The future of **essere** is:

ESSERE
sarò
sarai
sarà
saremo
sarete
saranno

B. The **futuro anteriore** (*future perfect*) is formed with the future of **avere** or **essere** plus the past participle of the verb.

VERBS CONJUGATED WITH *avere*		VERBS CONJUGATED WITH *essere*	
avrò	amato	sarò	partito/a
avrai	amato	sarai	partito/a
avrà	amato	sarà	partito/a
avremo	amato	saremo	partiti/e
avrete	amato	sarete	partiti/e
avranno	amato	saranno	partiti/e

ꙮ Uso del futuro

A. The **futuro semplice** is used to express an action in the future. It has three possible equivalents in English: *I will stay, I'm going to stay, I will be staying.*[1]

Ricorderò sempre le mie vacanze in Spagna.
I'll always remember my vacation in Spain.

A quale albergo starete?—Staremo all'Hilton.
Which hotel will you be staying at?—We'll be staying at the Hilton.

Lavoreranno tutta la settimana?
Are they going to work the whole week?

B. The **futuro anteriore** is used to express an action that will be completed by a specified time in the future. Its English equivalent is *will have* + past participle.

Domani, a quest'ora, avrete già finito.
By this time tomorrow you will have finished.

C. The future tenses are also used to express probability—that is, an uncertainty, a conjecture, or a deduction. The **futuro semplice** expresses probability in the present; the **futuro anteriore** expresses probability in the past.[2]

Sarà vero, ma non ci credo.   Che cosa sarà successo?
It may be true, but I don't believe it.   *What could have happened?*

Non sono ancora arrivati? Avranno perso il treno.
Haven't they arrived yet? They must have missed the train.

D. The future tenses are also used after **se** and **quando** and other conjunctions of time, such as **appena, non appena,** and **finché,** to express a future action when the verb of the main clause is in either the future or the imperative. In English the corresponding tenses are the present for the **futuro semplice** and the present perfect for the **futuro anteriore.**

Quando sarò grande, farò l'ingegnere.   Se non avrai la febbre, ti alzerai.
When I grow up, I'll be an engineer.   *If you don't have a fever, you'll get up.*

Appena arriveranno, telefonaci!   Quando avrò finito, mi riposerò.
As soon as they get there, call us!   *When I have finished, I'll rest.*

---

[1] Remember that in Italian the present tense can also be used to express a future action when accompanied by an expression of future time (see p. 5).

[2] Probability can also be expressed in other ways: with **forse** or **probabilmente** plus a verb in a present or past tense, or with the verbs **potere** or **dovere** + *infinitive.* **Se la ragazza è arrossita, deve essere timida.** *If the girl blushed, she must be shy.* **Non hanno risposto? Forse non hanno sentito la domanda.** *They didn't answer? Maybe they didn't hear the question.*

—*Spesso mi chiedo cosa farà quando andrà in pensione.*

ESERCIZI

a. **Volere e potere...** *Tutte le persone nominate in quest'esercizio realizzano i loro desideri. Cambiare secondo l'esempio.*

> ESEMPIO   Silvia vuole scrivere un libro.
> **Silvia scriverà un libro.**

1. Fausto vuole partire alla fine di luglio.
2. I ragazzi vogliono ballare tutta la notte.
3. Noi vogliamo sapere chi ha rapito la figlia dell'industriale. *SAPREMO*
4. Tu vuoi venire a casa mia. *VENDRAI*
5. Io voglio stare a letto. *STARO*
6. Voi volete rimanere con noi. *Rimavete*
7. Noi vogliamo vivere in Italia. *Viveremo*
8. Laura vuole tenere là finestra aperta. *Terrà TERRÀ*

b. **Non l'hanno fatto ma lo faranno prima o poi** (sooner or later)... *Completare le seguenti frasi usando il futuro.*

> ESEMPIO   Non l'ho fatto, ma **lo farò prima o poi.**

1. Non ho tradotto le frasi, ma... *le tradurrò*
2. Non l'hai lasciato entrare, ma... *lascerà lascerai*
3. Non è caduta, ma... *cadrà*
4. Non siamo passati in biblioteca, ma... *ci passeremo.*
5. Non avete visto *Casablanca*, ma... *vedrete*
6. Non te ne sei interessato, ma...
7. Non avete risposto, ma...
8. Non ha imparato l'italiano, ma... *lo imparerà*

c. **La cartomante** (The fortune teller). *Immagini di essere Elena e di andare da una cartomante per farsi predire il futuro. La cartomante, impersonata da un compagno/una compagna, risponde alle Sue domande. Segua i suggerimenti dati.*

Domandi...

1. che cosa farà dopo la laurea.
2. dove vivrà.
3. quale tipo di lavoro troverà.
4. se userà una lingua straniera sul posto di lavoro.
5. se e quando incontrerà il principe azzurro (*Mr. Right*).
6. se si sposerà o rimarrà nubile.

d. **L'incidente d'auto.** *Caterina ha avuto un incidente. Che cosa sarà successo? Esprimere le ipotesi usando il futuro.*

1. Probabilmente non ha visto la curva. AVRÀ VISTO
2. Deve essersi fatta male. SARÀ SI SARÀ
3. Forse la mamma non lo sa ancora. SAPRÀ ANCORA
4. Suo marito deve essere molto preoccupato. SARÀ STATO.
5. Deve aver telefonato al suo amico chirurgo. DOVRÀ
6. Probabilmente rimangono tutti e due all'ospedale. rimarranno
7. I bambini devono essere soli a casa. dovranno essere
8. O forse c'è andata Silvana. Bi SARÀ ANDATA.

e. **Indovina!** *Stamattina la segretaria non è venuta in ufficio. Quale sarà stata la ragione? Fare cinque ipotesi plausibili.*

ESEMPIO **Non avrà sentito la sveglia. Avrà l'influenza.**

f. **Azioni future.** *Mettere al futuro.*

ESEMPIO Dorme quando è stanco.
Dormirà quando sarà stanco.

1. Escono se ne hanno voglia.
2. Veniamo quando possiamo.
3. Se sai bene l'inglese, puoi trovare un buon lavoro.
4. Se vogliono un tavolo, devono aspettare.
5. Appena ho finito, ti telefono.
6. Finché stai con me, non paghi niente.
7. Lo salutiamo se lo riconosciamo.
8. Che cosa faccio dopo che mi sono laureato/a?

g. **Sognare ad occhi aperti** (Daydreaming). *Luigi è un tipo dinamico che ama fare programmi per il futuro. Che cosa sogna di fare? Completi le frasi seguenti e poi parli dei Suoi sogni per il futuro.*

1. Quando saprò l'italiano...
2. Appena Barbara si laureerà...
3. Se papà mi darà soldi...
4. Non appena io e Gianni compreremo...
5. Se avrò finito...
6. Finché mia sorella vivrà con i miei genitori...

II. Condizionale

There are two conditional tenses in Italian that correspond to the two conditional tenses in English. They are called **condizionale presente** and **condizionale passato**.

A. The **condizionale presente** (*present conditional*), like the **futuro semplice**, is formed by dropping the final **-e** of the infinitive and adding the conditional endings **-ei, -esti, -ebbe, -emmo, -este, -ebbero**; **-are** verbs change the **-a-** of the infinitive ending to **-e-**.

AMARE	CREDERE	FINIRE
amer**ei**	creder**ei**	finir**ei**
amer**esti**	creder**esti**	finir**esti**
amer**ebbe**	creder**ebbe**	finir**ebbe**
amer**emmo**	creder**emmo**	finir**emmo**
amer**este**	creder**este**	finir**este**
amer**ebbero**	creder**ebbero**	finir**ebbero**

1. In the conditional, verbs ending in **-care** and **-gare**, and in **-ciare, -giare,** and **-sciare**, undergo the same spelling changes as in the future (see p. 166).

   Al tuo posto io non **pagherei** niente.   **Incomincereste** da capo voi?
   In your place I wouldn't pay anything.   *Would you start again from the beginning?*

2. Verbs that are irregular in the future (see p. 167) have the same irregularities in the conditional.

   Berremmo volentieri un caffè.   **Vorrei** fermarmi ma non posso.
   We'd be glad to have a cup of coffee.   *I would like to stay but I can't.*

3. The conditional of **essere** is:

ESSERE
sarei
saresti
sarebbe
saremmo
sareste
sarebbero

B. The **condizionale passato** (*conditional perfect*) is formed with the present conditional of **avere** or **essere** plus the past participle of the verb.

VERBS CONJUGATED WITH *avere*		VERBS CONJUGATED WITH *essere*	
avrei	amato	sarei	partito/a
avresti	amato	saresti	partito/a
avrebbe	amato	sarebbe	partito/a
avremmo	amato	saremmo	partiti/e
avreste	amato	sareste	partiti/e
avrebbero	amato	sarebbero	partiti/e

Non potremmo comprarla per il nostro giardino?

༄ Uso del condizionale

A. The **condizionale presente** corresponds to *would*[1] + verb. Just as in English, it is used in the following cases:

1. To express polite requests, wishes, and preferences.

   Vorresti lavorare per me?   Preferirei un bicchiere di latte.
   Would you like to work for me?   *I would prefer a glass of milk.*

2. To express the consequence of a hypothetical situation (see p. 268).

   Mangerei ora se avessi tempo.
   I would eat now if I had the time.

3. To express doubt (see p. 270).

   Non so se verrebbero volentieri.
   I don't know whether they would come willingly.

B. The **condizionale passato** corresponds to *would have* + verb and is used in the same cases as the **condizionale presente.**

Sarebbero venuti se li avessimo invitati.
They would have come if we had invited them.

Dubito che avrebbero capito.
I doubt they would have understood.

---

[1] Other Italian constructions whose English equivalents use *would* (where *would* does not have a conditional meaning) are:

Imperfetto: Ogni sabato andavamo al cinema.
                         Every Saturday we would (used to) go to the movies.

Passato prossimo: Le ho chiesto di aprire la porta, ma lei non ha voluto aprirla.
                         I asked her to open the door, but she wouldn't (refused to) open it.

Passato remoto: Le chiesi di aprire la porta, ma lei non volle aprirla.
                         I asked her to open the door, but she wouldn't (refused to) open it.

C. The **condizionale passato** is used to express a future action introduced by verbs of knowing, saying, telling, or informing in a past tense. In English the present conditional is used in such cases (*He said he would come*):

Hai detto che **avresti pagato** tu.
You said you would pay.

Non aveva promesso che **avrebbe scritto?**
Hadn't he promised he would write?

Hanno detto che **sarebbero venuti,** ma io ero certo che **sarebbero stati** a casa.
They said they'd come, but I was certain they would stay home.

D. Note that the conditional of **fare meglio a** + *infinitive* expresses *had better, would do well to, would be better off to.*

Faresti meglio a tacere.
You'd better be quiet.

Avreste fatto meglio ad aspettare.
You would have been better off to wait (waiting).

ESERCIZI

a. **All'ospedale.** *Dopo l'incidente Caterina non si può muovere dal letto. Cambiare le frasi usando il condizionale secondo l'esempio.*

ESEMPIO Mi porti dell'acqua?
Mi porteresti dell'acqua?

1. Mi fai un favore? Mi compri un giornale? *FARESTI, COMPRESTI*
2. Ti dispiace aprire la finestra? *dispiacerebbe*
3. Mi dà quella scatola di aspirine?
4. Sanno spiegarmi perché questo mal di testa non passa? *seresti sapprebbero*   *sappre*
5. Mi piace sedermi in terrazzo. Potete aiutarmi?
6. Non voglio stare qui un'altra settimana.
7. Preferisco avere la lampada vicino al letto. *preferei*

b. **Io avrei fatto le cose diversamente...** *Reagire a ogni situazione cominciando con* **Io non** *e usando il condizionale passato.*

ESEMPIO Hai comprato quell'automobile?
Io non avrei comprato quell'automobile.

1. Sei andato a quella festa? *sarei saremmo serei*   4. Si sono offesi per quello scherzo? *sarei offeso.*
2. Siete usciti con questo tempaccio?   5. Ti sei fidato di quell'uomo? *e*
3. Avete chiesto scusa?   6. Le hai regalato una sedia? *Io non le azei una sedia.*

c. **Buone intenzioni.** *Certe persone inventano sempre dei pretesti per evitare responsabilità. Completare le frasi con un pretesto logico.*

ESEMPIO io / aiutarla a far trasloco (*to move*) / ma...
La aiuterei a far trasloco, ma ho mal di schiena.

1. io e Gabriele / cercare lavoro / ma...
2. voi / poter finire la tesi a marzo / ma...

3. tu / fare amicizia con gli studenti stranieri / ma...
4. io / pagare in contanti / ma...
5. io e mio cognato / venire al battesimo di Giorgio / ma...
6. Angelo / tenerti il cane durante le ferie / ma...
7. noi / stare a casa sabato sera / ma...

d. Promesse, promesse. *Che cosa hanno promesso di fare le seguenti persone?*

ESEMPIO   il dottore / venire nel pomeriggio
          Il dottore ha promesso che sarebbe venuto nel pomeriggio.

1. noi / smettere di fumare
2. tu / passare in biblioteca
3. gli zii / aspettarci fino alle cinque
4. il professore / spiegarmi l'uso dell'imperfetto
5. la signora / non lamentarsi del freddo
6. voi / alzarsi presto
7. io / prendere una decisione
8. Lei / metterci poco tempo

e. Farebbe meglio... *La portiera e la signora Adele stanno parlando degli altri inquilini* (tenants). *Seguire gli esempi.*

1. Dica che cosa farebbero meglio a fare questi inquilini.

   ESEMPIO   La signora Del Bue si separa dal marito.
             Farebbe meglio a non separarsi dal marito.

   a. Il signor Perotti beve tanto.
   b. La figlia dell'avvocato mangia sempre gelati.
   c. I Cerruti fumano due pacchetti di sigarette al giorno.
   d. Le figlie di Enrico ridono e chiacchierano sempre.
   e. La signora Adelina non esce mai di casa.
   f. Lo scapolo del terzo piano si arrabbia così facilmente!

2. Ora dica che cosa avrebbero fatto meglio a fare. Completare ogni frase con una soluzione diversa.

   ESEMPIO   I Davoli hanno comprato una casa al mare.
             Avrebbero fatto meglio a comprare un appartamento.

   a. Marcello si dedica alla pittura da mesi.
   b. La signora Antonelli è andata in pensione.
   c. Il figlio di Cerruti si è laureato in archeologia.
   d. Abbiamo venduto la Maserati di mio zio.
   e. Avete preso l'aereo per andare in Sicilia.
   f. Ho dato le dimissioni.

III. *Dovere, potere* e *volere*

∾ *Dovere*

Dovere + *infinitive* can express two basic meanings: necessity or moral obligation, and probability.

Tutti devono morire.
Everyone must die.

Deve essere tardi.
It must be late.

There are many English equivalents for **dovere** in the various tenses.

Presente: *must, have to, am supposed to*

Devo restituirti il libro.
I must return the book to you.

Imperfetto: *had to, was supposed to*

Il treno doveva arrivare alle otto.
The train was supposed to arrive at eight.

Passato prossimo or **remoto:** *had to, was obliged to*

Mario ha dovuto (dovette) aspettare quasi mezz'ora.
Mario had to wait almost half an hour.

Futuro semplice: *will have to*

Dovranno prendere un altro aereo.
They will have to take another plane.

Futuro anteriore: *will have had to, probably had to*

Avranno dovuto pagare l'intera somma.
They probably had to pay the entire sum.

—Ti avevo detto che questa storia del diluvio doveva restare tra noi!

Condizionale presente: *would have to, should, ought to*

Fa freddo. Dovresti metterti il cappotto.
It's cold. You should put on your coat.

Condizionale passato: *would have had to, should have, ought to have*

Lei avrebbe dovuto dirmelo prima.
You should have told me sooner.

ESERCIZI

a. *Usare* **dovere** + infinito *al posto del futuro.*

ESEMPIO   Avrà vent'anni.
Deve avere vent'anni.
Avrà studiato molto.
Deve aver studiato molto.

1. Saranno stanchi.
2. Conoscerete molta gente.
3. Saprà molte lingue.
4. L'avrò sognato.
5. Avrà sbagliato strada.
6. Avremo lasciato l'ombrello al ristorante.

b. *Lei è d'accordo o no? Spiegare perché.*

1. Ogni persona dovrebbe avere degli hobby.
2. Ogni casa dovrebbe avere la lavastoviglie.
3. Ogni famiglia americana dovrebbe avere due macchine.

c. **Sei insopportabile!** *Marco e Giulia non si trovano mai d'accordo su nulla. Seguire l'esempio usando i suggerimenti dati.*

ESEMPIO   Lucia fa medicina all'università di Milano. (lettere)
Dovrebbe fare lettere.
Ho preso il raffreddore. (mettersi la giacca)
Avresti dovuto metterti la giacca.

1. Sono un po' giù. Preferisco rimanere a casa stasera. (uscire)
2. Non mi sento bene, ho mal di stomaco. (mangiare di meno)
3. Ho mangiato per consolarmi. M'è andato male un esame. (studiare di più)
4. Come sei noioso! Sapevi che Alfredo ha comprato una Lancia? (Alfa Romeo)
5. Ed è andato a passare le vacanze in Svizzera. (Jugoslavia)
6. Ma Alfredo è ricco. Ha regalato a Pia un orologio d'oro. (regalarle niente)
7. Tanto lei non lo sposa. (sposarlo)
8. Lei gli ha detto categoricamente di no. (dire di sì)
9. Ma non le piace e non lo ama. (sposarlo lo stesso)

∿ Potere

Potere can express two basic meanings: ability to do something and permission to do something.

Non posso correre; sono troppo stanca!   Posso farLe una domanda indiscreta?
I can't run; I'm too tired!   *May I ask you a personal question?*

There are many English equivalents for **potere** in the various tenses.

Presente: *can, may, am capable, am allowed*

Dove possiamo trovare un buon ristorante?
Where can we find a good restaurant?

Imperfetto: *could, was able, was allowed*

Tosca non poteva sopportare il silenzio.
Tosca could not stand silence.

Passato prossimo or **remoto:** *could, managed to, succeeded in*

Non hanno potuto (poterono) entrare perché non avevano le chiavi.
They couldn't get in because they didn't have the keys.

Futuro semplice: *will be able, will be allowed*

I bambini potranno stare alzati fino alle dieci.
The children will be allowed to stay up until ten.

Condizionale presente: *could, might, would be able, would be allowed*

Potrebbe dirmi che ore sono?
Could you tell me what time it is?

Condizionale passato: *could have, might have*

Avremmo potuto pagarti ieri.
We could have paid you yesterday.

ESERCIZI

a. *Se vogliamo che gli altri ci aiutino, dobbiamo essere più cortesi. Formulare le domande usando il condizionale presente di* **potere.**

ESEMPIO   Mi dice che ore sono?
               Potrebbe dirmi che ore sono?

1. La aiuta a traversare la strada?
2. Ci dà una mano?
3. Vi fermate un momento?
4. Stai a casa e guardi i bambini?
5. Finisce di lavare i piatti?
6. Vengono subito dopo cena?

b. *Lei è d'accordo? Sì, no, perché?*

1. Con un po' di buona volontà, potremmo evitare tanti sprechi.
2. Molti potrebbero fare più esercizio, se volessero.
3. Ciascuno di noi potrebbe organizzare meglio il proprio tempo.

c. Potere e non potere. Riformulare le frasi che seguono con il verbo **potere** nel modo e tempo opportuni.

ESEMPIO   Tutti gli anni Giulio andava in vacanza alle Bahamas.
Tutti gli anni Giulio poteva andare in vacanza alle Bahamas.

1. Laura mangia un mucchio di grassi e non le sale mai il colesterolo.
2. Vent'anni fa ho comprato una casa al mare spendendo relativamente poco.
3. Io e Lucia andremmo al cinema, ma non c'è niente di interessante da vedere.
4. I ragazzi giocheranno a tennis nel pomeriggio. Non piove più.
5. Pensi che papà e mamma si fermino a dormire dallo zio Mario?
6. Tu non sei venuto con noi perché non ti sentivi bene.

∾ Volere

Volere corresponds to the English *to want, to wish* and has many English equivalents in the various tenses.

Presente: *want, wish, intend, feel like*

Vogliamo andare in Europa quest'estate.
We want to go to Europe this summer.

Imperfetto: *wanted, wished, intended, felt like*

Antonio voleva partire nel pomeriggio, ma è poi partito dopo cena.
Antonio intended to leave in the afternoon, but he left after supper.

Passato prossimo or **remoto:** *wanted, insisted upon*

Hanno voluto (vollero) offrire il caffè a tutti.
They wanted to offer everyone coffee (and they did).

Futuro semplice: *will want, will wish*

La zia vorrà continuare a vivere nella vecchia casa.
The aunt will want to continue living in the old house.

Condizionale presente: *would want, would like*

Vorrei chiederti un favore.
I would like to ask a favor of you.

Condizionale passato: *would have wanted, would have liked*

Avrebbero voluto invitarla.
They would have liked to invite her.

ESERCIZI

a. *Inserire il verbo* **volere** *nel modo e tempo opportuni.*

1. Non siete mai contenti! Insomma, cosa volete?
   _____ essere lasciati in pace!
2. Come mai sei uscita così tardi dall'ufficio?
   _____ finire un lavoro al computer.
3. Cosa regali a tua moglie per il suo compleanno?
   _____ proprio regalarle una macchina nuova, ma non ho soldi.
4. Perché sei arrabbiata con me?
   Perché non _____ farmi il favore di accompagnarmi a casa.
5. Cosa farà Claudio dopo la laurea?
   Penso che _____ prendere il dottorato di ricerca in biofisica.
6. Andrà in pensione papà l'anno prossimo?
   Macché! Vedrai che _____ continuare a lavorare.

b. **Decisioni.** *Pensa che sia (sia stata) una buona idea? Perché sì, perché no?*

1. Una Sua amica vuole interrompere gli studi e andare a fare l'assistente sociale nel Terzo Mondo.
2. Io vorrei dimagrire e ho deciso di digiunare per una settimana.
3. Dario e Carla hanno voluto sposarsi prima della laurea; ora sono disoccupati e continuano a vivere con i genitori di lei.

c. **Che tipo difficile!** *Completare il brano con le forme opportune del verbo* **volere.**

Andrea non _____ più studiare, ora dice che _____ fare il marinaio sulle navi da trasporto. L'anno scorso _____ iscriversi a medicina, l'anno prima diceva che
_____ fare l'attore, suppongo che l'anno prossimo
_____ darsi alla politica. Anche da piccolo era un tipo difficile. Ci _____ tanta pazienza con lui. Noi gli _____ molto bene e _____ vederlo contento, ma forse sbagliamo. Gli ci _____ dei genitori all'antica, che lo costringono a fare quello che
_____ loro. I genitori sanno quello che ci
_____ per i figli e hanno quasi sempre ragione.

Venditore ambulante con una bancarella di articoli da regalo.

LETTURA

Vocabolario utile

il **cambiamento**	change	il **passante**	passerby
il **diritto**	right (entitlement)	il **quadrato**	square
il **disagio**	discomfort	lo **scherzo**	joke
la **dittatura**	dictatorship		
il **dovere**	duty	**allestire**	to prepare
il **furto**	robbery	**mettere in mostra**	to display
la **licenza**	permit	* **provenire**	to come from
il **marciapiede**	sidewalk	**scaricare**	to unload
il **motoscafo**	speedboat		

Prima di leggere

L'articolo che segue tratta degli immigrati in Italia. Il fenomeno dell'immigrazione non è nuovo e sono molte le ragioni che spingono la gente a lasciare il proprio paese. In gruppi di tre o quattro studenti, esaminate i motivi per cui la gente decide di stabilirsi in un paese straniero e quali difficoltà incontra.

1. Chi sono gli immigrati e che cosa sperano?
2. Pensate che siano essenzialmente i poveri ad emigrare? Perché sì, perché no?
3. Conoscete o avete sentito parlare di persone importanti e famose che vivono all'estero? Quali motivi avranno?
4. Come reagisce la gente locale nei confronti degli stranieri? Fa differenza se sono ricchi o poveri, istruiti o di modesta cultura, bianchi o di colore?
5. Che tipo di lavoro trovano gli immigrati?
6. Siete a conoscenza di altri paesi in cui l'immigrazione sia diventata un problema sociale; per esempio: difficoltà di integrazione, intolleranza, contrasti culturali?

Gli extracomunitari

Sono un milione e duecentocinquantamila, cioè il 2% della popolazione italiana. Si tratta di individui entrati con un regolare permesso di soggiorno°, che provengono dall'Europa (40%), dall'Africa (30%), dall'Asia (20%) e dalle Americhe (10%), spinti dalla necessità e dalla speranza di una vita migliore. Sono definiti "extracomunitari" perché i loro paesi d'origine non fanno parte della Comunità Europea.

Perché emigrano? Indipendentemente dal paese d'origine le ragioni sono simili: guerriglie, conflitti etnici, dittature, carestie, povertà. Il nuovo paese invece,

°**permesso:** *residence permit*

soprattutto se visto da lontano, sembra bello, come lo mostra la televisione e come appare dagli abiti° e dai soldi dei turisti che danno invariabilmente l'impressione di
10 ricchezza e di vita facile.

clothing

In Italia la maggior parte degli extracomunitari vive nelle zone urbane del centro-nord, dove è più facile ottenere lavoro. Gli immigrati dalle Filippine e da Sri Lanka sono molto ricercati ed apprezzati per i servizi domestici°; a Milano molti egiziani lavorano nei ristoranti come cuochi e camerieri; i cinesi aprono ristoranti di
15 loro propietà. Ma c'è lavoro anche nelle campagne. Se gli indiani Sihk facessero sciopero, l'industria lattiera° della valle del Po andrebbe in fallimento°. C'è bisogno di manodopera° nell'edilizia° e nelle attività industriali. Gli immigrati sono disposti a lavorare, a volte, con salari inferiori alla media, e accettano mestieri che gli italiani preferiscono non fare.

servizi: *household help*

l'industria: *milk industry / bankruptcy / labor / building industry*

20 I meno fortunati ottengono la licenza di venditore ambulante°, che permette loro di esercitare il piccolo commercio di monili°, oggetti di pelle, occhiali da sole e articoli di artigianato del loro paese. Mettono in mostra i loro oggetti su bancarelle° allestite sui marciapiedi o addirittura per terra° su un quadrato di stoffa colorata. Sono stranieri dai tratti somatici° e dagli abiti «diversi», che abbordano° i passanti
25 con l'espressione: «Vu cumprà?»

venditore: *peddler*
costume jewelry
stalls
per: *on the ground*
tratti: *features / approach*

Qual è stata la reazione degli italiani? Quello di accogliere e possibilmente integrare nel tessuto sociale italiano gente tanto diversa non è uno scherzo; si tratta di un problema serio di cui ancora si discutono le soluzioni. Rispetto ai lavoratori italiani, gli immigrati «regolari» godono di parità di trattamento e degli stessi dirit-
30 ti: hanno accesso ai servizi sociali e sanitari, godono di interventi economici per pagare le abitazioni°, i loro bambini frequentano la scuola dei bambini italiani. In altre parole l'Italia mantiene una politica di tolleranza. Purtroppo non tutti sono d'accordo e non mancano reazioni negative: a Roma è comparso un manifesto° su cui era scritto che è un vantaggio essere extracomunitari perché sono più protetti.

housing

poster

35 In effetti l'opinione pubblica è divisa. Ci sono automobilisti che si lasciano pulire il parabrezza° dai «lavavetri»—immigrati disoccupati e qualche volta clandestini, per dar loro un po' di spiccioli; ci sono invece cittadini pronti ad accusarli indiscriminatamente di attività illegali. Le autorità religiose sono generalmente disposte all'accoglienza; non mancano però reazioni negative alla costruzione di moschee°.

windshield

mosques

40 I giornali danno notizie di furti, assassini° e di altre azioni criminali commesse dagli «illegali». Purtroppo è vero che ci sono anche quelli che si organizzano in bande e trafficano in droga e prostituzione, ma è anche vero che a volte le accuse risultano infondate°. Alcuni extracomunitari arrivano per via di terra°; altri, portati da motoscafi, sono scaricati sulle spiagge del sud o addirittura buttati in mare se si
45 avvicina la motovedetta° della guardia costiera italiana. Sperano di ottenere asilo politico o semplicemente di raggiungere parenti o conoscenti in Germania. Sono relativamente pochi quelli che si danno alla malavita°, ma purtroppo le azioni di quei pochi provocano reazioni negative nei confronti di tutti gli altri.

murders

unfounded / **per:** *by land*

cutter

criminal underworld

Gli extracomunitari sono quasi sempre riconoscibili; continuano ad offrire la
50 loro merce e i loro servizi, considerati con benevolenza da alcuni ma anche con timore e intolleranza da altri. Purtroppo tutto ciò che è diverso provoca disagio.

Comprensione

1. Chi sono gli extracomunitari?
2. Quanti sono?
3. Da dove vengono?
4. Perché emigrano?
5. Che tipo di lavoro ottengono gli stranieri legalmente immigrati in Italia?
6. Quali protezioni sociali hanno?
7. Come arrivano i clandestini e cosa sperano?
8. Qual è la reazione dell'opinione pubblica italiana verso gli immigrati?

Studio di parole

joke

scherzo
*practical joke, trick, something said
or done to amuse*

Lo dico sul serio, non è uno scherzo.
I'm saying it seriously, it's not a joke.

barzelletta
joke (in the form of a story)

Non mi piacciono le barzellette che
racconti.
I don't like the jokes you tell.

Related expressions: **fare uno scherzo** *to play a trick;* **per scherzo** *as a joke* (the opposite is **sul serio** *seriously*)

change

cambiamento
change, alteration

Ci sono stati molti cambiamenti di
governo in Italia.
*There have been many changes of
government in Italy.*

cambio
exchange, rate of exchange

Quant'è il cambio del dollaro oggi?
What is exchange rate for the dollar today?

È un agente di cambio.
He's a foreign exchange agent.

spiccioli
small change, coins

Ho bisogno di spiccioli per l'autobus.
I need some change for the bus.

resto
*money returned when payment exceeds the
amount due*

Non ho il resto da darLe.
I don't have change for you.

to change

cambiare
to change, alter (with **avere**)
to change, become different (with **essere**)

Voglio cambiare i mobili del salotto.
I want to change the living room furniture.

cambiarsi
to change one's clothes

Sei tutto bagnato; cambiati!
You're all wet; change your clothes!

Il tempo è cambiato.
The weather has changed.

Hanno cambiato casa.
They've moved.

cambiare idea
to change one's mind

Ha cambiato idea; andrà a Yale, non a Harvard.
He changed his mind; he'll go to Yale, not Harvard.

to exchange

scambiare (con)
to exchange (one thing for another)

Ho scambiato un orologio con un anello.
I exchanged a watch for a ring.

Quando ci vediamo, scambiamo due parole.
When we see one another, we exchange a few words.

Related word: **scambio** *exchange*

scambiarsi
to give to each other, to exchange

Le amiche si scambiano regali.
Friends exchange gifts.

cambiare
to change (exchange) money

Hai potuto cambiare gli euro in dollari?
Were you able to exchange euros for dollars?

Pratica

a. *Scegliere la parole o l'espressione che meglio completa la frase.*

1. Non possiamo andare alla festa vestiti così! Dobbiamo _____.
2. Perché non continuiamo a parlare di politica? Perché vuoi _____ argomento?
3. C'è un «lavavetri» al semaforo. Hai _____?
4. Quei due si vedono ogni giorno e _____ posta elettronica ogni sera.
5. Posso pagare il caffè con un biglietto da cento euro?—Mi dispiace, ma non ho il _____.
6. Se vuoi ridere, devi sentire l'ultima _____ sui carabinieri.
7. Rajeed ha deciso di emigrare. È stato un grande _____ nella sua vita.

b. **La coppia moderna.** *Completare il paragrafo seguente inserendo il verbo o la parola suggeriti in parentesi.*

Nina (*changed*) _____ lavoro, è all'ufficio (*exchange*) _____ della Banca Commerciale. È un'ottima carriera e guadagna molto. Lei e suo marito (*exchanged*) _____ i ruoli. Lei lavora a tempo pieno e lui di pomeriggio sta a casa con i bambini. Li va a prendere a scuola, (*changes his clothes*) _____, dà loro da mangiare, li fa giocare... È un padre modello. Ieri volevano andare tutti allo zoo, ma poi (*they changed their minds*) _____ perché pioveva. Sono rimasti a casa tutto il pomeriggio. I bambini hanno incominciato a (*play tricks*) _____ e hanno finito per litigare. Allora il povero Massimo ha telefonato al bar e ha ordinato tre spumoni (*soft ice cream*). Al momento di pagare, però, il garzone (*errand boy*) del barista non aveva (*change*) _____ . Massimo non aveva (*change*) _____ per la mancia e ha dovuto lasciargli più soldi del previsto. Per fortuna i bambini si sono calmati. Fare i genitori è una cosa seria, non è (*a joke*) _____ .

c. **Domande per Lei.**

1. Conosce le origini della Sua famiglia e del Suo cognome (*family name*)?
2. Il Suo quartiere (*neighborhood*) accoglie gente diversa o persone che hanno una comune origine etnica? È bene che sia così? Sì, no, perché?
3. Conosce personalmente degli immigrati? Pensa che abbiano difficoltà nei loro rapporti con la gente locale e viceversa? Perché?
4. Ci sono molti «clandestini» nel Suo paese? Come vivono?

Temi per componimento o discussione

1. Cosa pensa della politica (*policy*) italiana di dare agli extracomunitari legalmente immigrati gli stessi diritti che hanno i lavoratori italiani?
2. È successo che degli immigrati siano stati accusati di delitti dei quali poi sono risultati innocenti. Perché saranno stati sospettati?
3. Vivere a contatto di gente straniera, soprattutto se di etnie diverse, richiede un grande esercizio di tolleranza. Come si manifesta la tolleranza? Come si manifesta l'intolleranza?
4. Qual è la Sua opinione a proposito dei «clandestini»? Pensa che abbiano diritto al soggiorno e ai servizi sociali? Sì, no, perché?
5. **Dibattito.** L'immigrazione, sia legale che illegale, è un fenomeno complesso carico di ramificazioni sociali, culturali e politiche. Discutetene i pro e i contro partendo dalle alternative che seguono.
   Pro: È dovere dei popoli ricchi accogliere e integrare nella loro società gli immigrati in cerca di una vita migliore. Gli immigrati contribuiscono con il loro lavoro e si accontentano di poco.
   Contro: Anche nelle società ricche, ci sono già tanti poveri ai quali bisogna provvedere. L'immigrazione provoca problemi di ogni genere.

RICERCA WEB

A partire dalla fine dell'Ottocento, si è verificato (*occurred*) un flusso di emigrazione dall'Italia verso gli Stati Uniti e l'America Latina. È interessante ricercare le cause dell'emigrazione e la diffusione degli emigrati italiani nei paesi stranieri.

a. L'emigrazione italiana all'estero: motivi e difficoltà
b. Italiani nel mondo

Comunicare per lettera. Nella vita quotidiana scriviamo lettere a persone differenti per motivi differenti. La forma e il tono della lettera cambiano a seconda delle circostanze.

Indicare il destinatario sulla busta

Per Antonella Nasi
Gentile Signora Salvetti
Ms. Maria Pellegrini
Sig. Mario Carrelli
Egr. (Egregio) Signor Achille Maramotti

Prof. Arturo Colombo
Dott. Aldo Incerti
Dott.ssa Maria Guiducci
Famiglia Bernardini

Claudia Perfetti
Viale G. Cesare 127
22175   Como

Per Laura e Ferdinando Arcangeli
Corso Giovanni Amendola 265
Ancona 60116

Libreria dell'Università
Via San Benedetto 75
95112 Catania

Chiar / ma Prof.ssa Matilde Cherubini
Facoltà di Lettere e Filosofia
Università di Roma
Piazzale Aldo Moro
00185 Roma

Giacomo Gagliardi
Via XI Febbraio 35
61068 PESARO

Ing. Alessandro Negroni e Famiglia
Via Appia 84
72145   BRINDISI

Come differiscono
gli indirizzi italiani
da quelli americani?

Iniziare una lettera

Se scriviamo ad un amico/un'amica o ad una persona che conosciamo molto bene, usiamo...

Cara Pia/Caro Michele
Carissima Laila/Carissimo Carlo
Carissima/Carissimo

Se indirizziamo la lettera ad un/a conoscente, come per esempio il medico di famiglia, possiamo scrivere...

Caro dottore
Caro avvocato
Caro architetto

Per una lettera formale o d'affari, usiamo...

Egregi Signori
Gentile Signora Olga Salvetti
Egregio Signor Dallaglio
Spettabile ditta F.lli Lolli

Terminare una lettera

In italiano non esiste l'equivalente dell'espressione inglese *Yours sincerely*, e la parola "amore" nel senso dell'inglese *love* non è usata alla fine dei messaggi.

A un amico/un'amica che vogliamo salutare affettuosamente, scriviamo...

Cari saluti (a te e famiglia)	*Greetings (to you and your family)*
Saluti affettuosi	
Ti abbraccio	*A hug*
Un caro abbraccio	
A presto	*See you soon*
Un abbraccio a tutti	*Hugs for everybody*

Quando vogliamo essere piu «neutrali», diciamo...

Con i migliori saluti	*With best regards*
Grazie e distinti saluti	*Thank you and best regards*
La ringrazio e La saluto cordialmente	

Quando terminiamo una lettera formale o d'affari, scriviamo...

Distinti saluti	*(Yours) sincerely*
In attesa di una Vostra sollecita risposta invio distinti saluti	*I look forward to hearing from you (soon). Yours sincerely,*
In attesa di leggerLa presto Le invio distinti saluti	

Abbreviazioni utili

1. Titoli professionali (usati al maschile):

   arch. (architetto)
   ing. (ingegnere)
   avv. (avvocato)

2. Titoli di personaggi politici:

   onorevole
   senatore
   senatrice
   eccellenza (riservato a ministri e ad alti funzionari)

3. Titoli dei membri del clero:

   reverendo
   reverendo padre
   reverenda madre
   monsignore
   eccellenza (per i vescovi)
   eminenza (per i cardinali)
   santità (per il papa)

Che cosa dice?

1. Immagini di essere Giorgio e di rispondere alla lettera di Marina che appare all'inizio del capitolo a p. 164.
2. Lei ha quarant'anni, è solo/a e vuole passare le vacanze in montagna. Scriva...
   a. a un amico/un'amica per invitarlo/a a passare le vacanze con Lei.
   b. all'Albergo Dolomiti, 32046 San Vito di Cadore (Belluno), per prenotare due camere dal 15 al 30 luglio.
3. I Suoi genitori sono molto amici dei signori Salvetti di Bologna. Scriva alla signora Bianca per dirle che Lei sarà in Italia quest'estate e le chieda ospitalità. Spieghi quando arriverà, il motivo del Suo viaggio in Italia, quanto tempo ha intenzione di restare a Bologna e quali sono i Suoi programmi durante il Suo soggiorno a casa Salvetti. Sia cortese e usi il condizionale.

PER COMINCIARE

Un appartamento per Fabrizia?

STRUTTURA

Esprimere incertezza o soggettività
  I. Congiuntivo presente e passato
Esprimere emozioni, desideri e
speranze. Esortare.
  II. Uso del congiuntivo
Usare espressioni indefinite
  III. Altri usi del congiuntivo

LETTURA

Padre e figlia

PER COMUNICARE

Convincere
Esprimere preoccupazione
Esprimere sollievo
Offrire aiuto

Un appartamento per Fabrizia? Fabrizia ha ventiquattro anni e un buon impiego. È figlia unica e cinque anni fa ha scelto di vivere con il padre, quando i genitori hanno divorziato. Ora vorrebbe comprare un appartamento ed abitare da sola. Ne parla con il padre.

FABRIZIA: Papà, sembra che mi diano un altro aumento di stipendio.

PAPÀ: Congratulazioni! Suppongo che il tuo lavoro sia utile alla ditta. Mi sembra che ti abbiano dato un aumento pochi mesi fa. Mi sbaglio?

FABRIZIA: No, non ti sbagli, il direttore mi ha detto che è molto contento di me... Senti, Papà, credo proprio che sia ora che io mi compri un appartamento; ad abitare qui mi sembra di essere sempre un'adolescente.

PAPÀ: Non ti posso vietare di andar via di casa. È certo che non mi devi chiedere il permesso—sei adulta e matura e penso che tu abbia diritto alla tua libertà. Ma, benché tu abbia un ottimo impiego, non è pensabile che tu possa comprare un appartamento.

FABRIZIA: Beh, ho fatto un po' di conti. Potrei pagare il mutuo mensile, ma temo di aver bisogno del tuo aiuto per l'anticipo.

PAPÀ: Fabrizia, a questo punto suppongo che i conti debba farli io. Ho dei risparmi, ma bisogna che faccia attenzione a come li amministro. Gli appartamenti in città sono molto cari. Prima di prendere una decisione, devo parlare con il mio agente di cambio.

FABRIZIA: Capisco, Papà.

PAPÀ: Ma senti, perché non prendi un appartamento in affitto? Sarebbe una scelta ragionevole. Non credi che sarebbe tutto più semplice? Magari l'anno prossimo trovi un lavoro migliore in un'altra città. Io ti consiglio di darmi retta e cambiare idea.

FABRIZIA: Ho capito, Papà. Ci ripenserò.

Moderno edificio urbano ad apparta-menti.

Vocabolario utile

l'**adolescente** adolescent
l'**adulto** adult
l'**agente di cambio** broker
l'**anticipo** down payment
il **consiglio** advice
la **ditta** firm, company
l'**impiego** job, employment
il **mutuo** mortgage
i **risparmi** savings
lo **stipendio** salary
l'**aumento di stipendio** raise

grande grown-up
immaturo/a immature
maturo/a mature
piccolo/a young

consigliare to advise
permettere to allow
sbagliare to be wrong, mistaken

*__sembrare__ to appear
vietare to forbid

*__andare via di casa__ to leave home
avere/chiedere/dare il permesso di to
    have/ ask for/give permission to
cambiare idea to change one's mind
dare retta a to listen to
da solo by oneself
*__essere d'accordo__ to agree
*__essere figlio unico/figlia unica__ to be an
    only child
fare i conti to make, balance a budget
fare una scelta to make a choice
magari perhaps
potersi permettere to be able to afford
prendere in affitto to rent
prendere una decisione to make a
    decision

ESERCIZI

a. *Vero o falso?*

_____ 1. Fabrizia vuole andare via di casa.
_____ 2. Papà non è d'accordo.
_____ 3. Fabrizia ha un nuovo impiego.
_____ 4. Fabrizia vuole comprare un appartamento.
_____ 5. Fabrizia non ha abbastanza soldi.
_____ 6. Papà non ha soldi per aiutarla.
_____ 7. Papà offre una soluzione più semplice.

b. *Cambiare le parole sottolineate con parole di significato opposto.*

1. È meglio che tu non vada a quel tipo di feste. Sei troppo <u>piccolo/a</u>.
2. La legge <u>permette</u> di guidare a ottanta miglia all'ora.
3. Mi sembra che gli <u>adolescenti</u> non abbiano mai opinioni ragionevoli.
4. Flavia ha deciso di <u>tornare a casa</u>. Speriamo che sia contenta!
5. Valerio <u>ha due fratelli e tre sorelle</u>.
6. Marco ha deciso di fare un viaggio <u>con Aldo e Lucia</u>.

c. *Inserire le parole o le espressioni che meglio completano le frasi.*

1. Tutti mi danno consigli e io non so a chi _____ .
2. Non sempre la gente _____ le decisioni giuste.
3. È inutile che tu insista! Non riuscirai mai a farmi _____ .
4. Sei grande, ma ti comporti come un/a bambino/a. Sei proprio _____ .
5. Abito ancora in famiglia, ma voglio _____ di casa e prendere in affitto un miniappartamento.
6. Iscrivermi all'università o cercare subito un lavoro? Non sono capace di _____ definitiva.
7. Vuoi comprare quella bellissima villa? Mah! Lo sai tu cosa ti _____ .

I. Congiuntivo presente e passato

Unlike the **indicativo,** which states facts and conveys both certainty and objectivity, the **congiuntivo** (*subjunctive*) expresses views and emotions, possibility, and uncertainty. The **congiuntivo** has four tenses: **presente, passato, imperfetto,** and **trapassato.** All four tenses are used in both spoken and written Italian.

A. The **congiuntivo presente** (*present subjunctive*) is formed by adding the appropriate endings to the stem. Verbs ending in **-ire** that insert **-isc-** in the present indicative also insert **-isc-** in the present subjunctive, except in the first and second persons plural.

	AMARE	CREDERE	FINIRE	PARTIRE
che io	ami	creda	finisca	parta
che tu	ami	creda	finisca	parta
che lui (lei)	ami	creda	finisca	parta
che (noi)	amiamo	crediamo	finiamo	partiamo
che (voi)	amiate	crediate	finiate	partiate
che (loro)	amino	credano	finiscano	partano

1. Certain verbs show spelling changes in the present subjunctive. Verbs ending in:

-care change the **c** to **ch:**	cercare → cerchi
-gare change the **g** to **gh:**	pagare → paghi
-ciare drop the **i:**	cominciare → cominci
-giare drop the **i:**	mangiare → mangi
-sciare drop the **i:**	lasciare → lasci
-gliare drop the **i:**	sbagliare → sbagli

2. Verbs ending in **-iare** drop the **-i** from the end of the stem unless it is stressed in the first person of the present indicative.

studiare (st**u**dio): stud**i**, stud**iamo**
inviare (inv**i**o): inv**ii**, inv**iamo**

3. Verbs that are irregular in the first person singular of the present indicative typically show the same irregularity in all forms of the subjunctive.

FARE → FACCIO	DIRE → DICO	POTERE → POSSO	VOLERE → VOGLIO	BERE → BEVO
faccia	**dica**	**possa**	**voglia**	**beva**
faccia	dica	possa	voglia	beva
faccia	dica	possa	voglia	beva
facciamo	diciamo	possiamo	vogliamo	beviamo
facciate	diciate	possiate	vogliate	beviate
facciano	dicano	possano	vogliano	bevano

4. There are also irregular subjunctive forms that use the stems of the first person *singular* and *plural*.

ANDARE → VADO	DOVERE → DEVO	VENIRE → VENGO	USCIRE → ESCO	SCEGLIERE → SCELGO
vada	deva (debba)	venga	esca	scelga
vada	deva (debba)	venga	esca	scelga
vada	deva (debba)	venga	esca	scelga
andiamo	**dobbiamo**	**veniamo**	**usciamo**	**scegliamo**
andiate	**dobbiate**	**veniate**	**usciate**	**scegliate**
vadano	devano (debbano)	vengano	escano	scelgano

5. Some very common irregular verbs have a completely irregular stem in the subjunctive.

AVERE	ESSERE	DARE	STARE	SAPERE
abbia	**sia**	**dia**	**stia**	**sappia**
abbia	sia	dia	stia	sappia
abbia	sia	dia	stia	sappia
abbiamo	siamo	diamo	stiamo	sappiamo
abbiate	siate	diate	stiate	sappiate
abbiano	siano	diano	stiano	sappiano

B. The **congiuntivo passato** (*past subjunctive*) is formed with the present subjunctive of **avere** or **essere** plus the past participle of the verb.

VERBS CONJUGATED WITH *avere*			VERBS CONJUGATED WITH *essere*		
che io	abbia	amato	che io	sia	partito/a
che tu	abbia	amato	che tu	sia	partito/a
che lui (lei)	abbia	amato	che lui (lei)	sia	partito/a
che (noi)	abbiamo	amato	che (noi)	siamo	partiti/e
che (voi)	abbiate	amato	che (voi)	siate	partiti/e
che (loro)	abbiano	amato	che (loro)	siano	partiti/e

ESERCIZI

a. **Ad ognuno i suoi problemi.** *Massimo lavora come cameriere in un caffè del centro di Roma. Ecco che cosa sente andando da un tavolo all'altro. Dare la forma corretta del congiuntivo presente dei verbi fra parentesi.*

ESEMPIO   Insisto che tu (prendere) **prenda** un cappuccino.

1. Aspetto che voi (venire) _____ domenica.
2. Non credo che Lorenzo (essere) _____ un bugiardo.
3. Vogliono che io (lasciare) _____ tutto in ordine.
4. Pensate che noi non (dire) _____ mai la verità?
5. Speriamo che (volerci) _____ solo dieci minuti.
6. Temi che lui (andare via) _____?
7. Sono contenta che tu (capire) _____ o che almeno (cercare) _____ di capire.
8. Bisogna che voi (scegliere) _____ il regalo.
9. È incredibile che Teresa (avere) _____ paura del buio.
10. Ci dispiace che Elena non (trovarsi) _____ bene.
11. È strano che loro (dovere) _____ aspettare tanto.
12. È logico che voi non (andare) _____ al mare domani; piove da una settimana.

b. **Al centro commerciale.** *Dire che cosa sperano le persone seguenti.*

ESEMPIO   Che cosa sperano i proprietari del negozio?
        io / comprare molte cose
        Sperano che io compri molte cose.

1. Che cosa sperano i proprietari del negozio?
   a. voi / non portare indietro la camicia di seta
   b. i clienti / pagare in contanti
   c. nessuno / rubare la merce (*merchandise*)
   d. tu / spendere molti soldi
   e. noi / tornare spesso
2. Che cosa vogliono i clienti del negozio?
   a. i prezzi / essere convenienti
   b. il commesso / essere paziente
   c. il negozio / avere merce di buona qualità
   d. il proprietario / accettare la carta di credito
   e. i clienti / poter cambiare la merce

c. **Il viaggio d'affari.** *Franca vuole esser sicura che tutto proceda bene durante la sua assenza. Riscrivere le frasi seguenti usando* **Bisogna che...**

ESEMPIO   Devo ricordare a Carlo di portare il cane dal veterinario.
        Bisogna che ricordi a Carlo di portare il cane dal veterinario.

1. Marco e Andrea faranno la spesa sabato mattina.
2. Elena starà a casa dei nonni.

—Carlo è il cacciatore più leale che abbia mai visto!

3. Dobbiamo lasciare l'assegno per l'affitto all'amministratore.
4. Marco dirà alla segretaria di tornare lunedì.
5. Finirò questo lavoro entro domani.
6. Farò una lista delle cose da fare prima di partire.
7. I bambini devono bere il succo d'arancia tutte le mattine.
8. Luigi dovrà inviare il telegramma alla Sig.ra Buchholz.

d. **Che cosa sarà accaduto?** *Sono le quattro del mattino e Angelo non è ancora tornato a casa. L'intera famiglia è molto preoccupata. Riscrivere le frasi seguenti usando il congiuntivo passato e seguendo l'esempio.*

ESEMPIO   Maria almeno ha telefonato ai suoi. (sono contenta)
         Sono contenta che almeno Maria abbia telefonato ai suoi.

1. Angelo è uscito a mezzanotte. (crediamo)
2. Voi avete telefonato all'ospedale. (sono contenta)
3. Non è successo niente. (auguriamoci)
4. Hanno avuto un incidente. (temo)
5. Voi non avete ricevuto nessun messaggio da lui. (è un peccato)
6. Ha nevicato tutta la notte. (pare)
7. Si sono fermati in pizzeria. (è probabile)
8. Hai chiamato anche la polizia. (è giusto)
9. Si è fermato a dormire da Lucia. (speriamo)
10. Sono rimasti senza benzina. (ho paura)

e. **Curiosità.** *Adele è molto curiosa, e ogni volta che Lei la incontra per la strada Le fa un mucchio di domande. Rispondere alle domande di Adele usando lo stesso verbo della domanda o dando una risposta originale.*

ESEMPIO   —I tuoi cugini hanno sempre intenzione di trasferirsi a Salerno?
         —**Sì, temo che abbiano intenzione di trasferirsi.**

1. È vero che Roberto fa il pittore?—No, ma pare che...
2. Sta meglio oggi tua nonna?—No, ho l'impressione che...

3. Hanno dato retta al dottore?—Be', veramente dubitiamo che...
4. E il bambino, riesce in matematica adesso?—No, sembra che...
5. Michele se ne è accorto?—Sì, ed è meglio che...
6. È vero che Michele è ancora arrabbiato con i suoi?—Suppongo che...
7. E Luciana si è trovata bene presso la famiglia in Germania?—Sì, pare che...
8. E Luciana ora dà lezioni di tedesco?—Sì, e spero che...
9. Le ragazze vanno all'università in macchina?—No, mio marito insiste che...
10. Be', adesso devo andare.—Sì, anch'io è bene che...

II. Uso del congiuntivo

A. The subjunctive is used mainly in dependent clauses introduced by **che** (*that*). Note that **che** is almost always expressed in Italian.

INDEPENDENT CLAUSE	DEPENDENT CLAUSE
La mamma spera	che tu venga subito.

Mother hopes that you are coming right away.

INDEPENDENT CLAUSE	DEPENDENT CLAUSE
Preferiamo	che prendiate un tassì.

We prefer that you take a taxi.

The verb or expression in the independent clause determines whether the indicative or the subjunctive is used in the dependent clause. Some verbs take the indicative in a dependent clause, some take the subjunctive, and some may take either one depending on the meaning.

INDICATIVE		SUBJUNCTIVE	
Sanno	che **avete** torto.	Credono	che **abbiate** torto.
They know	*that you are wrong.*	*They believe*	*that you are wrong.*
Ricordiamo	che **è partito.**	Temiamo	che **sia partito.**
We remember	*that he has left.*	*We are afraid*	*that he has left.*
Riconosco	che **fa** freddo.	Mi dispiace	che **faccia** freddo.
I am aware	*that it is cold.*	*I am sorry*	*that it is cold.*
È certo	che **ha rubato.**	È probabile	che **abbia rubato.**
It is certain	*that he has stolen.*	*It is likely*	*that he has stolen.*

The English dependent clause is the same in each pair of examples above, but the Italian dependent clause uses the indicative when it expresses a fact and the subjunctive when it expresses a thought, a feeling, or an attitude.

B. The tense of the subjunctive used in the dependent clause is determined by the time relationship between the actions of the two clauses. If the action of the dependent clause:

1. takes place in the immediate future or at the same time as the action of the independent clause $\xrightarrow{\text{use}}$ PRESENT SUBJUNCTIVE

2. took place before the action of the independent clause $\xrightarrow{\text{use}}$ PAST SUBJUNCTIVE

Credete che prendano un tassì?
Do you think they are taking a cab?

CONCURRENT ACTION

Credete che abbiano preso un tassì?
Do you believe they took a cab?

PAST ACTION

∾ Verbi ed espressioni che reggono il congiuntivo

The subjunctive is used if the verb in the independent clause expresses a thought, a feeling, or an attitude.

INDEPENDENT CLAUSE   DEPENDENT CLAUSE

Credono   che io abbia torto.
They believe that I am wrong.

A. Expressing emotion (fear, sorrow, joy, etc.)

Siamo contenti che piova.
We are happy it's raining.

B. Expressing a wish or a command

Il professore vuole che tutti ascoltino.
The professor wants everyone to listen.

C. Expressing an opinion

Nego che mi abbiano aiutato.
I deny that they helped me.

D. Expressing expectation

Aspettiamo che lui ci telefoni.
We're waiting for him to call us.

E. Expressing doubt or uncertainty

Non sono sicuro che loro siano ricchi.
I am not sure they are rich.

—Caro, sei sicuro che siamo
in una colonia di nudisti?

ESERCIZI

a. *Completare con la forma corretta di* **essere** *all'indicativo o al congiuntivo.*

1. Ho letto che il 6 gennaio _____ giorno di vacanza in Italia.
2. Vuoi dire che tutti gli uffici _____ chiusi?
3. Non so, credo che _____ chiuse solo le scuole.
4. Ho paura che lo spettacolo non ti _____ piaciuto.
5. Ma no, al contrario! Ti assicuro che mi _____ piaciuto moltissimo!
6. Ho l'impressione che il protagonista non si _____ accorto di aver dimenticato alcune battute (*lines*).
7. _____ vero. Ma Pino dice che non _____ importante. Tu credi che _____ necessario ricordare proprio tutto?
8. I ragazzi sanno che la mamma _____ all'ospedale?
9. Sì, e ho paura che _____ molto preoccupati.
10. Ma il dottore pensa che non _____ niente di grave.

b. *Completare con la forma corretta del verbo dato tra parentesi. Scegliere il presente dell'indicativo o del congiuntivo, secondo il senso.*

ESEMPIO Siamo d'accordo che Papà (avere) **ha** ragione, ma dubito che Fabrizia (essere) **sia** contenta.

1. Fabrizia sa che le (dare) _____ un aumento di stipendio.
2. È logico che Papà (congratularsi) _____ con lei.
3. Tutti in ufficio dicono che il direttore (essere) _____ molto contento di Fabrizia.
4. Sembra che Fabrizia non (volere) _____ più abitare con suo padre.
5. Il padre di Fabrizia pensa che lei non (potere) _____ comprare un appartamento.
6. È vero che Fabrizia non (avere) _____ abbastanza soldi anche per l'anticipo.
7. Papà spera che Fabrizia (prendere) _____ un appartamento in affitto. Non credi anche tu che (essere) _____ la soluzione migliore?

c. **Vi interessano le persone pessimiste?** *Leggere la seguente storia e poi riscriverla usando il congiuntivo nei casi in cui è possibile.*

Io sono un pessimista nato: ho sempre paura che le cose non riusciranno come voglio io. Per esempio, se ho in programma di andare al mare per il week-end, penso che pioverà o che succederà qualcosa che mi impedirà di andarci. Se compro una camicia o un golf, temo che non mi staranno bene o che non dureranno molto. Quando telefono a un amico, immagino che non sarà in casa o che, se c'è, non mi vorrà parlare. Quando invito una ragazza al ristorante, temo che lei sceglierà il piatto più caro o che i soldi non basteranno. Quando vado a ballare con gli amici, immagino che tutte le ragazze avranno voglia di ballare con gli altri ma non con me. Non voglio neppure pensare al giorno in cui chiederò a una ragazza di sposarmi: sono sicuro che mi dirà di no!

ᕟᕟ Il congiuntivo e l'infinito nelle proposizioni dipendenti

The subjunctive is used only if the subject of the dependent clause is different from that of the independent clause. When the subject of both clauses is the same, **di** + *infinitive* is used instead of the subjunctive. The infinitive without **di** is used after verbs of wishing, such as **volere** and **preferire**. Compare:

DIFFERENT SUBJECT

Siete contenti **che capiscano.**
You are glad they understand.

Spero **che tu abbia ricevuto** una lettera ieri.
I hope you got a letter yesterday.

Credono **che io ricordi** tutto.
They think I remember everything.

Non vediamo l'ora **che lui parta.**
We are looking forward to his leaving.

Vuole **che io smetta** di fumare.
He wants me to stop smoking.

SAME SUBJECT

Siete contenti di capire.
You are glad you understand.

Spero **di avere ricevuto** una lettera ieri.
I hope I got a letter yesterday.

Credono **di ricordare** tutto.
They think they remember everything.

Non vediamo l'ora **di partire.**
We're looking forward to leaving.

Vuole **smettere** di fumare.
He wants to stop smoking.

ESERCIZI

a. *Scrivere ogni frase due volte cominciando coi verbi indicati. Fare i cambiamenti necessari.*

ESEMPI   Hai poca pazienza. (credi, credo)
Credi di avere poca pazienza.
Credo che tu abbia poca pazienza.

È arrivata prima. (siete contenti, è contenta)
Siete contenti che lei sia arrivata prima.
È contenta di essere arrivata prima.

1. Ha mille lire in tasca. (spera, sperano)
2. Commettono un errore. (hai paura, hanno paura)
3. Ti ho dato quest'impressione. (mi dispiace, gli dispiace)
4. Ci ripensa prima di decidere. (vuole, voglio)
5. Non si sono resi conto del problema. (temono, temiamo)
6. Avete trovato la vostra strada. (non credo, non credete)
7. Finisci questo lavoro stasera. (preferisci, preferiamo)
8. L'abbiamo rivista in Italia. (siamo contenti, sei contento)

〜 Verbi ed espressioni impersonali che reggono il congiuntivo[1]

A. The subjunctive is used in dependent clauses introduced by **che** after impersonal verbs and expressions that denote doubt, necessity, possibility, or emotion.

È importante che tu **sia** puntuale.
It's important that you be punctual.

È probabile che non **abbiano capito.**
It is probable they didn't understand.

È meglio che ve ne **andiate.**
It's better for you to leave.

Pare che **piova.**
It seems to be raining.

B. Impersonal verbs and expressions are followed by a verb in the infinitive if that verb has no expressed subject. Compare:

EXPRESSED SUBJECT

È importante **che tu capisca.**
It's important for you to understand.

Non è possibile **che io vada** avanti così.
It's not possible for me to go on like this.

UNEXPRESSED SUBJECT

È importante **capire.**
It's important to understand.

Non è possibile **andare** avanti così.
It's not possible to go on like this.

ESERCIZI

a. *Formare nuove frasi cominciando con le espressioni date fra parentesi.*

ESEMPIO   Vediamo che il sole Le dà fastidio. (Sembra)
Sembra che il sole Le dia fastidio.

1. Riconosco che hanno ragione. (pare)
2. Voi affermate che è una macchina italiana. (è giusto)
3. Ti assicuro che le cose stanno così. (è possibile)
4. È vero che ha dimenticato il mio compleanno. (è strano)
5. Dicono che mangiano di più. (occorre)
6. Hanno scritto che vengono quest'estate. (bisogna)
7. Trovo che questo vestito non ti sta bene. (è un peccato)

b. *Riscrivere le seguenti frasi usando il soggetto fra parentesi.*

ESEMPIO   È bene invitare anche gli zii. (tu)
È bene che tu inviti anche gli zii.

1. È meglio pensarci ora. (io)
2. È importante studiare le lingue straniere. (voi)
3. Non occorre mettersi il cappotto. (lui)
4. Bisogna sapere queste cose. (loro)

---

[1] For a list of impersonal verbs and expressions that require the subjunctive in a dependent clause, see the Appendix, p. 381.

5. Basta chiedere a un vigile. (noi)
6. È ora di finirla! (Lei)
7. È difficile trovare una donna di servizio. (loro)
8. È inutile continuare a piangere. (tu)

c. *Oggi tutti parlano di cose da mangiare o da evitare, di cose che fanno bene, di cose che fanno male. Usare* **è bene che** *o* **è male che gli italiani** *con il verbo al congiuntivo.*

ESEMPIO   bere latte scremato (*skim milk*)
È bene (è male) che gli italiani bevano latte scremato.

1. mettere zucchero nel caffè
2. mangiare pane con gli spaghetti
3. bere acqua minerale
4. usare margarina invece del burro
5. fare il pane in casa
6. variare la dieta

d. **È giusto o no?** *Gli studenti devono fare molte cose: molte sembrano utili e necessarie, altre un po' meno. Esprimere un giudizio cominciando con* **è giusto che** *o* **non è giusto che** *e usando il congiuntivo presente.*

ESEMPIO   dare esami tre volte all'anno
(Non) È giusto che diano esami tre volte all'anno.

1. studiare durante il week-end
2. pagare le tasse
3. non fare troppe assenze
4. imparare una lingua straniera
5. avere un mese di vacanza a Natale
6. interessarsi di politica

e. **Punti di vista...** *Esprimere un punto di vista cominciando con le espressioni* **so che, credo che, non credo che, dubito che, è vero che, è possibile che,** *ecc., e scegliendo l'indicativo o il congiuntivo.*

1. L'italiano è una lingua importante.
2. Gli italiani sanno vivere.
3. Gli italiani guidano come matti.
4. I giovani italiani ammirano l'America.
5. Le relazioni italo-americane sono buone.
6. I film italiani hanno successo in America.

f. **Opinioni.** *Completare le frasi o rispondere alle domande usando il congiuntivo.*

1. Non credo che gli italiani...
2. Sono contento/contenta che i miei genitori...
3. È impossibile che...
4. È normale che il marito aiuti la moglie nelle faccende di casa?
5. È giusto che le persone fumino al cinema o nei locali pubblici?
6. È logico che un/a giovane non voglia abitare con i suoi genitori?

g. **Secondo me.** *Completare le seguenti frasi usando o il congiuntivo o l'infinito, secondo i casi.*

1. Mi sembra logico che...
2. È una cosa normale che...
3. Non ci pare di...
4. Bisogna che...

Benché sia caro, è
impossibile ottenere
un tavolo senza
prenotazione.

∾ Congiunzioni che reggono il congiuntivo

A. The following conjunctions introduce dependent clauses that require the subjunctive.

benché **sebbene** **quantunque**	*although*
affinché **perché**[1] **in modo che**	*in order that* *so that*
purché **a patto che** **a condizione che**	*provided that*

a meno che non[2]	*unless*
prima che	*before*
senza che	*without*
finché (non)[2]	*until (referring to future time)*

Vado in ufficio **sebbene** non ne **abbia voglia**.
I'm going to the office although I don't feel like it.

Ve lo ripeto **perché** ve lo **ricordiate**.
I'll repeat it to you so that you remember it.

Vengono **a patto che** io li **accompagni** a casa.
They'll come provided (that) I take them home.

---

[1] **Perché** takes the indicative when it means *because*.

[2] The **non** has no negative meaning here.

Non può pagare **finché** non le **arrivi** l'assegno.
She can't pay until the check comes.

B. **Prima di** + *infinitive* and **senza** + *infinitive* are used when the subject of the main clause and the dependent clause are the same.

DIFFERENT SUBJECT   SAME SUBJECT

Perché non le telefoni **prima che** lei **parta**?   Perché non le telefoni **prima di partire**?
Why don't you call her before she leaves?   *Why don't you call her before leaving (before you leave)?*

ATTENZIONE! **dopo che** takes the indicative mood!

Telefoniamo **dopo che** tutti **sono usciti**.
We call after everyone has left.

ESERCIZI

a. *Riscrivere le seguenti frasi usando* **benché**, **purché** *o* **perché** + *congiuntivo (presente o passato).*

ESEMPIO   È ricco ma non è felice.   **Benché sia ricco, non è felice.**
          Vi aspettiamo se ritornate.   **Vi aspettiamo purché ritorniate.**
          Gli do il libro da leggere.   **Gli do il libro perché lo legga.**

1. Nevica e fa freddo ma lui esce senza cappotto.
2. T'impresto gli appunti se me li restituisci prima di sabato.
3. Tu ce lo dici sempre, ma noi non ci crediamo.
4. Hanno mangiato molto ma hanno ancora fame.
5. Le do le cartoline da imbucare.
6. Stanno attenti in classe ma non imparano.
7. Mi piace anche il tè ma preferisco bere caffè.
8. Il dottore è contento se ve ne state a letto due o tre giorni.
9. Gianni, vuoi venire al cinema?—Sì, ci vengo se pagate voi!
10. Gli date gli assegni da depositare.
11. Puoi uscire se hai finito di studiare.
12. L'ho vista molte volte ma non me la ricordo.
13. Mi danno le camicie da stirare.
14. Potete andare se non c'è nessun pericolo (*danger*).
15. Ti dà gli esami da correggere.
16. Vi do i dischi da ascoltare.
17. Le date una mela da mangiare.
18. Avete acceso la luce ma io non ci vedo.

b. **L'eredità.** *Inserire* **benché, purché, perché, a meno che, finché non.**

La zia Ginevra ha detto che ti lascerà in eredità la sua villa al mare _____ tu non vada in Brasile. Ci puoi contare, _____ non cambi idea all'ultimo momento. Te la lascia _____ tu ci porti Dino e Marcello. Ai bambini fa bene il mare, _____ non prendano troppo sole. _____ il lavoro in Brasile sia interessante, non dimenticare che qui a Torino ci sono i tuoi amici. In Brasile sarai sola e triste. Non ci andare, _____ tu non preferisca stare lontana da tutti noi. Del resto (*after all*) la zia Ginevra ha quasi cent'anni; puoi bene aspettare _____ vada in paradiso!

c. **Genitori e figli.** *I genitori lasciano Marco a casa da solo per il week-end. Completare le istruzioni lasciate dai genitori di Marco.*

1. Aspetta a casa dei Borziani finché...
2. Stasera tu ed Elena potete andare alla festa a condizione che...
3. Non aprire la porta a nessuno a meno che...
4. Lascia la chiave a Giuliana affinché...
5. Non dimenticarti di spegnere la televisione prima...
6. Domenica pomeriggio puoi invitare i tuoi amici a casa a patto che...
7. Telefona alla nonna perché...
8. Metti in ordine la tua camera dopo che...

III. Altri usi del congiuntivo

A. The subjunctive is used in dependent clauses introduced by the following indefinite forms ending in **-unque** (*-ever*).

chiunque	*whoever*
qualunque	*any, whatever, whichever (adjective)*
qualunque cosa	*whatever (pronoun)*
comunque, in qualunque modo	*however, no matter how*
dovunque	*wherever*

Qualunque decisione prendiate, non importa.
Whatever decision you make, it doesn't matter.

Ti troverò **dovunque** tu vada.
I'll find you wherever you go.

B. The subjunctive is often found in relative clauses that follow . . .

1. **il più** + *adjective*   *the most (the . . . est)*
   il meno + *adjective*   *the least*

   Sei la ragazza **più bella** che ci **sia**.
   You're the nicest girl there is.

2. **il solo**   *the only*
   il primo   *the first*
   l'ultimo   *the last*

   Sono **il primo** che **si sia laureato** nella mia famiglia.
   I am the first in my family to have graduated.

3. A negative expression.

Non conosco **nessuno** che **abbia** tanta pazienza.
I don't know anyone who has so much patience.

4. An indefinite expression.

un (uno, una)	*a*
qualcuno	*someone*
qualcosa	*something*

Cerchiamo **una** stanza che **sia** in centro.
We are looking for a room that is downtown.

C. With verbs like **non capire, non sapere, chieder(si), domandar(si),** the subjunctive can be used to emphasize doubt in indirect interrogative clauses.

Non so chi **sia!**   **Non capisco** come **faccia.**
I don't know who he is!   *I don't understand how he can do it.*

ESERCIZI

a. *Completare le seguenti frasi usando il congiuntivo.*

ESEMPIO   Conosco un ristorante che è aperto dopo mezzanotte.
                   Cerco un ristorante che **sia aperto dopo mezzanotte.**

1. Conosco un professore che parla sette lingue.
   Non conosco nessun professore che...
2. C'è qualcosa che potete fare.
   Non c'è niente che...
3. Sono gli esempi che ho usato.
   Sono i soli esempi che...
4. È il dottore che conosco.
   È il più bravo dottore che...
5. Che cosa ti succede?
   Non capisco che cosa...
6. È lo studente che ha avuto l'influenza.
   È il solo studente che...
7. Quelli che vogliono possono vedere gli esami.
   Chiunque...
8. Che ora è?
   Non so che...
9. Dove sono andati?
   Mi domando dove...
10. Hanno un collega che non fuma.
    Preferiscono un collega che...
11. Ci piacciono gli insegnanti che hanno molta pazienza.
    Cerchiamo insegnanti che...

12. Mario trova un libro che gli piace.
    Mario cerca un libro che...
13. Ecco un romanzo che è facile e divertente.
    Vuole un romanzo che...
14. Ho comprato un cappotto che mi tiene caldo.
    Ho bisogno di un cappotto che...
15. Hanno una segretaria che sa il tedesco e il francese.
    Cercano una segretaria che...

LETTURA

Vocabulario utile

la maniera   manner
il pensiero   thought, worry
   essere (stare) in pensiero per   to worry about

libero   free

aggiungere (*pp* **aggiunto;** *pr* **aggiunsi**)
   to add
*__arrossire__   to blush
confondere (*pp* **confuso;** *pr* **confusi**)
   to confuse
   confondersi   to get confused
convincere (*pp* **convinto;** *pr* **convinsi**)
   to convince
dare ragione (a qualcuno)   to concede that someone is right
fare piacere a   to give pleasure to, to please

la premura   haste, hurry; concern
la sorveglianza   watching over, surveillance
la veduta   view
   di larghe vedute   broad-minded

interrompere (*pp* **interrotto;** *pr* **interruppi**)   to interrupt
pesare   to weigh
preoccuparsi (**di** *o* **per**)   to worry (about)
rimproverare   to blame, reproach
scegliere (*pp* **scelto;** *pr* **scelsi**)   to choose
sorvegliare   to watch over
stringere (*pp* **stretto;** *pr* **strinsi**)   to tighten up, to grasp
   stringere la mano a   to shake hands with

Prima di leggere

Carlo Cassola è uno scrittore italiano del Novecento. Scrive in maniera essenziale, intento a registrare la realtà nei fatti elementari e i sentimenti intimi, in polemica con i discorsi difficili sull'ideologia e la storia. È da notare l'interesse psicologico, in particolare nei suoi personaggi femminili. Egli esplora la condizione della donna soggetta all'uomo *(Paura e Tristezza);* presenta la capacità di lottare, soffrire e attendere un futuro migliore *(La ragazza di*

Gli italiani vanno al bar anche per riposarsi e vedere gli amici.

Bube); e esamina i nuovi comportamenti che nascono dalla rivoluzione culturale giovanile del 1968 *(Monte Mario).*

Padre e figlia è tratto dal romanzo *Monte Mario.* Il libro è uscito nel 1973, cioè nel periodo storico che in Italia va sotto il nome di *contestazione.* Molti, e soprattutto i giovani, avevano adottato un atteggiamento di protesta e di critica contro tutto e tutti: lo stato, la scuola, la famiglia, l'ipocrisia del moralisti, la condizione di dipendenza delle donne.

La scena ha luogo in un caffè di Roma dove si incontrano il signor Raicevic, la figlia Elena e il capitano Varallo. Elena è andata via di casa senza dir niente a nessuno e ora sta in casa di un amico, il capitano Varallo. È stato il capitano a fissare l'appuntamento al caffè col signor Raicevic.

In gruppi di tre o quattro studenti, discutete la situazione del racconto. Ecco alcune domande utili.

1. Che tipo pensate che sia Elena? Quanti anni avrà?
2. Perché sarà andata via di casa?
3. Perché non avrà detto niente a nessuno?
4. Come immaginate che sia il padre di Elena?
5. Chi sarà Varallo? Quanti anni avrà? Quali ragioni pensate possa aver avuto Elena per andare da lui?
6. Perché Varallo avrà fissato l'appuntamento al caffè con il signor Raicevic?
7. Provate ad immaginare di che cosa abbiano parlato.

Padre e figlia

Il signor Raicevic era seduto in fondo°. Stava leggendo il giornale.

Ci fu un momento d'imbarazzo, da una parte e dall'altra: poi padre e figlia si abbracciarono. Il capitano a sua volta strinse la mano al signor Raicevic.

«Prendete anche voi un caffè?» disse questi°. «Hai fatto colazione?» 5 domandò premuroso° alla figlia.

«No, ma non mi ci va niente°. Prendo anch'io un caffè».

«Prendi un cappuccino». Elena alla fine si lasciò convincere°. Richiamò indietro il cameriere per dirgli di metterci un velo° di polvere di cacao.

«È una bella giornata» cominciò il signor Raicevic. «Sembra che la primavera 10 sia arrivata davvero».

«Oh, non c'è da farsi illusioni» disse il capitano. «Il tempo è matto».

«Già°, è troppo caldo... È un brutto segno quando la stagione è così».

Bruscamente Elena li interruppe:

«Mi avete fatto venir qui per parlare del tempo?»

15 Il padre si confuse:

«Volevo aspettare che ti fossi rifocillata°... »

«Se sono di troppo°, me ne vado» disse pronto il capitano.

«Non essere stupido. Rimettiti seduto°» gl'impose Elena. «Non ci sono mica segreti tra noi. C'è che m'è venuto a noia stare a casa: mi sembra anche logico, 20 per una ragazza che ha ventisei anni compiuti°... »

«Certo, certo» si affrettò a darle ragione il padre. «Ne abbiamo parlato altre volte, e io, non credo d'essermi mai opposto°... Mi sembra di essere di larghe vedute».

«Lascia stare i paroloni» disse Elena. Era arrossita di colpo°, come le succede-25 va spesso. «Tu dici di aver fiducia nel mio giudizio, ma basta che stia tre giorni lontano perché ti allarmi... »

«Io... sono rimasto sconcertato dalla maniera... Me lo avessi detto che avevi intenzione di andartene; mi avessi almeno lasciato due righe° per dirmi dov'eri andata... »

30 «È questo che non posso sopportare» proruppe° Elena. «Questa sorveglianza. Anche quando sono fuori Roma, ho l'impressione che tu mi stia sempre con gli occhi addosso°... »

«Elena, tu sei mia figlia, è logico che stia in pensiero per te. È un pensiero che non mi abbandona mai, nemmeno quando sei a casa... Mi preoccupo del 35 tuo avvenire°, ecco tutto. Ho paura che tu sia scontenta. Che non abbia ancora trovato la tua strada... »

«Sempre paroloni» disse Elena infastidita. S'interruppe per l'arrivo del caffè e del cappuccino, bevve una sorsata°, accese una sigaretta: si vedeva che riusciva a stento° a dominare il nervosismo. «La mia strada, come la chiami tu, devo trovar-40 la da me. E quanto più mi sentirò libera nella scelta, tanto più° potrò scegliere la strada giusta... Oh, ma basta con questa frase ridicola» e si sforzò di ridere.

«Mi dispiace di averti dato quest'impressione, che ti voglia sorvegliare da lontano... Tu sei libera, io ho inteso° sempre lasciarti libera... »

in: *in the back*

the latter

with concern

non: *I don't feel like eating* / **si:** *eventually gave in sprinkling*

Sure

che: *until you had eaten something* / **Se:** *I'm not wanted*
Rimettiti: *Sit back down*

che: *was 26 on her last birthday*

d'essermi: *I have ever been opposed*

di: *suddenly*

due: *a short note*

con: *with your eyes on me*

futuro

bevve: *took a sip*
a: *con difficoltà*

quanto... tanto: *the more ... the more*

ho: *I've meant*

«Già, ma ti preoccupi per me. Hai paura che commetta un passo falso... Hai
45 paura che vada a letto con l'uomo sbagliato: perché è di questo che si tratta... È
tutta lì la tua paura» aggiunse con una smorfia° di disprezzo.

    Il capitano parteggiava per° il padre: ma si guardava bene dal farlo vedere°.
Gli pareva però poco abile: «Dovrebbe conoscerla. Dovrebbe sapere quali sono le
cose che la fanno scattare°... ».

50   A un certo punto il padre commise° uno sbaglio grosso. Disse: «Non puoi
negare che sono di larghe vedute. Ieri, per esempio: quando ho saputo che eri in
casa del... » temette di sbagliarsi sul grado° «di Varallo; ammetterai che non è
una cosa normale che una ragazza si faccia ospitare° da un giovanotto; ma è tale
la mia fiducia in te, è tale la stima che ho del nostro amico... ».

55   «Lo vedi che stai lì a pesare ogni cosa che faccio? Se proprio lo vuoi sapere,
non me ne importa un bel nulla di quel che pensi. Pensa pure il peggio, se ti fa
piacere. Ma sì, pensa che sono diventata la sua amante... »

    «Elena, perché devi dire queste cose?» intervenne il capitano. «Tuo padre lo
sa benissimo che rapporti ci sono tra noi... »

60   «Tu non ci mettere il becco°, per favore. Anzi, fai una cosa, vai ad aspettarmi
fuori».

    Questa volta fu il padre a trattenerlo°; gli disse che doveva assolutamente
rimanere.

    «Allora me ne andrò io. Ma sì, basta, finiamola. Queste spiegazioni, mi fanno
65 venire il vomito°... Ecco, mi è già andata a traverso la giornata°. Ma poi, io, non
devo spiegar niente a nessuno. Avanti, andiamocene» disse a Varallo.

    «Bevi almeno il cappuccino» fece lui.

    «Non ti ho detto che m'è venuta l'agitazione di stomaco°? Non potrei
mandar giù° niente».

70   «Elena» cominciò il padre: ma lei gli aveva già voltato le spalle. Il capitano
rimase incerto, ma il padre gli fece segno di seguirla. «Mi raccomando a lei°»
disse stringendogli il braccio.

    «Non dubiti, signor Raicevic» rispose mettendosi sull'attenti°.

Carlo Cassola, *Monte Mario*

Glossary (right margin):
- smorfia: grimace
- parteggiava per / si: sided with / took care not to show it
- la: get her angry
- fece (*from* commettere)
- grado: rank
- si: asks to be put up
- non: don't interfere
- trattenerlo: stop him from leaving
- mi: nauseate me / mi: my day has been ruined
- m'è: I have an upset stomach / mandar: swallow
- Mi: I'm depending on you
- mettendosi: coming to attention

Comprensione

1. Sono a loro agio i tre personaggi all'inizio della storia?
2. Di che cosa parlano il signor Raicevic e il capitano?
3. Chi cambia il discorso?
4. Che cosa rimprovera il padre alla figlia?
5. Che cosa rimprovera la figlia al padre?
6. Come si comporta il signor Raicevic durante la discussione?
7. Di che cosa si preoccupa?
8. Vi sembra che Elena sia obiettiva nelle sue opinioni? Cerca di capire suo padre? Secondo voi, chi ha ragione o torto?
9. Che tipo di rapporto pensate che ci sia tra Elena e Varallo?
10. Secondo Elena, di che cosa ha veramente paura suo padre? Perché?

Studio di parole

confidence

fiducia
confidence, trust, faith, reliance

È un uomo che non ispira fiducia.
He's a man who doesn't inspire confidence.

avere fiducia in, fidarsi di
to trust

Ho fiducia nel (mi fido del) mio amico.
I trust my friend.

confidenza
something that is confided; a secret

Ti posso fare una confidenza?
May I confide in you?

Te lo dico in confidenza.
I'm telling it to you in confidence.

sign

segno
sign, indication, gesture, motion

È un brutto segno quando i bambini
  perdono l'appetito.
It's a bad sign when children lose their appetite.

fare segno
to motion

Mi hanno fatto segno di seguirli.
They motioned to me to follow them.

cartello
written or printed sign

Perché non metti un cartello sulla tua porta?
Why don't you put a sign on your door?

segnale (*m*)
Standardized instructional sign or signal

Tu capisci tutti i segnali stradali?
Do you understand all the road signs?

insegna
sign on a business or public facility

Vi piace l'insegna di quel bar?
Do you like that bar's sign?

to be about

trattare di
to be about (subject is expressed)

Il film tratta delle avventure di due giovani.
*The film is about the adventures of two
  young people.*

*stare per + *infinitive*
to be about to

Stavamo per mangiare quando sono arrivati.
We were about to eat when they came.

trattarsi di
to be a question, a matter of (impersonal
  subject)

Il dottore ha detto che si tratta di una cosa
  grave.
The doctor said it is a serious matter.

about

circa
about, approximately
used with a numeral or expression of quantity

Ho circa trenta dollari.
I've got about thirty dollars.

di, su, a proposito di, riguardo a
about, concerning, regarding, on the subject of

Chi ha letto quest'articolo sul disarmo?
Who has read this article on disarmament?

A proposito della festa, che cosa ti metti tu?
Speaking of the party, what are you going to wear?

verso
about, around
Used with the time of day except when the verb is a form of **essere.**

Sono venuti verso le otto.
They came at about eight.

But: Sono circa le otto.
It's around (about) eight.

Pratica

a. *Scegliere la parola o l'espressione che completa meglio la frase.*

1. I genitori dovrebbero aver _____ nel giudizio dei figli.
2. Una luce rossa è un _____ di pericolo.
3. Non devi dirlo a nessuno: è una _____ !
4. Gli ho chiesto: «Vieni?» e lui mi ha fatto _____ d'aspettare.
5. Hanno messo un _____ sulla porta. Dice: «Lezioni d'italiano. Venticinque dollari all'ora».
6. Non dovete preoccuparvi: è chiaro che _____ di uno scherzo.
7. Ti dà fastidio l'_____ al neon di quel negozio?
8. Di che cosa _____ l'ultimo libro che hai letto?
9. Carla fuma _____ venti sigarette al giorno.
10. Vorrei chiederti delle informazioni _____ gli alberghi di Venezia.

b. Una cena per il direttore. *Scegliere la parola o l'espressione che completa meglio la frase.*

Il direttore avrà _____ sessantacinque anni; ormai è _____ la fine della sua carriera. Ieri, alla cena in suo onore, ha parlato _____ fiducia che ha sempre avuto nei suoi collaboratori. A noi ha fatto piacere, eravamo tutti contenti. Quando _____ finire il discorso, Mario, che gli stava dietro, ha alzato un _____ che diceva: «Battete le mani fino a quando torno con il regalo». Poi è sparito ed è ritornato con un pacchetto piccolo piccolo. Brutto segno, ho pensato. Mario mi aveva detto in _____ di aver speso poco ed ero un po' preoccupato. Ma mi sbagliavo. _____ di un bell'orologio d'oro. È _____ che abbiamo tutti contribuito generosamente.

c. *Domande per Lei.*

1. In quali categorie di persone non ha fiducia Lei?
2. A chi ama fare confidenze?
3. Sotto quale segno è nato/a?[1] Quali sono le caratteristiche delle persone nate sotto il Suo segno?
4. Quali scelte vorrebbe essere libero/a di fare Lei?
5. Secondo Lei, come avrebbe reagito la madre di Elena al comportamento della figlia?

∾ Temi per componimento o discussione

1. Dove finisce l'autorità dei genitori? Dove comincia la libertà dei figli?
2. I giovani hanno bisogno di staccarsi dalla famiglia e di vivere la propria vita. Che cosa significa in pratica?
3. In Italia molti tra i giovani vivono in famiglia con i genitori, spesso fino a quando si sposano, o trovano lavoro in un'altra città, o guadagnano abbastanza soldi per comprare o prendere in affitto un appartamento. Le ragioni sono molteplici: la tradizione, l'alto costo delle abitazioni, la poca disponibilità di lavori part-time, la tendenza a frequentare l'università della propria città. Quali sono le vostre reazioni? Sapreste adattarvi ad una situazione del genere? Perché sì? Perché no?
4. In America i giovani vanno via di casa molto presto, o per continuare gli studi o perché hanno un lavoro. Quali sono i vantaggi? Quali sono le difficoltà? Spiegatelo ai ragazzi italiani.
5. Qualche volta anche i giovani americani abitano, o tornano ad abitare, con i genitori. Perché? Cosa si aspettano da papà e mamma? Cosa danno in cambio?

 RICERCA WEB

Va sotto il nome di contestazione un movimento giovanile di protesta nei confronti delle strutture scolastiche da cui è nata una radicale opposizione al sistema sociale, economico e politico. La contestazione si è sviluppata in Europa e in America verso la fine degli anni Sessanta.

a. La contestazione
b. Il Sessantotto italiano

---

[1] The names of the signs are **Ariete** (*m*), **Toro, Gemelli, Cancro, Leone, Vergine** (*f*), **Bilancia, Scorpione** (*m*), **Sagittario, Capricorno, Acquario, Pesci.**

PER COMUNICARE

Che decisione prendere? Sembra che Sabina abbia intenzione di lasciare la scuola e andare a lavorare in Australia. Gli amici offrono opinioni e commenti.

—Devi capire che il diploma al giorno d'oggi (*nowadays*) è necessario!
—Cerca di non fare sciocchezze. Ho paura che ti pentirai presto.
—Ammetti che quel lavoro in Australia non ti offre nessuna garanzia.
—Come ti viene in mente di prendere una decisione del genere?
—Più che per te, io mi preoccupo per tua madre.
—Possiamo fare qualcosa per aiutarti a finire la scuola? Puoi contare su di noi.

Sabina si lascia convincere e rimanda la partenza a dopo gli esami. Gli amici non si preoccupano più.

—Ha cambiato idea. Meno male!
—Ringraziamo il cielo!
—Ora possiamo stare tranquilli.

Convincere

È vero che... ma dovresti/potresti...	*It's true that . . . but you should/could . . .*
Devi riconoscere che...	*You must acknowledge that . . .*
Devi capire che...	*You must understand that . . .*
Devi ammettere che...	*You must admit that . . .*
Come puoi pensare che... ?	*How can you think that . . . ?*
	What makes you think that . . . ?
Come ti viene in mente di... ?	*How can it cross your mind to . . . ?*

Esprimere preoccupazione

Mi preoccupo per te/loro.	
Ho paura che tu...	
Ho paura di...	
Temo che sia sbagliato...	*I'm afraid it's wrong . . .*

Esprimere sollievo

Meno male!	*Thank God!*
Ringraziamo il cielo!	
Finalmente!	*At last!*
Meglio così!	*So much the better!*
Oh, che bellezza!	*How nice!*
Per fortuna che...	*Luckily . . .*

Offrire aiuto

Ti posso aiutare?
Cosa posso fare per aiutarti?
Vuoi che vada/faccia/compri...
C'è niente che posso fare per te?
Puoi contare su di me.   *You can count on me.*

Che cosa dice?

1. Un Suo amico/una Sua amica è in gravi difficoltà finanziarie. Lei è ricco/a.
2. Un amico Le propone di interrompere gli studi e di andare con lui ad iniziare un'azienda agricola in Cile. Lei non è sicuro che l'avventura finisca a Suo vantaggio.
3. Un amico di Suo padre Le offre di passare le vacanze lavorando nella sua ditta di trasporti internazionali. Che cosa Le dice per convincerLa?
4. Lei è all'aeroporto da tanto tempo. L'aereo su cui viaggiano i Suoi genitori ha moltissimo ritardo e non si capisce perché. Dopo ore di attesa Lei legge sullo schermo televisivo che l'aereo è atterrato.

Situazioni

1. Suo fratello non va d'accordo con la moglie, vuole lasciarla e andare a vivere con un'altra donna. Lei pensa che le conseguenze saranno disastrose e cerca di fargli cambiare idea.
2. Suo padre è medico e vuole convincerLa a laurearsi in medicina e ad andare a lavorare nel suo studio. Lei è molto preoccupato/a perché si diverte con i computer e vuole specializzarsi nel campo dell'informatica. Che cosa dice Suo padre? Che cosa dice Lei?
3. La Sua amica Gioia è in crisi. Le spiega che deve ancora finire una relazione per domani e non farà in tempo a inserirla nel computer. Lei? Lei offre aiuto. Che cosa dice Gioia? Che cosa dice Lei?

CAPITOLO 9

PER COMINCIARE
Scherzavo

STRUTTURA
Esprimere emozioni, desideri e speranze nel passato
    I. Congiuntivo imperfetto e trapassato
    II. Concordanza dei tempi nel congiuntivo
Mettere in evidenza persone e oggetti
    III. *Questo* e *quello* e altri dimostrativi
Stabilire una connessione tra due idee
    IV. Pronomi relativi

LETTURA
Una vite di troppo

PER COMUNICARE
Dare indicazioni stradali
Punti di riferimento
Termini utili

Scherzavo. Serena e Silvano stanno pensando di comprare una macchina nuova, ma quella che piace a Silvano costa troppo e Serena ha qualcosa da dire in proposito.

SILVANO: Magari potessimo permetterci una macchina così! E se chiedessimo un prestito? Non so quale sia il tasso d'interesse.

SERENA: Credevo che fossi una persona ragionevole! Quella è una macchina da milionari!

SILVANO: Ma senti com'è bella! Il dépliant dice che ha il volante regolabile in altezza, apertura delle porte con telecomando, iniezione elettronica e sospensioni computerizzate. Gli interni sono firmati da uno stilista famoso e la carrozzeria è garantita per dieci anni contro la corrosione atmosferica—e poi ti assicuro che il turbodiesel ha dato prestazioni globali eccellenti.

SERENA: Ne parli come se fosse già tua. E quanti chilometri fa con un litro di benzina?

SILVANO: Dieci o undici. Non si può dire che consumi poco. Bisognerebbe che mi aumentassero lo stipendio…

SERENA: Che ti stia tornando la ragione? Con tutti gli anni che hai passato a studiare, credevo che avessi imparato a fare i conti!

SILVANO: Ma dai! Scherzavo. Davvero pensavi che dicessi sul serio?

Vocabolario utile

L'automobile

il bagagliaio   trunk
la carrozzeria   (auto) body
la corsia   lane
il cruscotto   dashboard
il danno   damage
il dépliant   brochure
i fari   headlights
il freno   brake
l'incidente   accident
l'interno   interior, inside part

il limite di velocità   speed limit
il mezzo di trasporto   means of transportation
il motore   engine
la multa / contravvenzione   (traffic) ticket
il parabrezza   windshield
la prestazione   performance
il serbatoio   gas tank
il tergicristallo   windshield wiper

frenare   to brake, come to a stop
riparare   to fix
scontrare   to hit, collide

chiedere un prestito   to apply for a loan
fare il pieno   to fill up
mettere in moto   to start

affidabile   reliable
prestigioso   prestigious

ESERCIZI

a. *Rispondere alle domande seguenti.*

1. Cosa potrebbe fare Silvano per comprare la macchina che gli piace?
2. Cosa pensa Serena? È d'accordo? Perché?
3. Si tratta di una macchina raccomandabile sotto tutti i punti di vista? Perché?
4. Che cosa fa cambiare idea a Silvano? Che effetto ha una macchina così sul bilancio (*budget*) familiare?

b. *Inserire le parole o espressioni che meglio completano la frase.*

1. Ero sull'autostrada, pioveva e il _____ non funzionava.
2. All'improvviso si sono accese due luci rosse del _____ e io mi sono preoccupato.
3. Tutte le altre macchine viaggiavano ben al di sopra del _____ .
4. Mi sono fermato alla prima stazione di servizio dove un bravo meccanico _____ dei contatti difettosi.
5. Dato che nel _____ non c'era più tanta benzina, ho anche _____ .
6. Ero quasi arrivato a destinazione quando c'è stato un _____ terribile.
7. Per fortuna io sono riuscito a cambiare velocemente _____ e non sono stato coinvolto.
8. Sono molto soddisfatto della mia Alfa Romeo, è veramente una macchina _____ .

STRUTTURA

I. Congiuntivo imperfetto e trapassato

A. The **congiuntivo imperfetto** (*imperfect subjunctive*) is formed by adding the characteristic vowel for the conjugation plus the appropriate endings to the stem. The endings are the same for all three conjugations: **-ssi, -ssi, -sse, -ssimo, -ste, -ssero**.

	AMARE	CREDERE	fiNIRE
che io	amassi	credessi	finissi
che tu	amassi	credessi	finissi
che (lui/lei)	amasse	credesse	finisse
che (noi)	amassimo	credessimo	finissimo
che (voi)	amaste	credeste	finiste
che (loro)	amassero	credessero	finissero

1. Very few verbs are irregular in the imperfect subjunctive. The most common are shown below.

	ESSERE	DARE	STARE
che io	fossi	dessi	stessi
che tu	fossi	dessi	stessi
che (lui/lei)	fosse	desse	stesse
che (noi)	fossimo	dessimo	stessimo
che (voi)	foste	deste	steste
che (loro)	fossero	dessero	stessero

2. Verbs that use the Latin stem to form the **indicativo imperfetto** also use the same stem in the **congiuntivo imperfetto**.

	BERE (BEVEVO)	DIRE (DICEVO)	FARE (FACEVO)	TRADURRE (TRADUCEVO)
che io	bevessi	dicessi	facessi	traducessi
che tu	bevessi	dicessi	facessi	traducessi
che (lui/lei)	bevesse	dicesse	facesse	traducesse
che (noi)	bevessimo	dicessimo	facessimo	traducessimo
che (voi)	beveste	diceste	faceste	traduceste
che (loro)	bevessero	dicessero	facessero	traducessero

B. The **congiuntivo trapassato** (*past perfect subjunctive*) is formed with the imperfect subjunctive of **avere** or **essere** plus the past participle of the verb.

VERBS CONJUGATED WITH *AVERE*			VERBS CONJUGATED WITH *ESSERE*		
che io	avessi	amato	che io	fossi	partito/a
che tu	avessi	amato	che tu	fossi	partito/a
che (lui/lei)	avesse	amato	che (lui/lei)	fosse	partito/a
che (noi)	avessimo	amato	che (noi)	fossimo	partiti/e
che (voi)	aveste	amato	che (voi)	foste	partiti/e
che (loro)	avessero	amato	che (loro)	fossero	partiti/e

༄ Uso del congiuntivo imperfetto e trapassato

A. The imperfect and past perfect subjunctive are used in the very same cases in which the present and past subjunctive are used. (See Chapter 8, pp. 191–192.)

B. The tense of the subjunctive used in the dependent clause is determined by the time relationship between the actions of the two clauses. If the action of the dependent clause:

1. takes place at about the same time as or shortly after the action of the independent clause $\xrightarrow{\text{use}}$ IMPERFECT SUBJUNCTIVE

2. took place before the action of the independent clause $\xrightarrow{\text{use}}$ PAST PERFECT SUBJUNCTIVE

Temevo che **avesse** un incidente.
I was afraid he might have an accident.

Non volevo che lui **comprasse** una macchina veloce.
I did not want him to buy a fast car.

} CONCURRENT ACTION

Temevo che lui **avesse avuto** un incidente.
I was afraid that he might have had an accident.

Speravo che lui non **avesse comprato** una macchina veloce.
I was hoping that he had not bought a fast car.

} PAST ACTION

The imperfect and past perfect subjunctive are also used if the main clause contains a verb in the conditional that indicates will (**volere**), desire (**desiderare**), or preference (**preferire**).

Vorrei che lui finisse l'università.   *I would like him to finish college.*

Preferirei che lui avesse finito l'università.   *I would prefer that he had finished college.*

Avrei preferito che lui avesse finito l'università.   *I would have preferred that he had finished college.*

༄ Il congiuntivo usato da solo

The subjunctive tenses can also be used in independent clauses to express:

A. A deeply felt wish that something should come about. The present subjunctive is used in this case.

Che Dio ti benedica!   Dio vi accompagni!
God bless you!   *God be with you!*

B. A wish or a desire whose fulfillment seems unlikely, or a regret that something did not happen in the past. **Oh, almeno, magari,** and **se** often introduce such expressions, followed by the imperfect or the past perfect subjunctive.

Fosse vero!   Se avesse fatto ingegneria!
I wish it were true!   *If only he/she had graduated in engineering!*

C. A sense of doubt or an assumption (*Is it possible that . . . ? Do you suppose that . . . ?*). This expression is often introduced by **che.**

Che l'abbiano già saputo?
Do you suppose they've already found out?

Che fosse innamorato di me?
Is it possible he was in love with me?

ESERCIZI

a. **Ricordi?** *Francesca e Mariella stanno pensando a quando facevano le elementari. Trasformare le frasi al passato, usando l'imperfetto del congiuntivo.*

ESEMPIO Non mi piace che tu legga il mio diario.
Non mi piaceva che tu leggessi il mio diario.

1. Ogni giorno tu e Gina temete che la maestra vi interroghi.
2. È raro che succeda qualcosa di entusiasmante a scuola.
3. Agli zii sembra che Luigi dica un sacco di bugie.
4. Quando andiamo a dormire, ho paura che venga il lupo mannaro (*boogeyman*).
5. Mi pare che tu sia molto più grande di me.
6. Di sera vuoi che la mamma ti venga a dare il bacio della buona notte.
7. Speriamo che il babbo ci racconti le favole.
8. Tu non sai bene che lavoro fa papà.

b. **A vent'anni...** *La nonna Piera racconta di quando lo zio Giovanni andò via di casa per una settimana. Trasformare le frasi al passato, usando la forma corretta del trapassato del congiuntivo.*

ESEMPIO Giovanni è l'unico figlio che abbia mai fatto una cosa simile.
Giovanni era l'unico figlio che avesse mai fatto una cosa simile.

1. Tutti credono che gli sia accaduto qualcosa.
2. Nessuno sa che cosa sia andato storto (*to go wrong*).
3. Noi non sappiamo dove sia andato.
4. È probabile che Giovanni non abbia voluto telefonare di proposito (*on purpose*).
5. Sembra che noi non abbiamo capito l'intera situazione.
6. Alla fine a lui è dispiaciuto che siamo stati in pensiero.
7. Dubitiamo che voi vi siate accorti di nulla.

c. **Occasioni mancate.** *Immagini di parlare con un compagno/una compagna delle occasioni mancate della sua vita. Usare le espressioni* **oh, magari, almeno,** *and* **se.**

ESEMPIO io / studiare storia dell'arte a Firenze
Almeno avessi studiato storia dell'arte a Firenze!

1. miei genitori / darmi più libertà
2. il mio fidanzato / comprare quell'appartamento in via Tassoni
3. io e Luca / andare a lavorare all'estero
4. tu / vincere tanti soldi alla Lotteria di Capodanno
5. mamma / permetterci di uscire la sera
6. voi / non dare un tale dispiacere al nonno Tino

d. Vita d'ufficio. *Il vostro capo è stato chiamato d'urgenza nell'ufficio del presidente. Cercate di immaginare con i vostri colleghi che cosa sia potuto accadere. Inventare delle frasi usando le espressioni seguenti o altre espressioni da voi scelte.*

ESEMPIO   licenziare qualcuno
           Che abbiano in mente di licenziare qualcuno?

1. dare il permesso di uscire un'ora prima
2. dare le dimissioni
3. andare in pensione
4. aumentare lo stipendio
5. organizzare uno sciopero
6. diminuire la produzione
7. esserci un errore nel bilancio
8. accorgersi dell'assenza di Mario

e. Vita in famiglia. *Formare un'unica frase usando* **di** + infinito *o* **che** + congiuntivo, *secondo il senso.*

ESEMPI   Marina era contenta. Usciva con Leo.
          Marina era contenta di uscire con Leo.
          Marina era contenta. I suoi la lasciavano uscire con Leo.
          Marina era contenta che i suoi la lasciassero uscire con Leo.

1. Fabrizia si preoccupava. Non aveva abbastanza soldi per comprare un appartamento.
2. Il padre aveva paura. Fabrizia aveva preso una decisione sbagliata.
3. I figli non volevano. I genitori li sorvegliavano.
4. A Grazia dava fastidio. Il suo ragazzo non le aveva telefonato.
5. Ci dispiaceva molto. Non ricordavamo il nome della madre di Leo.
6. Simona era preoccupata. Il marito non era tornato.
7. Lui era sorpreso. Era arrivato con tanto ritardo.
8. Alla bambina faceva piacere. Il papà le aveva portato un regalo.

II. Concordanza dei tempi nel congiuntivo

A. The following chart shows the sequence of tenses when the verb in the independent clause is in the *present, future,* or *imperative.*

INDEPENDENT CLAUSE	DEPENDENT CLAUSE	
Presente Futuro Imperativo	Concurrent action Past action	**Congiuntivo presente** **Congiuntivo passato**

Dubito che **capiscano.**
I doubt they understand.

Dubito che **abbiano capito.**
I doubt they (have) understood.

Siamo contenti che **vengano.**
We're glad they are coming.

Siate contenti che **siano venuti!**
Be glad that they came!

Credete che **piova** domani?
Do you think it will rain tomorrow?

Non crederete che Mario **si sia divertito.**
You won't believe Mario has had a good time.

Contrary to the above sequence, the *imperfect subjunctive* is used in the dependent clause when the verb reports a habitual action in the past or a past condition or state of being. A test of this usage is that the **imperfetto** would be used if the clause were independent.

Pare che gli antichi **morissero** giovani. (Gli antichi **morivano** giovani.)
It seems that the ancients died young.

Crediamo che lui **fosse** stanco quel giorno. (Lui **era** stanco quel giorno.)
We think that he was tired that day.

B. The following chart shows the sequence of tenses when the verb in the independent clause is in any *past tense* or in the *conditional*.

INDEPENDENT CLAUSE	DEPENDENT CLAUSE	
Imperfetto		
Passato prossimo		
Passato remoto	Concurrent action	**Congiuntivo imperfetto**
Trapassato	Past action	**Congiuntivo trapassato**
Condizionale presente		
Condizionale passato		

Dubitavo che **ascoltassero.**
I doubted they were listening.

Dubitavo che **avessero ascoltato.**
I doubted they had listened.

Preferiremmo che tu **venissi** ora.
We would prefer that you come now.

Avremmo preferito che tu **fossi venuto** ieri.
We would have preferred that you had come yesterday.

After **come se** (*as if*) the *imperfect* and *past perfect* subjunctive are used, no matter what the tense is in the independent clause.

Gli volevamo bene come se **fosse** nostro figlio.
We loved him as if he were our own son.

Voi parlate come se **aveste capito** tutto.
You talk as if you had understood everything.

C. The following examples illustrate the sequence of tenses in the subjunctive.

Credi che
- Gianni lavori all'IBM?
- Gianni abbia lavorato all'IBM?
- Gianni lavorasse all'IBM quando preparava la tesi?

Credevi che
- Gianni lavorasse all'IBM?
- Gianni avesse lavorato all'IBM?

Ti pago il cinema
- purché tu finisca i compiti.
- purché tu abbia finito i compiti.

Gli pagavo il cinema
- purché finisse i compiti.
- purché avesse finito i compiti.

D. Remember that the future of the past is always expressed with the past conditional (see pp. 172–173).

Credevi che dopo la laurea Gianni **avrebbe lavorato** all'IBM?
Did you believe that after graduating Gianni would work for IBM?

ESERCIZI

a. *Completare le seguenti frasi con la forma corretta del congiuntivo.*

> **ESEMPIO** Spero che il direttore accetti la mia proposta. Speravo che...
> **Speravo che il direttore accettasse la mia proposta.**

1. Ci aiuta senza che noi glielo chiediamo.
   Ci aiutò senza che...
2. Non sapevo che cosa fosse successo.
   Non so che cosa...
3. È inutile che voi mi scriviate.
   Sarebbe inutile che...
4. Spero che Lei passi un felice Natale.
   Speravo che...
5. Bastava un esempio perché io potessi capire.
   Basta un esempio perché...
6. Fece tutto senza che ce ne accorgessimo.
   Fa tutto senza che...
7. Lui insiste perché lei gli dia un appuntamento.
   Lui aveva insistito perché...
8. Lo mandarono in America per un anno perché vedesse il mondo e imparasse l'inglese.
   Lo mandano in America per un anno perché...
9. Chi avrebbe pensato che fosse lei la madre?
   Chi penserà...?
10. Temevano che nevicasse durante la notte.
    Temono...

Non credevo che la benzina in Italia costasse tanto così.

b. *Completare le seguenti frasi con la forma corretta del verbo dato fra parentesi.*

> **ESEMPIO** Sentivo dei rumori strani. Avevo l'impressione che la macchina non (funzionare) **funzionasse** regolarmente.

1. Cominciarono a ridere prima che io (parlare) _____ .
2. Cominceranno a ridere prima che io (parlare) _____ .
3. Occorre che tu (lasciare) _____ la macchina in un parcheggio e (prendere) _____ l'autobus.

4. Sarebbe necessario che anche voi (venire) _____ alla riunione.

5. Sebbene loro non (fare) _____ mai attenzione, imparano molto.

6. Vi do il permesso di uscire purché (ritornare) _____ prima di mezzanotte.

7. Parlò forte perché tutti (potere) _____ capire.

8. Preferirei che mio figlio (cercare) _____ un lavoro e (imparare) _____ a guadagnarsi la vita.

9. Luisa sperava che tu (andare) _____ a prenderla alla stazione. Quando è arrivata e non ti ha visto, ha pensato che tu (dimenticare) _____ .

10. Dove sono gli zii? Non credo che (arrivare) _____ . Può darsi che (perdere) _____ il treno.

c. *Formare nuove frasi usando* **che** + congiuntivo *invece di* **di** + infinito.

ESEMPIO   Gli ho detto di tornare subito a casa.
Gli ho detto che tornasse subito a casa.

1. Le ho ordinato di fare presto.
2. Ti ho detto di svegliarmi alle sette.
3. Ho detto loro di non lavorare troppo.
4. Ho raccomandato ai clienti di avere pazienza e di aspettarmi ancora un po'.
5. Gli ho ordinato di chiudere la porta e di seguirmi.
6. Vi avevo suggerito di spegnere la luce e di andare a letto.

d. **Fratello e sorella.** *Completare le frasi con il verbo al congiuntivo o all'indicativo, secondo il senso.*

Carlotta dice che la macchina non (andare bene) _____ e pensa che (essere necessario) _____ portarla dal meccanico. Ieri era sull'autostrada e ha avuto l'impressione che i freni (non funzionare) _____. Le ho detto che io (usare) _____ la stessa macchina sabato e domenica e che non (avere) _____ difficoltà. Ho paura che (essere) _____ lei che non (sapere) _____ guidare. Vorrei che dal meccanico la macchina la (portare) _____ Carlotta. Lei invece ha proprio l'aria di credere che (toccare) _____ a me occuparmene, come se i fratelli (esistere) _____ esclusivamente per liberare le sorelle da tutte le seccature. È sempre la stessa storia. Qualsiasi cosa non le (funzionare) _____ viene da me, come se io non (avere) _____ niente altro da fare. Non solo! Ieri sono andato un momento in cucina a prendere il caffè e lei si è messa a usare il mio computer. Quando sono tornato in camera mia, mi ha guardato con aria innocente e mi ha detto: —Oh! credevo che tu (uscire) _____ ! Be', ho paura che tu (dovere) _____ lasciarmi lavorare una mezz'oretta, sto scrivendo il tema di storia per domani. Non ho protestato, ma almeno mi (dire) _____ grazie!

III. *Questo* e *quello* e altri dimostrativi

A. **Questo** e **quello** come aggettivi

1. **Questo** (*this, these*) can be shortened to **quest'** before a singular noun or adjective beginning with a vowel.

Guarda questo quadro!   Cosa fate quest'inverno?
Look at this painting.   *What are you doing this winter?*

2. In the following forms, **questo** is contracted and combined with the noun.

stamattina (questa mattina)   *this morning*
 Also: **stamani** *or* **stamane**
stasera (questa sera)   *this evening, tonight (the earlier part of the night)*
stanotte (questa notte)   *tonight (now or later), last night*
stavolta (questa volta)   *this time*

3. **Quello** (*that, those*) has several forms that follow the same pattern as **bello** and definite articles combined with **di** (**del, dello, dell'**, etc.). For an explanation of the forms of **quello** and their uses, see pp. 65–66.

4. **Questo** and **quello** are often accompanied by **qui** (**qua**) and **lì** (**là**).

questo libro qui   quel giornale là
this book here   *that newspaper there*

B. Questo e **quello** come pronomi

Questo and **quello** are pronouns as well as adjectives. As pronouns, they both have four forms.

SINGULAR	PLURAL	SINGULAR	PLURAL
questo	questi	quello	quelli
questa	queste	quella	quelle

Questo è il mio orologio.   Quella è mia moglie e quelli sono i miei bambini.
This is my watch.   *That's my wife and those are my children.*

1. **Questo** can mean **questa cosa; quello** can mean **quella cosa.**

Questo mi preoccupa davvero.   Tu pensi solo a quello!
This (matter) really worries me.   *You think only of that (matter)!*

2. **Quello** and **questo** can also mean *the former* and *the latter,* respectively.

Milano e Genova sono due grandi città: quella è in Lombardia, questa (è) in Liguria.
Milan and Genoa are two large cities; the former is in Lombardy, the latter (is) in Liguria.

3. **Quello** may be followed by an adjective or a prepositional phrase. Its English equivalents are *the one, the ones.*

Ti piacciono le biciclette italiane?—No, preferisco **quelle** francesi.
Do you like Italian bicycles?—No, I prefer French ones.

Quale pasticceria preferisce?—**Quella** vicino a Piazza del Duomo.
Which pastry shop do you prefer?—The one near Piazza del Duomo.

4. **Quello** may be followed by **di** to indicate possession. Its English equivalents are *that (those) of, the one(s) of.*

Hai letto i racconti di Moravia?—No, ho letto solo **quelli** di Buzzati.
Have you read Moravia's short stories?—No, I've only read Buzzati's.

5. **Quello** may be followed by a relative pronoun. Its English equivalents are *the one(s) who, the one(s) that.*

Ecco una vite: è **quella** che cercavi?
Here's a screw: is it the one you were looking for?

Ecco un libro: è **quello** di cui avevo bisogno.
Here's a book: it is the one I needed.

C. Altri pronomi dimostrativi

1. Other demonstrative pronouns can replace **questo** and **quello** only when **questo** and **quello** refer to *people.*

SINGULAR		PLURAL
masculine	*feminine*	*masculine* and *feminine*
questi		
costui	costei	costoro
quegli		
colui	colei	coloro

Questi (*this* [*one*]) and **quegli** (*that* [*one*]) are masculine singular pronouns and can only be used as subjects.

Questi piange, **quegli** ride.
This one cries, that one laughs.

Costui, costei (*this* [*one*]), **costoro** (*these*), and **colui, colei** (*that* [*one*]), **coloro** (*those*) can be used as both subjects and objects. **Costui, costei, costoro** often express a derogatory meaning. **Colui, colei, coloro** are almost always followed by the relative pronoun **che.**

Non mi parlare di **costui**!
Don't talk to me about this jerk.

Colui che sa parla.
The one who knows, speaks.

Che diavolo vogliono **costoro**?
What the devil do they want?

2. The pronoun **ciò** can replace both **questo** and **quello** only when they refer to *things.*
Ciò is always masculine singular.

Ciò è strano.
That's strange.

Dovete ricordare ciò.
You must remember this.

Mario non scrive da mesi e ciò mi preoccupa.
Mario hasn't written for months, and that worries me.

—Quello pensa solo ai quattrini.

When it is not a subject, **ciò** is often replaced by **lo, ne, ci.**

lo = ciò	Chi **lo** ha detto? Chi ha detto **ciò?** *Who said so?*
ne = di ciò, di questo, di quello	Chi **ne** vuole parlare? Chi vuole parlare **di ciò?** *Who wants to talk about that?*
ci = a ciò, a questo, a quello	Un'altra volta devi pensar**ci** prima! *Next time you must think about it first.*

ESERCIZI

a. **È questione di gusti...** *Rispondere alle domande usando le parole fra parentesi.*

ESEMPIO   Ti piace il vestito verde? (rosso)
—No, preferisco quello rosso.

1. Ti piace la camicetta a righe? (a quadri)
2. Ti piacciono gli stivali neri? (marrone)
3. Ti piace quella giacca elegante? (sportiva)
4. Ti piace il caffè americano? (italiano)
5. Ti piacciono i mobili in plastica? (in legno)
6. Ti piacciono le piante della zia? (della mamma)

b. **Gusti opposti.** *Indicare le preferenze di Marta e di Maria, prendendo l'esempio come guida.*

ESEMPIO   MARTA   A me piacciono i romanzi che parlano d'amore.
           MARIA   **Io preferisco quelli che non parlano d'amore.**

1. le canzoni che parlano di Napoli
2. le persone che s'intendono di arte moderna
3. le storie che finiscono bene

4. gli uomini che hanno la barba
5. le automobili che hanno due portiere
6. i golf che sono in vetrina

c. Questo o quello? *Inserire il termine appropriato.*

_____ storia proprio non mi piace. Toni ha preso un'altra multa e non ha soldi per pagarla. Gli ho già pagato _____ che gli hanno fatto la settimana scorsa, _____ di quaranta euro per eccesso di velocità. È proprio vero _____ che dice suo padre, Toni è uno di _____ che non rispettano mai le regole. Ma _____ volta io non lo aiuto: non sono la Banca d'Italia!

IV. Pronomi relativi

A relative pronoun (*who, whom, that, which, whose*) joins a dependent clause to a preceding noun or pronoun called the *antecedent*. The dependent clause introduced by a relative pronoun is called a *relative clause*. In Italian relative pronouns are always expressed.

Il golf **che** ho comprato è rosso.
The sweater (that) I bought is red.

Mario è il ragazzo con **cui** sono uscita.
Mario is the young man I went out with (with whom I went out).

The relative pronouns are: **che; cui; chi; il quale, la quale, i quali, le quali.**

A. Che

1. **Che** corresponds to *who, whom, that, which*. **Che** refers to both persons and things, either singular or plural, masculine or feminine. It is invariable and can be either the subject or the direct object of the verb in the relative clause. It cannot be the object of a preposition.

   il ragazzo **che** ride
   the boy who laughs

   la ragazza **che** conosco
   the girl (whom) I know

   gli esami **che** devo dare
   the exams (that) I must take

   le case **che** costano poco
   the houses that cost little

2. When **che** is the direct object of a verb in a compound tense, agreement of the past participle in gender and number with the antecedent is optional.

   La signora che ho invitat**o** (invitat**a**) è inglese.
   The woman I invited is English.

B. Cui

1. **Cui** corresponds to *whom, that, which* and is always used after a preposition. It refers to both persons and things and is invariable.

   l'uomo **di cui** parli
   the man (whom) you're talking about

   la signora **di cui** ci siamo lamentati
   the lady (whom) we complained about

   i bambini **a cui** piacciono i biscotti
   the children who like cookies

   il palazzo **in cui** abitate
   the building (that) you live in

   Note that in Italian the preposition never comes at the end of a relative clause.

2. **In cui** or **che** is used after expressions of time where English uses **when** (which is often unexpressed).

il giorno **in cui** (che) mi hai visto
the day (when) you saw me

l'anno **in cui** (che) ha nevicato
the year (when) it snowed

3. **Per cui** is used after expressions of cause where English uses *why* or *that* (which is usually unexpressed).

la ragione **per cui** non sono venuti
the reason (that) they didn't come

il motivo **per cui** piangi
the reason (that) you are crying

4. **In cui** is used after **modo** or **maniera** to mean *the way in which*. In English *in which* is often unexpressed.

il modo **in cui** Lei parla
the way (in which) you talk

la maniera **in cui** ballano
the way they dance

C. **Il cui, la cui, i cui, le cui**

The *definite article* + **cui** expresses possession (*whose, of which*). The article agrees with the noun that follows **cui** and not with the antecedent of **cui.**

Ecco la signora **il cui marito** è
avvocato.
*There's the woman whose husband
is a lawyer.*

Il palazzo **le cui finestre** sono chiuse è
in vendita.
*The building whose windows are closed is
for sale.*

D. **Il quale, la quale, i quali, le quali**

The *article* + **quale** can replace **che** or **cui** in all of the above situations.

1. The *article* + **quale** is used instead of **che** to avoid ambiguity because the article indicates the gender and number of the antecedent.

Ho parlato con la moglie di Mario **la quale** è professoressa.
I spoke with Mario's wife, who is a teacher.

Gli amici di Laura **i quali** arrivano oggi vivono in campagna.
Laura's friends, who are arriving today, live in the country.

2. The *article* + **quale** is frequently used instead of **cui.** The article combines with the preceding preposition as necessary: **al quale, della quale, nei quali, sulle quali,** etc.

Ecco i ragazzi **con i quali** (**con cui**) gioco a carte.
There are the boys with whom I play cards.

È una cosa **alla quale** (**a cui**) bisogna pensare.
It's something we have to think about.

3. **Di** + *article* + **quale** can replace the *article* + **cui** to show possession. There are differences in agreement and word order: **del quale** agrees with its antecedent and follows the noun it modifies.

Ecco la signora il marito **della quale** (il cui marito) è avvocato.
There's the lady whose husband is a lawyer.

Il palazzo le finestre **del quale** (le cui finestre) sono chiuse è in vendita.
The building whose windows are closed is for sale.

E. Chi

Unlike the other relative pronouns, **chi** does not require an antecedent and is used only for people. It corresponds to *he* (*him*) *who, she* (*her*) *who, whoever, whomever, the one*(*s*) *who, those who*. When used as the subject of the relative clause, it always takes a singular verb. **Chi** is often found in proverbs, popular sayings, and generalizations.

Ride bene chi ride ultimo.
He who laughs last laughs best.

Ammiro chi dice la verità.
I admire those who tell the truth.

Potete dare il mio indirizzo a chi volete.
You can give my address to whomever you want.

F. Chi?

Chi?—not to be confused with **chi** used as a relative or indefinite pronoun—is an interrogative pronoun that corresponds to *who?* or *whom?* Preceded by prepositions, **chi?** corresponds to *whose?, to whom?, with whom?, for whom?*, etc. It can appear in direct or indirect questions:

Chi viene a cena? /Mi domando chi hai invitato a cena.
Who is coming for dinner? / I wonder whom you have invited for dinner.

Di chi è quella villa? / Anna sa di chi è quella villa.
Whose villa is that? / Anna knows whose villa that is.

Con chi esci questa sera? / Dimmi con chi esci questa sera.
With whom are you going out tonight? / Tell me with whom you are going out tonight.

G. Quello che, quel che, ciò che, quanto

Quello (quel) che **ciò che** **quanto**	*that which, what*	REFER TO THINGS
tutto quello (quel) che **tutto ciò che** **tutto quanto**	*everything that, all that*	REFER TO THINGS
tutti quelli che **(tutti) quanti**	*everyone that, all that*	REFER TO PEOPLE OR THINGS

Non capisco **quello che** dici.
I don't understand what you are saying.

Facevano **tutto quanto** potevano.
They did everything they could.

Tutti quelli che lo conoscono gli vogliono bene.
Everyone who knows him loves him.

Devi restituirmi **tutti quanti** i soldi che ti ho prestato.
You must return all the money that I lent you.

—*Quello che mi spinge a scrivere è il bisogno di comunicare con altre persone...*

ESERCIZI

a. *Inserire la forma corretta del pronome relativo.*

1. La stagione _____ quasi tutti preferiscono è la primavera.
2. Chi è la persona con _____ parlavi?
3. Non mi piace il tono con _____ mi hai risposto.
4. Volete sapere la ragione per _____ se n'è andata?
5. È una persona della _____ tutti parlano.
6. È quello il cameriere al _____ abbiamo chiesto il conto?
7. Il dottore da _____ andiamo è molto bravo.
8. Ricordo bene il giorno in _____ l'ho incontrata.
9. Gli operai _____ lavorano in quella fabbrica escono alle sei di sera.
10. Le hai restituito il libro _____ ti aveva imprestato?

b. *Completare ciascuna delle frasi del Gruppo A con la frase corretta del Gruppo B.*

A	B
1. Quello che non mi piace	a. quelli che se lo meritano.
2. Non riuscivamo a capire	b. che si occupi dei bambini.
3. Non c'era nessun ristorante	c. il motivo per cui parlavano in quel modo.
4. Aiutiamo volentieri	d. in cui non fossimo stati.
5. Cercano una signorina	e. è che si interessino degli affari miei.
6. È bene parlare di cose	f. di cui abbiamo un'esperienza diretta.

c. *Sostituire un altro pronome relativo a quello usato.*

ESEMPIO   Il romanzo di cui mi parli non mi è piaciuto affatto.
Il romanzo del quale mi parli non mi è piaciuto affatto.

1. Chi non vuole venire può restare a casa.
2. L'università in cui studiano i suoi figli è la stessa in cui ha studiato lui.
3. Vuoi sapere il motivo per cui ho preferito tacere?
4. Prendi solo i libri di cui hai bisogno.
5. Desidero ringraziarvi di ciò che avete fatto per me.
6. Non sono molti gli americani a cui piacciono gli spinaci.
7. L'avvocato di cui mi avete parlato non abita più qui.
8. Fa' quello che vuoi!

d. *Combinare le due frasi usando* **che** *o una preposizione* + **cui.**

ESEMPIO   Vada a prendere i libri. Sono sugli scaffali.
Vada a prendere i libri che sono sugli scaffali.

1. Qual è la casa? La casa è in vendita.
2. Non ricordo lo studente. Gli ho imprestato il dizionario.
3. Come si chiama la ragazza? Le hai telefonato pochi minuti fa.
4. Ha un fratello. Non va d'accordo con lui.
5. Sono problemi attuali. Ne abbiamo già parlato ieri.
6. Questo è l'indirizzo. Non dovete dimenticarlo.
7. Quella è la professoressa. Le dà fastidio il fumo.
8. Ecco l'appartamento. Ci abitano da diversi anni.

e. *Formare un'unica frase usando* **il (la, i, le) cui.**

ESEMPIO   Alberto Moravia è uno scrittore. I suoi racconti sono famosi.
Alberto Moravia è uno scrittore i cui racconti sono famosi.

1. Andiamo dallo zio. La sua casa è in montagna.
2. Aldo è un mio amico. I suoi genitori sono piemontesi.
3. Roma è una città. Abbiamo studiato i suoi monumenti.
4. C'è una via. Ho dimenticato il suo nome.
5. Giancarlo Giannini è un attore. I suoi occhi mi piacciono molto.
6. Michelangelo è un artista. Le sue opere sono ammirate da tutti.

f. *Completare il seguente brano con i pronomi relativi appropriati.*

L'autore di _____ parleremo e con _____ chiuderemo questo ciclo di lezioni presenta alcune caratteristiche _____ lo differenziano dagli altri autori _____ abbiamo letto. Il romanzo da _____ ho tratto il brano _____ leggeremo è stato incominciato in un periodo in _____ l'autore si trovava in America. È la storia di una serie di misteriosi delitti _____ sono commessi nella biblioteca di un monastero. Il romanzo la _____ storia s'intreccia (*intertwines*) con la Storia è difficile da definire. Ci sono critici _____ lo chiamano un'allegoria, altri _____ lo considerano un romanzo poliziesco. Il libro, da _____ hanno anche tratto un film, ha ricevuto molti premi letterari.

g. *Completare le seguenti frasi.*

1. Chi studia molto...
2. Ricordo ancora il giorno in cui...
3. Le cose di cui ho più bisogno sono...
4. Non mi piace il modo in cui...
5. Quello che conta nella vita è...
6. Ciò che Serena voleva era che...
7. La ragione per cui studio l'italiano è che...

h. *Rispondere alle seguenti domande.*

1. Ci sono persone che Lei conosce i cui genitori o i cui nonni sono nati in Italia?
2. C'è un professore/una professoressa alla Sua università che è conosciuto/a in tutti gli Stati Uniti?
3. Conosce un regista italiano/una regista italiana i cui film sono popolari in America?
4. Conosce qualche scrittore americano le cui opere Lei considera importanti?
5. Lei sa il nome degli attori e delle attrici che hanno vinto l'Oscar l'anno scorso?
6. C'è qualche uomo politico moderno il cui nome, secondo Lei, sarà ricordato nella storia?

LETTURA

Vocabolario utile

l'accendino lighter
la benzina gasoline
il buco hole
il colpo banging
il dito (*pl* **le dita**) finger
la gita excursion
la portiera door (of a car)
il sedile seat (**il sedile anteriore/posteriore** front/back seat)
la sicurezza safety
la vite screw

al giorno d'oggi nowadays
sicuro safe
veloce fast

aumentare to increase
chinarsi to bend down
curare to take care of, to treat
*dipendere (*pp* **dipeso;** *pr* **dipesi**) (**da**) to depend (on)
rallentare to slow down
*salire in macchina to get in a car
*scendere (*pp* **sceso;** *pr* **scesi**) **dalla macchina** to get out of a car
staccare to detach
staccarsi to fall out

Credevamo che non ci fosse abbastanza olio.

Prima di leggere

Carlo Manzoni (1909–1975) è un umorista milanese. Nella storia che segue, egli esplora come da un evento banale possano derivare conseguenze assurde. La storia può far ridere, ma fa anche riflettere sui piccoli avvenimenti nella nostra vita che assumono significati imprevisti, prodotti dalla nostra immaginazione.

Due amici sono sull'autostrada, in una macchina ben funzionante e silenziosissima. Ad un tratto uno di loro vede una vite per terra; poco dopo si sente anche odor di benzina e una strana vibrazione. Qualcosa che non va? Da dove viene la vite? Dal motore, dalla carrozzeria? I due amici si fermano preoccupati.

Succede abbastanza spesso che interpretiamo la realtà in maniera sbagliata perché diamo a certi «segni» significati che essi non hanno. Non solo, ma alle volte°, partendo da una supposizione iniziale, «vediamo» e «sentiamo» quello che non c'è.

at times

In gruppi di due o tre studenti, cercate di ricostruire e raccontarvi un'esperienza che vi ha portati ad una conclusione sbagliata. Ecco alcune domande utili.

1. Come è cominciata la cosa? Quale è stato il «segno» iniziale?
2. C'erano altri elementi che davano valore alla vostra interpretazione?
3. Era logico quello che avete fatto o pensato? In che senso?
4. Com'è andata a finire?
5. A quale punto c'è stato un errore di interpretazione?
6. Quando ve ne siete resi conto?

Una vite di troppo°

Una: *one screw too many*

C'era un tempo meraviglioso, proprio un tempo di primavera. Un sole e un'aria fresca che avevano il potere di trasformare anche un viaggio d'affari in una piacevole gita.

La macchina era a posto. Perfetta sotto tutti i punti di vista. Motore in
5 ordine, freni potentissimi, carrozzeria silenziosissima.

Prendemmo l'auto e ci avviammo all'autostrada, e quando fummo sul rettili-
neo° lanciai la macchina a tutta velocità.

—È inutile correre°,—disse Attilio—noi non abbiamo nessuna premura° e dobbiamo considerare questo viaggio come una gita.

10 Rallentai. Sull'autostrada non c'è molto da vedere, ma anche quel poco che c'è, con una giornata di sole, è sempre piacevole. L'auto scivolava via silenziosa, e cominciammo a parlare delle automobili, del motore e della sicurezza delle macchine di oggi. Una volta non si viaggiava così sicuri. C'era sempre il timore che qualcosa smettesse di funzionare, e le panne° erano molto più frequenti di adesso.
15 Adesso, infatti, è rarissimo trovare automobili ferme ai lati delle strade. Se si trovano automobili ferme ai lati delle strade è perché si tratta di panini imbottiti° e non di carburatori o altro.

Attilio fece alcune considerazioni sulla silenziosità della mia automobile. Era davvero un miracolo che essa fosse in così buone condizioni. Era già qualche
20 anno che l'usavo, ma io la curavo proprio come una cosa preziosa e appena mi accorgevo di qualcosa che cominciava a non andare la portavo subito dal meccanico. Se tutti tenessero l'auto come la tengo io, le automobili durerebbero di più.

—Fumi?—disse a un tratto° Attilio interrompendo il discorso e prendendo un pacchetto di sigarette.

25 Io dissi di sì e Attilio mi mise in bocca la sigaretta, poi prese l'accendino e fece sprizzare la fiamma. Accendemmo la sigaretta e continuammo il discorso sulle automobili ma a un tratto sentimmo chiaramente un tintinnio° come di un piccolo oggetto di metallo che batte contro un piano di metallo. Attilio si chinò a guardare sotto il cruscotto e si rialzò tenendo fra le dita un piccolo oggetto luccicante°.

30 —Cos'è?—dissi.

—Una vite,—disse Attilio,—da che parte viene?

—Non so,—dissi,—è caduta dalla tua parte, mi pare.

Attilio guardò la portiera dimenandosi° un poco sul sedile, guardò sul soffitto della macchina, dietro lo specchio retrovisore°.

35 —Non trovo,—disse,—mi pare che tutte le viti siano a posto, qui.

Attilio allungò le mani e cominciò a tastare° sotto il cruscotto.

—Ci sono un sacco di fili° e non riesco a capire dove manca una vite,—
disse,—ad ogni modo deve essere una vite poco importante perché vedo che la macchina va lo stesso.

40 —Tutte le viti sono importanti, se ci sono,—dissi,—a te pare di sentire qualcosa?

Vidi che si metteva° ad ascoltare attentamente.

—Mi pare di sentire come una vibrazione,—disse,—dalla mia parte. E prima non c'era,—disse.

straightaway

to speed / fretta

breakdowns

panini: *stuffed sandwiches*

a: *suddenly*

rattle

shining

muovendosi

rear-view mirror

feel

wires

si: cominciava

45 —La sento anch'io,—dissi—e sento anche un tuc tuc.

Sentivo effettivamente una vibrazione e dei colpi regolari, e poi mi sembrò che la vibrazione aumentasse e ai colpi si fosse aggiunto un altro rumore.

—Effettivamente c'è qualcosa che non va,—disse Attilio,—prova a rallentare.

50 Rallentai, poi aumentai di nuovo la velocità.

Adesso mi sembrava che tutto traballasse° e che la macchina si dovesse sfasciare° da un momento all'altro.

—Sembra proprio che la macchina si stia sfasciando,—disse Attilio,—si vede proprio che la vite era importante. Alle volte basta che venga via una vite perché
55 si provochi° un disastro. Io mi fermerei.

—Tanto più,—continuò,—che sento odor di benzina.

—Odor di benzina?—dissi arricciando il naso e annusando° qua e là.
—È vero.

Sentivo infatti un leggero odor di benzina e la cosa cominciava a preoccu-
60 parmi: se si sente odor di benzina, la vite è venuta via da qualche parte della macchina.

Accostai° la macchina al lato della strada e andai a fermarmi pochi metri più avanti.

—Qui c'è un buco,—disse Attilio,—ma è grosso come un dito.
65 Occorrerebbe una vite grossa quattro volte questa°.

Guardammo il buco, ma non era nemmeno un buco da vite e continuammo a cercare.

Una piccola automobile venne a fermarsi davanti a noi.

—Avete perduto qualcosa?,—ci domandò un giovane che era sceso dalla
70 macchina.

—No,—dissi,—abbiamo trovato qualcosa. Si tratta di una vite e stiamo cercando il suo buco che non riusciamo a trovare.

Il giovanotto guardò la vite e poi disse che gli sembrava si trattasse di una vite da accessorio. Forse del retrovisore o dell'orologio del cruscotto.
75 —Impossibile,—disse Attilio.—Quando si è staccata abbiamo cominciato a sentire odore di benzina. Non si sente odore di benzina se si stacca una vite del retrovisore.

—Questo è vero,—disse il giovanotto,—e allora bisogna alzare il cofano° e guardare il carburatore. Sebbene mi sembra molto difficile° che una vite che sta
80 nel motore debba cadere dentro la macchina.

—Tutto può succedere al giorno d'oggi—disse Attilio.

Alzammo il cofano e guardammo il carburatore e il condotto della benzina.

Ad alzare il cofano non si sentiva nessun odore di benzina. Accendemmo il motore ma tutto funzionava regolarmente e non si sentiva nessun odore di benzina.
85 —Eppure da qualche parte deve venire,—dissi,—da quando si è staccata, oltre all'odore di benzina, la macchina si è messa a fare un rumore indiavolato° come se si dovesse sfasciare da un momento all'altro.

Il giovanotto scosse° la testa.

—Allora dipende dalla° carrozzeria,—disse,—e se dipende dalla carrozzeria
90 non capisco perché si dovrebbe sentire odore di benzina.

—Sembra strano anche a me,—dissi,—ma d'altra parte questi sono i fatti.

was shaking

fall apart

si: succeda

sniffing

avvicinai

quattro: four times as big as this one

hood

unlikely

terrible

shook (from **scuotere**)

dipende: it comes from

Il giovanotto alzò le spalle e tornò alla sua macchina dopo averci consigliato di riprendere la strada pian piano e di fermarci alla prima officina°.   *garage*

95 Continuammo a cercare ancora per un pezzo°, poi ci sedemmo sul ciglio° della strada senza essere riusciti a trovare il buco della vite.   **per:** *for a while /* edge

—Non c'è niente da fare,—disse Attilio,—il buco non si trova e ci conviene° proseguire fino alla prossima officina. Sigaretta?   **ci:** *we'd better*

Presi la sigaretta e Attilio fece scattare l'accendisigaro e accese.

100 —Sento di nuovo odore di benzina,—disse.

—Impossibile.—dissi,—siamo lontani dalla macchina.

—Eppure!—disse Attilio. Si sfregò° il palmo della mano e annusò, poi prese di tasca l'accendisigaro e mandò un accidente°.   **si:** *he rubbed*   **mandò:** *cursed*

—Ecco,—disse,—di dove manca la vite!

105 Mostrò l'accendisigaro e il buco che gocciolava° benzina. Vi accostò° la vite che combaciò° perfettamente e la strinse con una moneta da cinque lire.   *was dripping /* **vi:** *he held up to it / fit*

Risalimmo soddisfatti in macchina e riprendemmo la marcia. Ora la macchina filava° via sull'autostrada a tutta velocità, e non si sentiva il più piccolo rumore.   *andava*

110 Era una bellissima mattina di primavera.

Carlo Manzoni, *Il signor Brambilla e dintorni*

Comprensione

1. Dove sono Attilio ed il suo amico?
2. Che tipo di viaggio è il loro? Hanno fretta? Perché?
3. Di che cosa parlano?
4. Com'è la macchina in cui viaggiano?
5. Ad un certo punto si sente un rumorino. Da dove proviene?
6. Che cosa preoccupa i due amici?
7. Ci sono altri segni di possibili problemi?
8. Che cosa decidono di fare i due amici?
9. Qual è l'opinione del giovanotto che si è fermato per aiutarli? Che cosa consiglia?
10. Come si scopre il mistero della vite e dell'odore di benzina?
11. Quando i due amici ritornano in macchina, tutto funziona perfettamente. Perché?

Studio di parole

next

prossimo
next, after this one (in both time and space)

Vai a Roma il mese prossimo?
Are you going to Rome next month?

Devo scendere alla prossima stazione.
I must get off at the next station.

seguente or **dopo**
next, following (in both time and space)

Sono arrivati il due maggio e sono ripartiti
il giorno seguente (dopo).
*They arrived on May 2 and left again the
following day.*

to take

prendere
to take; to have (something to eat)

Abbiamo preso la macchina e siamo partiti.
We took the car and left.

Perché non andiamo a prendere un caffè?
Why don't we go have a cup of coffee?

portare
to take, to carry, to accompany; to wear

Abbiamo portato la macchina dal
meccanico.
We took the car to the mechanic.

Voglio portare i bambini allo zoo.
I want to take the children to the zoo.

Perché porti gli occhiali?
Why do you wear glasses?

There are many idiomatic expressions in Italian in which a verb other than **prendere** or
portare corresponds to the English *take:*

seguire un corso (fare un corso)   *to take a course*
But: **prendere una lezione**   *to take a lesson*
fare un viaggio (una gita)   *to take a trip (excursion)*
fare un esame   *to take an exam*

Pratica

a.   *Scegliere la parola che completa meglio la frase.*

1. Per arrivare prima, quale strada dobbiamo _____ ?
2. Non sono scesi alla fermata in Piazza Dante; sono scesi alla fermata
_____ .
3. Se non ti senti bene, ti devo _____ dal dottore.
4. Quante volte alla settimana _____ lezioni di ballo i bambini?
5. Sono sicuro che gli zii arriveranno la settimana _____ .
6. La signora era molto elegante: _____ un vestito rosso con accessori neri.
7. Quanti viaggi avete _____ da quando vi siete sposati?
8. Non hai studiato abbastanza. Come puoi _____ l'esame domani?
9. La storia continua al _____ numero.
10. La _____ volta che mangiamo insieme, offro io!

b. Anna ha la patente. *Inserire le parole opportune.*

Prima di _____ l'esame di guida, Anna ha _____ molte lezioni dall'istruttore della scuola. Appena ha _____ la patente, è andata a fare una gita con le sue amiche. Sono _____ di mattina presto e dopo circa tre ore sono arrivate in un paesino di montagna. Sono andate al bar della piazza a _____ il caffè; Anna, che ha sempre fame, ha _____ anche due cornetti. Poi hanno _____ la funivia (*cable car*) che le ha _____ su in alto dove c'era un panorama stupendo. Hanno _____ qualcosa da mangiare e sono rimaste un paio d'ore a _____ il sole. Il posto era molto carino e hanno deciso di passarci anche il weekend _____. Circa tre ore dopo, erano di nuovo in paese dove hanno _____ la macchina per tornare a casa. Anna voleva essere di ritorno presto perché la sera aveva un appuntamento con Giorgio che sarebbe andato a _____ la alle 8,30 per _____ la a teatro.

c. *Domande per Lei.*

1. Che cosa fa Lei quando Le sembra che qualcosa non funzioni nella Sua macchina?
2. Le è mai capitato di sentire odore di benzina? Che cosa ha pensato?
3. Che tipo di automobile preferisce? Ne spieghi le ragioni ad un amico italiano.
4. È a favore dei limiti di velocità sulle autostrade? Li rispetta? Sì, no, perché?
5. Cosa pensa delle grandi macchine (SUV) la cui moda è esplosa con il nuovo millennio? Quali sono i vantaggi e gli svantaggi?

೧ Temi per componimento o discussione

1. La benzina in Italia costa più di tre volte che negli Stati Uniti, eppure ci sono moltissime macchine in circolazione, nonostante un'ampia rete di servizi pubblici. Discutete la dipendenza degli esseri umani dall'automobile.
2. La benzina è una risorsa che non durerà in eterno. Discutete come conservarla e quali impegni (*commitments*) personali e tecnologici andrebbero messi in atto per il bene di tutti.
3. Di tanto in tanto in molte città italiane sono in vigore (*in effect*) i «week-end a piedi». La gente riscopre la bicicletta e il piacere di lunghe passeggiate, l'aria dell'ambiente urbano è più pulita, si conserva la benzina. Che ne pensate? Sarebbe possibile un provvedimento del genere dove abitate voi?

 RICERCA WEB

L'autostrada del Sole va da Milano a Napoli. Lungo il percorso si incontrano molti luoghi interessanti che riflettono la storia e la cultura italiane.

Nelle zone agricole si è sviluppato «l'agriturismo». Inizialmente l'agriturismo era una maniera di passare le vacanze lavorando in campagna; ora è facile trovare alloggio (*accommodation*) in una casa di campagna, dove l'aria è buona e si mangiano cibi freschi e genuini, e trascorrere un periodo di riposo con una spesa ragionevole.

a. L'autostrada del Sole (Assisi, Arezzo, Perugia, Spoleto, Pienza, Gubbio, i Castelli Romani…)
b. L'agriturismo

Volta a sinistra. Paolo e Sabina sono diretti a piedi a casa di amici che non vedono da tanto tempo.

PAOLO: Andiamo di qua. Continuiamo dritto fino al semaforo e poi voltiamo a destra.

SABINA: No, no. Dobbiamo voltare a sinistra qui al primo incrocio, poi a destra subito dopo il ponte. Ricordo benissimo che bisogna arrivare fino in fondo al viale. C'è un bar all'angolo e la casa è davanti alla chiesa.

PAOLO: Mah! Io ho idea che si debba passare vicino ai giardini pubblici, attraversare al semaforo e prendere corso Rinascimento a destra subito dopo la farmacia.

SABINA: Secondo me ti sbagli e dovremo tornare indietro. Se non avessi dimenticato a casa la carta!

Dare indicazioni stradali

(Per) di qua.	*This way.*
Vada dritto.	*Go straight ahead.*
Attraversi al semaforo.	*Cross at the traffic light.*
Giri/volti a destra/sinistra.	*Turn right/left.*
all'incrocio, alla traversa	*at the intersection*
all'angolo	*at the corner*
la prima/seconda strada	*the first/second street*

Punti di riferimento

davanti ai giardini pubblici	*in front of the public gardens*
dietro la chiesa	*behind the church*
prima del ponte	*before the bridge*
dopo la farmacia	*after the pharmacy*
vicino al bar	*close to the bar*
a destra dell'edicola dei giornali	*to the right of the newsstand*
a sinistra della stazione	*to the left of the station*
davanti alla fermata dell'autobus	*in front of the bus stop*
a cento metri dalla scuola	*one hundred meters from the school*
di fronte alla banca	*facing the bank*

Termini utili

viale, via, vicolo, corso	*boulevard, street, alley, large street*
piazza, piazzale, largo	*square, esplanade, square*
circonvallazione	*bypass, beltway*
strada, strada statale, autostrada, superstrada	*street, main street, highway, superhighway*

Che cosa dice?

Dove sono? *Suggerire dei punti di riferimento per meglio identificare i seguenti luoghi.*

1. il dipartimento di lingue
2. la libreria dell'università
3. la discoteca
4. la Sua pizzeria preferita
5. l'ufficio postale
6. la fermata dell'autobus
7. il centro commerciale

Situazioni

1. Lei dà una festa. Ha invitato i compagni di corso e il professore d'italiano, ma il professore non è mai stato a casa Sua. Gli spieghi come arrivarci dall'università.
2. Qual è la strada più breve tra l'università e il centro?
3. Il Suo amico Piero è appena arrivato e Le telefona dall'aeroporto. Ha preso una macchina a noleggio ma non sa come arrivare a casa Sua.
4. Lei lavora da Hertz. Spieghi a dei clienti italiani come raggiungere un'interessante zona turistica non lontana dalla città.

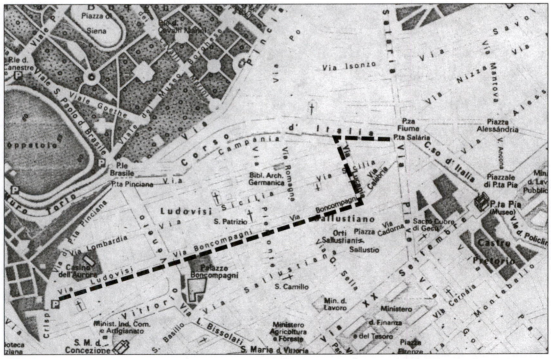

Per andare da Via Ludovisi a Piazza Fiume continui dritto su Via Ludovisi e Via Boncompagni, volti a sinistra su Via Lucania e poi a destra su Corso d'Italia. Da lì Piazza Fiume non è lontana.

PER COMINCIARE
Non farti illusioni!

STRUTTURA
Ordinare, esortare, pregare qualcuno di fare qualcosa

   I. Imperativo

Esprimere apprezzamento

   II. *Come* e *quanto* nelle esclamazioni

Sostituire persone e cose

   III. Pronomi tonici

LETTURA
Avventura con il televisore

PER COMUNICARE
Esprimere ammirazione

Dimostrare incredulità

Esprimere sorpresa

PER COMINCIARE

Non farti illusioni! Angelo si è appena laureato in legge ed è in cerca di lavoro. Suo padre ha uno studio legale, ma Angelo ha intenzione di fare il giornalista, anzi, il corrispondente estero per una rete televisiva. Ne parla con la sua ragazza Daniela e il suo amico Michele.

ANGELO: Guarda, proprio non voglio fare l'avvocato. Ti immagini? Passare la vita tra l'ufficio e il tribunale?

DANIELA: Non so. Pensaci bene. I vantaggi che ti offre lo studio di tuo padre non sono poca cosa, ben stabilito da molti anni e con una clientela numerosa.

MICHELE: Angelo, può darsi che Daniela abbia ragione. Non prendere decisioni affrettate. Hai in mente qualcos'altro?

ANGELO: Forse fare il giornalista, magari il corrispondente estero.

DANIELA: Non farti illusioni! Tanto per cominciare ti daranno un angolo di scrivania e dovrai lavorare da solo. Le inchieste più facili e insignificanti saranno per te, altro che servizi all'estero! Ti piacerebbe se la telecronaca dalla Casa Bianca la affidassero proprio ad Angelo Frattini! Non farmi ridere!

MICHELE: Dai, Daniela, sii ragionevole. Considera anche i lati positivi. È vero che Angelo al giornale non comincerà come capo redattore, ma è così per tutti. Si farà strada a poco a poco e dimostrerà ai suoi superiori che possono contare su di lui.

DANIELA: E prima che abbia una posizione ragionevole, passeranno dieci anni e chissà quando ci sposeremo!

ANGELO: Basta! Non ne parliamo più. Io e te abbiamo obiettivi differenti, lo so. Questo è un grosso problema che devo risolvere da me.

Vocabolario utile

L'allenatore coach
il (capo) redattore editor (in chief)
la carriera career
il/la dipendente (*m/f*) employee
il/la dirigente (*m/f*) executive, manager
la ditta firm, business
l'impiegato statale public servant
l'inchiesta inquiry, assignment
il lato side

la posizione/il posto (di lavoro) job position, standing
la qualifica qualification
il ragioniere accountant
la rete televisiva TV channel
il servizio giornalistico news report
lo studio legale attorney's office
la telecronaca telecast, TV report
il tribunale court, courthouse

affrettato hasty, hurried
estero foreign

assumere to hire
licenziare to fire

affidare un compito a to assign a task to
chiedere/ottenere un colloquio to ask for/obtain an interview

farsi illusioni to delude oneself
farsi strada/fare carriera to advance in one's career

*essere assunto da   to be hired by   **Suvvia! /Dai! /Andiamo!**   Come on now!
fare domanda di assunzione   to fill out
    a job application

ESERCIZI

a.   *Rispondere alle domande seguenti.*

1. Che laurea ha preso Angelo?
2. Pensa di fare l'avvocato come suo padre? Perché?
3. Qual è l'opinione di Daniela?
4. Che cosa consiglia ad Angelo l'amico Michele?
5. Secondo Daniela, sarebbe una buona idea per Angelo scegliere di fare il giornalista?
6. Michele pensa che Angelo farà carriera rapidamente?
7. Angelo è disposto a continuare a discutere il problema? Perché sì, perché no?

b.   *Combinare le parole della lista A con i significati della lista B.*

A	B
1. ditta	a. sperare inutilmente
2. ragioniere	b. ricerca allo scopo di scoprire opinioni o fatti
3. telecronaca	c. si occupa di giornali, riviste, libri
4. allenatore	d. affermarsi in una attività o professione
5. inchiesta	e. impresa commerciale
6. redattore	f. incaricato di fare o rivedere i conti
7. farsi illusioni	g. giornalista
8. farsi strada	h. tecnico sportivo che istruisce gli atleti
9. corrispondente estero	i. ripresa televisiva commentata di un avvenimento

c.   *Cosa devono fare queste persone?*

1. Giorgio cerca lavoro alla RAI/TV.
2. Il direttore non può pensare a tutto.
3. Io voglio parlare con il dottor Esposito e chiedergli un aumento di stipendio.
4. Susanna vuole raggiungere un posto importante nella sua professione.
5. Il consiglio di amministrazione ha stabilito che ci sono venti dipendenti di più del necessario.

I. Imperativo

The **imperativo** (*imperative*) is used in Italian, as in English, to give orders and advice and to exhort. It exists in all persons except the first person singular.

∾ Verbi regolari

A. The forms of the imperative for regular verbs in the three conjugations are:

	AMARE	CREDERE	fiNIRE	PARTIRE
(tu)	ama	credi	finisci	parti
(Lei)	ami	creda	finisca	parta
(noi)	amiamo	crediamo	finiamo	partiamo
(voi)	amate	credete	finite	partite
(Loro)	amino	credano	finiscano	partano

Note that only the second person singular (**tu**) of **-are** verbs has a special imperative form: *stem* + **-a. Tu, noi,** and **voi** use the present indicative forms; **Lei** and **Loro** use the present subjunctive forms.

1. The first person plural of the imperative (**noi**) is used to make suggestions. It corresponds to the English *Let's + verb.*

   Andiamo a casa!   Accendiamo la luce!   Facciamo una passeggiata!
   Let's go home!   *Let's turn on the light!*   *Let's go for a walk!*

2. For extra emphasis the imperative may be accompanied by the subject pronoun placed before or after the verb.

   Rispondi **tu!**   **Lei** mi dica cosa vuole!
   You answer!   *You tell me what you want!*

3. To soften the intensity of the imperative, the words **pure** or **un po'** are often used.

   Resta pure a cena!   Indovina un po'!
   Please stay for dinner!   *Take a guess!*

∾ Verbi irregolari

A. **Avere** and **essere** have special forms for the second person singular, **abbi** and **sii,** and use the present subjunctive forms in all other persons.

	AVERE	ESSERE
	abbi	sii
	abbia	sia
	abbiamo	siamo
	abbiate	siate
	abbiano	siano

B. In the second person singular, a few verbs use either a contracted form or the full form of the present indicative (except for **dire**).

ANDARE	DARE	FARE	STARE	DIRE
va' (vai)	**da'** (dai)	**fa'** (fai)	**sta'** (stai)	**di'**
vada	dia	faccia	stia	dica
andiamo	diamo	facciamo	stiamo	diciamo
andate	date	fate	state	dite
vadano	diano	facciano	stiano	dicano

C. Verbs that have irregular forms in the present indicative and present subjunctive show the same irregularities in the imperative.

TENERE	USCIRE	VENIRE
tieni	esci	vieni
tenga	esca	venga
teniamo	usciamo	veniamo
tenete	uscite	venite
tengano	escano	vengano

D. Special attention should be paid to the imperative of **sapere** and **volere**.

SAPERE	VOLVERE
sappi	vogli
sappia	voglia
sappiamo	vogliamo
sappiate	vogliate
sappiano	vogliano

The forms **sappi, sappia,** and **sappiate** correspond to the English *you must know.*

Sappiate che non scherzo!
I want you to (you should) know I am not joking.

ᘓᕲ Imperativo negativo

To form the negative imperative, **non** is placed before the affirmative form in all persons except for **tu**. In the **tu** form, **non** + *infinitive* is used.

		AFFIRMATIVE	NEGATIVE
(tu)		lavora	non lavorare
(Lei)		lavori	non lavori
(noi)		lavoriamo	non lavoriamo
(voi)		lavorate	non lavorate
(Loro)		lavorino	non lavorino

Sii puntuale!
Be on time!

Prenda il giornale!
Take the newspaper!

Non essere in ritardo!
Don't be late!

Non prenda la rivista!
Don't take the magazine!

ESERCIZI

a. **In classe.** *Cosa dice un professore italiano? Dare tutt'e due le forme dell'imperativo (il* **Lei** *e il* **voi***) per il verbo di ogni frase.*

ESEMPIO Il professore dice di studiare la lezione.
Studi la lezione! (quando parla a uno studente)
Studiate la lezione! (quando parla a tutti gli studenti)

Il professore dice di...

1. fare attenzione.
2. finire l'esercizio.
3. andare alla lavagna.
4. tradurre le frasi.
5. non dimenticare le eccezioni.
6. ripetere, per favore.
7. parlare più forte.
8. leggere il brano ad alta voce.
9. non avere fretta.
10. aprire il libro a pagina novanta.

b. *Dire all'amica Orietta di fare il contrario di quello che fa.*

ESEMPI Orietta guarda la TV. Non guardare la TV!
Orietta non esce. **Esci!**

1. Orietta non va in cucina.
2. Non chiude la porta.
3. Beve la Coca-Cola.
4. Non sta zitta.
5. Racconta barzellette.
6. Non spegne la luce.
7. Scende dalla macchina.
8. Non stringe la mano a tutti.
9. Non è gentile con i vicini.
10. Dice sempre «cioè».

—E il mio motto è: vivi e lascia vivere!

Imperativo + pronomi

A. When object pronouns (direct and indirect, **ci** and **ne**, and combined forms) are used with the imperative, their position in relation to the verb is determined by the person of the verb.

1. Object pronouns *always* precede the verb in the **Lei** and **Loro** persons in both the *affirmative* and *negative* imperative.

Lei	**Mi dica** qualcosa!	**Non mi dica** tutto!
	Tell me something!	*Don't tell me everything!*

Loro	**Lo facciano** adesso!	**Non lo facciano** stasera!
	Do it now!	*Don't do it tonight!*

2. When object pronouns are used with the *affirmative* imperative in the **tu, noi,** and **voi** persons, they follow the verb and are attached to it, forming one word. No matter how long the word becomes, the stress remains unaffected by the addition.

tu	**Parlami** d'amore, Mariù!	**Pensaci** bene!
	Talk to me of love, Mariù!	*Think about it!*

noi	**Prendiamone** un po'!	Carla non ha capito le regole. **Spieghiamogliele!**
	Let's take a little!	*Carla didn't understand the rules. Let's explain them to her!*

voi	**Ditelo** coi fiori!	**Lasciatela** passare!
	Say it with flowers!	*Let her pass!*

3. When the shortened **tu** form of **andare, dare, dire, fare,** and **stare** is used with a pronoun (single or combined), the apostrophe disappears and the initial consonant of the pronoun is doubled (except for **gli**).

dare   da'   **Dalle (dagli)** un bacione!   **Dacci** oggi il nostro pane quotidiano!
                        Give her (him) a big kiss!   *Give us this day our daily bread!*

dire   di'   Anna, **dimmi** di sì!   **Digli** quando vieni!
                        Anna, tell me yes!   *Tell him when you're coming!*

fare   fa'   **Fallo** ora!   Hai le foto? **Faccele** vedere!
                        Do it now!   *Do you have the pictures? Show them to us!*

stare   sta'   Va' in Italia e **stacci** almeno un mese!
                        Go to Italy and stay at least a month!

andare   va'   **Vattene** a casa e riposati!
                        Go on home and rest!

4. With the negative imperative of the **tu, noi,** and **voi** persons, object pronouns may either precede or follow the verb. With the **noi** form of the negative imperative, it is less common for object pronouns to follow the verb.

AFFIRMATIVE	NEGATIVE	
Parlale!	Non **le** parlare!	Non parlar**le**!
Parliamole!	Non **le** parliamo!	(Non parliamole!)
Parlatele!	Non **le** parlate!	Non parlatele!

B. The preceding rules governing the position of object pronouns with the imperative also apply to the imperative of reflexive verbs.

AFFIRMATIVE	NEGATIVE		
Alzati!	Non **ti** alzare!	*or*	Non alzar**ti**!
Si alzi!	Non **si** alzi!		
Alziamo**ci**!	Non **ci** alziamo!	*or*	(Non alziamoci!)
Alzate**vi**!	Non **vi** alzate!	*or*	Non alzatevi!
Si alzino!	Non **si** alzino!		

As we have seen, reflexive pronouns may combine with other pronouns. The following imperatives of **andarsene** illustrate the combination of reflexive pronouns with **ne**.

AFFIRMATIVE	NEGATIVE		
Vattene!	Non te ne andare!	*or*	Non andartene!
Se ne vada!	Non se ne vada!		
Andiamocene!	Non ce ne andiamo!	*or*	(Non andiamocene!)
Andatevene!	Non ve ne andate!	*or*	Non andatevene!
Se ne vadano!	Non se ne vadano!		

ESERCIZI

a. **Dare istruzioni.** *Certe persone sanno dare gli ordini molto bene. Dare l'imperativo usando le espressioni suggerite.*

1. Per il compleanno della mamma, Sabina dice a Paola di...
   a. andare dal pasticciere.
   b. comprare un dolce.
   c. non comprarlo al cioccolato.
   d. ordinarlo per venerdì sera.
   e. non dire niente a nessuno.

2. Il Suo partner/La Sua partner è molto viziato/a e Le chiede di...
   a. portargli/le le pantofole.
   b. preparargli/le il caffè.
   c. chiudere la finestra.
   d. non accendere la luce.
   e. dirgli/le le ultime notizie.
   f. fargli/le la zuppa di pesce per cena.

3. Il fotografo dice a una coppia di sposi di...
   a. guardarsi nello specchio.
   b. pettinarsi.
   c. sedersi di fronte alla macchina fotografica.
   d. girare la testa un po' a sinistra.
   e. stare dritti.
   f. non muoversi.
   g. sorridere.

b. *Mi piace dare dei suggerimenti (suggestions)...*

ESEMPIO   Voglio proporre agli amici di fare una passeggiata.
           Facciamo una passeggiata!

Voglio proporre di...

1. andare al cinema.
2. giocare a carte.
3. prendere lezioni di judo.
4. bere qualcosa.
5. non dirlo a nessuno.
6. finire gli esercizi.
7. non parlarne più.
8. tornare in Europa e starci un mese.

c. **Entrate pure!** *Durante una cena in onore di alcuni studenti americani, fateli sentire a loro agio (ease). Seguire l'esempio.*

ESEMPIO   venire dentro
           Venite dentro!
           Venga dentro!

1. venire verso le otto
2. accomodarsi in salotto
3. non stare in piedi
4. non preoccuparsi per il ritardo
5. scusare il disordine
6. aspettarci cinque minuti
7. non chiudere la porta
8. prendere un caffè

d. Ordini strani... *In un racconto di Moravia, una donna sente una voce che le ordina di fare cose strane. Leggere attentamente e poi cambiare dal* **tu** *al* **Lei.**

Alzati, esci in camicia come sei, va' a suonare alla porta del tuo vicino e digli che hai paura. Va' a comprare una bottiglia di cognac, bevine la metà e poi mettiti a letto. Telefona in ufficio. Di' che non ti senti bene. Resta a casa. Restaci tre giorni.

e. E adesso come faccio? *Lei si rende conto di aver perso il passaporto e domanda consiglio al portiere del Suo albergo a Roma. Completi il dialogo con le forme corrette dei verbi indicati.*

LEI: Non trovo più il passaporto! Non so come fare.
PORTIERE: Non (preoccuparsi) _____ più del necessario. Mi (ascoltare) _____.
(Andare) _____ dal fotografo qui vicino e (farsi fare) _____ le foto formato tessera; gliele fanno subito. Poi (telefonare) _____ al Suo consolato e (domandare) _____ qual è l'orario di apertura al pubblico. Ci (arrivare) _____ presto e non (dimenticarsi) _____ di portare la patente di guida o un altro documento di riconoscimento. (Spiegare) _____ la situazione e (dare) _____ tutte le informazioni che Le chiederanno. (Stare) _____ tranquillo/a, sono cose che succedono.

f. Sì, sì. *È così facile andare d'accordo quando l'altra persona dice sempre di sì! Seguire l'esempio.*

ESEMPIO   Allora, ci andiamo? —**Sì, andiamoci!**

1. Allora, ci sediamo?
2. Allora, lo facciamo?
3. Allora, ce ne andiamo?
4. Allora, le portiamo due fiori?
5. Allora, ci scommettiamo?
6. Allora, glielo diciamo?
7. Allora, li compriamo?
8. Allora, ci fermiamo?

g. *Sostituire al nome la forma corretta del pronome. Fare i cambiamenti necessari.*

ESEMPIO   Dicci la verità! **Sì, diccela!**

1. Parlale dei bambini!
2. Dillo al professore!
3. Indicale la strada!
4. Restituiscigli l'anello!
5. Chiedilo alla mamma!
6. Dagli il passaporto!
7. Falle un regalo!
8. Falle molti regali!
9. Sta' a casa!
10. Vendile il mobile!

ᔪᔧ Altri modi di esprimere l'imperativo

1. The infinitive often replaces the imperative when addressing the general public rather than an individual person or persons (public notices, signs, instructions, recipes).

Non fumare.
No smoking.

Cuocere un'ora a fuoco lento.
Cook an hour on low heat.

2. A question phrased in the present indicative or conditional may be substituted for the imperative to soften an order or request. Compare:

Mi porta un caffè?
Will you bring me a cup of coffee?

Mi porterebbe un caffè?
Would you bring me a cup of coffee?

The present indicative or conditional of **potere** or **volere** + *verb* can also be used instead of the imperative.

Può portarmi un caffè?
Can you bring me a cup of coffee?

Mi porteresti un caffè?
Would you bring me a cup of coffee?

3. To express a command affecting a third party, (**che**) + *present subjunctive* is used. These indirect commands express what the speaker wants another person or persons to do.

Venga Mario se vuole!
Let Mario come if he wants to.

Che **parli** lei al professore!
Let her talk to the professor.

Note that when the subject is expressed, it often follows the verb for emphasis.

ESERCIZI

a. *Rispondere alle domande usando i nomi fra parentesi.*

ESEMPIO   Chi lo fa? Tu? (Carlo)   —**No, lo faccia Carlo!**

1. Chi paga? Tu? (l'avvocato)
2. Chi glielo dice? Tu? (la nonna)
3. Chi ci va? Tu? (Luigi)
4. Chi ne parla? Tu? (Silvia)
5. Chi le accompagna? Tu? (l'autista)
6. Chi gli telefona? Tu? (l'ingegnere)
7. Chi se ne occupa? Tu? (lo zio)

II. *Come* e *quanto* nelle esclamazioni

A.   **Come** and **quanto** can introduce exclamatory sentences. They correspond to the English *how* and are invariable.

Come sono felice!
How happy I am!

Quanto sei buona, nonna!
How kind you are, Grandma!

Come cantano bene quei bambini!
How well those children sing!

Quanto è stato lungo il viaggio!
How long the trip was!

Come parlavi piano!
How softly you talked!

B.   **Che** + *adjective* is often used to express *how* used as an exclamation.

Che bello!
How beautiful!

Che strana!
How strange!

Che buoni!
How good!

Com'è bello!
How beautiful it is!

Com'era strana!
How strange she was!

Come sono buoni!
How good they are!

—*Com'è romantico qui: cadono le foglie!*

III. Pronomi tonici

A. **Pronomi tonici** (*stressed pronouns*) are used as objects of prepositions and as object pronouns following a verb. Unlike the other object pronouns we have studied, they occupy the same position in a sentence as their English equivalents.

SINGULAR		PLURAL	
me	*me, myself*	**noi**	*us, ourselves*
te	*you, yourself*	**voi**	*you, yourselves*
Lei	*you*	**Loro**	*you*
lui, lei	*him, her*	**loro**	*them (people)*
esso, essa	*it*	**essi, esse**	*them (things)*
sé	{ *yourself* *himself, herself, itself, oneself*	**sé**	{ *yourselves* *themselves*

Note that **me, te, noi,** and **voi** can also express a reflexive meaning, whereas in the third person singular and plural there is a special form for the reflexive: **sé.**

Secondo loro hai torto.
According to them you are wrong.

Il direttore vuole **te!**
The director wants you!

Lui non pensa mai agli altri, pensa **a sé.**
He doesn't think of the others, he thinks of himself.

Non mi piace lavorare **per lui.**
I don't like to work for him.

Parla **a me?**
Are you speaking to me?

Preferisco non parlare **di me.**
I prefer not to talk about myself.

B. Stressed pronouns are used most frequently as objects of prepositions.

Il fornitore ha lasciato un messaggio **per te.**   Venga **con me!**
The vendor left a message for you.   *Come with me!*

Non gettar via quei libri. Qualcuno **di essi** può esserti utile.
Don't throw away those books. Some of them can be useful to you.

1. Many single-word prepositions add **di** before a stressed pronoun.

contro *against*	Ha combattuto contro gli inglesi; sì, **contro di loro.**
	He fought against the British; yes, against them.
dentro *inside*	C'è qualcosa **dentro di te.**
	There is something you're holding in.
dietro *behind*	Camminavano **dietro di me.**
	They were walking behind me.
dopo *after*	Arrivarono dopo gli zii. Arrivarono **dopo di loro.**
	They arrived after our aunt and uncle. They arrived after them.
fra (tra) *between, among*	C'era una certa ostilità **fra di loro.**
	There was a certain hostility between them.
fuori *outside*	È fuori città: è **fuori di sé** dalla gioia.
	He is out of town; he is beside himself with happiness.
presso *at, near*	Vive presso i nonni? —Sì, vivo **presso di loro.**
	Do you live at (your) grandparents? —Yes, I live with them.
senza *without*	Viene senza il marito; viene **senza di lui.**
	She is coming without her husband; she is coming without him.
sopra *above*	Volava sopra la città; volava **sopra di noi.**
	It flew over the city; it flew over us.
sotto *under*	**Sotto di me** abita una famiglia inglese.
	An English family lives below me.
su *on*	Contiamo sul tuo aiuto; sì, contiamo **su di te.**
	We're counting on your help; yes, we're counting on you.
verso *to, toward*	È stato buono **verso di voi.**
	He has been kind to (toward) you.

2. **Da** + *stressed pronoun* can mean two things: **a** (**in**) **casa di** (*at/to someone's home*) and **da solo** (**sola, soli, sole**) (*without assistance*).

Dove andiamo? A casa di Riccardo?—Sì, andiamo **da lui!**
Where shall we go? To Riccardo's?—Yes, let's go to his house.

L'ho capito **da me (da solo).**
I understood it by myself.

Hanno riparato il televisore **da sé (da soli).**
They fixed the TV themselves.

C. Stressed pronouns are also used after verbs:

1. For emphasis, instead of the other object pronouns (direct or indirect). They always follow the verb.

Ho visto **lei.**	L'ho vista.	Scrivono **a me.**	Mi scrivono.
(emphasis on her*)*	*(no emphasis)*	*(emphasis on* me*)*	*(no emphasis)*
I saw her.	*I saw her.*	*They write to me.*	*They write to me.*

Often, for greater emphasis, adverbs like **anche, proprio,** and **solamente** are used with the stressed pronouns.

Aspettavamo **proprio te.**	Telefono **solamente a lui.**
We were waiting just for you.	*I call only him.*

2. When there are two or more direct objects or indirect objects in the same sentence.

Hanno invitato **lui** e **lei.**	Antonio ha scritto **a me** e **a Maria.**
They invited him and her.	*Antonio wrote to me and to Mary.*

D. The **sé** form can only be used in the reflexive. It is masculine or feminine, singular or plural, and can refer to either people or things.

Silvia non ama parlare **di sé.**	Carla e Valeria amano parlare **di sé.**
Sylvia doesn't like to talk about herself.	*Carla and Valeria love to talk about themselves.*

La cosa **in sé** ha poca importanza.
The thing has little importance in itself.

Stesso is often added to the pronoun for extra emphasis and agrees in gender and number with the stressed pronoun. The accent mark on **sé** is optional before **stesso.**

Parlavo tra **me stessa.**	Paolo è egoista: pensa solo a **sé stesso.**
I was talking to myself.	*Paul is selfish: he thinks only of himself.*

ESERCIZI

a. **In ditta.** *Il direttore di una ditta di componenti meccaniche che esporta all'estero parla con un collega. Rispondere alle domande usando i pronomi tonici.*

> **ESEMPIO** Vuoi parlare davvero con i sindacati (*unions*)?
> **Sì, voglio parlare davvero con loro.**

1. Hai intenzione di dare il nuovo incarico a Marco?
2. Hai veramente fiducia in Marina per il contratto con la TRE EFFE?
3. Vuoi che mandiamo gli ordini per settembre solo ai F.lli Rosselli?
4. Non sembra anche a te che i prodotti della Selenia siano migliori?
5. Il dottor Merlotti vuole solo Stefano per il contratto di Bari, vero?
6. E possono sempre contare su di voi per le merci dall'Inghilterra, vero?
7. È vero che sia Castelli che Pavone devono trovarsi i clienti da sé?
8. Finiranno la produzione di quest'anno anche senza di me e senza di te?

b. Non ci credo! *Federica ha passato un anno all'estero e non è al corrente di quanto è successo durante la sua assenza. Seguire l'esempio.*

ESEMPIO Franco è andato in ferie senza sua moglie.
Veramente è andato in ferie senza di lei?

1. Gli Arbizzi contano su di te per il nuovo negozio.
2. Mia cugina ha fatto strada senza l'aiuto dello zio.
3. Il nostro ex professore di storia abita sotto di noi.
4. Le nostre compagne di Padova si sono laureate dopo di mia sorella.
5. Luciano si è rotto la gamba proprio mentre sciava dietro di me.
6. Patrizia è andata via di casa e adesso vive presso i nonni.
7. Margherita adesso è contro le leggi in favore dell'ecologia.

LETTURA

Vocabolario utile

l'annunciatore / l'annunciatrice
  announcer, speaker
l'armadio wardrobe
il carabiniere[1] police officer
il divano couch, sofa
il mestiere job; trade
il nascondiglio hiding place
la notizia news
la poltrona armchair
il pompiere fireman
il/la testimone witness
il televisore television set
il vigile police officer

altrimenti otherwise
a proposito by the way

assicurarsi (**che** + *subjunctive*   to make sure
***essere in grado di** + *infinitive*   to be able
  to do something
fare i propri comodi   to do as one pleases
fare visita a qualcuno   to visit, to pay a
  visit to
nascondere (*pp* **nascosto;** *pr* **nascosi**)
  to hide
  nascondersi   to hide (oneself)
  nascosto   hidden
  di nascosto   secretly
riempire (di)   to fill (with)
  riempirsi (di)   to get filled (with)
sorridere (*pp* **sorriso;** *pr* **sorrisi**)   to smile
testimoniare   to witness; to give evidence,
  testify

---

[1] In Italy there are several types of police force, each having specific duties. The **carabinieri** are a national police force that performs such duties as border control, protection of public officials, and crime prevention. The **vigili urbani** are local police mainly responsible for traffic control, enforcing city ordinances, and dealing with minor offenses.

Prima di leggere

Quella che segue è un'altra storia di Gianni Rodari. Questa volta si tratta di una «storia aperta». Da un certo punto in poi, la storia presenta un problema di fantasia: abbiamo certi elementi e dobbiamo stabilire cosa succede, cioè come la storia va a finire. In questo caso l'autore ci offre tre possibilità: una fantastica, una che possiamo definire pratica, e una addirittura ideologica in quanto ci presenta un messaggio da chiarire e meditare.

Il dottor Verucci, il protagonista del racconto *Avventura con il televisore*, torna a casa dal lavoro stanchissimo. Chiude la porta, si mette le pantofole, accende il televisore, si siede in poltrona. Ah, che meraviglia! È finalmente solo! Di tanto in tanto abbiamo bisogno di stare tranquilli, di rilassarci, di non vedere nessuno. Ma sappiamo veramente star soli?

In gruppi di due o tre studenti, esaminare questo stato d'animo°. Ecco alcuni spunti di riflessione.

    Stato: *state of mind*

1. Vi capita mai di aver voglia di «chiudere fuori il mondo» e di stare «in pace» per un po'? Perché? Quanto dura?
2. Che cosa fate quando siete stanchi di studiare o di lavorare?
3. Spesso, per distrarci un po', accendiamo il televisore. Che cosa ci aspettiamo?
4. La TV, oltre a intrattenere°, ci informa sugli avvenimenti di tutto il mondo. In che misura siamo spettatori attenti e responsabili?

    to entertain

5. Guardare il telegiornale è un diversivo? Guardare la TV è veramente un modo di star soli?

Avventura con il televisore

Una sera il dottor Verucci rincasava° dal lavoro. Questo dottor Verucci era un impiegato, forse delle poste. Ma poteva anche essere un dentista. Noi possiamo fare di lui tutto quello che vogliamo. Gli mettiamo i baffi? La barba? Benissimo, barba e baffi. Cerchiamo di immaginare anche com'è vestito, come cammina,
5 come parla. In questo momento sta parlando fra sé... Ascoltiamolo di nascosto:

    tornava a casa

—A casa, a casa, finalmente... *Casa mia, casa mia, per piccina che tu sia*[1], eccetera. Non ne posso più, sono proprio stanco. E poi tutta questa confusione, questo traffico. Adesso entro, chiudo la porta, signore e signori, tanti saluti: tutti fuori... Quando chiudo la porta di casa il mondo intero deve restare fuori.
10 Almeno questo lo posso fare, toh... Ecco qua. Solo, finalmente solo... Che bellezza... Primo, via la cravatta... Secondo, pantofole... Terzo, accendere il televisore... Quarto, poltrona, sgabello° sotto i piedi, sigaretta... Ah, ora sto bene. E soprattutto solo... So... Ma lei chi è? Di dove viene?

    stool

---

[1] This is part of a well-known rhyme: **Casa mia, casa mia, per piccina che tu sia, tu mi sembri una badia.** *My home, my home, however small you may be, you seem like a mansion to me.* It corresponds to the English "Be it ever so humble, there's no place like home."

Una bella signorina sorrideva gentilmente al dottor Verucci. Un attimo° °momento
15 prima non c'era, adesso era lì, sorrideva e si aggiustava una collana sul petto.

—Non mi riconosce, dottore? Sono l'annunciatrice della televisione. Lei ha
acceso il suo televisore ed eccomi qua. Le debbo dare le notizie dell'ultima ora...

Il dottor Verucci protestò:

—Abbia pazienza, ma lei non sta *dentro* il televisore come dovrebbe: lei sta
20 in casa mia, sul mio divano...

—Che differenza fa, scusi? Anche quando sto nel televisore, sto in casa sua e
parlo con lei.

—Ma come ha fatto a venir giù? Io non me ne sono accorto... Senta, non
sarà mica entrata di nascosto, vero?

25 —Su, non stia a pensarci troppo... Le notizie del telegiornale le vuole, o no?

Il dottor Verucci si rassegnò:

—La cosa non mi persuade del tutto°, ma insomma... Faccia un po' lei. °del: completamente

La bella signorina si schiarì la voce° e cominciò: °si: cleared her throat

—Dunque: *Continua in tutta l'Inghilterra la caccia al temibile bandito evaso dal*
30 *carcere di Reading. Il commissario capo della polizia ha dichiarato che secondo lui il*
bandito si nasconde nei boschi...

In quel momento il dottor Verucci sentì una voce che non veniva né dal televisore né dall'annunciatrice, ma piuttosto da un punto imprecisato dietro la sua
testa. Disse la voce:

35 —Storie°! °Rubbish!

—Chi è?—sobbalzò° Verucci.—Chi ha parlato? °jumped up

—Ma è il bandito, no?—disse l'annunciatrice, senza scomporsi.—Guardi,
stava nascosto dietro il suo divano.

—Storie,—ripetè la voce,—dove mi nascondo, non glielo vengo a dire
40 a lei...

Il dottor Verucci si alzò di scatto, guardò dalla parte della voce e sbottò°. °blurted out

—Ma come si permette? E armato, pure°! Un bandito in casa mia! Roba da °as well / **Roba:**
matti°! Incredible!

—Se è lei, che mi ha invitato!—disse il bandito, uscendo dal suo
45 nascondiglio.

—Io? Questa è buona davvero. Io inviterei i banditi a farmi visita e a bere un
bicchierino°... °a bere: to have a drink

—A proposito, ce l'ha?

—Che cosa?

50 —Il bicchierino.

—Non è solo un bandito, è anche uno sfacciato°. Per prima cosa, dichiaro °shameless person
che io non la conosco e che lei è qui contro la mia volontà. Lei, signorina, è testimone.

—No, dottor Verucci,—disse l'annunciatrice,—non posso testimoniare
55 come vuole lei. È stato lei ad accendere il televisore...

—Ah, perché anche il bandito...

—Certo, è entrato in casa sua *dal televisore,* come me.

—Insomma,—disse il bandito,—il bicchierino me lo offre, o no?

—Per carità,—fece il dottor Verucci,—avanti, si accomodi, faccia come se
60 fosse a casa sua. Ormai ho capito che io qua non sono nessuno. È casa mia, ma

non comando niente. La porta è chiusa, le finestre sono sbarrate°, ma la gente va e viene e fa i suoi comodi...

    —Quanto la fa lunga°, per un bicchierino—osservò il bandito.

    —Vado avanti con le notizie?—domandò l'annunciatrice.

65   E Verucci:—Perché no? Sono curioso di vedere come andrà a finire questa storia...

    E la signorina riprese il tono impersonale delle annunciatrici e annunciò:—*Il generale Bolo, comandante delle truppe semantiche, ha dichiarato che riprenderà al più presto l'offensiva contro la repubblica di Planàvia e che la guerra non terminerà* 70 *prima di Natale.*

    —Questo non è del tutto esatto,—disse una voce nuova, mentre lo sportello di un armadio si spalancava con forza. Nuovo balzo° del dottor Verucci.

    —Cosa? Ah, volevo ben dire. Lei è il generale Bolo, vero? E che cosa faceva in quell'armadio?

75   —Niente che la interessi,—rispose il generale.

    —Già, ma io voglio vedere lo stesso°,—disse Verucci, facendo seguire l'atto all'annuncio della sua volontà.—Bombe... Bombe nel mio armadio. Nel mio armadio, dico!... Cosa c'entro io con la sua guerra, lo vorrei proprio sapere...

    Il generale Bolo ridacchiò°:

80   —Il mio mestiere, caro signore, è di comandare le truppe semantiche e di occupare il territorio di Planàvia, non di rispondere alle sue domande. Stavo dicendo, qui, alla signorina, che la mia dichiarazione è stata compresa° male. Le mie esatte parole sono queste: *la guerra terminerà prima di Natale, perché io distruggerò tutti i planaviani, uno per uno, ridurrò in cenere le loro città, i loro campi* 85 *saranno trasformati in deserti.*

    A questo punto il bandito volle dire la sua°:

    —Senti, senti, che animo gentile: e a me, povero banditello da strada, mi stanno dando la caccia per tutta l'Inghilterra. Vorrei sapere chi è il vero bandito, tra noi due...

90   —E io, invece,—tuonò° il dottor Verucci,—vorrei sapere quando ve ne andate tutti quanti: lei, cara signorina, e lei, signor bandito, e lei, signor generale... Questa è casa mia e io voglio restare solo! Quello che fate e quello che dite non mi interessa. Ma troverò bene un sistema per mettervi alla porta. Ora chiamo la polizia e vi denuncio per violazione di domicilio°. Va bene? E telefono 95 anche ai carabinieri giacché° ci sono. E anche ai vigili urbani, ai pompieri... Voglio proprio vedere se sono padrone in casa mia o no... Voglio proprio vederlo...

    Ma intanto, via via che° l'annunciatrice della TV proseguiva nella lettura delle notizie, la casa di cui il dottor Verucci era l'unico proprietario e nella quale conta-va di restare solo e indisturbato, si andava riempiendo di gente di ogni genere: 100 folle di affamati, eserciti° in marcia, uomini politici alla tribuna, automobilisti bloccati dal maltempo, sportivi in allenamento, operai in sciopero, aeroplani in missione di bombardamento... Voci, grida, canti, insulti in tutte le lingue si mescolavano a rumori, esplosioni, fragori° d'ogni genere.

    —Basta!—gridava il dottor Verucci.—Tradimento! Violazione di domicilio! 105 Basta! Basta!

Margin glosses:

barred

Quanto: *how difficult you're making it*

Nuovo: *another jump*

lo: *just the same*

snickered

capita *(from* **compren-dere***)*

dire: *to have his say*

thundered

violazione: *breaking and entering / since*

via: *as*

armies

noises

Primo finale

Improvvisamente si udì° un energico squillo di campanello.

—Chi è?

—La forza pubblica°!

Lode al cielo erano i carabinieri. Li aveva chiamati un vicino allarmato dalle esplosioni.

—Fermi tutti! Mani in alto! Documenti!

—Grazie,—sospirò il dottor Verucci, accasciandosi° sul suo amato divano.—Grazie, portate via tutti. Non voglio vedere nessuno! È tutta gente sospetta.

—Anche la signorina?

—Anche lei. Non aveva nessun diritto di portarmi in casa questa baraonda°.

—D'accordo, dottor Verucci,—disse il comandante dei carabinieri,—lei ha diritto alla sua vita privata. Porterò tutti in prigione. Vuole che le faccia anche un caffè?

—Grazie, me lo faccio da solo. Ma senza caffeina, altrimenti non mi lascia dormire.

Secondo finale

Improvvisamente... il dottor Verucci pose° termine alle sue esclamazioni. Gli era balenata° un'idea, ma un'idea... una di quelle idee che nei fumetti sono rappresentate da una lampadina che si accende nella testa di Topolino° o di Superman.

Il dottor Verucci si avvicinò quatto quatto° al televisore, sorridendo ai numerosi presenti che lo osservavano con curiosità. Con un ultimo sorriso egli si assicurò che nessuno fosse in grado di interrompere la sua manovra. Poi con un gesto brusco e preciso, tac, spense il televisore.

La prima a sparire, insieme alle ultime luci del video, fu l'annunciatrice. Al suo seguito, uno dopo l'altro, sparirono banditi e generali, cantanti e atleti, eserciti e popoli. Semplice, no?

Basta chiudere il televisore, e il mondo è costretto a scomparire, a restare fuori della finestra, a lasciarti solo e tranquillo...

Il dottor Verucci, rimasto padrone del campo, sorrise a se stesso e si accese la pipa.

Terzo finale

Improvvisamente... il dottor Verucci smise di gridare come un insensato°.

Aveva capito?

Sì, aveva capito.

Che cosa?

Che non basta chiudere la porta di casa per chiudere fuori il mondo, la gente, i suoi dolori, i suoi problemi.

Che nessuno può veramente godere le gioie della vita quando sa—e basta un televisore a farglielo sapere—che c'è chi piange, soffre e muore, vicino o lontano, ma sempre su questa terra, che è una sola per tutti, la nostra casa comune.

Gianni Rodari, *Tante storie per giocare*

Margin glosses:

sentì (*from* udire)

La: *the police*

collapsing

confusione

mise (*from* porre)
venuta
Mickey Mouse
quatto: *quietly*

fool

Il telegiornale ci mostra il bene e il male del mondo.

Comprensione

1. Perché il dottor Verucci è contento di essere a casa finalmente?
2. Chi è la prima persona che viene in casa sua e che cosa fa?
3. Quali sono le notizie dell'ultima ora dall'Inghilterra?
4. Quale dichiarazione ha fatto il generale Bolo secondo il telegiornale?
5. Quali sono le vere intenzioni del generale?
6. A chi vuole telefonare il dottor Verucci e perché?
7. Di chi si riempie la casa di Verucci?
8. Nel primo finale, chi viene dal dottor Verucci e perché? Che cosa succede?
9. Nel secondo finale, come riesce a rimanere solo il dottor Verucci?
10. Nel terzo finale, che cosa ha capito il dottor Verucci?

Studio di parole

to hear

sentire (less commonly **udire**) qualcuno/
qualcosa
to hear someone/something

Mi pare di sentire dei rumori.
I think I hear noises.

sentire parlare di qualcuno/qualcosa
to hear about someone/something

Avete sentito parlare di questo poeta?
Have you heard about this poet?

sentirci
to be able to hear

Non ci sento bene; sono quasi sordo!
I can't hear well; I'm almost deaf!

ascoltare
to listen to

Ti piace ascoltare la radio?
Do you like to listen to the radio?

sentire (dire) che
to hear a rumor that

Hanno sentito dire che ci sarà una nuova
    offensiva.
They heard there will be a new offensive.

avere notizie di
ricevere notizie da } **qualcuno**
to hear from someone

Chi ha ricevuto notizie da Vittorio?
È molto tempo che non ho sue notizie.
Who has heard from Vittorio?
I haven't heard from him in a long time.

to enjoy

*piacere
    to enjoy = to like

Ho visto il film ma non mi è piaciuto.
I saw the movie but I didn't enjoy it.

ATTENZIONE! **Piacere** is used when *enjoy*
means *to like*. The other verbs that express
to enjoy are limited to certain idiomatic
expressions.

fare piacere a qualcuno + *infinitive*
to enjoy doing something

Mi farà piacere conoscerLa.
I'll enjoy meeting you.

godere
to enjoy = to have, to possess
godere buona salute, buona reputazione,
    una bella vista
to enjoy = to derive pleasure from
godere il sole, l'aria fresca, la compagnia di
    una persona, i frutti del proprio lavoro, le
    gioie della vita

gradire
to enjoy = to appreciate, to welcome
gradire una lettera, un regalo, una vista, dei
    fiori

gustare
to enjoy = to savor, to appreciate
gustare il cibo
gustare la musica, un buon sonno

Related words:
il piacere *pleasure*
piacevole *pleasant*
gusto *taste*
gustoso *tasty*

Pratica

a. *Scegliere la parola o le parole che completano meglio la frase.*

1. Chi ha _____ le ultime notizie?
2. Grazie per la cartolina che ho molto _____.
3. È impossibile che non abbiate mai _____ Dante, il padre della letteratura italiana.
4. Con tutte le preoccupazioni che abbiamo, come possiamo veramente _____ le gioie della vita?
5. I nonni di Paolo avevano quasi novant'anni ma _____ ancora buona salute.
6. Signora Raggi, complimenti per il dolce! L'ho veramente _____.
7. Mario ha avuto un incidente: ora non _____ dall'orecchio destro.
8. Ci sono molte cose che mi _____ fare durante il week-end.

b. *Inserire le parole che completano meglio il dialogo.*

—Ho _____ che sei diventato direttore di RAI 3. È vero?

—Sì, chi te l'ha detto?

—Fabrizio S. Non ti conosce molto bene, ma aveva _____ di te dai colleghi e mi ha detto che la notizia gli ha fatto _____. Congratulazioni!

—Grazie! Senti, hai consigli da darmi? Dimmi, tu _____ spesso la radio?

—Sì, certo. L'_____ sempre in macchina.

—Che cosa _____ di più?

—Mi _____ i notiziari e i servizi che informano sulla vita della società contemporanea.

—Mi fa _____. Anch'io penso che siano importanti e anch'io li ascolto in macchina. A proposito, forse non ti ho detto che ho comprato una casetta al mare, all'Argentario. È un posto splendido dove si possono _____ il sole e l'aria pulita. Perché non vieni il week-end prossimo?

—Grazie! _____ moltissimo passare una giornata al mare con te. C'è un buon ristorante dove si possano _____ le specialità della zona?

—Come no? Pesce fresco e ottima cucina. Il cuoco sono io!

c. *Domande per Lei.*

1. Conosce dei posti dove è ancora possibile godere il silenzio e l'aria pura?
2. Le farebbe più piacere ricevere in regalo un grande televisore a colori o una piccola motocicletta? Perché?
3. Come reagisce quando sente parlare male di qualcuno? E quando ne sente parlare bene?
4. Lei ha sentito dire che una sua conoscente potrebbe aver vinto la lotteria. A dir la verità, Lei non ci crede ma le piacerebbe avere notizie più precise. Cosa fa?

∾ Temi per componimento o discussione

1. I mezzi di comunicazione di massa hanno, tra l'altro, la funzione di intrattenerci. È bene o male che sia così? Perché? Quali altri divertimenti (*entertainments*) abbiamo?
2. La TV ci porta in casa immagini di ogni genere, dai programmi per i bambini a scene di violenza e di orrore. Siete d'accordo che passare molte ore davanti al televisore fa male, specialmente ai giovani? Perché sì o perché no?
3. Grazie ai mass media, le notizie di ciò che accade nel mondo ci arrivano in poche ore. In che misura questo influisce sulla nostra vita e sulla vita della società in cui viviamo?
4. Commentate l'ultimo paragrafo della storia di Rodari. «Nessuno può veramente godere le gioie della vita quando sa—e basta un televisore a farglielo sapere—che c'è chi piange, soffre e muore, vicino o lontano, ma sempre su questa terra, che è una sola per tutti, la nostra casa comune».

RICERCA WEB

In Italia, oltre alla televisione di stato (RAI), ci sono molti altri servizi diffusi da stazioni televisive private. La RAI offre via Internet un «portale» culturale molto interessante.

a. Canali televisivi in Italia
b. RAI, Portale Cultura

∾ PER COMUNICARE ∾

Dieci anni dopo. Angelo e Daniela non si sono sposati e non si vedono da dieci anni. Un giorno all'aeroporto di Santiago in Cile, Angelo vede una signora che gli sembra di conoscere... Le si avvicina.

ANGELO: Mi scusi, Lei non è per caso... Ma sì, sei Daniela!

DANIELA: Angelo? Non è possibile! Che sorpresa!

ANGELO: Ma guarda! Ritrovarsi dopo tanto tempo, e in Cile!

DANIELA: Incredibile!

ANGELO: Dimmi, come stai? Cosa fai?

DANIELA: Sono consulente di una compagnia italiana che ha investimenti nell'agricoltura cilena.

ANGELO: Ma và! Che mi dici? Non facevi antropologia?

DANIELA: Sì, quand'ero giovane. E tu cosa fai? Come mai sei qui?

ANGELO: Sono venuto a filmare un servizio sugli emigrati italiani.

DANIELA: Ma allora sei diventato davvero corrispondente televisivo! Magnifico! Sono proprio contenta per te! Devo andare. Hanno appena annunciato il mio volo. Senti, hai notizie di Michele?

ANGELO: Sta bene, è informatico, è ricchissimo, ha appena divorziato per la terza volta.

DANIELA: Ma come! Un tipo accomodante come lui!

ANGELO: Eh già! È meglio che tu vada adesso, se no perdi l'aereo.

DANIELA: Angelo, mi ha fatto davvero piacere rivederti.
ANGELO: Anche a me. Il mondo è veramente piccolo!

Esprimere ammirazione

Magnifico! Splendido! Stupendo! Meraviglioso! Perfetto!	*How wonderful!* *Perfect!*	Che bello! Com'è bello! Quanto mi piace!	*How nice!* *I really like it!*

Dimostrare incredulità

Ma và! Incredibile! Non è possibile! Ma come! Sei sicuro/a? Dici sul serio?	*Come on! Incredible!* *It's not possible!* *What? Are you sure?* *Are you serious?*	Che mi dici? Cosa mi racconti? Non ci credo proprio! Ma dai, chi ci crede!	*What are you telling me?* *I can't believe it.*

Esprimere sorpresa

Veramente? Davvero? Che sorpresa! Proprio non me l'aspettavo!	*Really?* *What a surprise!* *I didn't expect this at all!*	Ma guarda! Che strano!	*How strange!*

Che cosa dice?

1. Il Suo amico Giuseppe, quello che non studia mai, ha preso trenta e lode all'esame di latino.
2. Mara, la Sua compagna di liceo, quella timidissima e introversa che sedeva sempre al terzo banco, è diventata un'attrice famosa.
3. Sua moglie/Suo marito Le fa trovare sotto il tovagliolo le chiavi di un'Alfa Romeo nuova.
4. Le chiedono il Suo giudizio su un quadro che Lei ammira moltissimo.
5. Una chiromante Le predice che si sposerà presto e avrà sei figli.

Situazioni

1. Lei ha fatto molto bene l'esame di ingegneria mineraria e il Suo professore Le ha offerto di lavorare con lui in Alaska. Immagini una conversazione telefonica in cui Lei dà la notizia a Sua madre e le racconta le Sue reazioni.
2. Durante il telegiornale vede sullo schermo televisivo una Sua vecchia compagna di scuola che ha appena ricevuto il premio Nobel. Ne parli con Suo marito/Sua moglie.
3. Il Suo aereo passa vicino al polo artico e Lei vede per la prima volta il fenomeno dell'aurora boreale. Comunichi le Sue impressioni agli altri passeggeri.
4. Lei va a trovare Suo nonno, un vecchio signore di ottantasette anni a cui piace scherzare. Il nonno Le annuncia con molta serietà che ha deciso di sposarsi e L'invita al matrimonio. Lei esprime la Sua sorpresa e si fa raccontare dal nonno i preparativi del matrimonio.

PER COMINCIARE

L'esame è andato male

STRUTTURA

Parlare di situazioni reali o ipotetiche

    I.   Periodo ipotetico con *se*

Dare un suggerimento

Esprimere un dubbio

    II.   Altri usi di *se*

Modificare il senso della frase

    III.   Avverbi

Fare paragoni

    IV.   Comparativi

    V.   Superlativi

    VI.   Comparativi e superlativi irregolari

LETTURA

Il primo giorno

PER COMUNICARE

Espressioni per la vita universitaria

Esprimere insicurezza

Esprimere frustrazione

Esprimere sollievo dopo un esame

L'esame è andato male.   Emilio è preoccupato: vuol fare la tesi in linguistica ma il primo esame è andato maluccio. Fabio cerca di dargli appoggio morale.

EMILIO: Se quest'esame mi va male, sono rovinato.

FABIO: Andrà certamente meglio dell'altro, stai studiando moltissimo. Prenderai senz'altro un voto migliore.

EMILIO: Ma deve essere un voto molto più alto! Se prendessi trenta o trenta e lode, potrei andare da De Mauro e chiedergli la tesi senza timore.

FABIO: Ma non è soltanto il voto dell'esame che conta.

EMILIO: Di solito no, per fortuna la mia media è piuttosto alta. Se non avessi un ventuno in fonologia, non mi preoccuperei.

FABIO: Forse ti preoccupi di più di quanto non sia necessario. Inoltre mi sento un po' responsabile anch'io. Se non ti avessi invitato a sciare, avresti studiato di più e ora saresti meno depresso.

EMILIO: Ma di tanto in tanto bisogna fare qualcosa di divertente! Fa bene allo spirito! Non esco mai con gli amici, spesso non guardo neanche il telegiornale... Meno male che tra due settimane finisco! Se continuo così, mi viene l'esaurimento nervoso!

FABIO: È probabile. Però anche tu sei un bel tipo! Hai scelto una tesi difficilissima e vuoi come relatore uno dei professori più famosi della facoltà. Sai cosa ti dico? Continua a fare del tuo meglio e, se il giorno dell'esame non ti senti pronto, ritirati. Se non riesci a darlo ora, lo darai alla sessione di febbraio.

EMILIO: Hai ragione tu. Forse è meglio fare così.

Dopo la lezione è interessante scambiare opinioni.

Vocabolario utile

L'università

la borsa di studio   scholarship
la commissione d'esame   examining committee
la facoltà (di medicina/ingegneria)   college (school of medicine/engineering)
l'istituto   department

la laurea   university degree
il laureato   university graduate
la matricola   freshman
la media   grade point average
il relatore   thesis advisor
la segreteria   registrar's office
la tesi di laurea   thesis, dissertation

Espressioni

dare latino/statistica/diritto romano   to take Latin/statistics/Roman law
fare il primo/secondo anno   to be in first/second year
frequentare   to attend
iscriversi   to register

prendere diciotto/trenta e lode[1]   to get an eighteen/a thirty cum laude
ritirarsi (da un esame)   to withdraw (from an exam)
superare un esame   to pass an exam

La scuola media e superiore

il compito in classe   written test
la condotta   behavior
il diploma   secondary school diploma
l'esame di riparazione   make-up exam
l'insufficienza/la sufficienza   failing/passing grade
l'interrogazione   oral test

la maturità   standardized final secondary school exam
la pagella   report card
respinto   failed (in all subjects)
rimandato a settembre   failed (in one or more subjects)

ESERCIZI

a.   *Completare le frasi con le espressioni opportune.*

1. Emilio pensa: «Se quest'esame mi va male...»
   a. abbandono gli studi.
   b. non importa perché il voto dell'esame conta poco.
   c. non posso chiedere la tesi.

---

[1] In secondary school, the passing grade is 6 out of a possible 10; at university the passing score is 18 out of a possible 30.

2. Fabio teme che...
   a. Emilio non abbia studiato abbastanza.
   b. sia colpa sua se Emilio ha perso tempo.
   c. Emilio pensi a divertirsi invece che a studiare.
3. Se Emilio non si sente pronto per l'esame...
   a. può chiedere aiuto al relatore.
   b. può dare l'esame alla sessione di febbraio.
   c. può andare a sciare.

b. **La definizione.** *Dare il termine descritto dalle frasi seguenti.*

1. Lo studente la scrive al termine di un corso di studi universitari per ottenere la laurea.
2. È il nome per uno studente/una studentessa universitario/a di primo anno.
3. È un comitato che esamina gli studenti al termine del loro corso di studi.
4. È il voto minimo per superare un esame all'università.
5. Accade quando uno studente decide di non dare un esame perché non si sente ben preparato.
6. È il documento che registra i voti riportati da un alunno per ogni trimestre dell'anno scolastico.
7. È il comportamento di un alunno durante le ore di scuola.
8. Certifica il titolo di studio.
9. È il voto minimo che l'alunno deve prendere per non essere rimandato a settembre.

STRUTTURA

I. Periodo ipotetico con *se*

A. The **periodo ipotetico** *(hypothetical sentence)* consists of two parts or clauses: a *dependent clause* introduced by *if* (**se**) indicating a condition, a possibility, or a hypothesis *(If I felt ready for the exam …)*, and an *independent clause* indicating the result of the condition *(… I would take it)*. A hypothetical sentence can express real or possible situations, probable (likely or unlikely) situations, or improbable (contrary-to-fact) situations. The mood and tense of the verb depend on the nature of the condition.

Situation: Lucia is giving a party; two of her friends are talking about it.

> ANNA: Vieni alla festa di Lucia?
> PAOLA: Oh sì! **Vengo** volentieri se **m'invita.**

Paola uses the indicative mood because she is talking about a real probability; she expects to be invited.

> ANNA: Vieni alla festa di Lucia?
> PAOLA: **Verrei** volentieri se **mi invitasse!**

Paola is not sure that she will be invited; her choice of verb moods reflects her doubt.

ANNA: Perché non sei venuta alla festa di Lucia?
PAOLA: **Sarei venuta** se **mi avesse invitata.**

Paola was *not* invited; her choice of verb moods indicates a contrary-to-fact situation.

B. When real or possible situations are described, the **se**-clause is in the indicative and the result clause is in the indicative or the imperative.

CONDITION: *SE*-CLAUSE	RESULT: INDEPENDENT CLAUSE
Se + presente	presente futuro imperativo

Se **studiate, imparate.**
If you study, you (will) learn.

Se **corriamo,** li **raggiungeremo.**
If we run, we'll catch up with them.

Se lo **vedi, digli** di aspettarmi.
If you see him, tell him to wait for me.

CONDITION: *SE*-CLAUSE	RESULT: INDEPENDENT CLAUSE
Se + futuro [1]	futuro

Se **potrò,** lo **farò.**
If I can, I'll do it.

CONDITION: *SE*-CLAUSE	RESULT: INDEPENDENT CLAUSE
Se + passato prossimo o remoto imperfetto	presente futuro imperfetto passato prossimo o remoto imperativo

Sei hai studiato, lo sai.
If you have studied, you (will) know it.

Se hanno preso l'aereo, arriveranno prima.
If they took a plane, they'll arrive earlier.

Se disse questo, non sapeva quel che diceva.
If he said that, he didn't know what he was saying.

Se avete riso, non avete capito niente.
If you laughed, you didn't understand a thing.

Se non era vero, perché l'hai detto?
If it wasn't true, why did you say it?

Se è arrivata, dille di telefonarmi.
If she has arrived, tell her to phone me.

---

[1] This is the only tense sequence that differs from English: **se + futuro** in Italian; *if + present* in English. This construction is possible only when the verb of the independent clause is in the future.

C. When describing probable or imaginary situations (whether likely or unlikely), the **se**-clause is in the imperfect subjunctive, and the result clause is in the conditional (usually the present conditional).

CONDITION: *SE*-CLAUSE	RESULT: INDEPENDENT CLAUSE
Se + congiuntivo imperfetto	**condizionale presente** **condizionale passato**

Se trovassimo un ristorante, mangeremmo.
If we found a restaurant, we would eat.

Se lui avesse un buon carattere, non avrebbe detto queste cose.
If he had a good disposition, he wouldn't have said these things.

D. When describing improbable or impossible situations (contrary to fact, unlikely to happen or to have happened), the **se**-clause is in the past perfect subjunctive, and the result clause is in the conditional (usually the conditional perfect).

CONDITION: *SE*-CLAUSE	RESULT: INDEPENDENT CLAUSE
Se + congiuntivo trapassato	**condizionale passato** **condizionale presente**

Se gli altri avessero taciuto, anche noi avremmo taciuto.
If the others had kept quiet, we would have kept quiet too.

Se tu mi avessi aiutato, ora sarei ricco.
If you had helped me, I would be rich now.

1. ATTENZIONE! If the independent clause in an English sentence contains *would* (signal for the present conditional) or *would have* (signal for the conditional perfect), use the subjunctive (imperfect or past perfect) in the **se**-clause in Italian. The conditional is used in the independent clause, never in the **se**-clause.

   If I were rich, I would travel. → **Se fossi** ricco, viaggerei.

   If they had missed the train, they would have called. → **Se avessero perso** il treno, avrebbero telefonato.

2. Sometimes **se** is omitted, as in English.

   Fossi laureata, non lavorerei qui.
   Were I a college graduate, I wouldn't work here.

   Rinascessi, tornerei a fare lo scrittore.
   Were I born again, I'd be a writer again.

   Fosse stato vivo mio padre, che cosa avrebbe detto?
   Had my father been alive, what would he have said?

3. The order of the clauses is interchangeable.

   Se avessimo tempo mangeremmo.
   Mangeremmo se avessimo tempo. } *We would eat if we had time.*

—Se tu mi dai l'indirizzo del tuo
sarto io ti do quello del mio.

ESERCIZI

a. *Trasformare le seguenti frasi secondo il modello.*

ESEMPIO Se fa bel tempo, (noi/poter andare) al mare.
Se fa bel tempo, possiamo andare al mare.
Se facesse bel tempo, potremmo andare al mare.
Se avesse fatto bel tempo, saremmo potuti andare al mare.

Remember! Se is NEVER followed by a conditional.

1. Se ho tempo, (venire) _____ volentieri al concerto con te.
2. Se Pierino non deve studiare, (andare) _____ a giocare a calcio.
3. Papà non dorme se (prendere) _____ il caffè prima di andare a letto.
4. Andiamo a sciare se (nevicare) _____ tutta la notte.
5. Se (tu/avere) _____ fame, fatti un panino.
6. Se il mare è inquinato, noi non (potere) _____ fare il bagno.
7. Mamma (preoccuparsi) _____ se Papà è in ritardo.
8. Il professore ha detto: «Se la città è sporca, (essere) _____ tutti noi i responsabili».
9. Maria mi assicura che se non vado io da lei, (venire) _____ lei da me.

b. **Realtà o possibilità.** *Trasformare le seguenti frasi secondo l'esempio terminando ciascuna frase in modo originale.*

ESEMPIO Se sono stanchi...
Se sono stanchi non escono.
Se fossero stanchi non uscirebbero.
Se fossero stati stanchi non sarebbero usciti.

1. Se devo studiare...
2. Se piove...
3. Se tu resti...
4. Se non hanno tempo...
5. Se ci laureiamo a luglio...
6. Se studiate sodo...
7. Se notano qualcosa di strano...
8. Se riusciamo a prendere trenta nell'esame di biologia...

c. **A dire il vero...** *Rispondere alle seguenti domande seguendo l'esempio e dando una ragione plausibile.*

> **ESEMPIO**   Mi aiuteresti a fare i compiti?
> **Se potessi ti aiuterei, ma non ho tempo.**

1. I professori pospongono gli esami?
2. Dareste l'esame di psicologia con noi a marzo?
3. Verresti con me all'Istituto di Italianistica?
4. Mi daresti gli appunti di filosofia?
5. Professore, mi spiegherebbe di nuovo le teorie di Keynes?
6. Mi aiuteresti ad organizzare la festa della matricola?
7. Eleggono un nuovo rettore (*president*)?
8. Gli impiegati della segreteria fanno sciopero (*strike*)?

d. **Vita universitaria.** *Formare un'unica frase secondo l'esempio.*

> **ESEMPIO**   Fiorello diede l'esame di storia moderna. Prese trenta.
> **Se Fiorello avesse dato l'esame di storia moderna, avrebbe preso trenta.**

1. Marinella voleva diventare diplomatico. Entrò all'università subito dopo il liceo.
2. Anna andò alla festa di laurea di Patrizia. Rivide molte compagne di corso.
3. Le poste non hanno funzionato. Gli appunti di chimica non sono arrivati in tempo.
4. Vi fermaste in biblioteca. Tornaste a casa tardi.
5. Andammo alla conferenza. Ascoltammo la relazione di Raimondi.
6. Tu facevi lingue moderne. Potevi fare l'interprete.
7. Chiesi la tesi a Celati. La mia proposta gli piacque.

e. **Che cosa farebbe Lei?** *Formare frasi complete indicanti condizioni e conseguenze, usando i seguenti verbi.*

> **ESEMPIO**   arrivare, salutare
> **Se arrivassi in ritardo, non potrei salutare Daniela.**
> **Se fossi arrivata in ritardo, non avrei potuto salutare Daniela.**

1. avere paura, scappare
2. piacere, comprare
3. fare attenzione, capire
4. essere bel tempo, fare una gita
5. vedere, salutare
6. alzarsi tardi, perdere il treno
7. sapere, dire

f. *Completare con la forma corretta (condizionale o congiuntivo) del verbo fra parentesi.*

1. Che cosa _____ (rispondere) se Le chiedessero di andare sulla luna?
2. Se i bambini _____ (stare) zitti, potremmo studiare meglio.
3. Se tu avessi avuto la coscienza tranquilla, non _____ (parlare) così!
4. Se lui ci _____ (dare) una mano, finiremmo prima.
5. _____ (bagnarsi) se fosse uscita senza ombrello.
6. Non ci avrei creduto se non lo _____ (leggere) sul giornale.
7. Mi dispiace, se _____ (potere) lo farei volentieri, ma proprio non posso.
8. Se _____ (mettersi) gli occhiali, ci vedresti.

g. **Le conseguenze...** *Completare con un verbo all'indicativo o al condizionale.*

1. Se io dessi retta a mia madre...
2. Se trovano lavoro...
3. Se lui avesse avuto più tempo...
4. Se tutti fossero onesti...
5. Se nevicherà...
6. Se io fossi scrittore/scrittrice...
7. Se lo avessero saputo prima...
8. Se la giornata avesse quarantotto ore...

h. *Rispondere alle domande. Che cosa succederebbe...*

1. se un giorno Lei vedesse un UFO?
2. se i marziani arrivassero sulla terra?
3. se Le proponessero una parte in un film?
4. se La invitassero a un pranzo e il Suo vicino di tavola fosse un attore famoso?
5. se mancasse l'elettricità per ventiquattro ore?

II. Altri usi di *se*

A. **Se** followed by the imperfect subjunctive introduces a suggestion. It corresponds to English *How about . . . ? What about . . . ? Shouldn't we . . . ?*

Che ne diresti (direbbe) di + *infinitive (What would you say to . . . ?)* can also introduce a suggestion.

Se prendessimo le ferie in maggio?
How about taking our vacation in May?

Che ne diresti di venire al cinema con me?
How about going to the movies with me?

B. When **se** means *whether* and is introduced by a verb that denotes doubt or uncertainty or asks a question, **se** may be followed by the indicative, the conditional, or the subjunctive (all four tenses).

Domandagli se **vuole** venire o no.   Mi domando se **è** possibile.
Ask him whether he wants to come or not.   *I wonder if (whether) it's possible.*

Non so se **sarei** capace di dire una bugia.
I don't know if I could tell a lie.

Non so se a Pina **piacciano** o no le lumache.
I don't know if Pina likes snails.

Non sapevano se lei **avesse** voglia di venire.
They didn't know whether she felt like coming.

Sono curiosa di sapere se lo **accetteranno**.
I'm curious to know if (whether) they will accept him.

Si chiedevano se **avrebbe parlato** o se **avrebbe taciuto**.
They were wondering whether he would talk or remain silent.

Note that use of the subjunctive when **se** is introduced by a verb of doubt is optional. The subjunctive stresses the element of doubt or uncertainty.

Non so se **hanno** ragione.
Non so se **abbiano** ragione.
I don't know if they're right.

C. The imperfect and past perfect subjunctive may be used alone (with or without **se**) in sentences that express a wish or regret (see p. 218).

Se i vecchi potessero e i giovani sapessero!
If only the old could and the young knew!

(Se) avessi avuto un figlio!
If only I had had a son!

ESERCIZI

a. **Il gioco dei se...** *Completare le seguenti frasi.*

1. Non sanno se...
2. Sarei andato in aereo se...
3. Ci domandavamo se...
4. Studieresti più volentieri se...
5. Vengono a trovarci se...
6. Chiedile se...
7. Gli ho domandato se...
8. Non gli parleremo mai più se...
9. Ci sarebbero meno incidenti se...
10. Voglio sapere se...

III. Avverbi

A. Adverbs are invariable words that modify a verb, an adjective, or another adverb. Adverbs express time, place, manner, and quantity.

Federico è partito **improvvisamente**.
Frederick left suddenly.

Mangi **troppo velocemente**.
You eat too fast.

Maria è **molto** intelligente.
Maria is very intelligent.

Parla **poco**, ascolta **assai** e **giammai** non fallirai!
Speak little, listen a lot, and you'll never go wrong.

B. Adverbs are most often formed by adding **-mente** to the feminine form of the adjective. This form corresponds to the *-ly* form in English.

improvviso → improvvisa → **improvvisamente**   *suddenly*
vero → vera → **veramente**   *truly*
dolce → **dolcemente**   *sweetly*

If the adjective ends in **-le** or **-re** preceded by a vowel, the final **-e** is dropped before adding **-mente**.

naturale → natural → **naturalmente**   *naturally*
regolare → regolar → **regolarmente**   *regularly*

C. Some commonly used adverbs have forms of their own: **tardi, spesso, insieme, bene, male, così, volentieri,** etc.

D. Some adverbs have the same form as the adjective.

Andate **piano!**
Go slow!

Parliamoci **chiaro!**
Let's talk frankly!

Non parlare così **forte!**
Don't talk so loud!

Perché cammini così **svelto?**
Why are you walking so fast?

Hai visto **giusto.**
You guessed right.

Lavorate **sodo,** ragazzi!
Work hard, boys!

Abitano **vicino.**
They live nearby.

E. Like nouns and adjectives, many adverbs can be altered using the same suffixes discussed in Chapter 5; see pp. 121–122.

bene → **benino, benone**

Come va?—Va **benone.**
How are things?—Quite good.

male → **maluccio**

Oggi sto **maluccio.**
Today I am feeling a little down.

poco → **pochino, pochettino**

Sono un **pochino** stanco.
I'm a bit tired.

presto → **prestino**

È ancora **prestino.**
It is still rather early.

F. Adverbial expressions consisting of two or more words are often used instead of simple adverbs.

a poco a poco *little by little*	**di solito** *usually*	**per caso** *by chance*
in tutto e per tutto *completely*	**di tanto in tanto** *from time to time*	**per fortuna** *fortunately*
all'improvviso *all of a sudden, suddenly*	**in seguito** *later on*	**ad un tratto** *suddenly*

Improvvisamente è suonata le mezzanotte.

𝒢𝓋 Posizione degli avverbi

A. In general the adverb directly follows the verb in a simple tense, but it may precede the verb for emphasis.

Parlano **bene** l'italiano.
They speak Italian well.

La vediamo **raramente.**
We rarely see her.

Qui abita mia sorella.
My sister lives here.

Allora non lo conoscevo.
I did not know him then.

B. In sentences with compound tenses, the adverb may be placed:

1. Between the auxiliary verb and the past participle, especially common adverbs of time: **già, mai, sempre, ancora, spesso, più.**

Te l'ho **già** detto mille volte!
I already told you a thousand times!

Non mi hanno **ancora** invitato.
They haven't invited me yet.

Ci siamo **veramente** divertiti.
We really had a good time.

Non ci sono **più** andati.
They didn't go there again.

2. Directly after the past participle (most adverbs of place, time, and manner).

Non sono venuti **qui.**
They didn't come here.

Mi hanno risposto **male.**
They answered me badly.

Sei arrivata **tardi.**
You arrived late.

3. Before the auxiliary verb, for emphasis.

Io **subito** ho risposto.
I answered right away.

Mai avrei immaginato una cosa simile.
I would never have imagined such a thing.

C. **Anche** (*also, too, as well*) normally precedes the word it refers to.

Fausto era intelligente ed era **anche** bello.
Fausto was intelligent and handsome too.

Possiamo prendere l'autobus ma possiamo **anche** prendere un tassì.
We can take the bus, but we can also take a cab.

Anch'io ho fatto l'autostop l'estate scorsa.
I too hitchhiked last summer.

Anche cannot be used at the beginning of a sentence to mean *also* in the sense of *besides, moreover, in addition, furthermore*. **Inoltre** must be used in such cases.

Non posso venire. **Inoltre,** non ne ho voglia.
I can't come. Besides, I don't feel like it.

ESERCIZI

a. **Il primo appuntamento.** *Ieri sera Annamaria è uscita per la prima volta con un ragazzo che lavora con lei. La sua amica le chiede i particolari. Seguire l'esempio.*

ESEMPIO   Ha parlato molto? (costantemente)
    Sì, ha parlato costantemente.

1. Ti ha raccontato la storia della sua vita? (già)
2. Ama gli animali? (molto)
3. Quando siete usciti, vi siete sentiti a vostro agio? (immediatamente)
4. Esce la sera con i suoi amici? (raramente)
5. Va alla partita di calcio? (regolarmente)
6. Ti piacerebbe uscire con lui un'altra volta? (ancora)
7. Ha parlato di cose interessanti? (subito)
8. Hai capito se ha la ragazza? (no / assolutamente)
9. Si è lamentato di qualcosa? (mai)
10. Ma senti, hai intenzione di dirlo a Mario? (certamente)

b. **Gli esami.** *Il professor Monti fa parte di una commissione di esami di maturità e ne parla con la moglie. Formare nuove frasi usando l'opposto degli avverbi sottolineati.*

1. Il presidente (*chairman*) aveva <u>già</u> aperto le buste con i temi di italiano quando sono arrivato.
2. <u>Fortunatamente</u> all'esame orale quasi tutti i ragazzi hanno risposto <u>bene.</u>
3. Abbiamo concluso gli esami abbastanza <u>presto.</u>
4. Un membro della commissione ci ha chiesto se avevamo <u>mai</u> avuto delle difficoltà di procedura.
5. Il mio collega di scienze <u>non</u> gli aveva <u>ancora</u> raccontato quello che successe l'anno scorso.
6. Ho notato che al presidente piace <u>molto</u> interrogare gli studenti.
7. Devo ammettere che io do voti alti <u>raramente.</u>
8. L'unica cosa che mi disturba è quando i membri della commissione vogliono fare tutto <u>in fretta.</u>

IV. Comparativi

⟞⟝ Comparativo di uguaglianza

The following forms are used in comparisons of equality:

A. (**così**) + *adjective or adverb* + **come**   *as . . . as*
(**tanto**) + *adjective or adverb* + **quanto**   *as . . . as*

La mia casa e (così) **grande come** la tua.
La mia casa e (tanto) **grande quanto** la tua.
My house is as big as yours.

Così and **tanto** are often unexpressed.

When a personal pronoun follows **come** or **quanto,** it is a stressed pronoun.

Il bambino è alto quanto **me.**
The child is as tall as I am.

B. **tanto** + *noun* + **quanto**   *as much as; as many . . . as*
    tanto quanto   *as much as*

Tanto + *noun* + **quanto** usually agree in gender and number with the noun they modify.

Hanno ricevuto tanti regali quanti ne volevano.
They received as many presents as they wanted.

(tanto) quanto (invariable and not separated) follows a verb.

È vero che guadagni **(tanto) quanto** me?
Is it true you earn as much as I do?

⟞⟝ Comparativo di maggioranza e minoranza

The following forms are used for comparisons of inequality:

più... di
più... che }   *more . . . than; -er . . . than*

meno... di
meno... che }   *less . . . than; fewer . . . than*

A. **più/meno... di** (**di** combines with the definite article) with numbers and when two
different persons or things are compared in terms of the same quality or action.

Il nonno ha **più di** settant'anni.   Gli italiani bevono **più** vino **degli** americani.
Grandpa is more than seventy years old.   *Italians drink more wine than Americans.*

I soldi sono **meno** importanti **della** salute.   Tu sei **più** alto **di** me?
Money is less important than health.   *Are you taller than I am?*

L'Italia è trenta volte **più** piccola **degli** Stati Uniti.
Italy is thirty times smaller than the United States.

B. **più/meno... che** when two words of the same grammatical category (nouns, adjectives, infinitives, adverbs) are directly compared in relation to the same person, thing, or action.

I miei amici mangiano **meno** carne **che** pesce.
My friends eat less meat than fish.

È **più** facile salire **che** scendere.
It is easier to get up than to get down.

L'alta moda è **più** elegante **che** pratica.
High fashion is more elegant than practical.

Hanno risposto **più** gentilmente oggi **che** ieri.
They answered more kindly today than yesterday.

Scriverò **più** rapidamente con la matita **che** con la penna.
I will write faster with a pencil than with a pen.

ATTENZIONE! If the two words on either side of *than* can be reversed, and the sentence still makes sense though with an opposite meaning, the word you want for *than* is **che**; otherwise use **di**.

I drink more coffee than *tea.*
(*I drink more tea* than *coffee.*)
Bevo più caffè **che** tè.

They spent more time in France than *in Italy.*
(*They spent more time in Italy* than *in France.*)
Hanno passato più tempo in Francia **che** in Italia.

But:

I drink more coffee than *Mary.*
(*cannot be reversed*)
Bevo più caffè **di** Maria.

C. **più/meno...** $\begin{cases} \textbf{di quel(lo) che} + verb \text{ in the indicative} \\ \textbf{di quanto} + verb \text{ in the indicative or subjunctive} \\ \textbf{che non} + verb \text{ in the subjunctive} \end{cases}$

when the comparison is followed by a conjugated verb, that is, when it introduces a dependent clause.

Lo spettacolo è stato **meno** interessante **di quello che** ci aspettavamo.
The show was less interesting than we expected.

Hanno lavorato **più di quel che** credi.
They worked more than you think.

La conferenza durò **più di quanto** immaginavo (immaginassi).
The lecture lasted longer than I imagined.

Quell'uomo è **più** gentile **che non** sembri.
That man is kinder than he seems.

ESERCIZI

a. *Completare le seguenti frasi con un comparativo (di uguaglianza, maggioranza o minoranza), secondo il senso.*

ESEMPIO   Un treno locale è **meno** veloce **di** un treno rapido.

1. I mesi invernali sono _____ caldi _____ quelli estivi.
2. Il mese di novembre ha _____ giorni _____ il mese d'aprile, ma _____ giorni _____ dicembre.
3. La giraffa ha il collo _____ lungo _____ l'elefante.
4. Un limone è _____ dolce _____ una mela.
5. Sei sicuro che ci siano _____ calorie in una carota _____ in un avocado?
6. Le montagne sono _____ alte _____ le colline.
7. Un'Audi costa _____ _____ una Ford.
8. Negli Stati Uniti un viaggio in autobus è _____ caro _____ un viaggio in treno.
9. Gli italiani bevono _____ vino _____ gli americani; bevono _____ la gente creda!
10. Non sono veramente malato; sono _____ stanco _____ malato!

b. *Riscrivere le seguenti frasi sostituendo il comparativo di maggioranza o minoranza al comparativo di uguaglianza.*

ESEMPIO   Sono alta come mio padre.
Sono più (meno) alta di mio padre.

1. È vero che il bambino mangia tanto quanto te?
2. Non è tardi come pensavo.
3. Abbiamo usato tanto burro quanta farina.
4. Il letto sembrava tanto bello quanto comodo.
5. Sapete che guadagnate quanto noi?
6. Eravate stanchi come gli altri.
7. Hanno tanto coraggio quanto credi.
8. Per me, la storia è interessante come la geografia.

c. *Completare le seguenti frasi usando* **di** *(di + articolo),* **che, di quel che, come, quanto.**

1. Gli americani bevono più caffè _____ vino.
2. Mi sento più felice in campagna _____ in città.
3. I giorni feriali sono più numerosi _____ giorni festivi.
4. Non trovate che i motorini siano più pericolosi _____ automobili?
5. L'aria è tanto necessaria _____ acqua.
6. Quell'edificio è più bello _____ utile.
7. La tua macchina consuma più benzina _____ mia.

8. Nella vita, tu hai avuto più gioie _____ dolori.
9. L'autunno è meno caldo _____ estate.
10. Nessuno ha tanta pazienza _____ ne ho io.
11. L'esame sarà meno facile _____ voi crediate!
12. Camminavano meno rapidamente _____ me.
13. Qualche volta è più difficile tacere _____ parlare.
14. Come balli bene! Sei leggera _____ una piuma.
15. L'Italia ha più colline e montagne _____ pianure.

V. Superlativi

⁀ Superlativo relativo

Italian forms the relative superlative of adjectives and adverbs (*most, least, -est*) with the definite article + **più** or **meno. Di** (or **fra**) used after a superlative is the equivalent of English *in* or *of.*

la meno famosa di tutte le attrici
the least famous of all actresses

il ragazzo **più** intelligente della famiglia
the most intelligent boy in the family

il più rapidamente possibile
the most rapidly (as rapidly as possible)

A. When the superlative follows its noun, the definite article is not repeated with **più** or **meno.**

il museo più famoso
the most famous museum

la sorella meno carina
the least pretty sister

B. The subjunctive often follows the superlative (see p. 203).

Il dottore è l'uomo più alto che io **conosca.**
The doctor is the tallest man I know.

È il film più lungo che io **abbia visto.**
It's the longest movie I have seen.

C. With the superlative of adverbs, the definite article is usually omitted unless **possibile** is added to the adverb. (Note the idiomatic expressions with **possibile.**)

Ha parlato **più rapidamente** di tutti.
He spoke the most rapidly of all.

Ha parlato **il più rapidamente possibile.**
He spoke as rapidly as possible.

il più presto possibile (al più presto)
as soon as possible

il più tardi possibile
as late as possible

ᗧ Superlativo assoluto

The absolute superlative (*very intelligent, quite pretty, very rapidly*) can be formed:

A. By dropping the final vowel of the masculine plural form of the adjective and adding **-issimo** (**-issima, -issimi, -issime**). The absolute superlative always agrees in gender and in number with the noun it modifies.

ricco → ricchi → **ricchissimo**
simpatico → simpatici → **simpaticissimo**
lungo → lunghi → **lunghissimo**

Pietro prende sempre voti **altissimi.**　　　La situazione politica era **gravissima.**
Pietro always gets very high grades.　　　*The political situation was very serious.*

B. By adding **-issimo** to the adverb minus its final vowel.

tardi → **tardissimo**
spesso → **spessissimo**

La mamma è arrivata ieri sera, **tardissimo.**
Mother arrived last night, very late.

C. For adverbs ending in **-mente**, by adding **-mente** to the feminine form of the superlative adjective.

sicuramente: sicuro → sicurissima → **sicurissimamente**
gentilmente: gentile → gentilissima → **gentilissimamente**

Questo succede **rarissimamente.**
This happens very rarely.

D. By using such adverbs as **molto, assai, bene, estremamente, incredibilmente, infinitamente, altamente** + *adjective* or *adverb.*

Silvia è una ragazza **molto strana.**　　　La situazione è **estremamente difficile.**
Sylvia is a very strange girl.　　　*The situation is very difficult.*

Le sono **infinitamente grato.**　　　Lo farò **ben volentieri.**
I'm extremely grateful to you.　　　*I'll be delighted to do it.*

E. By adding a prefix to an adjective: **arci**contento, **stra**pieno, **extra**rapido, **super**veloce, **ultra**moderno, etc.

La carne era **stracotta.**　　　Vivono in un palazzo **ultramoderno.**
The meat was overcooked.　　　*They live in a very modern apartment building.*

F. By adding another adjective or phrase to an adjective.

ricco sfondato　　　**vecchio decrepito**
filthy rich　　　*very old, on one's last legs*

pieno zeppo　　　**ubriaco fradicio**
overflowing　　　*drunk*

innamorato cotto	**pazzo da legare**
madly in love	*raving mad (fit to be tied)*
stanco morto	**sordo come una campana**
dead tired	*as deaf as a post*

G. By repeating the adjective or the adverb.

Se ne stava in un angolo **zitta zitta.**	I bambini camminavano **piano piano.**
She kept very silent in a corner.	*The children were walking very slowly.*

ESERCIZI

a. **Sono eccezionali!** *Trasformare le frasi secondo l'esempio dato.*

ESEMPIO   È un bel palazzo.
È il palazzo più bello della città. È bellissimo!

1. È un monumento famoso.
2. È un bel parco.
3. È una vecchia statua.
4. È un ristorante caro.
5. Sono dei palazzi moderni.
6. Sono chiese buie.

b. **Interessantissimo!** *Paola racconta a Umberto come si trova con il professor Marchetti. Riscrivere le frasi usando un'altra forma del superlativo assoluto.*

1. Le sue lezioni sono molto interessanti.
2. Ma i suoi esami sono estremamente difficili.
3. Anche i seminari di storia medievale sono molto lunghi.
4. Normalmente l'aula è strapiena di studenti.
5. Dopo aver assistito alle sue lezioni, arriviamo tutti a casa stanchissimi.
6. Ma è un docente (*teacher*) assai bravo e molto preparato.
7. Saremmo arcicontenti se anche tu ti iscrivessi a Lettere e Filosofia.
8. Vedrai che i suoi assistenti ti tratteranno benissimo.

c. **Da Luigi.** *Che cosa dice Luigi per convincere i clienti a comprare la sua merce? Seguire l'esempio usando* **che ci sia/siano** *a seconda del caso.*

ESEMPIO   Queste pere sono buone?
Sono le più buone che ci siano.

1. Le uova sono fresche?
2. I fichi sono maturi?
3. Le olive nere in vasetto (*jar*) sono saporite?
4. La mozzarella è fresca di giornata?
5. I piselli sono dolci?
6. Questo prosciutto è buono?
7. Le arance siciliane sono belle rosse?

VI. Comparativi e superlativi irregolari

A. Some adjectives have irregular comparatives and superlatives in addition to their regular forms. The first form shown is the regular one.

ADJECTIVES			
	Comparative	**Relative Superlative**	**Absolute Superlative**
buono *good*	più buono migliore *better*	il più buono il migliore *the best*	buonissimo ottimo *very good*
cattivo *bad*	più cattivo peggiore *worse*	il più cattivo il peggiore *the worst*	cattivissimo pessimo *very bad*
grande *big, great*	più grande maggiore *bigger, greater*	il più grande il maggiore *the biggest*	grandissimo massimo *very big*
piccolo *small, little*	più piccolo minore *smaller*	il più piccolo il minore *the smallest*	piccolissimo minimo *very small, slightest*
alto *high, tall*	più alto superiore *higher*	il più alto il superiore *the highest*	altissimo supremo/sommo *very high, supreme*
basso *low, short*	più basso inferiore *lower*	il più basso l'inferiore *the lowest*	bassissimo infimo *very low*

1. The choice of a regular or an irregular form is dictated by meaning and/or style and usage. In general, the irregular forms indicate figurative qualities and values; the regular forms are used to indicate material qualities.

Questa casa è **più alta** di quella.
This house is taller than that one.

Vorrei scarpe con tacchi **più bassi.**
I'd like shoes with lower heels.

Questa quantità è **superiore** al necessario.
This quantity is more than necessary.

Sono scarpe di qualità **inferiore.**
They are shoes of poorer quality.

2. Note the special meanings of **maggiore** and **minore**. In addition to meaning *greater, major,* and *lesser,* they are frequently used in reference to people to mean *older* and *younger.* **Il maggiore** means *the oldest* (in a family) and **il minore** means *the youngest.* When referring to physical size, *bigger* and *biggest* are expressed by **più grande** and **il più grande;** *smaller* and *smallest* by **più piccolo** and **il più piccolo.**

Il sole è **più grande** della luna.
The sun is bigger than the moon.

I tuoi difetti sono **minori** dei miei.
Your faults are smaller than mine.

Chi è **maggiore:** tu o tua sorella?		I tuoi piedi sono **più piccoli** dei miei.	
Who is older: you or your sister?		*Your feet are smaller than mine.*	

3. Often the regular and irregular forms are used interchangeably, especially when material qualities are compared.

Questo formaggio è **più buono (migliore)** di quello.	In questo negozio i prezzi sono **inferiori (più bassi).**
This cheese is better than that.	*In this shop prices are lower.*

4. Some additional examples of the irregular forms are:

I Rossi sono **i** miei **migliori** amici.	Al **minimo** rumore si spaventa.
The Rossis are my best friends.	*He gets frightened at the smallest noise.*
È un'**ottima** occasione.	Dovete andare al piano **superiore.**
It's an excellent opportunity.	*You must go to the upper floor.*
L'ipocrisia è **il peggior(e)** [1] difetto.	Il valore di quel libro è **infimo.**
Hypocrisy is the worst fault.	*The value of that book is minimal.*

Quali sono state le temperature **minime** e **massime** ieri?
What were the lowest and highest temperatures yesterday?

B. Some adverbs have irregular comparatives and superlatives.

ADVERBS			
	Comparative	**Relative Superlative**	**Absolute Superlative**
bene *well*	meglio *better*	(il) meglio *the best*	molto bene, benissimo ottimamente *very well*
male *badly*	peggio *worse*	(il) peggio *the worst*	molto male, malissimo pessimamente *very badly*
molto *much, a lot*	più, di più *more*	(il) più *the most*	moltissimo *very much*
poco *little*	meno, di meno *less*	(il) meno *the least*	pochissimo *very little*

L'hai fatto bene, ma puoi farlo **meglio.**	Hanno scritto **malissimo.**
You did it well, but you can do it better.	*They wrote very badly.*
Vedo che hai già finito. **Benissimo!**	Cercano di mangiare **il meno possibile.**
I see you are already done. Very good!	*They try to eat as little as possible.*

---

[1] **Migliore, peggiore, maggiore,** and **minore** can drop the final **-e** before nouns that do not begin with **z** or **s** + consonant: **il maggior dolore; il miglior professore;** but **il migliore scrittore.**

In the relative superlative the article is usually omitted unless **possibile** is added.

Ha risposto **meglio** di tutti.
He gave the best answer. (lit: He answered the best of all.)

Ha risposto **il meglio possibile** (**nel miglior modo possibile**).
He answered as well as possible.

1. Note that *more* and *less*, when used alone without nouns (usually after a verb), are **di più** and **di meno**.

Bisogna lavorare **di più** e chiacchierare **di meno**.
One must work more and chatter less.

Quando è depresso, Pietro mangia **di più**.
When he is depressed, Peter eats more.

2. **Sempre più** and **sempre meno** correspond to *more and more* and *less and less* + adjective or adverb. Use **sempre di più** and **sempre di meno** when the expressions are used by themselves.

La situazione diventa **sempre più** grave.
The situation is getting more and more serious.

Capite **sempre di meno**.
You understand less and less.

3. **Più... più** and **meno... meno** correspond to *the more . . . the more* and *the less . . . the less.*

Più dorme, **più** ha sonno.
The more he sleeps, the sleepier he is.

Meno lavorano, **meno** guadagnano.
The less they work, the less they earn.

4. **Il più, i più, la maggior parte (la maggioranza)** + **di** + *noun* + *verb* (singular or plural) express *most*, meaning *the greatest quantity, the majority, most persons.*

Il più è fatto.
Most of it is done.

I più preferiscono quest'idea.
Most people prefer this idea.

La maggior parte dei nostri amici era già partita.
Most of our friends had already left.

La maggior parte (la maggioranza) degli uomini è contenta del proprio stato.
Most men are happy with their condition.

C. When expressing *better* or *worse* you have to determine whether they are used as adjectives or adverbs. **Migliore/migliori** express *better* as an adjective; **peggiore/peggiori** express *worse* as an adjective.

Abbiamo visto tempi **migliori**.
We've seen better times.

Non ho mai bevuto un vino **peggiore** di questo.
I've never drunk a worse wine than this one.

Meglio and **peggio** express *better* and *worse* as adverbs.

Stanotte ho dormito **meglio**.
Last night I slept better.

Con questi occhiali ci vede **peggio**.
With these glasses he doesn't see as well (he sees worse).

Meglio and **peggio** can also be used with **il** as masculine nouns to mean *the best (thing), the worst (thing).*

Abbiamo scelto il **meglio**.
We've chosen the best.

Temevano il **peggio**.
They feared the worst.

ESERCIZI

a. **Contrasti.** *Completare le seguenti frasi usando* **meglio, migliore/i, peggio** *e* **peggiore/i.**

1. La macchina nuova funziona _____ di quella vecchia.
2. È un bravo dentista: credo che sia il _____ dentista che io abbia mai avuto.
3. Abitano in una brutta zona; è la zona _____ della città.
4. Questo vestito ti sta veramente bene; sta _____ a te che a me.
5. Gli studenti di quest'anno sono _____ di quelli dell'anno scorso.
6. Luigi non è certo modesto! Dice sempre: «Quello che fanno gli altri, io lo faccio _____».
7. Le cose vanno male! Non potrebbero andar _____.
8. Come la tratti male! La tratti _____ di una schiava.
9. Non gli ho detto niente; ho ritenuto che fosse _____ non dirgli niente.
10. Con gli occhiali nuovi la nonna ci vede _____.
11. Dobbiamo risolvere il problema nel modo _____.
12. Vuoi abbandonare gli studi? Io non sono d'accordo. Mi sembra la soluzione _____.

b. **Quiz.** *Rispondere alle seguenti domande.*

1. I Rossi abitano sopra di noi; i Bianchi abitano sotto di noi. Chi abita al piano inferiore?
2. Paolo ha preso ventisei; Roberto ha preso ventinove. Chi ha preso il voto migliore?
3. Il mio orologio è di plastica; quello di Giancarlo è d'oro. Qual è l'orologio di qualità superiore?
4. Anna pesa 53 chili; Mirella pesa 140 libbre. Chi pesa di più?
5. Mario ha la febbre a 39º C., Carlo a 37º C. Chi sta peggio?
6. Mio cugino ha 20 anni; io ne ho 19. Chi è maggiore?
7. Io ho fatto tre chilometri; tu hai fatto tre miglia. Chi ha camminato di più?[1]

c. **Parliamo un po'.** *Lavorando con un compagno/una compagna, immagini di aver appena conosciuto un ragazzo/una ragazza alla mensa universitaria. Alternatevi a fare domande e a rispondere.*

Domandare...

1. se ha un fratello maggiore o una sorella maggiore, e quanti anni hanno più di lui/lei.
2. se lui/lei è alto/a come suo padre o più alto/a.
3. chi è la persona più simpatica della sua famiglia, la più strana, e la meglio vestita.
4. chi parla più lingue, chi parla meglio l'inglese, e chi ha la migliore pronuncia.

d. **Conversazione.**

1. Si parla tanto di un mondo migliore: come lo immagina Lei?
2. Quali sono i tre elettrodomestici (*household appliances*) che Lei considera più utili? Perché?
3. Qual è il più bel regalo che Lei abbia mai fatto o ricevuto?
4. Qual è il più bel complimento che Lei abbia mai fatto o ricevuto?
5. Qual è il miglior voto che Lei abbia mai preso?

---

[2] A mile equals 1.6 kilometers.

LETTURA

Vocabolario utile

l'amarezza bitterness
l'ambiente environment
l'aula classroom
il banco school desk
la campana bell
la cattedra teacher's desk
la classe students in a course; classroom
il comportamento behavior
il cortile courtyard
la divisa uniform

il docente teacher
età evolutiva developmental years
il lavoratore worker
il maestro elementary school teacher
(patrimonio di) conoscenza body of knowledge
la predica sermon
lo scolaro pupil
lo spavento fright, fear
il timore fear

obbligatorio mandatory
annoiato bored

*__apparire__ (*pp* **apparso**; *pr* **apparvi**)
  to appear
cucire to sew

iscrivere to enroll
supplicare to beg, to implore
far arrabbiare to make someone angry

Doposcuola: l'insegnante propone un'attività ricreativa.

Prima di leggere

Mario Lodi è un educatore e studioso dei problemi dell'infanzia e dell'età evolutiva. Molti dei suoi scritti propongono cambiamenti di indirizzo pedagogico nelle scuole e difendono il diritto dei bambini alla libera espressione.

Lodi sostiene che per il bambino la scuola è la prima esperienza sociale di gruppo. È lì che il gioco può diventare interesse, ricerca e quindi scoperta dei problemi sociali. Sulla base di questi principi Lodi ha creato a Trieste la Casa delle Arti e del Gioco, il cui obiettivo è quello di sviluppare le capacità espressive e creative dei bambini e degli adulti.

La scuola fascista di cui si parla all'inizio di questo racconto era autoritaria, insegnava verità incontestabili e richiedeva ubbidienza cieca. I bambini sedevano nei banchi a due a due: alle elementari, se non dovevano scrivere, tenevano le braccia ripiegate dietro la schiena «per mantenere dritta la spina dorsale». Anche in cortile, per i dieci minuti di ricreazione a metà mattina, si andava in fila per due, in silenzio. Gli «asini» erano bocciati e dovevano ripetere l'anno.

In gruppi di tre o quattro studenti, parlate della scuola.

1. Come ricordate l'esperienza della scuola elementare? Bella, brutta, interessante, noiosa, triste... Perché?
2. In Italia c'è una buona probabilità di avere lo stesso insegnante per i cinque anni della scuola elementare. Vi sarebbe piaciuto? Voi quanti insegnanti avete avuto? Com'erano?
3. Quali erano le materie di studio alla scuola elementare? Quali attività offriva la vostra scuola?
4. Nella scuola fascista gli studenti non avevano diritto ad opinioni personali e la disciplina era rigorosa. Conoscete o avete sentito parlare di scuole la cui funzione è di trasmettere «il sapere» e «la verità» con sistemi autoritari? Com'era la scuola nel vostro paese cinquanta anni fa? Sapete com'è/com'era in altri paesi?

Il primo giorno

Il primo giorno di scuola come bambino è purtroppo ormai lontano nel tempo, ma lo ricordo benissimo perché avvenne un fatto che allora non riuscivo a comprendere e in seguito mi apparve nella sua drammatica realtà.

5   Invece di mia madre, quel giorno mi accompagnò a scuola mio padre: mi teneva stretta la mano nella sua e stava zitto, contrariamente a quanto faceva gli altri giorni quando mi parlava di tante cose in modo semplice e chiaro. Quella mattina capivo che era arrabbiato e infatti brontolò° subito con la maestra.   *grumbled*

—Se non è iscritto nei balilla[1] e non gli procurate la divisa, non posso tenerlo a scuola—gli disse la maestra.

10   E lui: —Se i balilla sono i piccoli fascisti, la divisa la dovrebbero mettere i figli dei fascisti e non mio figlio!

---

[1] During the fascist era boys of 8 to 14 years of age enrolled in a statewide paramilitary organization called **i balilla.**

—I balilla sono i piccoli italiani del Duce—rispose lei, e disse altre cose che non ricordo. E alla fine ricordo che disse: —È obbligatorio. Se vuole mandare a scuola suo figlio deve iscriverlo nei balilla.

15 Io pensavo che mio padre mi riportasse a casa, invece sentii la sua mano che lasciava la mia e mi spingeva verso l'aula dove gli amici mi aspettavano.

Quando mia madre mi cucì e provò i pantaloncini grigioverdi e la camiciola nera, mio padre, a vedermi in divisa mi disse: —Ora non puoi capire, ma un giorno sì. Ricordati che quella divisa la porti perché voglio che tu studi, ma per me
20 è una vergogna!°   *è: it is a shame*

La mamma mi sussurrò°:—I fascisti vogliono male° a papà.   *whispered / **vogliono**: hate*

—A me e a tutti quelli che come me vogliono la libertà dei lavoratori!— gridò lui.

La mamma lo supplicò di tacere e lui tacque.

25 —È un brutto mondo e speriamo che cambi—disse la mamma, e sospirò.

Fascisti. Libertà. Parole che restarono da allora come sospese nella memoria   *did not fail*
e capii più tardi. Intanto il maestro Rossi ogni giorno in cortile non mancava° di
insegnarci la marcia con il moschetto°: uno-due, uno-due… Mio padre, con   *musket*
amarezza commentava: —Bella scuola quella che insegna a fare la guerra! E i
30 maestri che hanno paura e non si ribellano. Che cosa può venire? La guerra vera e allora sarà la fine.

"La fine di che cosa?" Pensavo. Ma non osavo domandarlo a mio padre per non farlo arrabbiare.

…

35 Come maestro, il mio primo giorno è stato altrettanto deludente°. Avevo il   ***altrettanto**: just as disappointing / **posto**: tenured position*
diploma, un posto di ruolo°, una classe mia, ma non sapevo nulla dei bambini
perché l'Istituto Magistrale[1] ci aveva insegnato la storia della pedagogia ma non i
problemi dell'età evolutiva. Che fare allora? Ero passato dal banco alla cattedra e
feci quello che avevo visto fare dai miei insegnanti: piccole prediche moraleggianti,
40 lezioni, dettati, esercizi, interrogazioni, voti… E i bambini, distratti e annoiati, che
facevano tutto per dovere e per timore, senza interesse e partecipazione.

Era il 1948, la guerra era finita da tre anni e le madri giustificavano i figli
dicendo: —Che vuole, maestro, sono i frutti degli spaventi di guerra!

Ma nel gioco non erano così.

45 Quando uscivano sulla strada, oltre la soglia° erano diversi: le bocche che qui   *threshold*
erano mute là parlavano e gridavano, erano bambini felici. Li osservavo mentre
giocavano nel cortile: si muovevano con un'aggressività ricca di fantasia, un
comportamento volitivo, una felicità motoria. Era il bambino eterno, vero, ricco
di vitalità e fantasia che esprime se stesso. La campana della scuola distruggeva
50 quello stato felice e rientravano fra i banchi a sopportare l'altra vita, quella
dell'obbligo° più o meno rassegnati. Nei loro occhi che mi guardavano in attesa   *duty*
di ciò che io avrei comandato di fare (tema?° dettato? problema? lettura? inter-   *composition*
rogazioni?) scoprivo la mia antica tristezza di scolaro studioso, diligente, disci-
plinato, ma per dovere, per timore.

…

---

[1] A four-year course of study that prepares elementary-school teachers.

55   Oggi altri bambini vivono il loro primo giorno di scuola portando con sé il patrimonio di conoscenze accumulate nel rapporto diretto con la natura, la famiglia, l'ambiente sociale in sei anni di esperienze, in un mondo dominato dal consumismo e dalla tecnologia, ricco di stimoli ma carico di paure e di problemi.

    Entrano in una scuola che opera secondo nuovi programmi grazie ai quali i
60 docenti non possono più ignorare la cultura del bambino.

Mario Lodi, *Il primo giorno*

Comprensione

1. Cosa c'era di diverso nel comportamento del padre il primo giorno di scuola?
2. A quale condizione il bambino poteva frequentare la scuola? Qual era la difficoltà?
3. Quali erano le opinioni politiche del padre? Perché era contrario ai metodi della scuola che il figlio doveva frequentare?
4. Come maestro, quali tecniche d'insegnamento usava da principio l'autore della storia? Come reagivano i bambini?
5. Cosa scopre il maestro durante la ricreazione in cortile? Come si comportavano i bambini nel gioco? Com'erano in classe?
6. Di che cosa devono tener conto gli insegnanti della scuola moderna?

Studio di parole

to introduce

introdurre
to introduce, to insert, to bring in

Per aprire la porta, dobbiamo introdurre la chiave nella serratura.
To open the door, we have to insert the key into the keyhole.

Chi ha introdotto il tabacco in Europa?
Who introduced tobacco in Europe?

presentare
to introduce, to get people acquainted

Tu conosci Mariangela? Chi te l'ha presentata?
Do you know Mariangela? Who introduced her to you?

to move

muovere
to move, to cause to change place or position

Il vento muove le foglie.
The wind moves the leaves.

commuovere
to move, to touch, to arouse the feelings of

La notizia della sua morte ci ha profondamente commosso.
The news of his death deeply moved us.

muoversi

to move, to change place or position

La luna si muove intorno alla terra.
The moon moves around the earth.

traslocare or **cambiare casa**

to move, to change residence

Siamo molto occupati perché dobbiamo
traslocare (cambiare casa) la
settimana prossima.
*We're very busy because we have to move
next week.*

commuoversi

to be moved, touched

Io mi commuovo sempre quando sento
quest'aria.
I'm always moved when I hear this aria.

trasferirsi

*to move, to change residence (to a specified
location)*

Hanno intenzione di trasferirsi in
Australia.
They intend to move to Australia.

to fail

fallire

Used transitively: *to fail, to botch something*
Used intransitively: *to fail, to be unsuccessful,
to go bankrupt*

Chi ha fallito l'esperimento?
Who botched the experiment?

Molte banche fallirono durante la
depressione.
*Many banks failed during the
Depression.*

* **mancare di** + *infinitive*

to fail, to neglect to do something

Non mancare di salutare i tuoi genitori!
Don't forget to say hi to your parents!

bocciare

to fail, to flunk someone

Quest'anno i professori hanno bocciato
molti studenti.
This year teachers have failed many students.

Bocciare is very often used in the passive
(**essere bocciato**).

Roberto è stato bocciato in francese.
Roberto failed French.

Note the expression: **non superare un esame**
to fail an exam

L'esame era difficile e molti studenti non
l'hanno superato.
*The exam was difficult, and many students
failed it.*

Pratica

a. *Scegliere la parola o le parole che completano meglio la frase.*

1. Era una prova troppo difficile. Non sono stato sorpreso quando ho sentito che molti
l'avevano _____ .

2. L'ingegner Parodi deve _____ da Milano a Roma per ragioni di lavoro. La
moglie non è contenta: in sette anni di matrimonio ha già dovuto _____
quattro volte!

3. Non c'era vento e non una foglia _____ .

4. La storia delle tue disgrazie ci ha profondamente _____ .

5. La foto non è riuscita bene. Avevo detto ai bambini di stare fermi, ma invece loro _____ !

6. Voglio conoscere la ragazza seduta vicino alla finestra. Perché non me la _____ se la conosci?

7. I genitori di Riccardo sono preoccupati perché il figlio non ha fatto bene agli esami ed è stato _____ in due materie.

8. Non sapevi che bisogna _____ la carta telefonica nell'apparecchio prima di fare il numero?

b. *Scegliere le parole che completano meglio ogni brano.*

1. **La signora Fanelli racconta.** Mio padre era chimico e durante la guerra non _____ della città. Per paura dei bombardamenti, molti suoi amici sono andati ad abitare con la famiglia in campagna, ma lui non ha mai _____ di andare in laboratorio e lavorare ai suoi esperimenti. Invece noi bambini e la mamma _____ in un paesino di montagna. Alla fine della guerra siamo tornati alla casa di città. Era tanto tempo che non vedevamo nostro padre e ci siamo profondamente _____ .

2. **La conferenza.** È stata una conferenza noiosissima. L'oratore ha _____ molti concetti nuovi e difficili. Io avevo voglia di andare via ma ero seduto proprio al centro della sala e non potevo _____ . Inoltre non lontano da me c'era una signora dall'aspetto interessante, forse era quella tua collega che mi _____ alla mostra dei pittori surrealisti. L'idea mi consolava un po', ma invece no, era una mia studentessa che la settimana scorsa ho dovuto _____ in diritto internazionale. Peccato!

c. *Domande per Lei.*

1. Le piaceva andare a scuola? Perché sì, perché no?

2. Quali erano le Sue materie preferite? Quali circostanze gliele rendevano attraenti?

3. Ricorda in modo particolare, positivo o negativo, qualcuno dei Suoi insegnanti? Racconti.

4. Con l'eccezione di alcune scuole «a tempo pieno», i ragazzi italiani hanno la prima lezione alle 8,00; l'ultima finisce verso le 13,15. Si torna a casa per pranzo e nel pomeriggio ci sono tanti compiti da fare. La scuola non si preoccupa della vita sociale degli studenti, per esempio, non esistono né il cosiddetto *prom* né la cerimonia della *graduation*. Cosa ne pensa? Qual è, secondo Lei, la responsabilità della scuola?

5. Nel racconto di Mario Lodi il padre era ovviamente antifascista e non approvava i sistemi della scuola di Mussolini, eppure lascia che il figlio la frequenti. Ha ragione o ha torto? Perché?

6. All'inizio della sua carriera di maestro l'autore si rende conto che i suoi allievi appaiono distratti e annoiati in classe, ma durante il gioco, in cortile, sono felici e pieni di vita. Cosa ricorda Lei dei Suoi primi anni di scuola? Com'erano le lezioni e le attività di classe: interessanti, noiose, meccaniche, piene di fantasia… ? Come ricorda gli/le insegnanti?

Temi per componimento o discussione

1. Secondo Lei, quale delle affermazioni che seguono è la più importante e perché? La funzione principale della scuola è di:

   a. preparare a un lavoro.

   b. insegnare a pensare in maniera critica.

   c. offrire un'esperienza sociale che sviluppi la comprensione e la tolleranza.

2. Che cosa si aspettano gli studenti dalla scuola? Quali sono i loro diritti e i loro doveri?

3. Quali sono i diritti e i doveri degli insegnanti?

4. Nel mondo ci sono molte scuole che impongono agli allievi di indossare una divisa: per ragioni politiche, per eliminare la distinzione tra ricchi e poveri, per suggerire l'ubbidienza alle regole e all'autorità della scuola... Spieghi qual è il Suo punto di vista in proposito.

5. Secondo Lei, quali sono i problemi della scuola nel Suo paese? Come andrebbero risolti?

6. Mario Lodi afferma che: «I bambini oggi hanno il diritto di entrare nella scuola come cittadini e di vivere fin dal primo giorno i valori della libertà, della democrazia, della cooperazione, della pace». Le sembra che la scuola del Suo paese risponda a questi ideali? Le pare che ci siano difficoltà da risolvere? Quali?

RICERCA WEB

Il fascismo è definito come regime politico autoritario, stabilito in Italia dal 1922 al 1943, fondato sulla dittatura di un partito unico, l'esaltazione nazionalista e l'azione autoritaria dello stato.

   a. Il fascismo

   b. Benito Mussolini (1883–1945) fondatore del Partito Nazionale Fascista.

PER COMUNICARE

Due mamme.

—Ciao. Come sono andati gli esami di Carlo?

—Bene, bene. Ha preso la maturità a luglio, grazie a Dio! Eravamo così preoccupati! Se l'avessero rimandato anche solo in una o due materie, avremmo dovuto passare l'estate in città e spendere un mucchio di soldi in ripetizioni *(tutoring)*.

Studenti universitari in attesa dell'esame.

—Non so se ce la farò.

—Chissà se riuscirò a rispondere a tutto.

—Se vuole che gli parli di Bloomfield, sono rovinato/a.

—Ho paura di non ricordare più niente.

—Ho studiato tanto! Ci mancherebbe che andasse male!

—Se il prossimo che esce è bocciato, mi ritiro.

Dopo l'esame.

—Ancora non ci credo! M'ha dato ventotto!

—Non mi ha chiesto niente su D'Annunzio. Che fortuna!

—Che rabbia! Basta non sapere tre verbi latini e Paratore ti butta fuori!

—Basta, non ne posso più! Io l'esame di logica non lo passerò mai!

—Accidenti (*darn*)! Un respinto sul libretto proprio non ci voleva!

Espressioni per la vita universitaria

Le iscrizioni si aprono il 24 ottobre.	*Registration begins October 24th.*
Mi sono iscritto a Economia e Commercio.	*I enrolled in the School of Business.*
Ho ottenuto una borsa di studio.	*I was awarded a scholarship.*
Sono al terzo (primo, secondo) anno di Farmacia.	*I'm in the third (first, second) year of Pharmacy.*
Non frequento./Non vado a lezione.	*I don't attend any classes.*
Do (l'esame di) fisiologia a dicembre.	*I will take the physiology exam in December.*
Faccio la tesi con (il professor) Bernardini.	*I am doing my thesis with Prof. Bernardini.*
Devo parlare con il mio relatore.	*I must speak to my thesis advisor.*
Discuto la tesi a febbraio.	*I will defend my dissertation in February.*

Esprimere insicurezza

Ho paura di non essere pronto/a.	*I'm afraid I'm not prepared.*
Quasi quasi mi ritiro.	*I'm thinking about withdrawing.*
E se poi mi chiede/interroga su...	*And what if he asks me about . . .*
Spero solo che mi vada bene.	*I only hope I'll do well.*
Mi sembra di avere dimenticato tutto.	*It seems as if I've forgotten everything.*

Esprimere frustrazione

È andata male. Che rabbia!	*It didn't go well. How frustrating!*
Mi ha buttato fuori.	*The professor threw me out. (colloquial)*
Non ci mancava altro!	*That's all I needed.*
Lo sapevo!	*I knew it!*
Non ne posso più.	*I can't take it any longer.*
Non c'è più niente da fare.	*There is nothing else I can do.*
È la seconda volta che mi boccia.	*This is the second time he has flunked me.*
Eppure avevo studiato.	*And yet I did study.*

Esprimere sollievo dopo un esame

Meno male!	*Thank goodness!*
Ce l'ho fatta. M'ha dato ventiquattro.	*I made it. He/she gave me twenty-four.*
È andato benissimo.	*It went very well.*
Che sollievo!	*What a relief!*
Che fortuna!	*Such luck!*
Che bellezza!	*It's great!*
Non ci devo pensare più.	*I don't have to think about it any more.*
Se Dio vuole anche questa è fatta!	*Thank heavens. I can put this behind me.*
Ho preso trenta e lode. Da non crederci!	*. . . Hard to believe!*

Che cosa dice?

1. Un compagno di corso Le chiede se ha gli appunti di letteratura comparata. Lei non frequenta da più di due semestri.
2. Sta aspettando di dare l'esame di scienze politiche ma non si è preparato/a bene ed è incerto/a del risultato. Che cosa dice alla ragazza seduta vicino a Lei?
3. Dopo aver preso trenta e lode in chimica applicata, esce dall'aula dell'esame ed esclama...
4. Ha fatto la fila per due ore per iscriversi al terzo anno di Magistero *(Education)*, e la segreteria chiude proprio prima che tocchi a Lei.

Situazioni

1. La nonna è un po' anziana e non si ricorda mai che cosa Lei faccia all'università. Ogni volta che la va a trovare, Lei deve spiegarle che anno fa, a che corso di laurea si è iscritto/a, se ha ricevuto una borsa di studio, e quali saranno i Suoi prossimi esami. Immagini una conversazione in cui la nonna Le fa diverse domande e Lei risponde.
2. Dopo aver dato un esame per il quale aveva studiato molto, ma che non è andato molto bene, telefona ad un amico/un'amica per sfogarsi *(to vent one's feelings)*. Gli/le racconta com'è andato l'intero esame. L'amico/a cerca di farLe coraggio e di convincerLa che prendere diciotto non è la fine del mondo.
3. Subito dopo aver dato la maturità, sta cercando di decidere a quale facoltà iscriversi. Telefoni a un'interprete che Lei conosce solo di vista e che ha fatto lingue orientali a Ca' Foscari a Venezia. Le domandi quali sono i professori migliori, i seminari più o meno difficili, gli esami più o meno impegnativi. La signora Le risponde specificamente, dandoLe anche consigli sulle possibilità di lavoro dopo l'università.

La famiglia, la donna, la mamma. La famiglia italiana è essenzialmente urbana, cellulare e poco numerosa. Essendo diminuita l'autorità della chiesa cattolica e offrendo il mercato ampia scelta di anticoncezionali, molte famiglie decidono di limitare il numero dei figli. La legge italiana prevede anche l'aborto, essa inoltre autorizza i coniugi a divorziare dopo aver trascorso un periodo di tre anni legalmente separati.

Il mercato del lavoro è aperto alle donne in tutte le attività professionali, pur restando qualche volta il titolo al maschile per ragioni storiche, per cui si continua a parlare di donne avvocato, medico, chimico, ingegnere, architetto. Sono molte le donne che si dichiarano contente di aver scelto di lavorare, invece di restare a casa e fare le casalinghe, e che si aspettano di avere successo. Non mancano gli esempi: c'è una donna premio Nobel per la medicina, Rita Levi Montalcini, c'è una donna architetto famosa, Gae Aulenti, e c'è un gran numero di professioniste e di donne attive in politica.

Curare la propria salute è facile in quanto esiste la medicina di stato. I neonati danno diritto alle mamme lavoratrici a cinque mesi di congedo a stipendio intero, tre mesi prima e due mesi dopo il parto. Anche i papà possono lasciare il lavoro per malattia dei figli o della moglie senza perdere lo stipendio.

I collettivi femministi, esistenti ormai da molti anni, offrono consultori, centri sociali e asili nido per i bambini fino a tre anni. Gli asili infantili pubblici e privati sono istituti educativi per bambini dall'età di tre anni all'inizio della scuola elementare.

Non mancano gli elettrodomestici, grandi e piccoli, che senza dubbio facilitano la vita delle casalinghe, e sono molte le famiglie che possiedono più di un'automobile. Non dimentichiamo poi i nonni che, essendo in pensione, e avendo tempo libero, sono spesso disponibili per passare le giornate con i nipotini malati, aiutarli a fare i compiti o portarli ai giardini pubblici. È questo uno dei vantaggi della poca mobilità degli italiani. I figli crescono, trovano un lavoro, si sposano, ma la tendenza è di restare nella città natale, dove sono i parenti e gli amici di vecchia data, e dalla quale si tende ad allontanarsi quando le circostanze lo esigono, ma spesso non per scelta personale.

Vocabolario utile

amici di vecchia data   old friendships
l'anticoncezionale   contraceptive
l'asilo (infantile)   nursery school
la casalinga   housewife
la clinica   private health facility
il collettivo   self-help group
il congedo   leave of absence
il coniuge   spouse
il consultorio   public health center
il femminismo   feminism

la giornata lavorativa   working day
la gravidanza   pregnancy
la medicina di stato   public health care
il neonato   newborn
il nido   (*lit:* nest) day-care center
la parità dei diritti   equal rights
il parto   childbirth
il posto di lavoro   job, position
la professionista   professional woman

aver accesso a   to have access to
aver diritto a   to be entitled to
battersi per   to fight for
esigere   to require, to demand

occuparsi di   to take care of
realizzarsi   to fulfill oneself
tendere a   to be inclined to, to tend to
tenuto conto che   considering that

ESERCIZI

a. *Vero o falso?*

_____ 1. La famiglia italiana continua ad essere tradizionale con tre generazioni viventi sotto lo stesso tetto.

_____ 2. In Italia l'aborto è legale.

_____ 3. In Italia non è possibile divorziare.

_____ 4. Per le donne italiane è difficile l'accesso alle professioni.

_____ 5. Le donne italiane stanno in casa a cucinare e ad occuparsi della famiglia.

_____ 6. In Italia l'assistenza medica è garantita a tutti.

_____ 7. Le future mamme rimangono cinque mesi senza stipendio, poi tornano al loro posto di lavoro.

_____ 8. I padri hanno diritto al congedo per malattia della moglie o dei figli.

_____ 9. I collettivi femministi offrono servizi inutili.

_____ 10. Non esistono strutture che permettano alle madri di famiglia di lavorare.

b. *Inserire le parole che meglio completano le frasi.*

1. Le mamme lavoratrici in attesa di un bambino _____ a cinque mesi di congedo a stipendio intero.
2. Le donne italiane hanno libero _____ a tutte le professioni.
3. I _____ femministi offrono vari servizi sociali.
4. Dopo i tre anni i bambini italiani possono andare _____.
5. In Italia la salute pubblica è protetta dalla _____.
6. Non tutte le donne italiane lavorano; molte scelgono di _____ a casa e di _____ del marito e dei figli.
7. Per i nonni in pensione non è difficile _____ dei nipotini.
8. I figli grandi _____ ad abitare nella città dove sono nati e dove hanno _____ ed _____.

STRUTTURA

I. Infinito

A. The infinitive is the unconjugated form of a verb. It corresponds to *to* + *verb* in English (*to love*) or the gerund (*loving*). The infinitive has two forms: the simple (or present) infinitive and the compound (or past) infinitive, which is made up of **avere** or **essere** plus the past participle of the main verb.

INFINITO PRESENTE	INFINITO PASSATO
amare	**avere amato**
to love	*to have loved*
perdere	**avere perduto**
to lose	*to have lost*
partire	**essere partito/a/i/e**
to leave	*to have left*

Note that the past infinitive is translated as *to have + verb,* even when it is formed with **essere.** Also note that when the past infinitive is formed with **essere,** the past participle agrees with the subject in gender and number.

B. In both forms, object pronouns follow the infinitive and are attached to it to form one word. The final **-e** of the infinitive is dropped.

Sarebbe bene dir**glielo.**
It would be a good idea to tell it to him.

Non credo di aver**la** invitata.
I don't think I invited her.

Preferisci veder**li** ora o più tardi?
Do you prefer to see them now or later?

Vino? Spero di aver**ne** comprato abbastanza.
Wine? I hope I bought enough.

C. Reflexive pronouns are also attached to the infinitives of reflexive verbs and must match the subject (p. 119).

Io vorrei lavar**mi.**
I would like to wash.

Voi vorreste lavar**vi?**
Would you like to wash?

In the case of reflexive compound infinitives, the pronoun is attached to **essere,** and the past participle agrees with the subject in gender and number.

Dopo esser**ci** alzati, abbiamo mangiato.
After getting up, we ate.

Laura non crede di esser**si** divertita.
Laura doesn't think she had a good time.

ᥫᩮ Uso dell'infinito presente

A. The infinitive may be used:

1. As the subject of a sentence.

    Parlare con lui è un vero piacere.
    Speaking with him is a real pleasure.

2. With an impersonal expression containing **essere.**

    Non sapevo che **fosse proibito parcheggiare** qui.
    I didn't know it was forbidden to park here.

3. As an imperative in impersonal commands (see p. 250).

    Tenere la destra.
    Keep right.

4. As an object of verbs like **volere, potere,** and **dovere** and verbs expressing likes and dislikes, wishing, preferring, etc. (see Appendix, p. 380).

    Non volevano uscire.
    They did not want to go out.

    Preferivano aspettare.
    They preferred to wait.

B. Most verbs require a preposition before a dependent infinitive.

1. Certain verbs require **a** before a dependent infinitive; others require **di**. There are no general rules governing the usage of **a** and **di**; practice and the dictionary must serve as guides. For a list see the Appendix, pp. 378–380.

S'è abituato **a bere** l'espresso.
He got used to drinking espresso.

Ti diverti **a guardare** i treni.
You have fun watching trains.

Proviamo **a entrare**!
Let's try to get in!

Riesci **a leggere** senza occhiali?
Can you read without glasses?

Non vuoi ammettere **di aver** torto?
Don't you want to admit you're wrong?

Hanno deciso **di partire** in aereo.
They decided to leave by plane.

Vi ringrazio **d'esser venuti**.
Thank you for coming.

Hanno paura **di uscire** sole la sera.
They're afraid to go out alone at night.

2. Some frequently used verbs change meaning according to the preposition that follows them.

cominciare a + *infinitive*
cominciare con + *article* + *infinitive*

finire di + *infinitive*
finire per + *infinitive*

decidere di + *infinitive*
decidersi a + *infinitive*

to begin, to start doing something
to begin by (the first thing in a series)

to finish, to be through doing something
to end up doing something, to do it eventually

to decide to do something
to make up one's mind to do something

Quando ha cominciato **a nevicare**?
When did it begin to snow?

Hai finito **di piangere**?
Have you finished crying?

Ho deciso **di partire**.
I decided to leave.

Hanno cominciato **col chiedere** cinquanta euro.
They started by asking 50 euros.

Finirai **per stancarmi**.
You'll end up making me tired.

Mi sono deciso **a partire**.
I made up my mind to leave.

C. Most adjectives require a preposition before a dependent infinitive.

1. Certain adjectives require **a** before a dependent infinitive; others require **di**. For a list see the Appendix, p. 381.

Erano abituati **a fare** la siesta.
They were used to taking a siesta.

State attenti **a non bruciarvi**!
Be careful not to burn yourselves!

Carlo è stato il primo studente **a finire**.
Carlo was the first student to finish.

Sono sempre pronti **ad aiutarci**.
They are always ready to help us.

Silvia era ansiosa **di essere** sola.
Silvia was anxious to be alone.

Sareste capaci **di dirglielo**?
Would you be able to tell it to him?

Eravamo stanchi **di leggere**.
We were tired of reading.

Sembravano contenti **di vederci**.
They seemed happy to see us.

2. Some adjectives require **da** + *infinitive* or, less commonly, **a** + *infinitive* in the reflexive form if the dependent infinitive has a passive meaning.

facile	*easy*	**difficile**	*difficult*	**orribile**	*horrible*
bello	*beautiful*	**brutto**	*ugly*	**eccellente**	*excellent*
buono	*good*	**cattivo**	*bad*		

Questo formaggio è buono **da mangiare** con la frutta.
This cheese is good to eat with fruit.

La parità è difficile **da ottenere.**
Equal rights are difficult to obtain.

Era una cosa orribile **da vedere** (**a vedersi**).
It was a horrible thing to see.

D. Nouns also require a preposition before a dependent infinitive.

1. **Da** is used before an infinitive when the infinitive indicates the purpose and use of the noun. Note that the infinitive expresses a passive meaning.

Chi ha tempo **da perdere?**
Who has time to waste?

Dov'è la roba **da mangiare?**
Where are the things to eat?

Casablanca era un film **da vedere.**
Casablanca *was a film to see.*

Cerco i pacchi **da spedire.**
I'm looking for the packages to be mailed.

2. **Di** (rarely **a** or **per**) is used before an infinitive in all other cases. Note that the infinitive then expresses an active meaning.

Chi ti ha dato il permesso **di parlare?**
Who gave you permission to talk?

Fammi il piacere **di venire** a trovarmi.
Do me the favor of coming to see me.

È ora **di mangiare?**
Is it time to eat?

Mi piace il suo modo **di rispondere.**
I like his way of answering.

E. Prepositions that are not governed by a verb, adjective, or noun can introduce the infinitive to form prepositional phrases.

1. The prepositions **a, da, in, con, su,** and **tra** require the masculine singular article, which combines with the preposition before the infinitive.

Nel rispondere cerca d'essere chiaro!
In answering try to be clear!

Ho fatto uno sbaglio **nell'usare** questo verbo.
I made a mistake in using this verb.

Dal dire al fare c'è di mezzo il mare.
There's many a slip twixt the cup and the lip.

Col passare del tempo tutto s'aggiusta.
With the passage of time everything works out. (Time heals all.)

2. Other prepositions can introduce an infinitive without an article.

invece di	*instead of*	prima di	*before*
oltre a (oltre che)	*besides, in addition to*	senza	*without*
per	*to, in order to*	tranne (che)	*except*
piuttosto che	*rather than*		

Perché giocate **invece di studiare?**
Why are you playing instead of studying?

Sei venuto da me solo **per parlare** di affari?
Have you come to my house only to talk business?

ESERCIZI

a. *Sostituire l'infinito al nome indicato.*

ESEMPIO   *Il nuoto* fa bene a tutti.
  Nuotare fa bene a tutti.

1. *La lettura* era la nostra passione.
2. Vi piace *lo studio?*
3. *L'amore* per i propri figli dovrebbe essere una cosa istintiva.
4. *La scelta* di una professione non è sempre facile.
5. Ci conforta *il pensiero* che l'inverno è quasi finito.
6. *La sorveglianza* dei bambini era la sua unica preoccupazione.
7. *La vita* riserva continue sorprese.
8. Non credi che *la confessione* sia un atto di coraggio?

b. **Preposizioni.** *Completare ogni frase con la preposizione corretta, quando è necessaria.*

1. Non vengo ora perché ho paura _____ disturbarvi.
2. Sono facili _____ imparare le lingue orientali?
3. Ci sono domande a cui è impossibile _____ rispondere.
4. Hai qualche buona notizia _____ darmi?
5. Siamo contenti _____ informarvi che non è necessario _____ aspettare.
6. Io non sarei stato capace _____ fare bene come te.
7. Faresti meglio _____ tacere se non vuoi _____ offendere nessuno.
8. Marco è stato il solo studente _____ finire l'esame e _____ uscire prima di mezzogiorno.
9. Chi vi ha dato l'ordine _____ chiudere il negozio?
10. Ho voglia _____ fare qualcosa: perché non andiamo _____ ballare?
11. Se continuano _____ correre così, finiranno _____ stancarsi.
12. Era un concetto difficile _____ capire.
13. Pensate che sia difficile _____ camminare nel bosco?
14. Mi rifiuto _____ credere che non avete intenzione _____ venire alla mia festa.

c. **Abitudini alimentari.** *Rispondere alle seguenti domande.*

1. Che cosa è stanco/a di mangiare?
2. Quanti ravioli (quante pizze, quanti gelati) è capace di mangiare?
3. Che cosa è disposto/a ad eliminare dalla Sua dieta?
4. Che piatto è curioso/a di provare?
5. Che cosa è abituato/a a bere durante i pasti?
6. Sarebbe contento/a di rinunciare ai dolci per un anno?

d. **La gravidanza.** *Il medico consiglia a Beatrice di fare le seguenti cose durante la gravidanza. Seguire l'esempio.*

ESEMPIO *Faccia una passeggiata ogni giorno! È meglio.*
          Ah, è meglio fare una passeggiata ogni giorno?

1. Non fumi! È pericoloso.
2. Mangi adeguatamente! È essenziale.
3. Non faccia molti sforzi! È sbagliato.
4. Non beva alcolici! È importante.
5. Cerchi di rilassarsi! È meglio.
6. Smetta di lavorare! È necessario.
7. Non prenda medicine inutili! È più prudente.
8. Non faccia tardi la sera! È consigliabile.
9. Venga per la visita di controllo mensile! È opportuno.
10. Non vada in motocicletta! È rischioso.

e. *Formare nuove frasi col contrario delle parole indicate.*

> **ESEMPIO**   Ho *cominciato* a scrivere alle undici.
> **Ho finito di scrivere alle undici.**

1. Fu il *primo* ad andarsene.
2. È *utile* conoscere le lingue?
3. Il maestro ci *permise* di uscire.
4. Quando ha *smesso* di parlare?
5. Si sono *dimenticati* di comprare il caffè.
6. È un dolce *facile* a farsi.
7. Ha *torto* di lamentarsi.
8. Hanno fatto *bene* a venire.

f. **Viva le donne!** *Ecco quanto è emerso da un recente incontro femminista. Formare delle nuove frasi con i verbi indicati. Usare le preposizioni necessarie.*

1. Le donne non hanno ancora *ottenuto* la parità dei diritti.
   a. Cercano...
   b. Vogliono...
   c. Non sono riuscite...

2. Infatti, non *hanno* completo *accesso* ai posti di lavoro più prestigiosi...
   a. Non volete...
   b. Vi piacerebbe...
   c. Siete le sole...
   d. Chiedono...

3. Incoraggiamo ogni donna a *battersi* per la propria liberazione.
   a. Mi hanno detto...
   b. Ci hanno consigliato...
   c. Non sono riuscita...
   d. Avrei voluto...

g. *Sostituire alle parole in corsivo* **prima di** + infinito *o* **prima che** + congiuntivo, *usando gli esempi come guida.*

> **ESEMPI**   *Prima della partenza* sono venuti a salutarci.
> **Prima di partire sono venuti a salutarci.**
> *Prima del tuo arrivo* devo pulire la casa.
> **Prima che tu arrivi devo pulire la casa.**

1. Finirò il lavoro *prima del vostro ritorno*.
2. Andammo via *prima della fine del film*.
3. *Prima della partenza* telefonateci!
4. Ha fatto molto freddo *prima del mio arrivo*.
5. Partì *prima della vostra telefonata*.
6. *Prima della scelta* eravamo tutti indecisi.
7. *Prima della loro venuta* non sapevo cosa fare.

∾ Uso dell'infinito passato

The past infinitive is used instead of the present infinitive to express an action that has clearly taken place before the action expressed by the main verb of the sentence. It can be introduced by a verb or expression and must *always* be used after the preposition **dopo.**

Siete contenti di **avere scelto** l'italiano?
Are you glad you chose Italian?

Non credo di **averli capiti.**
I don't think I understood them.

Cosa hai fatto **dopo essere ritornato** a casa?
What did you do after returning home?

The past infinitive is always used after the verb **ringraziare.**

Vi ringrazio **di (per) essere venuti** e **di (per) averci portato** i fiori.
I thank you for coming and for bringing us the flowers.

ESERCIZI

a. **I pensieri di Beatrice.** *Sostituire l'infinito passato all'infinito presente.*

ESEMPIO   Spero di essere brava.
Spero di essere stata brava.

1. Sono contenta di vedere spesso il dottore e di potergli parlare della mie paure.
2. Temo di pagare troppo le visite.
3. Dubito di saper seguire tutti i suoi consigli.
4. Il dottore spera di tranquillizzarmi.
5. Mio marito vorrebbe preparare la stanza del bambino prima del parto.
6. Io preferisco dedicarmi allo studio della psicologia infantile.
7. Sono contenta di poter scegliere la clinica Sant'Anna.
8. Non credo di perdere il controllo durante il parto.
9. Temo solo di spaventarmi un po' della nuova esperienza.
10. È nata Francesca e mia madre dice di pensare lei a dare l'annuncio a parenti ed amici.

b. **Prima e dopo.** *Mettere* **dopo** *al posto di* **prima di** *e fare i cambiamenti necessari.*

ESEMPIO   Ho avuto dei dubbi prima di prendere questa decisione.
Ho avuto dei dubbi dopo aver preso questa decisione.

1. Gino ha trovato un lavoro prima di laurearsi.
2. Sono venuti a casa nostra prima di andare al cinema.
3. Ce ne siamo andati prima di sapere i risultati.
4. Carla passerà da me prima di fare la spesa.
5. Partimmo prima di ricevere il telegramma.
6. Telefonerete prima di cenare?
7. Mi disse «Buona sera» prima di stringermi la mano.
8. Sei andato via prima di renderti conto del pericolo.

II. Gerundio

The Italian **gerundio** is not the same as the gerund in English (*Reading* is important). Instead, it usually corresponds to the English present participle: *Reading* your letter, I found many mistakes.

A. The **gerundio** has two forms: the simple (or present) gerund formed by adding **-ando** to the stem of **-are** verbs, and **-endo** to the stem of **-ere** and **-ire** verbs; and the compound (or past) gerund, formed with **avendo** or **essendo** plus the past participle of the main verb.

GERUNDIO PRESENTE	GERUNDIO PASSATO
amando *loving*	**avendo amato** *having loved*
perdendo *losing*	**avendo perduto** *having lost*
partendo *leaving*	**essendo partito/a/i/e** *having left*

Note that the translation of the compound gerund is *having* + verb, even when it is formed with **essendo**. Note also that the simple gerund is invariable and that when the compound gerund is formed with **essendo,** the past participle agrees with the subject in gender and number.

B. Verbs that use the Latin stem to form the **imperfetto** also use the same stem to form the gerund.

bere	(bevevo)	**bevendo**
dire	(dicevo)	**dicendo**
fare	(facevo)	**facendo**
introdurre	(introducevo)	**introducendo**
porre[1]	(ponevo)	**ponendo**

C. Reflexive and object pronouns follow the gerund and are attached to it to form one word. In the compound gerund they are attached to **avendo** or **essendo.**

Non sentendo**mi** bene, ho chiamato il dottore.
Not feeling well, I called the doctor.

Non avendo**la** vista, non ho potuto parlarle.
Not having seen her, I was unable to talk to her.

---

[1] Other verbs ending in **-porre** also use the stem **-pon-.**

♋ Uso del gerundio presente

1. The **gerundio presente** is used with the **presente** or the **imperfetto** of stare[1] to express an action in progress in the present or in the past: **sto lavorando,** *I am (in the process of) working;* **stavo lavorando,** *I was (in the process of) working.*[2] Note that the progressive forms are used less frequently in Italian than in English.

FORME PROGRESSIVE			
PRESENTE		**IMPERFETTO**	
sto stai sta stiamo state stanno	} lavorando	stavo stavi stava stavamo stavate stavano	} lavorando

Non fate rumore: il bambino **sta dormendo** (dorme).
Don't make noise; the baby is sleeping.

Che cosa **stai (vai) dicendo** (dici)?
What are you saying?

Stavamo uscendo (uscivamo) di casa quando squillò il telefono.
We were leaving the house when the telephone rang.

Quando arrivammo noi, loro **stavano facendo** (facevano) colazione.
When we arrived they were having breakfast.

Note the difference:

lavoro: *I am working, I work*
lavoravo: *I was working, I used to work*

sto lavorando: *I am working (right now)*
stavo lavorando: *I was working (right at that time)*

In the **stare** + *gerund* construction, reflexive and object pronouns may precede **stare** or be attached to the gerund.

Stavo vestendo**mi** quando sono venuti.
Mi stavo vestendo quando sono venuti.
I was dressing when they came.

Stavamo telefonando**ti,** cara.
Ti stavamo telefonando, cara.
We were calling you, dear.

2. The **gerundio presente** is also used to express an action or state of being that accompanies the action of the main verb. It is often the equivalent of a dependent clause expressing time, means, manner, condition, or cause. Note that there are several English equivalents for this use of the gerund in Italian and that there is no equivalent in Italian for *while, on, in, by* when followed by the *-ing* form of the verb.

---

[1] And, less commonly, **andare.**

[2] The progressive forms are also used in the subjunctive (present and imperfect): **Non credo che tu stia studiando.** *I don't believe you're studying.* **Pensavo che tu stessi cucinando.** *I thought you were cooking.*

Essendo (= dato che erano) malati, non sono andati a scuola.
Being sick, they did not go to school.

Volendo (= se volete) potete riuscire.
You can succeed if you want to.

È diventato ricco **lavorando** molto.
He became rich by working hard.

The gerund must have the same subject as that of the main verb. If the subject is different, a clause is used instead of the gerund. Compare the following two sentences:

L'ho incontrato **camminando** in via Veneto.
I met him walking (= while I was walking) on Via Veneto.

L'ho incontrato **che camminava (mentre camminava)** in Via Veneto.
I met him walking (= while he was walking) on Via Veneto.

3. No preposition or conjunction is used before the gerund in Italian, except for **pur(e)**. **Pur** + *gerund* is the equivalent of a clause expressing concession (**benché** or **sebbene** + *subjunctive*).

Pur studiando (Benché studi), non impara niente.
Although he studies (Despite studying), he doesn't learn a thing.

ESERCIZI

a. **In ufficio.** *Il dottor Belloli è un direttore estremamente pignolo e vuol sempre sapere che cosa fanno i suoi dipendenti* (employees). *Seguire l'esempio.*

ESEMPIO Marta / lavorare al bilancio annuale
STUDENTE 1 **E Marta a che cosa sta lavorando?**
STUDENTE 2 **Sta lavorando al bilancio annuale.**

1. Edoardo / parlare con un cliente
2. tu / battere a macchina la lettera per la ditta Frattini
3. il ragionier Martelli / controllare i conti di novembre
4. gli avvocati / preparare un contratto
5. Lei e il capufficio / discutere gli ordini per il prossimo anno
6. gli esperti di marketing / organizzare la vendita di un nuovo prodotto
7. il vice-direttore / chiudersi in ufficio per telefonare alla fidanzata
8. Filippo / andare allo snack-bar a mangiare un tramezzino
9. la signora Laura / brontolare (*to grumble*) perché non trova un documento importante

b. *Sostituire a* **stare per** + infinito (to be about to do something) *la forma* **stare** + gerundio (to be doing something).

ESEMPIO La ragazza sta per uscire.
La ragazza sta uscendo.

1. Gli operai stanno per prendere l'autobus.
2. Il dottore sta per visitare la bambina.
3. Stavamo per uscire di casa; non stavamo per vestirci.

—Sta parlando con me professore?

4. Stai per leggere il brano o stai per tradurlo?
5. Cosa stavi per bere?
6. Stavo per dire una sciocchezza!

c. **Intervista.** *Intervistiamo alcuni amici sposati. Cosa stavano facendo quando si sono visti per la prima volta? Utilizzare le seguenti espressioni o crearne delle nuove.*

ESEMPI camminare
Quando l'ho vista, stava camminando.
tagliare l'erba
Quando l'ho visto, stava tagliando l'erba.

1. correre nel parco
2. prendere il sole
3. salire sull'autobus
4. scendere dal treno
5. fare l'aerobica
6. pagare alla cassa
7. giocare a carte
8. servire un hamburger

d. *Formare nuove frasi mettendo il gerundio al posto delle parole fra parentesi.*

ESEMPIO (Mentre tornavo) da scuola, ho incontrato lo zio.
Tornando da scuola, ho incontrato lo zio.

1. I bambini correvano (mentre giocavano) al pallone.
2. (Se tu lo vedessi) forse lo riconosceresti.
3. (Benché sapessero) la risposta, sono stati zitti.
4. (Con l'insistere) troppo, non ha ottenuto niente.
5. (Dato che non avevano) spiccioli, non mi hanno potuto dare il resto.
6. (Nello scrivergli) mi sono accorto che dovevo dirgli troppe cose.
7. Sono arrivata in ritardo (perché credevo) che la riunione fosse alle cinque.
8. (Se non comprate) il biglietto, risparmiate cinque dollari.
9. (Poiché abita) in campagna e (conosce) poche persone, quella ragazza è timida e insicura.
10. (Quando ti prepari) per l'esame, non dimenticare di studiare il gerundio!

e. *Formare un'unica frase usando il gerundio del verbo della prima frase.*

> ESEMPIO   Prendono il caffè. Chiacchierano.
> **Prendendo il caffè, chiacchierano.**

1. Voi fate attenzione. Imparate molto.
2. Leggeva la lettera. Piangeva.
3. Dormivo. Ho fatto un brutto sogno.
4. Devo partire. Verrò a salutarvi.
5. Si sente stanca. È andata a letto.
6. Guardavamo la televisione. Ci siamo addormentati.
7. Non accetti il nostro invito. Ci offendi.
8. Si trovano bene qui. Sperano di restare.

f. **Viva le lingue straniere!** *Completare le seguenti frasi usando* **conoscere** *o* **conoscendo.**

1. _____ una lingua straniera è importante.
2. _____ una lingua straniera, dovresti trovare un lavoro migliore.
3. Pur _____ più di una lingua straniera, Mario è disoccupato.
4. Per _____ bene una lingua straniera, ci vogliono molti anni di studio.
5. In America, quante sono le persone che hanno bisogno di _____ una lingua straniera?
6. Com'è possibile vivere in un paese straniero senza _____ la lingua di quel paese?

g. **Conversazione.**

1. In che modo può migliorare il Suo italiano?
2. Come si diverte in un giorno di pioggia?
3. Come può aiutare le persone sole?
4. Come è possibile diventare ricchi secondo Lei?

∾ Uso del gerundio passato

When the action expressed by the gerund has clearly taken place *before* the action of the main verb, the **gerundio passato** is used.

Avendo letto molti libri, Franco sa molte cose.
Having read many books, Franco knows a great deal.

Essendo partiti presto, siamo arrivati presto.
Having left early, we arrived early.

Note that the tense of the main verb does not influence the choice of the **gerundio presente** or the **gerundio passato.**

ESERCIZI

a. Causa ed effetto. *Formare un'unica frase seguendo l'esempio.*

> **ESEMPIO**   Ho trovato il caffè cattivo. Ho ordinato del tè.
> **Avendo trovato il caffè cattivo, ho ordinato del tè.**

1. Ho perduto molte lezioni. Sono rimasto indietro.
2. Ha bevuto troppo. È stato male tutta la notte.
3. Hanno finito di mangiare. Sono usciti dal ristorante.
4. Si è rotta una gamba. È andata all'ospedale.
5. Hai perso la scommessa. Devi pagarci un pranzo.
6. Abbiamo perso l'aereo. Arriveremo dopo.
7. Mi sono confusa. Non ho superato l'esame.

b. Benché... *Formare nuove frasi usando* **pur** + *gerundio (presente o passato) al posto di* **benché** + *congiuntivo.*

> **ESEMPIO**   Benché sia stanco, esco.
> **Pur essendo stanco, esco.**

1. Benché fosse raffreddato e non si sentisse bene, il tenore ha voluto cantare lo stesso.
2. Benché avessi mangiato tanto in fretta, ero riuscito a sentire il gusto del formaggio.
3. Benché lo sapesse, non volle dire il nome del ladro.
4. Benché avessero studiato poco, sono riusciti a farcela agli esami.
5. Benché mi conosceste, non mi avete salutato.
6. Benché lavorassimo molto, non guadagnavamo abbastanza.
7. Benché fossero partiti tardi, arrivarono in tempo.
8. Benché io apprezzi l'eleganza nel vestire, non faccio mai attenzione agli abiti delle persone.

III. Participio

The Italian participle has two forms: the present and the past.

A. The **participio presente** (*present participle*) is formed by adding **-ante** to the stem of **-are** verbs and **-ente** to the stem of **-ere** and **-ire** verbs.

PARTICIPIO PRESENTE		
amare	**amante**	*loving*
perdere	**perdente**	*losing*
partire	**partente**	*leaving*

1. The participio presente is mostly used as an adjective, and as such agrees with the noun it modifies.

Era una lettera **commovente** e **convincente**.   Ho visto molte facce **sorridenti**.
It was a moving and convincing letter.   *I saw many smiling faces.*

2. Sometimes the present participle is used as a noun.

i grandi **cantanti**
the great singers

gli **abitanti** di Roma
the inhabitants of Rome

il mio **assistente**
my assistant

insegnanti e **studenti**
teachers and students

3. When the present participle is used as a verb, it is the equivalent of a relative clause.

Quanti sono i cittadini italiani **residenti** (= **che risiedono**) all'estero?
How many Italian citizens are (How many are the Italian citizens) residing abroad?

Ho comprato un quadro **rappresentante** (= **che rappresenta**) un tramonto.
I bought a picture representing a sunset.

Strada di paese alle due del pomeriggio. Dove saranno gli abitanti?

B. The **participio passato** (*past participle*) is formed by adding **-ato** to the stem of **-are** verbs, **-uto** to the stem of **-ere** verbs, and **-ito** to the stem of **-ire** verbs.

PARTICIPIO PASSATO		
amare	**amato**	*loved*
perdere	**perduto**	*lost*
partire	**partito**	*left*

A number of verbs, especially **-ere** verbs, have irregular past participles. Several endings are possible: **-so (-sso), -lto, -nto, -to (-tto), -sto.**

muovere *to move*	**mosso**
togliere *to remove*	**tolto**
vincere *to win*	**vinto**
morire *to die*	**morto**
chiedere *to ask*	**chiesto**

For a list of verbs with irregular past participles, see Capitolo 3, p. 57, and the Appendix, pp. 395–396.

Uso del participio passato

A. The past participle is used with an auxiliary verb, either **avere** or **essere,** to form compound tenses of verbs.[1]

Stefano **ha scritto** molte cartoline.
Stefano wrote many postcards.

È andato a spedirle.
He went to mail them.

In the compound tenses, the past participle is often subject to agreement. If the verb is conjugated with **avere** and a direct object pronoun precedes the verb, the past participle often agrees in gender and number with the direct object (see pp. 91–92). When the verb is conjugated with **essere,** the past participle agrees with the subject (see p. 56).

B. When used as an adjective, the past participle must agree in gender and number with the noun it modifies.

Era una lettera ben **scritta.**
It was a well-written letter.

L'avvocato sembrava **soddisfatto.**
The lawyer seemed satisfied.

Perché le finestre non sono **chiuse?**
Why aren't the windows closed?

C. The past participle is sometimes used as a noun.

Conosci gli **scritti** di Dante?
Do you know Dante's writings?

Un **laureato** è qualcuno che ha finito l'università.
A "laureato" is someone who has received a university degree.

D. The past participle is frequently used, without an auxiliary verb, in place of the compound gerund (*having finished*) or **dopo** + *compound infinitive* (*after finishing*).

Arrivati alla porta,
Essendo arrivati alla porta, } abbiamo suonato il campanello.
Dopo essere arrivati alla porta,
Once we arrived (Upon arriving) at the door, we rang the bell.

1. Reflexive and object pronouns follow the past participle and are attached to it, forming one word.

   Messosi il cappotto, Paolo non aveva più freddo.
   After he put on his winter coat, Paolo was no longer cold.

   Vistala sola, mi sono avvicinato alla donna.
   Seeing her alone (When I saw that she was alone), I went over to the woman.

2. Note the agreement of the past participle in these constructions: If the verb used is conjugated with **avere,** and if there is a direct object, the past participle agrees in gender and number with its direct object.

---

[1] For a more complete discussion of the compound tenses, see the **passato prossimo,** p. 55, the **trapassato prossimo,** p. 145, the **trapassato remoto,** p. 146, the **futuro anteriore,** p. 167–168, the **condizionale passato,** p. 172–173, and the compound tenses of the subjunctive, pp. 191–192, 217.

Fatta colazione, i bambini andarono a scuola.
Having had breakfast, the children went to school.

Fatto il compito, i bambini guardarono la TV.
After they did their homework, the children watched TV.

Presili per un braccio, li accompagnammo alla porta.
Having taken them by the arm, we accompanied them to the door.

If the verb is conjugated with **essere,** the past participle agrees with the subject.

Uscita dal portone, **la ragazza** attraversò la strada.
Having come out the front door, the girl crossed the street.

Alzatisi in piedi, **gli spettatori** hanno applaudito.
Having stood up, the spectators applauded.

The past participle may be preceded by **appena** or **dopo.**

Appena ricevuto il telegramma, partirono.
As soon as they received the telegram, they left.

Cosa farete **dopo mangiato?** Il bagno? Ma non è bene fare il bagno subito **dopo mangiato!**
What are you going to do after you eat? Go swimming? But it is not a good idea to go swimming right after you eat!

ESERCIZI

a. *Sostituire il participio passato alle costruzioni tra parentesi.*

ESEMPIO (Dopo essersi seduto) a tavola, lo zio cominciò a tagliare il pane.
Sedutosi a tavola, lo zio cominciò a tagliare il pane.

1. (Dopo aver letto) i libri, li riportai in biblioteca.
2. (Avendo sentito) uno strano rumore, si fermarono in un'officina.
3. (Dopo aver riparato) il guasto al motore, ripresero la strada.
4. (Essendo passato) il temporale, uscirà il sole.
5. (Quando finì) la guerra, tornammo alle nostre case.
6. (Dopo aver salutato) i parenti, siamo saliti sul treno.
7. (Dopo essersi cambiata) in fretta, la signora è uscita di nuovo.
8. (Avendo ricevuto) notizie dal figlio, la mamma è tranquilla.
9. (Dopo avermi detto) queste parole, ti sei allontanato.
10. (Quando si sposò) mia figlia, mi trasferii a Milano.

b. *Completare le seguenti frasi usando l'infinito, il participio o il gerundio dei verbi tra parentesi.*

1. Non riesco a _____ (capire) quello che stai _____ (dire).
2. Non volete _____ (ascoltare) un po' di musica? Non credete di _____ (studiare) abbastanza?

3. Lui fingeva di _____ (stare) attento, ma era chiaro che non ascoltava una parola.

4. È possibile _____ (imparare) molto _____ (stare) attenti in classe.

5. _____ (sentirsi) solo, il bambino è scoppiato a _____ (piangere).

6. Tempo _____ (permettere), vorrei _____ (andare) al mare.

7. Gli spettatori si alzarono in piedi _____ (applaudire).

8. _____ (morire) la moglie, il marito ha cambiato casa.

9. Il ragazzino è caduto _____ (giocare) al pallone.

10. Ammetto di _____ (fare) molti sbagli negli ultimi anni.

11. _____ (uscire) subito, troverai la farmacia ancora aperta.

12. Come hai potuto _____ (convincere) tutti?—Ho usato argomenti molto _____ (convincere)!

c. **Povera Luciana.** Completare il seguente brano usando l'infinito, il participio o il gerundio dei verbi tra parentesi.

Mentre stava _____ (uscire) dall'ufficio, Luciana si è ricordata di non _____ (avere) niente da _____ (mangiare) in casa. Così è passata al supermercato. Dopo _____ (comprare) il necessario, è ritornata subito a casa. Appena _____ (entrare), ha sentito _____ (suonare) il telefono. Invece di _____ (rispondere), ha messo la roba nel frigo. Dopo _____ (mettere) la roba nel frigo, ha preparato la cena. Stava per _____ (sedersi) a tavola e _____ (cenare), quando si è ricordata che Marco l'aveva invitata a cena quella sera! _____ (cambiarsi) in fretta, ha aspettato. _____ (aspettare) Marco, ha guardato la televisione. Ma ecco di nuovo il telefono! Questa volta ha risposto. Era Marco: telefonava per _____ (dire) che non poteva _____ (venire). Luciana era così delusa che ha perso la voglia di _____ (mangiare)!

LETTURA

Vocabolario utile

l'**appoggio** support
l'**argomento** topic
il **bilancio** budget
il **datore di lavoro** employer
il/la **dipendente** employee
il **disagio** uneasiness
la **norma** rule
la **pantofola** slipper

il **parrucchiere** hairdresser

aspettarsi to expect
prendere in prestito to borrow
pretendere to demand

efficace effective
efficiente efficient

Giornalista televisiva al lavoro.

Prima di leggere

Nell'ultimo decennio la situazione della donna lavoratrice in Italia è senz'altro migliorata. Non tutte le difficoltà sono state superate ma, come vedremo nella lettura, sia i Comuni° che i datori di lavoro si rendono conto dell'importanza del «problema del tempo» nell'organizzazione della vita delle lavoratrici. Uffici pubblici e privati, scuole e negozi hanno adottato orari meno rigidi, e si vanno diffondendo il part-time e il telelavoro fatto da casa con il computer. Sono iniziative° che facilitano la vita di tutti i giorni, in particolare quella delle mamme che hanno attività lavorative extradomestiche.

municipalities

enterprises

Come sono organizzate le cose nel vostro paese? In gruppi di due o più studenti, discutete le domande che seguono.

1. Sono molte le donne che hanno un lavoro retribuito° nel vostro paese? Che tipo di lavoro fanno? Si tratta di occupazioni tradizionalmente "femminili" (insegnante, infermiera, segretaria, commessa di negozio) o di attività estese ai campi della medicina, della scienza, della finanza, della dirigenza industriale?
2. Si tratta, in maggioranza, di attività a tempo pieno o a tempo parziale? Per quali motivi?

paid

3. Come conciliano° le donne, e gli uomini, le esigenze del lavoro con quelle della famiglia, per esempio: accompagnare i bambini a scuola o dal medico, fare la spesa e cucinare, tenere in ordine la casa, occuparsi dei familiari malati… ?

4. Com'è strutturato il tempo del lavoro per quanto riguarda l'orario di uffici, banche, negozi, enti pubblici? È flessibile? Permette a chi lavora di organizzare le giornate rispetto alle proprie necessità? O è rigido, tale da creare difficoltà? Quali?

reconcile

Il lavoro femminile in Italia

Sono molte le donne italiane che ogni giorno devono trovare un equilibrio tra le loro fondamentali responsabilità: lavoro, marito e figli, e casa.

Le mamme lavoratrici sono tante, sia perché molte di loro hanno iniziato la carriera prima di sposarsi, sia perché tutte possono godere dei vantaggi previsti
5 dalle leggi sociali e dal diritto di famiglia, in particolare il congedo con assegni° per maternità o per malattia di un familiare, e il mantenimento del posto°. Chi ha un lavoro se lo tiene, chi non l'ha si aspetta di trovarlo, non soltanto perché un secondo stipendio è benvenuto nel bilancio familiare, ma anche perché è importante per le donne quanto per gli uomini avere soddisfazioni° personali.
10 Ma le donne in carriera finiscono col sobbarcarsi° un «lavoro doppio», dato che la cura dei figli e della casa continua ad essere essenzialmente responsabilità loro. Non è più il caso di parlare di mariti che pretendono di trovare la cena pronta e le pantofole calde, ma quelli che aiutano nelle faccende di casa° sono ancora pochini.
15 Fino a relativamente pochi anni fa il problema fondamentale, e spesso insolubile, era quello del «tempo della città». L'orario d'ufficio coincideva con quello di negozi, banche, studi medici ed enti pubblici, ed era generalmente più lungo di quello della scuola. Era necessaria tanta organizzazione: fare la spesa nei negozi di alimentari che sono aperti più a lungo, ma sono anche più cari del
20 mercato; incaricare qualcuno di riprendere i bambini a scuola; chiedere ore di permesso in ufficio per la visita pediatrica, il dentista, il ginecologo… e non parliamo di andare dal parrucchiere.

Ma le cose stanno cambiando e continuano a migliorare. «Il tempo della città» è più flessibile. L'orario di apertura e chiusura dei negozi non è più regolato
25 da norme rigide imposte dai Comuni; è possibile praticare l'orario continuato (cioè non chiudere dalle 13,00 alle 16,00); è permesso restare aperti più a lungo la sera. Anche gli uffici pubblici e le banche hanno aumentato le ore di apertura che non sono più limitate alla mattina.

Una dose di flessibilità è stata raggiunta anche per quanto riguarda «il
30 tempo del lavoro», inoltre ci sono ditte° che offrono attrezzature° quali palestre° e asili-nido° annessi all'ufficio, e perfino centri vacanze per i figli dei dipendenti.

L'idea del part-time si fa strada°, anche se ancora limitata ad organizzazioni industriali o bancarie. È possibile ottenere un contratto che permetta di lavorare

congedo: leave with pay
position

rewards
embark upon

faccende: household chores

firms / facilities / gyms
day-care centers
si: is catching on

meno ore ogni giorno o solo alcuni giorni della settimana senza perdere i benefi-
35 ci inerenti all'impiego stabile. Per esempio: una grossa industria di elettrodomestici offre un orario flessibile di diciotto ore giornaliere a gruppi di tre lavoratrici,
che possono dividersele come loro credono; è sufficiente che informino il capo-
reparto°. Un'altra ditta offre «la banca delle ore», un sistema grazie al quale le   *foreman*
dipendenti-mamme possono prendere in prestito ore di lavoro in ufficio che poi
40 restituiscono entro° tre mesi. Ci sono, infine, possibilità di «telelavoro», a casa col   *within*
computer, che prevedono il rientro in ufficio dopo un periodo di assenza più o
meno lungo. Per le lavoratrici che ritornano sono a disposizione corsi di aggior-
namento°.   **corsi:** *refresher courses*

Le opzioni di cui sopra sono definite con i termini inglesi «part-time» e «job
45 sharing» che appaiono anche nelle edizioni recenti dei vocabolari italiani. I due
termini però denotano possibilità di scelta che non sono disponibili a tutti i livelli
di impiego. A seconda delle responsabilità professionali del dipendente può
essere, o non essere, possibile il telelavoro; è anche improbabile che una piccola
ditta possa offrire il «timesharing». Lo stesso vale per le altre facilitazioni° come   *perks*
50 gli asili aziendali°, la palestra annessa all'ufficio e i centri vacanze per i figli dei   *company-based day care*
dipendenti, che sono offerte solo da alcune delle industrie più grandi. Chi lavora
in una piccola fabbrica, in un ufficio privato o in un negozio a conduzione fami-
liare° non può pretendere di ottenere vantaggi del genere. Quindi, nonostante i   **negozio:** *family store*
miglioramenti ottenuti, non è stato eliminato il disagio di molte lavoratrici, disa-
55 gio che continua ad essere argomento di discussione al fine di raggiungere una
situazione di equilibrio.

Alla città si chiedono mezzi pubblici e organizzazione del traffico più efficien-
ti, per evitare imbottigliamenti° e perdite di tempo. Alla città si chiedono anche   *traffic jams*
orari di uffici, negozi ed enti pubblici ancora più flessibili e prolungati, più posti
60 negli asili-nido pubblici e orari più elastici per le scuole. Dal datore di lavoro si
vorrebbero maggiori possibilità di part-time.

È tutto? Sì e no. C'è bisogno di ancora un altro appoggio: un marito che
collabori più efficacemente all'organizzazione della famiglia e della casa, e condi-
vida con la moglie anche le cure domestiche.

Comprensione

1. Perché lavorano molte mamme italiane?
2. In che senso le donne fanno «doppio lavoro»?
3. Quali miglioramenti ci sono stati rispetto al «tempo della città»?
4. È diffuso il part-time in Italia? Sì, no, perché?
5. Chi ha maggiori difficoltà ad ottenere il part-time?
6. Quali altri benefici offrono alcune grandi ditte?
7. Cosa possono fare i Comuni per migliorare la situazione delle lavoratrici in generale?
8. Che tipo di appoggio dovrebbero dare i mariti?

Studio di parole

to expect

aspettare
to wait for; to expect (a person or thing)

Da quanto tempo aspetti l'autobus?
How long have you been waiting for the bus?

Aspetti molte lettere oggi?
Do you expect many letters today?

aspettarsi (**di** + *infinitive* or **che** + *subjunctive*)
to expect (an event or non-material thing)

Mi aspettavo un po' di gratitudine!
I expected a little gratitude!

Non si aspettavano di vedermi.
They didn't expect to see me.

argument

discussione (*f*)
argument, debate; discussion

Hanno molte discussioni perché non
vanno d'accordo.
*They have many arguments because they don't
get along.*

argomento
subject, topic; argument, proof, reasoning

Il mio amico è capace di scrivere poesie su
qualsiasi argomento.
My friend can write poems on any subject.

Mi dispiace ma i Suoi argomenti non sono
convincenti.
I'm sorry, but your arguments are not convincing.

to pretend

fingere
fare finta } **di** + *infinitive*
to pretend, to feign, to make believe

Michele finge di lavorare, ma in realtà
sta sognando.
*Michael pretends he's working, but he's
actually dreaming.*

finto *false, artificial, fake*
fiori finti, denti finti, pelle finta, finto
marmo

pretendere (**di** + *infinitive* or **che** +
subjunctive)
to demand, to expect, to want

Lui pretende la massima puntualità dai
suoi impiegati.
*He demands the utmost punctuality from his
employees.*

Come potete pretendere che io lasci tutto
e venga da voi?
*How can you expect me to drop everything and
come to you?*

Pratica

a. *Scegliere la parola o le parole che completano meglio la frase.*

1. I ragazzi, quando tornano da scuola, non _____ che il pranzo sia pronto.
2. I dipendenti degli uffici pubblici sono in sciopero; _____ di essere pagati di
    più, ma non ci sono soldi.

3. Avrei bisogno di più tempo libero, ma mio marito _____ di non capire.

4. Ho lavorato proprio bene quest'anno e _____ un aumento di stipendio.

5. Capisco perfettamente i Suoi _____, ma non posso darLe un'altra settimana di ferie.

6. Mia moglie è in viaggio per lavoro e io _____ ansiosamente il suo ritorno.

7. Le ha regalato una borsa, ma non è di coccodrillo, è di pelle _____.

8. Ha cercato di giustificarsi, ma i suoi _____ non erano convincenti.

b. *Scegliere le parole che completano meglio il brano.*

Grazie al movimento femminista ai nostri giorni le donne _____ dalla vita molto di più delle loro mamme. Quello della parità degli uomini e delle donne è un _____ convincente; dopotutto perché loro, gli uomini, dovrebbero _____ di essere superiori? È una _____ che va avanti da tanto tempo anche se le soluzioni al livello della coppia sono sempre differenti. Marcello, per esempio, non _____ più—come faceva suo padre—che la moglie gli faccia trovare la cena pronta e le pantofole calde vicino al caminetto. Accetta perfino di aiutare nei lavori di casa senza _____; però continua a _____ che Lucia, che l'aiuta in ufficio, faccia le cose esattamente come vuole lui. Quando Lucia gli porta _____ contrari, lui si arrabbia e finiscono col fare una bella _____. La nonna di Lucia non approva. «Ma no—dice—quando non c'è niente da fare è inutile discutere; invece, quando è possibile, devi _____ di dargli ragione e poi fare a modo tuo *(as you please)*».

c. *Domande per Lei.*

1. Nel Suo paese l'organizzazione della società è in favore delle donne lavoratrici? In che modo?

2. Ci sono attività e professioni nelle quali le donne sono più numerose degli uomini? Quali? Perché?

3. Nel Suo paese il lavoro a tempo parziale è regolato dalla legge? Quali sono i vantaggi, o gli svantaggi, per i lavoratori?

4. A Bolzano, città della regione Trentino-Alto Adige, hanno istituito i «cortili aperti» *(open schoolyards)*. Delle associazioni private hanno ottenuto dal Comune l'uso dei cortili delle scuole dove, fuori dagli orari di lezione, gli adolescenti possono riunirsi per giocare e stare insieme. Come passano il tempo libero gli adolescenti della Sua città? Ci sono per loro strutture simili? Quali?

5. Nel centro storico di Pistoia, in Toscana, molti commercianti espongono un orsetto *(teddy bear)*. I bambini che si trovassero in difficoltà sanno che nei negozi con l'orsetto ci sono adulti pronti ad aiutarli. Le sembra una cosa utile? Necessaria? Ci sono provvedimenti *(measures)* simili nella Sua città? Da parte di chi?

Temi per componimento o discussione

1. Fin verso la metà del Novecento, la funzione della donna era quella di «angelo della casa» quando non doveva, per necessità, lavorare in campagna o in fabbrica. Le donne famose del passato si sono distinte essenzialmente nel campo dell'arte o dell'educazione. Esaminare le nuove funzioni della presenza femminile nel mondo del lavoro contemporaneo.

2. Esaminare come la tecnologia (per esempio gli elettrodomestici), i servizi di vendita e le strutture pubbliche facilitano la vita alle donne contemporanee rispetto alla situazione delle loro nonne. Quali differenze si possono immaginare nel ritmo della giornata?

3. **Dibattito.** Discutere i pro e i contro della tesi che segue. Le donne hanno le stesse abilità degli uomini e gli stessi diritti al lavoro in tutte le professioni ed a tutti i livelli. La famiglia e la società devono essere organizzate in modo da dare loro le stesse opportunità che sono state, per tanto tempo, privilegio degli uomini.

RICERCA WEB

Come risulta dalla lettura che precede, in Italia sono stati presi vari provvedimenti in favore delle donne lavoratrici e, in particolare, delle mamme che oltre all'attività professionale devono continuare ad occuparsi del marito, dei figli e della casa.

Varie organizzazioni e «portali» Internet si occupano dei loro problemi.

a. Mamme lavoratrici
b. Donne dol's / Il portale delle donne che lavorano
c. Organizzazioni sociali / donne

PER COMUNICARE

Congratulazioni! Anna telefona al marito per dirgli della recente promozione. Come risponderà Daniele all'entusiasmo di Anna?

ANNA:	Pronto, Daniele?
DANIELE:	Ciao, cara. Cosa mi dici di bello?
ANNA:	Mi hanno dato la promozione e l'aumento di stipendio.
DANIELE:	Congratulazioni! Sono proprio contento per te!
ANNA:	Sì, è favoloso! Però devo cambiare ufficio.
DANIELE:	Ti dispiace?
ANNA:	No, no. Non farà differenza, tanto più che continuerò a lavorare con Giannelli. Ma, amore, c'è una complicazione. Mi chiedono di seguire un corso intensivo di amministrazione aziendale (*business administration*) per tre settimane in Svizzera, e proprio nei giorni in cui volevamo andare in montagna.

DANIELE: Pazienza! Se è importante per la tua carriera, va bene lo stesso. In ferie ci andremo in un altro momento.

ANNA: Sei un tesoro! *(fra sé)* Che bisogno c'è di essere femministe quando si ha un marito così?

Espressioni di affetto

amore (mio)	
tesoro (mio)	*dear, honey, darling, my love*
caro/cara, mio caro/mia cara	
Ti voglio (molto, tanto) bene.	*(lit) I am (very) fond of you.*
Ti amo.	*I love you.*
Che carino (tesoro, amore)!	*How nice (darling, sweet)!*
zietta, mammina, nonnino	*Auntie, Mommy, Grandaddy*

Esprimere contentezza

Che bello!	*How nice!*
È favoloso!	
È fantastico!	*It's wonderful!*
È meraviglioso!	
Sono proprio contento/a.	*I'm really glad.*
Non potrebbe andar meglio!	*It couldn't be any better!*

Dimostrare indifferenza

Per me è lo stesso.	
Va bene lo stesso.	*It's all the same to me.*
È uguale.	
Non importa.	
Non fa differenza.	*It doesn't matter.*
Non ha importanza.	

Espressioni di rassegnazione e accettazione

Come vuoi tu.	*As you wish.*
Fai come credi.	*It's up to you.*
Decidi tu.	
Pazienza!	*Never mind!*
Se è necessario!	*If it's necessary!*
Fai come ritieni opportuno.	*Do what you believe is right.*
Come ti sembra meglio.	*(Do) what you believe is best.*
Come preferisci.	*As you prefer.*

Che cosa dice?

1. Lei vuole comprare una macchinetta per fare il caffè espresso. La preferirebbe nera, ma il commesso Le dice che ce ne sono rimaste solo due, una bianca e una rossa.
2. Lei vuole molto bene alla vecchia zia Livia che, novantenne e in casa di riposo, continua a rendersi utile. La zia Le ha appena fatto le tende per la cucina. Le telefoni per ringraziarla.
3. Il suo amico Marcello ha appena finito una dieta ed è in perfetta forma (*great shape*). Che cosa gli dice?
4. Lei vuole andare a Parigi in luglio. Il Suo/la Sua partner vuole aspettare fino alla fine di agosto. Lei decide di farlo/a contento/a.
5. Pietro è molto carino e gentile. Ieri l'ha invitata a cena in un delizioso ristorante sul lago. Lei pensa...

Situazioni

1. Lei si è appena diplomato/a e cerca lavoro. Sperava di ottenere un posto in una grossa ditta, ma non Le hanno fatto un'offerta e ha dovuto accettare un posto di poca soddisfazione. Sua madre è molto dispiaciuta per Lei. Cerchi di convincerla che Lei è contento/a lo stesso.
2. Sua figlia, la mamma di Chiaretta, sarà in viaggio di lavoro per una settimana e Lei si occuperà della bambina fino all'ora di cena, quando ritorna papà. Immagini la conversazione nella quale Lei informa la Sua nipotina.
3. Il Suo fidanzato/La Sua fidanzata sta seguendo un corso di specializzazione all'estero per sei mesi. Vi telefonate spesso e parlate del più e del meno (*this and that*). Entrambi usate espressioni di affetto.
4. Lei discute con Sua moglie l'acquisto di un'automobile nuova. Lei vorrebbe comprarne una piccola, Sua moglie ne desidera una grande e comoda. La conversazione è molto amichevole e alla fine uno/a dei due fa contento/a l'altro/a.

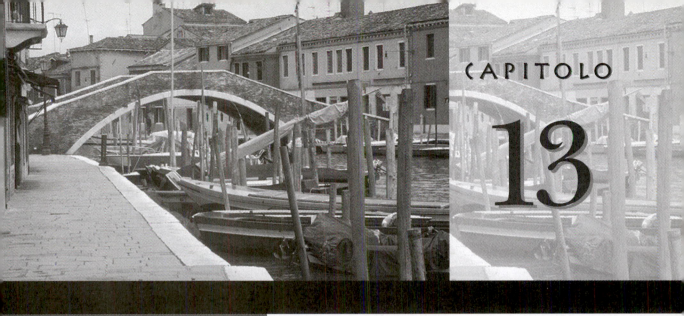

PER COMINCIARE

◎ ◎ ◎ ◎ ◎ ◎ ◎ ◎ ◎ ◎ ◎

L'incidente. La signora Distefano sente parlare il marito al telefono e lo vede consultare la carta della città.

La macchina è dal meccanico. La signora si rende conto che suo marito ha intenzione di prendere il vecchio motorino del figlio e non è d'accordo. Il motorino ha i freni molto consumati, è pericoloso e la signora non vuole che lo prenda. Ma il marito non l'ascolta.

Dalla finestra la signora lo guarda partire. C'è un incrocio a pochi metri dal portone, il semaforo cambia, il signor Distefano cerca di frenare ma non ci riesce, la signora vede una macchina sopraggiungere e investire suo marito che cade in mezzo alla strada tra il traffico.

La signora si precipita sul luogo dell'incidente. Il marito non sembra grave, ma è probabile che si sia rotto una gamba. Vorrebbe tirarsi su da terra, ma la signora non lo lascia alzare. Poco dopo si sente arrivare l'ambulanza e l'infortunato finisce all'Instituto Ortopedico del Policlinico.

Diverse ore più tardi il signor Distefano torna a casa saltellando *(hopping)* sulle stampelle. Il medico gli ha fatto fare tante radiografie, gliene ha fatte fare cinque o sei, poi ha ordinato l'ingessatura. Veramente il paziente voleva l'apparecchio mobile, ma il dottore non glielo ha lasciato mettere; anche se si appoggia sulle stampelle, è bene che la gamba sia completamente immobilizzata. I risultati dipendono da sei settimane di ingessatura rigida.

I giovani, e i meno giovani, usano molto motorini e motociclette.

Vocabolario utile

I sintomi

avere i brividi   to shiver
avere le vertigini   to be dizzy
starnutire   to sneeze
*****svenire**   to faint

I rimedi

l'antibiotico   antibiotic
fare un'iniezione / una puntura
  to give a shot
le gocce   drops

la pastiglia   tablet
lo sciroppo   syrup
la vitamina   vitamin

L'ospedale

l'ambulanza   ambulance
la convalescenza   convalescence
l'emergenza   emergency
l'esame del sangue   blood test
la frattura   fracture
la guarigione   recovery

l'ingessatura   cast
l'ortopedia   orthopedics
il pronto soccorso   emergency room
la sala operatoria   surgery room
le stampelle   crutches

Espressioni

ammalarsi   to get sick
dare i punti   to give stitches
fare una radiografia   to get an x-ray
farsi male a   to hurt one's . . .
farsi operare   to undergo surgery

ferirsi   to injure oneself
*****guarire**   to recover
rompersi una gamba   to break one's leg
soffrire di   to suffer from

ESERCIZI

a.   *Rispondere alle domande seguenti.*

1. Perché la signora Distefano non vuole che il marito prenda il motorino del figlio?
2. Che cosa vede la signora dalla finestra?
3. Perché il signor Distefano è finito all'ospedale?
4. Quante radiografie gli ha fatto fare il dottore?
5. Per tenere ferma la gamba, gli lasciano mettere l'apparecchio mobile?
6. Da che cosa dipende la guarigione del paziente?

b.   *Inserire le parole che meglio completano le frasi.*

1. La nonna è caduta e si è rotta una gamba. Per portarla _____ abbiamo dovuto chiamare _____ . L'hanno ingessata e ora cammina con _____ .

2. Francesco ha l'appendicite ed è un po' preoccupato perché presto dovrà
    _____.
3. Papà ha un solenne raffreddore, non fa che _____.
4. Sono stata un mese a letto malata, ma per fortuna ora sono perfettamente
    _____.
5. Mangi sempre troppo, troppo in fretta e male! È ovvio che non puoi fare a meno
    delle _____ digestive.
6. Mentre preparava la cena, Giulio _____ con il coltello dell'arrosto. Hanno
    dovuto dargli sei _____.
7. Invece di comprare _____ in farmacia, mangia la frutta fresca!
8. Nello scendere dall'autobus mi sono _____ un piede. Che male!

STRUTTURA

I. *Fare* + infinito

A. **Fare** (*to make, have, get*) followed immediately by the infinitive is used to form a causative construction. In this construction the subject of the sentence does not perform the action; instead, the subject causes something to be done or causes someone else to do something.

NON-CAUSATIVE CONSTRUCTION

(subject performs the action)

CAUSATIVE CONSTRUCTION

(subject causes action to be performed by someone else)

Il professore **corregge** gli esami.
The teacher corrects the exams.

Il professore **fa correggere** gli esami.
The teacher has the exams corrected.

Fa correggere gli esami agli assistenti.
He has the assistants correct the exams.

1. In the causative construction:

    Noun objects follow the infinitive:

    Fai suonare **Marco.**
    Have Marco play.

    Pronoun objects normally precede the conjugated form of **fare.**

    Lo faccio suonare domani.
    I'll have him play tomorrow.

    Pronoun objects follow and are attached to **fare** only in the infinitive, gerund, past participle, and imperative (**tu, voi, noi** forms).

    Mi piace far**lo** suonare.
    I like to have him play.

    Facendo**lo** suonare gli hai fatto un piacere.
    By making him play, you did him a favor.

Fattolo suonare, gli hanno dato un premio.
Having made him play, they gave him a prize.

Fatelo suonare ancora.
Have him play again.

2. If the infinitive following **fare** is reflexive, the reflexive pronoun is omitted.

Su, bambini, non fate **arrabbiare** la mamma!
Come on, children, don't make mother get mad!

Perché non li fai **accomodare** in salotto?
Why don't you have them come into the living room?

3. When the causative construction has one object (either a person or a thing), it is a direct object.

La mamma fa mangiare **la bambina**; **la** fa mangiare.
The mother makes the child eat; she makes her eat.

Ho fatto tradurre **i verbi**; **li** ho fatti tradurre.
I had the verbs translated; I had them translated.

If there are two objects (usually a person performing the action and a thing receiving the action), the thing is the direct object and the person the indirect object.

La mamma fa mangiare la minestra **alla bambina**; **le** fa mangiare la minestra.
The mother makes the child eat the soup; she makes her eat the soup.

Ho fatto tradurre i verbi **a Mario**; **gli** ho fatto tradurre i verbi.
I had Mario translate the verbs; I had him translate the verbs.

4. Sometimes the use of the indirect object for the person may cause ambiguity: **Faccio scrivere una lettera a Stefano** could mean *I have Stefano write a letter* or *I have a letter written to Stefano.* To avoid ambiguity, **da** + *person* is used instead of **a** + *person.*

Faccio scrivere una lettera **da** Stefano.
I have Stefano write a letter.

B. **Farsi** + *infinitive* is used to express *to have or get something done for oneself by someone else,* usually involving parts of the body or clothing. When the person made to perform the action is expressed, **da** + *person* is used.

Mi faccio tagliare i capelli **da** un parrucchiere italiano. **Me** li **faccio tagliare** una volta al mese.
I have my hair cut by an Italian hairdresser. I have it cut once a month.

La signora **si è fatta fare** due vestiti da sera. **Se** ne **è fatti fare** due.
The lady had two evening gowns made. She had two made.

Farsi + *infinitive* is also used for expressions such as *to make or get oneself understood, heard, loved, arrested, invited,* where the action performed affects the subject of the sentence.

Per **farti capire** da tutti, devi parlare più adagio.
In order to make yourself understood by everyone, you've got to speak more slowly.

C. The causative constructions **fare** + *infinitive* and **farsi** + *infinitive* are used in many common expressions:

fare aspettare	*to keep waiting*	**fare saltare**	*to blow up (with explosives)*
fare costruire[1]	*to build*		
fare crescere	*to grow (something)*	**fare sapere**	*to inform, let someone know*
fare entrare (uscire)	*to let in (to let out)*	**(informare)**	
fare esplodere (scoppiare)	*to explode*	**fare vedere (mostrare)**	*to show*
fare impazzire	*to drive one insane*	**farsi imprestare**	*to borrow*
fare osservare	*to point out*	**farsi vedere**	*to show one's face*
fare pagare	*to charge*		

Notice the following cooking terms:

fare arrostire	*to roast*	**fare cuocere**	*to cook*
fare bollire	*to boil*	**fare friggere**	*to fry*

Perché mi **fai** sempre **aspettare?**
Why do you always keep me waiting?

Quanto ci vuole per **fare cuocere** un uovo?
How long does it take to cook an egg?

Si è fatto crescere i baffi.
He has grown a moustache.

Fammi sapere quando arrivi.
Let me know when you're coming.

ESERCIZI

a. **Alcune persone non fanno mai niente...** *Rispondere a ciascuna domanda usando* **fare** + infinito *come nell'esempio.*

ESEMPIO Scrive lui le lettere?
　　　　　—**No, fa scrivere le lettere.**

1. Stira lei le camicie?
2. Lavano loro la macchina?
3. Tagliano loro l'erba?
4. Dipinge lei la casa?
5. Ripara lui il televisore?
6. Pesano loro le lettere?

b. *Formare nuove frasi con le parole tra parentesi facendo i cambiamenti necessari.*

ESEMPIO La faccio mangiare. (le lasagne)
　　　　　Le faccio mangiare le lasagne.

1. La fanno studiare. (lettere)
2. Lo faremo pagare. (il debito)
3. Lo hanno fatto leggere. (la poesia)
4. La farei cantare. (una canzone folk)
5. Fatelo suonare. ("Santa Lucia")
6. Dobbiamo farlo firmare. (il nuovo contratto)

---

[1] Italian distinguishes between building something yourself, **costruire,** and having something built by someone else, **far costruire.**

c. **Quante cose devo far fare oggi...** *Formare frasi con il verbo dato tra parentesi usando un pronome invece del nome.*

ESEMPIO   Il televisore è guasto. (riparare)
           Devo farlo riparare.

1. Il passaporto è scaduto (*has expired*). (rinnovare)
2. Le scarpe sono bucate. (risuolare)
3. Il motore non funziona. (revisionare, *to overhaul*)
4. L'orologio è rotto. (aggiustare)
5. Non ci vedo con questi occhiali. (cambiare)
6. Luigi ha i capelli lunghi. (tagliare)

d. **L'ho già fatto fare...** *Formare frasi usando il passato prossimo di* **fare** + *infinito e un pronome invece del nome.*

ESEMPIO   Dovresti far riparare la radio.
           —L'ho già fatta riparare.

1. Dovresti far pitturare la casa.
2. Dovresti far allargare la gonna.
3. Dovresti far rinnovare il passaporto.
4. Dovresti far potare (*trim*) le piante.
5. Dovresti far cambiare l'olio.
6. Dovresti far mettere il telefono.

e. **Chi me l'ha fatto fare...** *Le persone nominate in quest'esercizio non si considerano responsabili delle proprie azioni. Se hanno fatto qualcosa, è perché qualcuno o qualcosa le ha obbligate a farlo. Trasformare le frasi come nell'esempio.*

ESEMPIO   Ho perso la pazienza. (mio marito)
           Mio marito mi ha fatto perdere la pazienza.

1. Ho riso. (le tue barzellette)
2. Abbiamo starnutito. (il pepe)
3. Siamo dimagriti. (le preoccupazioni)
4. Ho letto l'inserzione. (il destino)
5. Siamo arrivati in ritardo. (il traffico)
6. Hai gridato. (la paura)
7. Abbiamo pianto. (il dolore)
8. La bambina è arrossita. (l'imbarazzo)

f. *Conversazione.*

Quali cose o persone La fanno ridere? La fanno sognare? La fanno arrossire? La fanno applaudire? Le fanno perdere la pazienza? Le fanno amare la vita?

g. **Simpatie e antipatie personali...** *A Lei quali persone piacciono? Usare* **fare** + *infinito.*

1. A me piacciono le persone che...
   a. mi fanno divertire
   b. si fanno notare
   c. non fanno entrare i cani in casa
   d. fanno arrostire le castagne
   e. si fanno crescere la barba
   f. ...

2. A me non piacciono le persone che...
   a. mi fanno aspettare
   b. mi fanno perdere tempo
   c. non si fanno capire
   d. si fanno imprestare soldi
   e. mi fanno pagare troppo
   f. ...

h. *A Silvano non piace farsi le cose da solo, preferisce farsele fare dagli altri. Seguire gli esempi.*

ESEMPI   dal barista
Dal barista si fa portare il cappuccino in ufficio.
al figlio
Al figlio fa lavare la macchina.

1. dal barbiere
2. al benzinaio
3. alla moglie
4. dal segretario
5. dagli amici
6. alla figlia
7. dal meccanico
8. dalla collaboratrice domestica
9. perfino dal cane

II. *Lasciare* + infinito

A. **Lasciare** (*to let, to allow, to permit*) followed immediately by the infinitive is used just like *let + infinitive* in English; in this construction the subject of the sentence gives permission to someone to do something or allows something to happen.

Lascio uscire la mia gatta.
I let my cat go out.

La **lascio uscire** tre volte al giorno.
I let her go out three times a day.

1. Noun objects follow the infinitive:

   Hanno lasciato scappare **il prigioniero.**
   They let the prisoner escape.

   Pronoun objects normally precede the conjugated form of **lasciare:**

   L'hanno lasciato scappare.
   They let him escape.

   Pronoun objects follow and are attached to **lasciare** only in the infinitive, gerund, past participle, and imperative (**tu, voi, noi** forms).

   Non dovevate lasciar**lo** scappare.
   You were not supposed to let him escape.

   Lasciando**lo** scappare, mi avete messo nei guai.
   By letting him escape, you got me in trouble.

   Lasciato**lo** scappare, sono disperato.
   Having let him escape, I am desperate.

   Lasciate**mi** in pace.
   Leave me alone.

2. If the infinitive following **lasciare** is reflexive, the reflexive pronoun is omitted.

Lui vuole **alzarsi,** ma il dottore
  non lo lascia **alzare.**
*He wants to get up, but the doctor
  won't let him get up.*

Signora, i bambini non devono assolutamente
  bagnarsi; non deve lasciarli **bagnare.**
*Ma'am, the children must not get wet; you must
  not let them get wet.*

3. As is the case with the causative construction, if the infinitive following **lasciare** takes an object, the object of **lasciare** becomes indirect.

Lascia**la** cantare!
Let her sing!

Lascia**le** cantare la canzone che vuole!
Let her sing the song she wants!

B. **Lasciare** + *infinitive* is the equivalent of **permettere di** + *infinitive*. Compare:

Lasciate**la** parlare.
Let her speak.

  } **lasciare** + direct object + infinitive

Permettete**le di** parlare.
Allow her to speak.

  } **permettere** + indirect object + **di** + infinitive

Lasciare and **permettere** may also be followed by **che** + subjunctive.

Lasciate che parli.
Let her speak.

Permettete che parli.
Allow her to speak.

—Lascia perdere: se quella pera non si
stacca, vuol dire che è ancora acerba...

ESERCIZI

a. *Sostituire a* **che** + congiuntivo *la costruzione con l'infinito.*

    ESEMPIO   Perché non lasciate che io compri una moto?
                Perché non mi lasciate comprare una moto?

1. Perché non lasciate che io dica quello che penso?
2. Non hanno lasciato che tu pagassi il pranzo.
3. Lasciamo che lui venga alla festa!
4. Lascerò che voi diate la mancia.
5. Lasciava che tutte le macchine passassero.
6. Lasciate che il cane s'avvicini!

b. *Cambiare secondo l'esempio. Il soggetto delle nuove frasi è* **loro.**

    ESEMPIO   Cani e gatti entrano in casa.
                —Lasciano entrare in casa cani e gatti.
                —Ma lascino che entrino!

1. I figli dormono fino a mezzogiorno.
2. I figli litigano.
3. La figlia maggiore esce tutte le sere.
4. La bambina piange.
5. La minestra si raffredda *(gets cold)*.
6. I nipoti vanno in discoteca.

c. *Mettere* **permettere** *al posto di* **lasciare** *e fare i cambiamenti necessari.*

    ESEMPIO   Papà non mi ha lasciato uscire.
                Papà non mi ha permesso di uscire.

1. Il professore non ci ha lasciato usare il dizionario.
2. Il giudice non lasciò parlare l'imputato *(defendant)*.
3. Signora, perché non mi lascia fumare?
4. Lasciatela passare!
5. Perché non mi lasci venire con te?
6. Se io La lasciassi scegliere, che cosa sceglierebbe?
7. Non lo lasciamo giocare con te.
8. Non avrei dovuto lasciarli fermare.

III. Verbi di percezione + infinito

A. The most common verbs of perception in Italian are:

vedere	to see		**sentire**	to hear
guardare	to look at, to watch		**udire**	to hear
osservare	to observe, to watch		**ascoltare**	to listen, listen to

Verbs of perception may be followed directly by the infinitive of another verb.

Guardo passare il treno.
I watch the train go by.

Non **senti muoversi** qualcosa?
Don't you hear something moving?

Ho visto piangere Anna.
I saw Anna cry (crying).

1. Noun objects follow the infinitive:

   Hai sentito piangere **i bambini**?
   Did you hear the children cry?

   Pronoun objects precede the conjugated form of the verb of perception:

   Sì, **li** ho sentiti piangere.
   Yes, I heard them cry.

   Pronoun objects follow and are attached to the verb of perception only when the verb is in the infinitive, gerund, past participle, or imperative (**tu, voi, noi** forms):

   Non mi piace sentir**li** piangere.
   I don't like to hear them cry.

   Sentendo**li** piangere, vado a consolarli.
   Hearing them cry, I go to console them.

   Sentito**li** piangere, ho chiamato la loro mamma.
   Having heard them cry, I called their mother.

   Senti**li** piangere! Perché non vai da loro?
   Hear them crying! Why don't you go to them?

2. If the infinitive following a verb of perception has an object of its own, the noun object is placed between the verb and the infinitive; the object of the infinitive follows it.

   Osserviamo i contadini lavorare la terra.
   We watch farmers till the soil.

   Ho sentito Luciano parlare di Susanna.
   I heard Luciano talk about Susan.

B. A relative clause with **che** + *indicative* or a clause with **mentre** + *indicative* may replace the infinitive after a verb of perception.

Ho sentito Luciano cantare una canzone (**che cantava** una canzone).
I heard Luciano sing a song.

Li vedo uscire di casa (**mentre escono** di casa) ogni mattina.
I see them leave the house every morning.

C. **Sentire,** in addition to *to hear,* can mean *to feel* or *to smell.*

Sento un dolore allo stomaco.
I feel a pain in my stomach.

Anche tu senti un cattivo odore?
Do you smell something bad too?

ESERCIZI

a. *Sostituire l'infinito a* **che** + *verbo come nell'esempio.*

ESEMPIO   Sento il bambino che piange.
              Sento piangere il bambino.

1. Ho visto Gigi che correva.
2. Osserviamo la nave che si allontana.
3. Hai sentito Patrizia che rideva?
4. Guardava le macchine che passavano.
5. Vedono i camion che si fermano e uomini mascherati che scendono.
6. Sento mia sorella che suona il pianoforte.
7. L'avete sentita che sospirava?
8. Lo vidi che arrivava con la sua macchina sportiva bianca.

b. **Testimone oculare** (eyewitness). *Il testimone afferma di aver visto ogni azione dell'uomo coi suoi propri occhi.*

ESEMPIO   È sceso da un tassì verso le due?
              —Sì, l'ho visto scendere da un tassì verso le due.

1. Ha attraversato la strada?
2. Si è fermato a parlare con un altro uomo?
3. È entrato nella casa dei Rossi?
4. È uscito di corsa poco dopo?
5. Ha urtato un bambino?
6. L'uomo ha fermato una macchina?
7. L'uomo è salito in macchina?
8. La macchina è partita a tutta velocità?

c. *Inserire in modo opportuno i verbi indicati e i pronomi necessari.*

ascoltare   guardare   permettere   vedere   fare   lasciare   sentire

La padrona di casa non _____ in pace. La sera mi telefona per dirmi che _____ suonare la mia radio troppo forte e _____ abbassare il volume. Spesso mi aspetta alla finestra e, appena _____ arrivare, scende per _____ fare qualche servizio, poi sta lì a _____ lavorare e io devo _____ la mentre mi racconta la storia della sua vita. Abita in una vecchia casa che _____ costruire nel 1920. Nel giardino _____ crescere la cicoria (*chicory*) e non _____ a nessuno di toccarla, neanche a me che vorrei _____ci l'insalata. Però in fondo è una brava persona. La settimana scorsa stavo poco bene; lei mi _____ tossire (*cough*) e si è preoccupata. Mi ha telefonato per chiedermi il permesso di entrare nel mio appartamento (ha le chiavi) e dopo poco l'ho _____ arrivare con una minestrina e un bicchiere di Chianti.

—E ora va in onda la trentesima puntata del teleromanzo «Breve storia d'amore».

IV. Numeri ordinali

The Italian ordinal numbers correspond to English *first, second, third, fourth,* etc.

NUMERI CARDINALI[1]			NUMERI ORDINALI	
1	uno	I	1°	primo
2	due	II	2°	secondo
3	tre	III	3°	terzo
4	quattro	IV	4°	quarto
5	cinque	V	5°	quinto
6	sei	VI	6°	sesto
7	sette	VII	7°	settimo
8	otto	VIII	8°	ottavo
9	nove	IX	9°	nono
10	dieci	X	10°	decimo
11	undici	XI	11°	undicesimo
12	dodici	XII	12°	dodicesimo
50	cinquanta	L	50°	cinquantesimo
100	cento	C	100°	centesimo
500	cinquecento	D	500°	cinquecentesimo
1000	mille	M	1000°	millesimo

1. From uno to **dieci,** ordinals have forms of their own. From **undici** on, ordinal numbers are formed by adding **-esimo** to the cardinal number. The last vowel is dropped except for cardinals ending in **-tré,** in which case the final **-e** is retained but without the accent.

    ventitré **ventitreesimo**   cinquantatré **cinquantatreesimo**

---

[1] For discussion of cardinal numbers, see pp. 39–40.

2. Unlike cardinal numbers, ordinal numbers agree in gender and number with the nouns they modify. They usually precede nouns but follow the names of popes and kings.

Le piace la **nona** sinfonia di Beethoven o preferisce la **quinta?**
Do you like Beethoven's ninth symphony or do you prefer the fifth?

Chi fu il Papa prima di **Paolo VI (sesto)?** —**Giovanni XXIII (ventitreesimo).**
Who was the pope before Paul the sixth? —*John the twenty-third.*

I miei cugini arrivarono **terzi.**   A che piano andate? —All'**ottavo.**
My cousins came in third.   *What floor are you going to?* —*To the eighth.*

3. Ordinal numbers can be written with Roman numerals or abbreviated using Arabic numerals with a superscript ° for the masculine and a superscript ᵃ for the feminine.

Sono stato in vacanza dal **1°** agosto al 30 settembre.
I was on vacation from August 1st to September 30th.

Questa è la **9ᵃ** settimana del semestre.
This is the ninth week of the semester.

ESERCIZI

a. **Compleanni e ricorrenze.** *Completare con la forma corretta del numero ordinale.*

1. Oggi Roberto compie 20 anni; festeggia il suo _____ compleanno.
2. I miei genitori celebrano le nozze d'argento; cioè il _____ (25°) anniversario del loro matrimonio.
3. Conoscete qualcuno che abbia celebrato le nozze di diamante, cioè il _____ (60°) anniversario del matrimonio?
4. Io compirò 33 anni il 6 novembre; sarà il mio _____ compleanno.
5. L'Associazione dei Giovani Esploratori *(Boy Scouts)* sorse in Italia nel 1911; nell'anno 2011 si celebrerà il _____ anniversario della sua fondazione.
6. Sono già passate quattro settimane dal rapimento *(kidnapping)* dell'ingegnere; ora siamo nella _____ settimana.
7. Sono 40 anni che il grande maestro insegna; quest'anno festeggiamo il _____ anniversario del suo insegnamento.

ᴕ Frazioni

1. Cardinal and ordinal numbers are used together to indicate fractions. As in English, the cardinal expresses the numerator and the ordinal expresses the denominator.

   1/4 **un quarto**   3/8 **tre ottavi**   7/23 **sette ventitreesimi**

2. There are two ways to express *half* as a noun: **mezzo** and **metà. Mezzo** is used for 1/2; **mezzi** is used for all other fractions whose denominator is 2.

   1/2 **un mezzo**   15/2 **quindici mezzi**

When *half* is not expressed as a fraction, **metà** is used.

Il bambino ha mangiato solo **metà** della minestra.
The child ate only half of the soup.

Metà degli studenti non hanno capito.
Half of the students didn't get it.

3. **Mezzo** can also be used as an adjective, and as such it agrees with the noun it modifies.

Porzione intera per il bambino o **mezza porzione**?
A full portion for the child or half a portion?

Ho lavorato **due mezze giornate.**
I worked two half-days.

∾ Secoli

There are two ways of indicating centuries in Italian: the ordinal number + the word **secolo**, and, from the thirteenth century on, a cardinal number used with the article. The number is usually capitalized.

(701–800)	VIII secolo	l'ottavo secolo	—
(1101–1200)	XII secolo	il dodicesimo secolo	—
(1201–1300)	XIII secolo	il tredicesimo secolo	il Duecento
(1301–1400)	XIV secolo	il quattordicesimo secolo	il Trecento
(1401–1500)	XV secolo	il quindicesimo secolo	il Quattrocento
(1501–1600)	XVI secolo	il sedicesimo secolo	il Cinquecento
(1601–1700)	XVII secolo	il diciassettesimo secolo	il Seicento
(1701–1800)	XVIII secolo	il diciottesimo secolo	il Settecento
(1801–1900)	XIX secolo	il diciannovesimo secolo	l'Ottocento
(1901–2000)	XX secolo	il ventesimo secolo	il Novecento

Scusa, hai detto il **primo secolo** avanti Cristo o dopo Cristo?[1]
Excuse me, did you say the first century B.C. or A.D.?

Boccaccio visse nel **quattordicesimo secolo** (nel **Trecento**).
Boccaccio lived in the fourteenth century.

ESERCIZI

a. **Giochetti coi numeri...** *Completare con la forma corretta del numero ordinale.*

1. Tuo padre è ricco, guadagna 6000 euro al mese; mio padre ne guadagna 2000. Mio padre guadagna un _____ del tuo.
2. Quattro è un _____ di dodici.
3. Un minuto è la _____ parte di un'ora.
4. Un metro è la _____ parte di un chilometro.

---

[1] B.C. and A.D. are expressed in Italian as **avanti Cristo** (abbreviated as **a.C.**) and **dopo Cristo** (abbreviated as **d.C.**).

5. Novembre è l'_____ mese dell'anno.
6. Un giorno è la _____ parte di un anno.
7. Il secolo _____ (15°) e _____ (16°) sono i secoli più gloriosi dell'arte italiana.
8. Giacomo Leopardi fu uno dei più grandi poeti del secolo _____ (19°).
9. L'ascensore si è fermato al diciassettesimo piano; quattro piani più in su, cioè al _____ piano, c'era un guasto.
10. Questa è la _____ lezione del libro.

V. Preposizioni

Following are the most frequent cases in which English and Italian differ in the use of prepositions after verbs or verbal expressions:

A

appoggiarsi a
to lean on

credere a
to believe in

nascondere a
to hide from, to conceal from

pensare a
to think of, about

rubare a
to steal from

DA

dipendere da
to depend on

guardarsi da
to beware of

DI

chiedere di
to ask for a person

essere carico di
to be loaded with

essere contento (soddisfatto) di
to be pleased with

essere coperto di
to be covered with

fare a meno di
to do without

innamorarsi di
to fall in love with

interessarsi di (a)
to be interested in

meravigliarsi di
to be surprised at

piangere di (per)
to cry about (for)

ridere di
to laugh at

riempire di
to fill with

ringraziare di (per)
to thank for

saltare di (per)
to jump with (for)

soffrire di
to suffer from

trattare di
to deal with

vivere di
to live on, to subsist on

ALTRE PREPOSIZIONI

essere gentile con
to be kind to

congratularsi con qualcuno per qualcosa
to congratulate someone on something

sperare in
to hope for

Non puoi **nascondere** la verità **a** tutti.
You can't hide the truth from everyone.

Hanno **rubato** tutto **allo** zio di Romeo.
They stole everything from Romeo's uncle.

Tutto **dipende da** te.
It all depends on you.

Chiedono del dottore, signora.
They are asking for the doctor, Ma'am.

Tutti **si meravigliavano della** nostra scelta.
Everybody was surprised at our choice.

Bisogna **essere gentili con** tutti.
One must be kind to everyone.

Vorrei **congratularmi con** voi **per** il vostro successo.
I would like to congratulate you on your success.

Le sue parole mi hanno **riempito di** gioia.
His words filled me with joy.

ESERCIZI

a. *Completare con la preposizione corretta (semplice o articolata).*

1. L'uomo non vive _____ solo pane.
2. La situazione era disperata ma noi speravamo ancora _____ un miracolo.
3. _____ che cosa tratta il film che ha vinto l'Oscar quest'anno?
4. Da quando si sono trasferiti in campagna, soffrono _____ solitudine.
5. Cerca di non appoggiarti _____ muro: la pittura è ancora fresca.
6. C'è qualcuno _____ cui pensi quando senti questa musica?
7. Non so se potremo fare a meno _____ tuo aiuto.
8. Il nostro amico ha moltissima esperienza e non si meraviglia più _____ niente.
9. Sarebbe stato molto meglio se avessimo imparato a interessarci solo _____ i fatti nostri.
10. Carmela sognava un uomo biondo e con gli occhi azzurri, e sai _____ chi si è innamorata? _____ mio cugino che è castano e ha gli occhi verdi.

La dottoressa è nel suo studio medico con un paziente.

Vocabolario utile

il chirurgo surgeon
il commensale dinner guest, companion
il congresso conference
la corsia (hospital) ward
l'elenco list
il/la luminare famous professional
il medico physician
la parcella professional fee
il/la pediatra pediatrician
la prestazione service
  diagnostica diagnostic service
  farmaceutica prescription of drugs
  medica medical care
  ospedaliera hospital care

il pronto soccorso emergency room
il reddito income
la ricetta (medica) prescription
la spesa expense

aggirarsi to be about
ricoverare to hospitalize

a seconda di according to
altrimenti otherwise
gratis *(adv)* free
gratuito *(adj)* free
per quanto possibile as much as possible
potersi permettere to be able to afford

Prima di leggere

Nella lettura che segue Anna, durante un pranzo al quale ha invitato degli amici italiani, descrive la sua esperienza di paziente ricoverata in un ospedale americano. Gli amici, a loro volta, spiegano come funziona in Italia la «medicina di stato», cioè il servizio sanitario esteso a tutti i cittadini.

1. Come giudicherà Anna la sua esperienza in ospedale? Sarà soddisfatta del trattamento, delle cure, dei medici? Oppure no?
2. L'ospedale costa caro. Come l'avrà pagato Anna?
3. In molti paesi esistono forme di «medicina di stato». Sapete, per esempio, come funziona il servizio sanitario in Canada? Come si saranno organizzati i vari paesi? Come si pagheranno le spese?
4. Quali forme di assicurazoni contro le malattie esistono nel vostro paese?
5. I ricchi sono sempre in condizione di privilegio. Quali vantaggi pensate che i soldi possano comprare nel caso delle cure mediche?

Il servizio sanitario nazionale in Italia

I commensali sono a tavola; è un pranzo all'italiana negli Stati Uniti. Anna e Luca hanno invitato degli amici italiani venuti per un congresso che ha luogo presso la loro università.

ANNA: Così, dopo venticinque anni, ho fatto l'esperienza dell'ospedale americano. Un grand'albergo. Camere a due letti, un armamentario° di   *array*

5

bottoni per cambiare la posizione del letto e chiamare l'infermiera, menù calibrato per te in cui scegliere, medici che ti spiegano per filo e per segno° che cosa intendono fare e che cosa hanno trovato. Il personale ti rende la vita facile° per quanto possibile; pensa che la sera mi facevano

10 perfino il massaggio rilassante sulla schiena!

per: *in detail*
rende: *makes life easy*

PIETRO: Ne parli come se fossi stata in crociera° invece che all'ospedale. Ma, dimmi, chi paga?

cruise

LUCA: La nostra assicurazione per l'ottanta per cento. A proposito, come funzionano le cose in Italia?

15 LUCIA: Al principio degli anni Ottanta è stata varata° la Legge sul Servizio Sanitario Nazionale, secondo la quale tutti i cittadini, e alcuni residenti, sono assicurati per le prestazioni mediche, diagnostiche, ospaliere e farmaceutiche purché le richiedano attraverso le ASL.

è: *was passed*

ANNA: Le ASL?

20 LUCIA: Sì, le Aziende Sanitarie Locali che amministrano la salute pubblica. Sono divise per territorio e i residenti vi sono iscritti.

LUCA: E se t'ammali, che fai?

PIETRO: Incominciamo dal principio. Nell'elenco ASL del territorio in cui abiti, ti scegli un medico di famiglia e, se hai figli piccoli, un pediatra. Quando

25 stai male, telefoni al tuo medico, vai al suo studio° se puoi, o viene lui in visita domiciliare°. Inizialmente è lui che stabilisce di che cosa hai bisogno: medicine, analisi cliniche, esami diagnostici, ricovero in ospedale.

office
visita: *house call*

ANNA: E non lo paghi?

LUCIA: No, le visite sono gratuite.

30 ANNA: E le medicine?

LUCIA: Anche le medicine te le danno gratis con la ricetta medica, purché siano comprese nell'elenco dei farmaci previsti dall'ASL. Altrimenti devi pagare una percentuale del costo.

ANNA: E se hai bisogno di esami di laboratorio o radiologici?

35 PIETRO: Vai prima alla ASL per le necessarie pratiche burocratiche°. Se i tempi di attesa dei servizi pubblici sono superiori a quattro giorni, ti autorizzano a rivolgerti a strutture° private «convenzionate», cioè che hanno un accordo con lo stato per quanto riguarda i costi. In certi casi una percentuale del costo degli esami diagnostici è a carico del paziente; invece la

40 degenza° in ospedale è gratuita.

pratiche: *paperwork*

facilities

stay

LUCA: Puoi andare all'ospedale gratis?

PIETRO: Sì, l'ospedale pubblico. Naturalmente se il tuo medico ASL prescrive il ricovero in ospedale e tu richiedi trattamenti speciali, li devi pagare.

ANNA: Per esempio?

45 PIETRO: Per esempio se vuoi il trattamento che definiscono «alberghiero», tipo camera singola e altri privilegi extra. Ora poi, con la nuova legge che regola le attività dei medici ospedalieri, se ti scegli l'ospedale dove opera il tuo chirurgo o ginecologo di fiducia e vuoi i suoi servizi, è a tuo carico circa la metà della spesa.

50 LUCA: Mi sembra una scelta costosa.

PIETRO: Lo è, ma in certi casi l'ospedale, specialmente se ospedale universitario, ti dà maggiori garanzie.

ANNA: Se ricordo bene, ci sono altre scelte.

LUCIA: Sì, certo. I nostri figli sono nati tutti a Villa Linda, che è una clinica
55   convenzionata.

ANNA: E se il medico della ASL non ti convince e vuoi consultarne uno privato?

LUCIA: Padronissima° di andare da lui, basta che lo paghi.   *free to decide*

ANNA: Quanto?

LUCIA: In media la parcella si aggira sui cento euro per visita. Se poi ti rivolgi a
60   un luminare, arrivi a duecento euro e anche di più. Quanto a ricovero e
      prestazioni in cliniche private di tua scelta e a tue spese, non te lo
      consiglio proprio. Scusami, ma direi che non te lo puoi permettere,
      anche se la ASL ti rimborsa quello che avrebbe dato alla clinica conven-
      zionata.

65 ANNA: Ho capito, grazie del consiglio. Ma senti, se come è successo a me, devi
      andare d'urgenza al pronto soccorso?

LUCIA: Non c'è problema; ci vai, ti curano e non paghi, purché ti rimandino
      subito a casa.

LUCA: E i soldi per pagare i medici degli enti pubblici, da dove vengono?

70 PIETRO: Dalle imposte sul reddito e le altre tasse che paghiamo tutti.

ANNA: Insomma, il sistema funziona?

LUCIA: In generale sì. Meglio nelle città piccole che nelle grandi, al nord che al
      sud, in alcune regioni che in altre.

PIETRO: Ovviamente la perfezione non esiste e ci sono inconvenienti: puoi non   *cap*
75   ottenere il medico ASL di tua scelta perché ha già raggiunto il «tetto»°,
      cioè il numero previsto, dei suoi pazienti; spesso i tempi di attesa per gli
      accertamenti diagnostici e il ricovero in ospedale sono lunghi; gli
      ospedali sono bene attrezzati° ma sono lontani dal grand'albergo di cui   *equipped*
      parlava Anna; il cibo è così così e puoi capitare in una corsia con sei
80   letti…

LUCIA: Le infermiere—uso il femminile perché per il 90% sono donne—sono in
      numero insufficiente, hanno turni massacranti° e si lamentano di   *exhausting*
      guadagnare troppo poco. Forse per queste ragioni non sono sempre
      pazienti e gentili con i malati.

85 LUCA: Quindi hai preferito Villa Linda.

PIETRO: Sì, ma non si prevedevano complicazioni. Tieni conto, poi, che se avesse
      avuto bisogno della TAC° o della RMN°, le avrebbe ottenute con relativa-   *CAT scan / MRI*
      mente poca spesa soltanto in un ospedale pubblico; invece, fatte privata-
      mente, sono molto costose e il rimborso è piccolo.

90 LUCIA: Ti dirò di più. Per certe malattie gravi o di difficile diagnosi, è consiglia-
      bile andare in un ospedale universitario, sia pure in corsia, perché ci sono
      le migliori attrezzature e medici che fanno ricerca ad alto livello.

ANNA: È vero anche qui. Anch'io ero all'ospedale universitario. A proposito, una
      seccatura° c'era: alla cinque di mattina arrivavano i dottorini che face-   *nuisance*
95   vano l'internato° con il mio chirurgo a chiedermi molto rispettosamente   *intership*
      il permesso di palparmi la pancia°. Giusto! Anche loro devono imparare,   *belly*
      ma non potevano lasciarmi dormire un'altra oretta?

Comprensione

1. Dove ha luogo la conversazione sul servizio sanitario italiano?
2. Qual è stata l'esperienza di Anna all'ospedale americano?
3. Chi pagherà le spese di Anna e in che misura?
4. Chi è assicurato in Italia?
5. Che cosa sono le ASL?
6. Cosa deve fare prima di tutto l'italiano che si ammala?
7. Si pagano in Italia il medico e le medicine?
8. Perché Lucia è andata a Villa Linda?
9. Quanto costa una visita da un medico privato in Italia?
10. Come viene pagato il servizio sanitario italiano?
11. Secondo Pietro e Lucia il sistema italiano funziona?

Studio di parole

sympathy

compassione (*f*)
sympathy

Non ho nessuna compassione per i
  deboli.
I have no sympathy for the weak.

condoglianze (*f pl*)
sympathy, condolences

Quando è morto il nonno, ho scritto
una lettera di condoglianze alla nonna.
*When Grandpa died, I wrote a letter of
sympathy to Grandma.*

simpatia (the opposite is **antipatia**)
liking, attraction

Ho una grande simpatia per quell'attore.
I have a great liking for that actor.

sympathetic

compassionevole or **comprensivo**
sympathetic, understanding

Chi non ha bisogno di una persona compassionevole nei momenti di sconforto?
*Who doesn't need a sympathetic person in periods
  of distress?*

simpatico (the opposite is **antipatico**)
likeable, congenial, nice

Una persona bella non è sempre simpatica.
A good-looking person isn't always congenial.

Essere simpatico (antipatico) a qualcuno
  means the same as **piacere (non piacere)
  a qualcuno.**

Mario mi era molto simpatico.
I liked Mario a lot.

to make + adjective

When the verb *to make* is followed by an adjective (*You make me happy when skies are grey*), the verb **rendere** (*pp* **reso**; *pr* **resi**) is usually preferred to **fare.** The adjective follows the verb directly.

Il tuo amore mi rende felice.
Your love makes me happy.

Rendevi felici i bambini quando giocavi con loro.
You made the children happy when you played with them.

Il personale ospedaliero rende la vita facile ai pazienti.
The hospital staff makes life easy for patients.

Pratica

a. *Scegliere la parola o le parole che completano meglio la frase.*

1. Quel ragazzo ha un così bel carattere; per questo è _____ a tutti.
2. Dobbiamo insegnare ai bambini a provare _____ per i poveri, i vecchi e i malati.
3. Ci sono persone che Lei non può sopportare, persone che Lei trova veramente _____?
4. Vi prego di accettare le mie più sentite _____ in occasione della tragica perdita.
5. Gli ho raccontato tutte le mie sventure e lui mi è stato a sentire, ma non mi è sembrato molto _____.
6. Quando vivevo a Chicago, il vento mi _____ nervosa.
7. Non possiamo ancora parlare di amore tra i due, solo di una grande _____.

b. *Inserire la parola o le parole che completano meglio il brano.*

La signora Beltrami è una persona meravigliosa. Non solo è una persona _____ ma è anche estremamente _____. È sempre pronta ad aiutare chiunque ne abbia bisogno ed è sempre piena di _____ per i poveri e i bisognosi. Se hai delle difficoltà e gliene parli, lei ti ascolta con animo _____; il solo parlarne con lei ti _____ più sereno. Che bello sarebbe se fossero tutti come la signora Beltrami, invece al mondo ci sono tante persone _____!

c. *Domande per Lei.*

1. Se Lei si ammala, che cosa deve fare per ottenere le cure necessarie? Chi paga le spese?
2. Lei è mai stato/a ricoverato/a in ospedale? O forse è capitato a qualcuno dei Suoi parenti o amici? Racconti l'esperienza.
3. Lei ha un medico di famiglia? È assicurato/a contro le malattie? È contento/a della Sua assicurazione? Sì, no, perché?
4. Secondo Lei i medici, in generale, rassicurano i loro pazienti, li rendono tranquilli?

5. Le è mai capitato, in quanto paziente, di trattare con un medico particolarmente simpatico/antipatico, comprensivo/indifferente? Racconti.
6. Che cosa pensa del servizio sanitario italiano?
7. Al posto di Pietro, Lei avrebbe scelto la clinica privata e pagato la differenza? Perché?
8. Come fa nel Suo paese una persona non assicurata che abbia bisogno di cure mediche o di ricovero in ospedale?

෨ Temi per componimento o discussione

1. Una famiglia italiana sta per emigrare nel Suo paese. Spiegare, in termini generali, come funzionano le assicurazioni private e i servizi sociali pubblici a disposizione dei poveri e degli anziani.
2. In vari paesi del mondo esiste la cosiddetta «medicina di stato», cioè un servizio sanitario esteso a tutti i cittadini e pagato essenzialmente con i soldi delle tasse. Le piacerebbe un sistema analogo nel Suo paese? Perché sì, perché no?
3. Se la medicina di stato venisse adottata nel Suo paese, prevede conseguenze negative? Quali? Perché?
4. La clinica privata italiana è un luogo molto confortevole, ma anche molto costoso. Esistono strutture simili nel Suo paese? Come funzionano?
5. Secondo Lucia le infermiere italiane hanno vita difficile. Qual è la situazione di medici e infermiere nel Suo paese?
6. Spieghi quali sono, secondo Lei, i diritti degli assicurati per quanto riguarda la prevenzione e la cura delle malattie, le prestazioni a lunga scadenza e gli interventi straordinari. Chi paga? È il caso di stabilire dei limiti alle spese?

Filippo Brunelleschi, Loggia dello *Spedale degli Innocenti*, Firenze. Costruito nel XV secolo per accogliere i bambini abbandonati, ora è un museo.

RICERCA WEB

L'ospedale non è sempre stato il luogo destinato al ricovero ed alla cura dei malati. Inizialmente era una istituzione che forniva «ospitalità» e aiuto ai pellegrini, ai poveri, ai bambini abbandonati oltre che, naturalmente, ai malati.

a. L'ospedale antico / storia / ospedali e infirmari
b. Lo «Spedale» degli Innocenti a Firenze
c. L'Ospedale di San Giovanni di Gerusalemme (Monaci Ospitalieri / Cavalieri di Malta)

PER COMUNICARE

Salutare e accomiatarsi (*to take one's leave*). In ogni società esistono dei modi di comportarsi, delle convenzioni sociali che si riflettono nell'uso della lingua. Prendiamo per esempio il semplice modo di dire *"How are you?"* Contrariamente all'inglese, l'italiano «Come sta/stai?» è una vera e propria domanda che si aspetta una risposta, se non sincera almeno formale. Trattandosi di una richiesta di notizie, non è usata senza una buona ragione, per esempio con compagni di scuola o colleghi di lavoro che vediamo ogni giorno, né tanto meno con le persone con cui non siamo in rapporti di familiarità e alle quali non sarebbe opportuno chiedere o dare informazioni di carattere personale.

Notate inoltre che normalmente, nel rispondere a dimostrazioni di interesse, l'italiano evita forme di eccessivo entusiasmo quando si tratta di dare informazioni su se stessi o sullo stato della propria salute.

Mostrare interesse

Come sta la famiglia/stanno i tuoi?	*How is your family?*
La signora sta bene?[1]	*How is your wife?*
Come va la vita?	*How are things?*
Come vanno le cose?	
Cosa c'è di nuovo?	*What's new?*
Che cosa fai di bello adesso?	*What are you up to now?*
Cosa mi racconti?	*What's up?*

Rispondere a dimostrazioni d'interesse

Non c'è male.	*It's going O.K.*
Non mi posso lamentare.	*I can't complain.*
Si tira avanti.	*It's going!*
(Va) così, così.	*So so.*
(Va) abbastanza bene.	*I am doing O.K.*
Non potrebbe andare meglio.	*It couldn't be any better.*

---

[1] Per domandare come sta la moglie di una persona che non conosciamo intimamente. Per richiedere notizie del marito, usiamo «Suo marito» invece di «signore».

Dimostrare sorpresa nel vedere qualcuno

Che sorpresa!	*What a surprise!*
Ma guarda chi si vede!	*Look who's here!*
Dopo tanto tempo che non ci vedevamo!	*It's been a long time since I saw you!*
Che piacere rivederti/rivederLa!	*What a pleasure to see you again!*

Accomiatarsi

Ci vediamo dopo.	
A più tardi.	*See you later.*
A presto. Ciao!	*See you soon.*
Chiamami tu.	*Call me.*
Ti chiamo io.	*I'll call you.*
Fatti sentire.	*Let me hear from you.*
Allora ci sentiamo.	
Le telefono la prossima settimana.	*We'll talk (next week).*
Tante belle cose.	*Take care.*
Salutami tutti a casa.	
Saluti alla famiglia.	*Say hello to your family.*
Mi saluti la signora.	*My regards to your wife.*
Fammi sapere com'è andata.	*Let me know how it turned out.*

Che cosa dice?

1. Lei incontra le seguenti persone e le saluta:
   a. un Suo ex collega d'ufficio che ha cambiato lavoro
   b. la Sua vicina di casa che ha il marito malato
   c. Cristina Mattarella, una Sua vecchia compagna di scuola, che da sei anni insegna italiano in Australia
   d. il Suo professore di diritto (*law*) di cui Lei conosce anche la moglie
   e. un'amica di Sua madre che Lei non vede da tanto tempo

2. Lei si accomiata dalle seguenti persone:
   a. il professore di radiologia che Le ha dato degli articoli da leggere e vuole riparlarne con Lei
   b. degli amici con cui ha in programma di fare una gita il prossimo fine settimana
   c. una vecchia signora amica di famiglia che ha tanti figli e nipoti
   d. Sua cugina che non Le telefona mai
   e. il Suo amico Antonio che si sta separando dalla moglie

Situazioni

1. Lei ha trent'anni, è sposato/a e ha un bambino. In una libreria del centro, dopo tanti anni, rivede con grande piacere la Sua professoressa di lettere della scuola media a cui era molto affezionato/a. Come si svolge la conversazione?

2. Sabato scorso, a una festa, la Sua amica Simona le ha detto che il lunedì successivo sarebbe andata dal professor Bizzarri a chiedergli la tesi. È passata una settimana e Lei incontra Simona allo snack-bar dell'università.

3. Gabriele Settepassi, un tale *(person)* con cui Lei andava in montagna anni fa, ha una casa all'Elba e ha appena comprato una grossa barca a vela. Lei incontra per caso Gabriele all'ufficio postale. Vi scambiate notizie, Gabriele La invita a fare una gita in barca, Lei promette di telefonargli per fare programmi più precisi.

4. Lei deve risolvere una difficoltà legale e si porta dall'avvocato di famiglia che La conosce da quando era bambino/a. L'avvocato La riceve molto cordialmente e Le chiede notizie di tutta la famiglia.

5. Lei è insegnante. Il Suo allievo Massimo Conti, dopo una lunga assenza, torna a scuola con il braccio sinistro ingessato. Cosa dice Lei? Cosa dicono gli studenti? Cosa risponde Massimo?

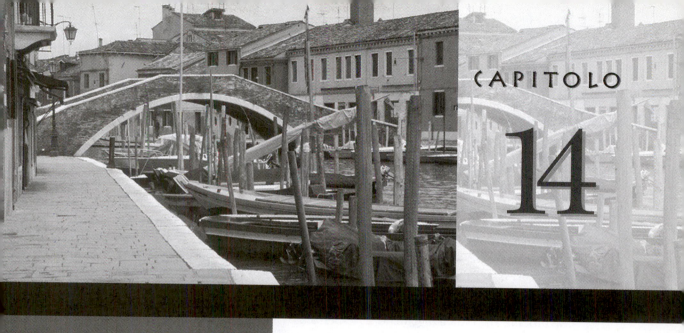

Monumenti ed edifici. I turisti hanno appena visitato l'antica chiesa romana di Santa Maria in Cosmedin. Alcuni protestano perché si riprende il percorso turistico, e non è stato concesso loro il tempo di mettere una mano nella Bocca della Verità. Si tratta di un disco di pietra con scolpita una maschera con la bocca aperta. Secondo la credenza popolare, la bocca si chiudeva a imprigionare la mano degli impostori.

GUIDA: Abbiate pazienza! Non si può fare tutto! Da qui, in pochi minuti si raggiunge il Circo Massimo, poi visiteremo il Colosseo. Questa parte del programma è dedicata ai luoghi delle manifestazioni ludiche° *(of the games)* dei Romani.

Il Circo Massimo è tra i monumenti più antichi, lo si fa risalire° *(dates back)* ai leggendari re Tarquini, e si sa per certo che alcune parti sono state costruite intorno al II secolo avanti Cristo. Il circo era dedicato al divertimento del popolo. Lungo 600 m. e largo 140 m., poteva contenere 250.000 persone. La corsa delle bighe° *(chariots)* era, insieme alla lotta dei gladiatori, lo spettacolo più amato dalla plebe° *(populace)*.

Il Colosseo è stato iniziato nel 72 dopo Cristo dall'Imperatore Vespasiano e terminato otto anni dopo dall'Imperatore Tito. Il nome esatto del monumento è Anfiteatro Flavio, in onore della famiglia Flavia alla quale appartenevano gli imperatori che l'hanno fatto erigere. Quanto al nome Colosseo, sembra che derivi da una statua colossale di Nerone che si trovava lì vicino. Nel Colosseo avevano luogo i «ludi circensi», cioè i giochi del circo: lotte tra gladiatori e tra gladiatori e fiere° *(wild animals)*. Si sa che era concesso a tutti l'ingresso gratuito, infatti i governanti dicevano che era bene distribuire gratis ai cittadini «pane e giochi». Ai giochi si andava di mattina e ci si restava per molte ore. Perché gli spettatori fossero protetti dal sole e dalla pioggia, un «velario», cioè una sorta di grande tenda, si stendeva a cupola sopra l'anfiteatro; del velario era incaricato un nucleo speciale di marinai° *(sailors)* della flotta° *(fleet)* di Capo Miseno. L'anfiteatro poteva contenere fino a 50.000 spettatori e, come sempre succede, i ricchi si dividevano i posti migliori.

Vocabolario utile

l'**abbazia** abbey
l'**anfiteatro (romano)** amphitheater (Roman)
l'**arena** arena
la **basilica** basilica
la **cattedrale** / il **duomo** cathedral
la **cupola** dome
l'**ingresso** entrance, admission
la **lotta** fight, struggle
il **monastero** / la **certosa** monastery
il **percorso** route
la **sinagoga** synagogue
il **tempio** temple
il **tragitto** way

concedere to grant, to allow
costruire to build
demolire to demolish
distruggere (*pp* **distrutto**; *pr* **distrussi**)
  to destroy
erigere (*pp* **eretto**, *pr* **eressi**) to build,
  to erect
iniziare to start, to begin
*__risalire__ to date back / to date from
stendere to spread

Roma, Foro Romano: le tre colonne del tiempio dei Dioscurie il tempio di Antonio e Faustina.

ESERCIZI

a. *Rispondere alle domande seguenti.*

1. Che cos'è la Bocca della Verità?
2. Quando si hanno notizie precise del Circo Massimo?
3. Quali spettacoli avevano luogo nel Circo Massimo?
4. Quando fu costruito il Colosseo?
5. Da chi fu fatto costruire?
6. Durante i giochi pubblici, in che periodo della giornata si andava agli spettacoli? Ci si restava a lungo?
7. In che modo gli spettatori erano protetti dal sole e dalla pioggia?
8. Si spendeva molto per comprare il biglietto d'ingresso?

b. *Inserire le parole che meglio completano le frasi.*

1. Cesare è in crisi esistenziale e ha deciso di passare una settimana di meditazione in un _____ benedettino.
2. La terza tappa *(leg)* del Giro d'Italia ha attraversato paesi di montagna. È stato un _____ lungo e faticoso.
3. La moderna sinagoga romana fu _____ vicino al Tevere nel 1904.
4. Il Colosseo era un _____ riservato agli spettacoli pubblici.
5. In Italia l'_____ ai musei è spesso gratuito per le persone anziane.
6. Maria Grazia è incredibile, riesce sempre ad andare ai concerti (senza pagare) _____ .
7. In Italia l'assistenza sanitaria è _____ .

⚮ STRUTTURA ⚮

I. Forma passiva

A. Like English verbs, Italian verbs have an active and passive voice. A verb is in the active voice when the subject of the verb performs the action of the verb. A verb is in the passive voice when the subject of the verb is acted upon. In the passive voice the person or thing that performs the action on the subject is called the *agent*.

Active	Il gatto *(subject)*	mangia *(active verb)*	il topo. *(object)*
Passive	Il topo *(subject)*	è mangiato *(passive verb)*	dal gatto. *(agent)*

Note that when an active sentence is changed to a passive sentence, the object becomes the subject and the subject, if expressed, becomes the agent.

B. The passive can be used in all tenses and all moods and is formed with the desired tense of **essere** + *past participle*. The agent, if expressed, is preceded by **da.** Compare the conjugation of the verb **lodare** (*to praise*).

INDICATIVO

Presente
sono lodato/a
sei lodato/a
è lodato/a
siamo lodati/e
siete lodati/e
sono lodati/e

Passato prossimo
sono stato/a lodato/a
sei stato/a lodato/a
è stato/a lodato/a
siamo stati/e lodati/e
siete stati/e lodati/e
sono stati/e lodati/e

Imperfetto
ero lodato/a

Trapassato prossimo
ero stato/a lodato/a

Passato remoto
fui lodato/a

Trapassato remoto
fui stato/a lodato/a

Futuro semplice
sarò lodato/a

Futuro anteriore
sarò stato/a lodato/a

CONGIUNTIVO

Presente
che io sia lodato/a

Passato
che io sia stato/a lodato/a

Imperfetto
che io fossi lodato/a

Trapassato
che io fossi stato/a lodato/a

CONDIZIONALE	
Presente	**Passato**
sarei lodato/a	sarei stato/a lodato/a

IMPERATIVO
sii lodato/a

INFINITO	
Presente	**Passato**
essere lodato/a/i/e	essere stato/a/i/e lodato/a/i/e

GERUNDIO	
Presente	**Passato**
essendo lodato/a/i/e	essendo stato/a/i/e lodato/a/i/e

La virtù **è lodata** da tutti.
Virtue is praised by everyone.

Il campanile **è stato colpito** dal
fulmine.
The bell tower was struck by lightning.

Quando **saremo ricevuti** da voi?
When will we be received by you?

Le operaie vogliono **essere pagate** subito.
The workers want to be paid right away.

I cantanti **furono applauditi** a lungo.
The singers were applauded a long time.

Non credevo che la tesi **sarebbe stata discussa**
così presto.
I didn't think the thesis would be discussed so early.

Pretendevano che il lavoro **fosse finito** in
un'ora.
They expected the work to be completed in an hour.

—Non per sfiducia, ma preferiremmo essere pagati in anticipo...

1. Note that *all* past participles agree with the subject in gender and number (which is always the case when the auxiliary verb is **essere**).

2. Remember that in both passive and active voices the **imperfetto** is used with verbs of description and feelings, or to indicate a habitual action; the **passato prossimo** (or **remoto**) is used to express specific actions.

Gino **era amato** da tutti.
Gino was loved by everyone.

Gino **è stato invitato** dai miei per il weekend.
Gino was invited by my family for the weekend.

Gino **era invitato** dai nonni ogni estate.
Gino was invited by his grandparents every summer.

ESERCIZI

a. *Rispondere alle domande usando la forma passiva. Seguire l'esempio.*

ESEMPIO   —Firma lui le lettere?
         —**Certo! Tutte le lettere sono firmate da lui.**

1. Scrive lui i discorsi?
2. Aprono loro le valige?
3. Controlla lei i passaporti?
4. Annunciano loro i voli?
5. Fa lei i dolci?
6. Prendono loro la frutta?
7. Informa lui i parenti?
8. Chiude lui le finestre?

b. **Il preside dell'Istituto Alessandro Volta è oppresso dagli impegni di lavoro.** *Seguire l'esempio mettendo ogni frase al futuro e utilizzando le seguenti espressioni temporali: domani, giovedì, la settimana prossima, in primavera, il mese prossimo, durante le vacanze.*

ESEMPIO   Pagare la bolletta della luce
         La bolletta della luce sarà pagata lunedì.

1. intervistare il nuovo professore di matematica e fisica
2. informare i genitori di Renzo Macchi della sospensione
3. firmare le pagelle del primo semestre
4. acquistare altri quattro microscopi
5. far pulire le finestre
6. convocare il consiglio dei professori
7. far aggiustare il tetto della scuola
8. proibire l'ingresso a motorini e biciclette
9. scrivere gli inviti per la festa della scuola
10. organizzare l'Operazione Riciclaggio

c. **È vero che...** *Rispondere affermativamente usando la forma passiva. Proseguire a catena: lo studente che risponde formula la domanda successiva.*

ESEMPIO   —È vero che Cristoforo Colombo ha scoperto l'America?
         —**Sì, l'America è stata scoperta da Cristoforo Colombo.**

1. È vero che Raffaello ha dipinto questo quadro?
2. È vero che le sorelle Fendi hanno disegnato queste pellicce?

3. È vero che Caino ha ucciso Abele?
4. È vero che Romolo e Remo hanno fondato Roma?
5. È vero che Shakespeare ha scritto l'*Otello*?
6. È vero che un italiano ha inventato la radio?
7. È vero che uno straniero ha vinto la corsa?
8. È vero che Marco Polo ha introdotto gli spaghetti in Italia?

d. *Cambiare dalla forma attiva alla forma passiva quando possibile.*

1. Visitate le Alpi. La bellezza del paesaggio vi colpirà.
2. Hanno rubato una celebre Madonna con Bambino. Una guardia notturna ha riconosciuto i ladri e ha fatto regolare denuncia alla polizia.
3. Non sapevo che avrebbero trasferito il signor Saletti. Mi dispiace moltissimo. I figli gli avevano appena comprato un bell'appartamentino e il pover'uomo sembrava finalmente tranquillo.
4. Niente eredità per noi. Nel 1999 il nonno perse tutto il patrimonio della famiglia.
5. Credevi che Moravia avesse scritto *Il Pendolo di Foucault?*—Ma no, l'ha scritto Umberto Eco.
6. Pensi che abbiano fatto le congratulazioni al presidente eletto?—Sì, ma temo che abbiano mandato i telegrammi all'indirizzo sbagliato.

e. *Cambiare dalla forma passiva alla forma attiva.*

ESEMPIO   Carlo è ammirato da tutti.
           Tutti ammirano Carlo.

1. Gli scaffali della biblioteca erano occupati da migliaia di libri.
2. La festa di San Guido sarà celebrata da tutto il paese.
3. L'attore è stato riconosciuto da molte persone.
4. Da chi è stata dipinta questa Madonna?
5. Come mai il tenore non fu applaudito dal pubblico?
6. Le sue parole potevano essere ascoltate da molti.
7. Credo che il ministro sia stato ricevuto dalle autorità.
8. Le ultime rose potrebbero essere bruciate dal gelo.

f. **Ieri c'è stato un grave incidente...** *Descrivere un incidente utilizzando i vocaboli elencati e usando molti verbi al passivo.*

1. una macchina sportiva / un grande camion / la nebbia
2. scontrarsi / demolire
3. chiamare / un'ambulanza / i feriti / trasportare all'ospedale
4. la polizia / interrogare / il conducente del camion
5. togliere la patente / arrestare / processare / condannare a sette mesi di reclusione
6. la compagnia d'assicurazioni / informare

g. *Conversazione.*

1. È mai stato/a derubato/a? bocciato/a? premiato/a? insultato/a? picchiato/a? ingannato/a *(cheated)*? (Quando la risposta è affermativa, dare particolari.)
2. Lei sa da chi è stato diretto il film *8 ½*? da chi è stata scritta la *Divina Commedia?* da chi è stata scoperta la penicillina? da chi è stata fondata la Fiat? da chi è stato scritto il romanzo *I promessi sposi*?

◌◌ Osservazioni supplementari sulla forma passiva

A. Verbs other than **essere** can be used with past participles to express the passive voice in Italian. The past participles agree with the subject in gender and number.

1. **Venire** (in simple tenses only)

   Le leggi **vengono** (sono) **discusse** in parlamento.
   Laws are discussed in parliament.

   Io **verrei** (sarei) **licenziato** subito **se** dicessi questo!
   I would be fired immediately if I said this!

2. **Andare** (in all tenses)
   With verbs that indicate the loss of something: **perdere, distruggere, sprecare,** and **smarrire.**

   Molto cibo **va** (è) **sprecato** nei ristoranti.
   A lot of food is wasted in restaurants.

   Alcuni documenti importanti **erano andati** (erano stati) **distrutti** nell'incendio.
   Some important documents were destroyed in the fire.

3. **Andare** + *past participle* (in simple tenses only)

   To express necessity or obligation. In this sense, it corresponds to **dover essere** + *past participle.*

   Il vino bianco **va servito** (deve essere servito) freddo.
   White wine must be served cold.

   Quell'esercizio **andava fatto** (doveva essere fatto) per oggi.
   That exercise was supposed to be done for today.

   Common expressions that illustrate this usage are:

va considerato	*it must be considered*	**va ricordato**	*it must be remembered*
va detto	*it must be said*	**va ripetuto**	*it must be repeated*
va notato	*it must be noticed*	**non va dimenticato**	*it mustn't be forgotten*

B. Only transitive verbs (those that take a direct object) can be made passive. In Italian, only the direct object of an active sentence can be made the subject of a passive sentence. The indirect object remains indirect in both the active and passive voices; it can *never* be the subject of a passive sentence. Compare:

ENGLISH	ITALIAN
The director gave Carlo a raise.	**Il direttore ha dato un aumento a Carlo.**
A raise was given to Carlo by the director.	**Un aumento è stato dato a Carlo dal direttore.**
Carlo was given a raise by the director.	(impossible in the passive)
The waitress will serve us coffee and tea.	**La cameriera ci servirà caffè e tè.**
Coffee and tea will be served to us by the waitress.	**Caffè e tè ci saranno serviti dalla cameriera.**
We will be served coffee and tea by the waitress.	(impossible in the passive)

To express sentences similar to the two labeled "impossible," an active construction must be used. If the agent is not known, an impersonal **loro** is the subject of the active verb.

Hanno dato un aumento a Carlo.
Carlo was given a raise. or *They gave Carlo a raise.*

Ci serviranno caffè e tè.
We'll be served coffee and tea.

Mi chiederanno di rimanere.
I'll be asked to stay.

Non **permettono** ai bambini di venire.
Children are not allowed to come.

Le **hanno promesso** un premio.
She was promised a prize.

Mi dicono che lo sciopero è inevitabile.
I'm told the strike is unavoidable.

ESERCIZI

a. *Completare ogni frase inserendo la forma corretta di* **andare** *or* **venire.**

1. Molte macchine straniere _____ comprate dagli italiani.
2. Mi dispiace, signorina, ma questa lettera _____ rifatta.
3. Questi prodotti _____ conservati in un luogo fresco se non vuoi che vadano a male.
4. In quante università americane _____ insegnato l'italiano?
5. Ogni volta che rispondevano bene, gli studenti _____ lodati dal professore.
6. State attenti! Queste espressioni non _____ prese alla lettera!
7. Per essere apprezzata, la musica classica _____ ascoltata in silenzio.
8. L'anno scorso, Mario _____ spesso invitato a pranzo dagli amici.

II. *Si* passivante

The passive voice can also be expressed by **si**[1] + *active form* of the verb, particularly when the agent is not indicated. The verb is in the third person singular or plural, depending on whether the subject is singular or plural. The subject usually follows the verb. In compound tenses **essere** is used (with the past participle agreeing in gender and number with the subject).

Non **si studia** abbastanza l'italiano.
Italian isn't studied enough.

Si è scritto molto sull'energia solare.
A lot has been written on solar energy.

Non **si studiano** abbastanza le lingue straniere.
Foreign languages aren't studied enough.

Si sono scritti molti libri e molti articoli.
Many books and many articles have been written.

---

[1] In want ads, advertisements, telegrams, and commercial messages, where brevity is essential, **si** is attached to the end of the verb: **Cercasi** (= **si cerca**) **autista,** *Chauffeur wanted;* **Offronsi strumenti di misura,** *Measurement instruments for sale;* **Affittasi camera ammobiliata,** *Furnished room for rent.*

ESERCIZI

a. *Cambiare le seguenti frasi usando il **si** passivante. Cominciare ciascuna frase con **si**.*

ESEMPIO   Quest'articolo è venduto nei migliori negozi.
              Si vende quest'articolo nei migliori negozi.

1. È richiesta la conoscenza di due lingue straniere.
2. Sono stati fatti molti errori.
3. Alcune parole potrebbero essere tolte.
4. L'autostrada verrà inaugurata domenica prossima.
5. Tutte le partite saranno trasmesse in diretta (*live*).
6. I responsabili dovrebbero essere puniti.
7. Queste condizioni non possono essere accettate.
8. Una decisione è stata presa.

b. *Inserire i verbi che seguono secondo il senso e usare il **si** passivante.*

mangiare   poter fare   avere   scrivere e parlare   trovare   contaminare   verificare
ripetere   vedere   perdere

Una volta i frutti di mare _____ crudi (*raw*) con una goccia di limone, ma è una
cosa che non _____ più, almeno finché non _____ dati rassicuranti
sull'eliminazione dello scarico dei rifiuti nel mare. _____ _____ a lungo
dei problemi ecologici, ma fino ad ora, come dice il presidente del Touring Club
Italiano, non _____ una soluzione. Di giorno in giorno gli ambienti naturali
_____ per colpa dell'incuria (*carelessness*) e della mancanza di responsabilità
collettiva dei cittadini. Ogni inverno nelle città _____ l'allarme inquinamento, e
_____ cittadini con la mascherina bianca che copre il naso e la bocca. Così le
speranze di un ambiente pulito e sano _____ in un ipotetico futuro.

III. *Si* impersonale

A. **Si** + *third person singular* of the verb corresponds to the English impersonal construction
one (you, we, they, people) + *verb.*

Si mangia tardi.
One eats late.

Si partì senza una meta precisa.
We left without a precise destination.

Se **si potesse** fare quello che **si vuole!**
If only people could do what they want!

Though the verb is singular in this impersonal construction, adjectives or nouns referring to the subject have a plural ending.[1]

---

[1] The same rule applies to all impersonal constructions: if an adjective follows an impersonal verb or expression, the
plural form is used: **Bisogna stare molto attenti quando si guida.** *You must be very careful when you drive.* **Non è bello
essere gelosi.** *It's not nice to be jealous.*

Quando si è **stanchi,** non si ragiona
   bene.
When one is tired, one doesn't reason well.

Quando si è **giornalisti,** si lavora anche di
   notte.
When you're a journalist, you also work at night.

B. In the **si impersonale** construction, compound tenses are always formed with **essere.** If
   the verb normally requires **avere** as its auxiliary, the past participle takes the masculine
   singular ending **-o.**

Si è ris**o** molto alla festa. (La gente **ha**
   ris**o...**)
People laughed at lot at the party.

Si è det**to** che si sarebbe lavorat**o** tutta la
   notte. (**Abbiamo** detto... **avremmo**
   lavorato...)
We said we'd work all night.

If, however, the verb normally requires **essere** as its auxiliary, the past participle takes a
plural ending.

Si è nat**i** per soffrire. (Uno **è** nato...)
We were born to suffer.

Si è rimast**i** più a lungo di quanto si volesse.
   (**Siamo** rimasti...)
We stayed longer than we wanted to.

C. When a reflexive verb is used in the impersonal construction, **ci si** replaces **si si** (that is,
   the impersonal **si** and the reflexive **si**).

Ci si alza presto d'estate.
People get up early in the summer.

Ci si è divertiti tanto ieri sera.
We had such a good time last night.

D. Object pronouns precede **si.** Only **ne** can follow, and then **si** becomes **se: se ne...**

Come si parla al nonno? **Gli si** parla con rispetto.
How does one talk to Grandpa? One talks to him with respect.

Si può fare a meno dello zucchero? —Si, **se ne** può fare a meno.
Can people do without sugar? —Yes, people can do without it.

E. Other ways of expressing the impersonal construction in Italian are to use **uno** + *third
   person singular* of the verb; **la gente** + *third person singular* of the verb; or the impersonal
   noi, voi, and **loro.**

Quando **uno viaggia, spende** molti soldi.
When one travels, one spends a lot of money.

Che cosa **dirà la gente?**
What will people say?

ༀ Ricapitolazione

A. Compare the four different Italian constructions using the pronoun **si:**

Reflexive

Luigi **si** vestì.
Louis got dressed.

Si credono molto intelligenti.
They think themselves very intelligent.

Reciprocal

Si sono incontrat**i** al bar.
They met one another at the café.

Non **si** sono salutati.
They didn't greet one another.

Passive

Si richiede la laurea.
A university degree is required.

Si offrono ottime condizioni di lavoro.
Excellent working conditions are offered.

Impersonal

Si dice che nevicherà.
They say it will snow.

In Italia **si** mangia bene.
In Italy one eats well.

B. Note the differences between the personal and impersonal constructions in the various cases.[1]

Anna è triste quando è sola.
Anna is sad when she is alone.

Uno è triste quando è solo.
One is sad when one is alone.

Si è tristi quando **si** è soli.
People (they) are sad when they are alone.

Giancarlo si è alzato presto e ha studiato.
Giancarlo got up early and studied.

Tutti si sono alzati presto e hanno studiato.
Everyone got up early and studied.

Ci si è alzati presto e **si** è studiato.
We got up early and studied.

ESERCIZI

a. *Mettere le frasi alla forma impersonale come nell'esempio.*

ESEMPIO   Non beviamo caffè.
Non si beve caffè.

1. Dobbiamo aver pazienza.
2. Abbiamo speso poco e siamo stati bene.
3. Non sappiamo dov'è nascosto.
4. Quando andiamo in montagna, ci divertiamo molto.
5. Se non ci sbrighiamo, arriveremo tardi.
6. Avevamo camminato molto ed eravamo stanchi.
7. Quando vediamo le finestre chiuse, pensiamo che la casa sia disabitata.
8. In questo paese viviamo come se fossimo in una grande città.
9. Non avevamo sentito nessun rumore.
10. Come possiamo finire il lavoro in quindici minuti?

---

[1] Note that **si** is always expressed, whereas **uno** and other pronouns can be omitted once the subject is indicated.

b. **Le marachelle** (pranks). *Pierino fa sempre le cose sbagliate. Bisogna dirgli che certe cose non si fanno. Completare ogni frase seguendo l'esempio.*

ESEMPIO   Pierino ha dato un calcio al tavolo.
　　　　　 Pierino, non si danno calci ai mobili!

1. Pierino ha fumato una sigaretta.
   Pierino, non _____ sigarette alla tua età!
2. Pierino ha bevuto un whisky.
   Pierino, non _____ liquori quandi si è piccoli!
3. Pierino ha dato del tu al dottore.
   Pierino, non _____ del tu al dottore!
4. Pierino ha detto che Orietta è stupida.
   Pierino, non _____ queste cose!
5. Pierino ha sbattuto (*slammed*) la porta.
   Pierino, non _____ le porte!
6. Pierino ha domandato l'età all'amica della mamma.
   Pierino, non _____ queste cose!

c. **Conversazione.** *Rispondere ad ogni domanda indicando se le cose elencate sono possibili alla Sua università.*

1. Si può bere birra alla mensa?
2. Si può fumare in classe?
3. Si possono portare i pantaloncini corti?
4. Si possono fare entrare i cani in aula?
5. Si può camminare scalzi?
6. Si può circolare in bicicletta?

d. **Una gita.** *Cambiare i verbi in parentesi alla forma impersonale.*

PIERO:　Come (facciamo) _____ ad andare a Fregene?
MARIO:　(Possiamo) _____ andare in macchina, è la cosa più semplice, non (dobbiamo) _____ guidare tanto e (arriviamo) _____ in un'ora.
PIERO:　Ottima idea, ma io non ho la macchina.
MARIO:　Neanche io, ma se (invitiamo) _____ Gianni e Marcella (andiamo) _____ in compagnia, (ci divertiamo) _____ e loro hanno una bellissima Alfa Romeo azzurra.
PIERO:　Magnifico! Anna dice che se (ci fermiamo) _____ in quel ristorantino dove (abbiamo mangiato) _____ l'estate scorsa, (staremo) _____ benissimo. Servono sempre dell'ottimo pesce fresco.
MARIO:　Purché non sia troppo caro!
PIERO:　Stai tranquillo! È un ristorantino modesto dove (mangeremo) _____ bene e (spenderemo) _____ poco.
MARIO:　Che bella cosa gli amici!

IV. Preposizioni e congiunzioni

Some common English words may be used as both prepositions (with a noun or pronoun) and as conjunctions (to introduce a clause with its own subject and verb). In Italian the equivalent words usually have slightly different forms; one for the preposition and one for the conjunction.

PREPOSITIONS (followed by a noun or pronoun)	CONJUNCTIONS (followed by a clause)

after

dopo
dopo di (+ *personal pronoun*)

Ci vedremo **dopo** il concerto.
We'll meet after the concert.

Scusi, ma Lei è arrivata **dopo di** me.
Excuse me, but you came after me.

dopo che (+ *indicative*)

Non l'ho più vista **dopo che** si è sposata.
I didn't see her anymore after she got married.

before

prima di

Preparerò la tavola **prima di** mezzogiorno.
I'll set the table before noon.

prima che (+ *subjunctive*)

Preparerò la tavola **prima che** arrivino gli invitati.
I'll set the table before the guests arrive.

because (of)

a causa di

Non sono uscita **a causa della** neve.
I didn't go out because of the snow.

perché (+ *indicative*)

Non sono uscita **perché** nevicava.
I didn't go out because it was snowing.

since (indicating time)

da

Siamo senz'acqua **da** domenica.
We've been without water since Sunday.

da quando (+ *indicative*)

Siamo senz'acqua **da quando** sei partito tu.
We've been without water since you left.

since (indicating cause)

dato che, poiché (+ *indicative*)

Non posso comprarlo **dato che** non ho soldi.
I can't buy it since I don't have any money.

until

fino a

Aspettate a uscire **fino al** mio ritorno.
Wait until my return before going out.

finché (+ *indicative or subjunctive*)[1]

Aspettate a uscire **finché** io **non** torni.
Wait until I return before going out.

---

[1] **Finché non** (the **non** is optional) requires the subjunctive only if it refers to future time.

Aspettarono **fino alle** dieci.
They waited until ten o'clock.

Aspettarono **finché non** tornò papà.
They waited until Daddy returned.

without

senza
senza di (+ *personal pronoun*)

senza che (+ *subjunctive*)

Siamo rimasti **senza** soldi.
We remained without money.

Partirono **senza che** io lo sapessi.
They left without my knowing it.

Che cosa fareste **senza di** me?
What would you do without me?

ESERCIZI

a. *Tradurre.*

1. Since you like Italian movies, why don't you go see *Roma*?
2. I was bored before your arrival. After you arrived, I had a very good time.
3. Roberto has been with us since September; he has been with us since his mother left for Italy.
4. We'll wait until he comes back. —You don't know what you're saying. He usually doesn't come back until two or three in the morning!
5. They started eating without their daughter; she had gone out of the house without anyone seeing her.
6. I need to talk to you. Can you come to my office after your Italian class?
7. They stayed home because it was raining. Nobody should stay home because of the rain!
8. What would you do without me—without my help, without my advice?

V. Discorso diretto e indiretto

With the exception of plays and dialogue in short stories and novels, speech is seldom reported word by word, as spoken (*direct discourse*). Usually speech is reported indirectly, introduced by such verbs as **dire, affermare, dichiarare, esclamare, chiedere,** and **rispondere** (*indirect discourse*), followed by **che.**

A. In converting from direct to indirect discourse, no change of tense occurs if the verb introducing the direct discourse is in the present or future.

DIRECT DISCOURSE

Fausto dice: «Anna è simpatica».
Fausto says, "Anna is likeable."

INDIRECT DISCOURSE

Fausto dice **che** Anna è simpatica.
Fausto says that Anna is likeable.

B. Many tenses and moods change in indirect discourse if the verb introducing the direct discourse is in the past (**passato prossimo, passato remoto, imperfetto,** or **trapassato**).

DIRECT DISCOURSE	INDIRECT DISCOURSE
Presente	**Imperfetto**
Carlo diceva sempre: «Io **so** nuotare molto bene».	Carlo diceva sempre che lui **sapeva** nuotare molto bene.
Charles always said, "I know how to (can) swim very well."	*Charles always said that he knew how to (could) swim very well.*
Passato prossimo/remoto	**Trapassato prossimo**
Carlo ha detto: «**Ho** sempre **amato** i miei genitori».	Carlo ha detto che **aveva** sempre **amato** i suoi genitori.
Charles said, "I've always loved my parents."	*Charles said that he had always loved his parents.*
Futuro	**Condizionale passato**
Carlo ha detto: «**Verrò** alle otto».	Carlo ha detto che **sarebbe venuto**[1] alle otto.
Charles said, "I'll come at eight."	*Charles said that he would come at eight.*
Imperativo	**Congiuntivo imperfetto** *or* **di** + infinito
Carlo mi ha detto: «**Fammi** un favore».	Carlo mi ha detto che gli **facessi** (**di fargli**) un favore.
Charles said to me, "Do me a favor."	*Charles told me to do him a favor.*
Congiuntivo presente	**Congiuntivo imperfetto**
Carlo disse: «Penso che lei **si sbagli**».	Carlo disse che pensava che lei **si sbagliasse**.
Charles said, "I think she's mistaken."	*Charles said that he thought she was mistaken.*
Congiuntivo passato	**Congiuntivo trapassato**
Carlo disse: «Temo che **abbiano avuto** un incidente».	Carlo disse che temeva che **avessero avuto** un incidente.
Charles said, "I'm afraid they've had an accident."	*Charles said that he was afraid they had had an accident.*

C. Other words also change when direct discourse is converted to indirect discourse.

1. First and second person pronouns and possessives become third person pronouns and possessives.

   io, tu → lui   noi, voi → loro
   mio, tuo → suo   nostro, vostro → loro
   a me, a te → a lui   a noi, a voi → a loro

2. **Questo** becomes **quello.**

---

[1] For this special use of the **condizionale passato,** see pp. 171–172.

3. Expressions of time and place change as follows:

qui (qua) → lì (là)
ora → allora
oggi → in quel giorno *that same day*
domani → il giorno dopo (l'indomani) *the following day*
ieri → il giorno prima *the day before*
la settimana scorsa → la settimana precedente *the previous week*
le settimana prossima → la settimana seguente *the following week*

Ha detto: «La lettera è arrivata **ieri**».
He said, "The letter arrived yesterday."

Ha detto che la lettera era arrivata **il giorno prima**.
He said that the letter had arrived the day before.

Ha confessato: «Non **mi** piace partire, ma partirò».
He confessed, "I don't like leaving, but I'll leave."

Ha confessato che non **gli** piaceva partire ma che sarebbe partito.
He confessed that he didn't like leaving, but that he would leave.

Ha annunciato: «Partirò **la settimana prossima** con tutta la **mia** famiglia».
He announced, "I will leave next week with my entire family."

Ha annunciato che sarebbe partito **la settimana seguente** con tutta la **sua** famiglia.
He announced that he would leave the following week with his entire family.

ESERCIZI

a. *Mettere le frasi al discorso indiretto, usando prima* **di** + *infinito, poi* **che** + *congiuntivo.*

ESEMPIO Ha detto al tabaccaio: «Mi dia dieci francobolli da cento!».
Ha detto al tabaccaio di dargli dieci francobolli da cento.
Ha detto al tabaccaio che gli desse dieci francobolli da cento.

1. Ha detto al cameriere: «Tenga il resto!»
2. Ha pregato la signora: «Mi dia degli spiccioli!»
3. Ha detto alla cassiera: «Mi cambi venti dollari!»
4. Ha detto all'autista: «Mi porti in via XX Settembre!»
5. Ha detto al gioielliere: «Mi ripari anche quest'orologio!»
6. Ha ripetuto alla signorina: «Venga a trovarmi!»

b. *Mettere le frasi al discorso indiretto usando i verbi fra parentesi.*

ESEMPIO Non posso venire in questo momento. (disse)
Disse che non poteva venire in quel momento.

1. Non sto bene. Ho frequenti mal di testa e ho perso l'appetito. (ha ammesso)
2. Questo quadro è mio! (dichiarò)
3. Devo essere a casa prima di mezzanotte. (diceva)
4. Stiamo guardando la televisione. (hanno risposto)
5. Mia sorella parla bene il francese. (Pierino dice)
6. Non abbiamo finito gli esercizi. (hanno confessato)
7. Trasloccheremo presto. (hanno annunciato)

c. **Le ultime parole famose.** *Scrivere delle frasi cominciando con* **Ha detto che...**, *facendo tutti i cambiamenti necessari.*

1. «Andrò a dormire presto ogni sera».
2. «Giuro, non lo farò mai più».
3. «Avremmo dovuto incontrarci qualche anno prima».
4. «Dobbiamo vederci qualche volta».
5. «La colpa è solo mia. Possiamo restare buoni amici».
6. «Questa è l'ultima sigaretta che fumo. Ho deciso di smettere di fumare».

d. *Mettere al discorso diretto.*

1. Il professore ha annunciato agli studenti che non avrebbe fatto lezione la settimana dopo. Ha spiegato che andava a una riunione di professori di lingua e che sarebbe stato via cinque giorni. Ha detto agli studenti di fare tutti gli esercizi e di finire il capitolo.
2. Attilio disse all'amico che era inutile correre: loro non avevano nessuna premura *(hurry)* e dovevano considerare quel viaggio come una gita. Cinque minuti dopo disse che sentiva odore di benzina e che sarebbe stato meglio fermarsi alla prima officina.
3. Stefanini disse che conosceva un avvocato e che quell'avvocato era proprio la persona che ci voleva per il loro «colpo»: si trattava di una persona molto sensibile alla quale era morta la mamma da circa un anno. La perdita l'aveva affranto *(devastated)*, e lui si era dato a fare del bene, aiutando ogni volta che poteva la povera gente.

e. **Ricapitolando.** *Mettere le frasi al discorso indiretto.*

1. Miss Parker diceva ai bambini. «Non correte! Un giorno vi farete male e la colpa sarà soltanto vostra».
2. Elena disse: «L'anno scorso stavo dagli zii, ma non ci voglio più stare dagli zii perché c'è rumore».
3. Elisa rispose: «Per il vitto vado al supermercato. I prezzi sono più bassi che in Italia, ma non c'è paragone con il macellaio o il negozio di frutta e verdura sotto casa a Milano».
4. Elena confessò: «È questo che non posso sopportare. Questa sorveglianza. Anche quando sono fuori Roma, ho l'impressione che tu mi stia sempre con gli occhi addosso».
5. Attilio disse: «Ci sono molti fili e non riesco a capire dove manca una vite; deve essere una vite poco importante perché vedo che la macchina va lo stesso».
6. Il dottor Verucci disse al bandito: «Si accomodi, faccia come se fosse a casa sua. Ormai ho capito che io qua non sono nessuno. È casa mia, ma non comando niente. La porta è chiusa, le finestre sono sbarrate, ma la gente va e viene e fa i suoi comodi...».
7. Gli studiosi hanno precisato: «Fino a Colombo non sarà stato possibile cucinare gli spaghetti al pomodoro né si sarà potuta preparare la parmigiana di melanzane.»
8. La maestra disse: «Se non è iscritto nei balilla e non gli procurate la divisa, non posso tenerlo a scuola».
9. Il padre rispose: «Se i balilla sono i piccoli fascisti del Duce, la divisa la dovrebbero mettere i figli dei fascisti, non il mio».
10. Amelia confessò: «La sera, dalla mia stanza, guardo la città sul mare. Certe volte, ho l'impressione di essere ancora quella di una volta, e che gli anni non siano mai passati».

LETTURA

Vocabolario utile

il lume   light
l'ospite   houseguest
il personaggio   important person
il pettegolezzo   gossip
  fare pettegolezzi   to gossip

affascinante   charming
  il fascino   charm
cosmopolita   cosmopolitan

avere a noia   not to like
  prendere a noia   to take a dislike to
avviarsi   to set out
fantasticare (**di** + *inf* or **che** + *subjunctive*)
  to imagine

i quattrini   money
la razza   kind, race
la villeggiatura   vacation
  posto di villeggiatura   vacation resort

macché   not on your life
raffinato   refined
sul serio   seriously

illudersi (*pp* **illuso;** *pr* **illusi**) (**di** + *inf* or
  che + *subjunctive*)   to delude oneself
*****impazzire**   to go crazy
respirare   to breathe
sognare   to dream, to dream of or about
sorvolare   to skip, to fly over

Ad alcuni piace abitare in un paesello solitario e tranquillo.

Prima di leggere

Dino Buzzati, l'autore del brano che segue, è famoso come scrittore di romanzi e racconti e come giornalista del *Corriere della Sera*. La sua ampia produzione letteraria presenta i motivi fondamentali della sua concezione della vita: la dignità della solitudine, le speranze e i sogni che non si avverano°, una sorta di angoscia per il destino. Il suo stile ricerca un effetto minimo, di cronaca personale della vita di tutti i giorni.

si: *come to pass*

La storia che segue è «leggera». Si tratta di una piccolo-borghese arrampicatrice sociale° che segue la moda del trend-set internazionale per ritrovarsi da dove era partita. C'è sotto un po' di pessimismo, forse, in questa sorta di cronaca sociale compensata da una vena satirico-umoristica.

arrampicatrice: *social climber*

La signora Amelia Briz è riuscita con successo a migliorare la sua posizione sociale. Da un «povero paesello» siciliano è arrivata ad abitare «nelle vere grandi capitali della terra» sulla scia° dell'alta società internazionale.

sulla: *on the wake*

Pochi al mondo sono perfettamente contenti delle loro condizioni di vita e non hanno nessun desiderio di migliorarle. Discutete quali sono gli obiettivi che la nostra società desidera raggiungere. Ecco alcuni possibili spunti di discussione.

1. Quanto sono importanti i soldi, come si ottengono e per quali scopi si usano?
2. Quale valore attribuiamo al potere che ciascuno di noi ha sulle persone, sulle organizzazioni, in politica? Come lo usiamo?
3. Secondo voi è rilevante il prestigio culturale? Chi sono le persone colte? Sono utili alla società? In che modo?
4. Di che cosa abbiamo bisogno nella vita per considerarci soddisfatti? Come cerchiamo di ottenere le condizioni necessarie?

Non è mai finita

A questo mondo non è mai finita, disse la signora Amelia Briz. Stia un po' a sentire. Io sono siciliana, nata in un povero paesello sospeso tra le rupi°, in cima a una montagna. Di lassù si vede il mare e il paesaggio è un paradiso, ma per il resto si è rimasti indietro di due secoli°. Il nome?... lasci perdere! I miei compae-
5 sani° sono gente così ombrosa°... è forse meglio sorvolare. Lo chiamerò convenzionalmente Castellizzo.

rocce

indietro: *two centuries behind / fellow townsmen / suspicious*

Bene. Dalla stanza dove sono nata si vedeva, lontana, una città, stesa lungo il mare. Di notte era tutto uno sfavillare° di lumini. E i fari°. E i piroscafi°. E i treni coi finestrini accesi. Trapani, lei dice? Beh, facciamo pure conto° fosse Trapani. Al
10 calar della sera°, appoggiata al davanzale, io rimiravo° quelle luci. Laggiù era la vita, il mondo, il sogno!

glittering / lighthouses / **navi / facciamo: immaginiamo / Al: al tramonto / guardavo**

Quando ebbi compiuto i dodici anni, tanto feci che i miei si persuasero a mandarmi a vivere in città, ospite di una zia. Così potevo continuar gli studi.

Credetti di impazzire dalla gioia. Ma dopo un mese che ero a Trapani già
15 ascoltavo rapita° ciò che raccontavano i forestieri giunti da città molto più gran-   *enraptured*
di. Mi sembravano di razza diversa. Ah, povera Trapani, come eri piccola e squall-
ida al confronto°. Palermo! Messina! Quella sì era civiltà sul serio.   **al:** *in comparison*

Mi aiutò la fortuna. Fui chiesta in moglie° dal barone Cristolera, un perfetto   **Fui:** *I was proposed to*
gentiluomo. Aveva un palazzo magnifico a Messina. Accettai, gli volli bene, mi
20 illusi di non essere più la piccola provinciale di una volta.

Certo, a Messina conobbi della gran bella gente, autentici signori. Ma da
Roma venivano, ogni tanto, certi tipi affascinanti; parlavano con l'«erre»°,   **parlavano:** *they rolled*
raccontavano cose nuove e strane, pettegolezzi enormi, ci guardavano un po'   *their "r"s*
dall'alto in basso°.   **ci:** *they looked down on us*

25 Per farla breve, cominciai a sognare Roma. Messina ormai mi sembrava un
buco, da non poterci respirare più. Dai e dai°, mio marito si decise; tanto, non gli   **Dai:** *by and by*
mancavano i quattrini. Traslocammo nella capitale.

Dovevo essere contenta, no? Roma non è mica un paesello. Grandi nomi,
società internazionale, caccia alla volpe, scandali, cardinali, ambasciatori. Eppure,
30 cosa vuole? quei grandi personaggi che dall'estero venivano volentieri ad abitar-
ci, ci venivano per far la bella vita, non per altro, come quando si è in vacanza,
come se Roma non fosse che un famoso posto di villeggiatura: ma in fondo non
la prendevano sul serio. Il loro mondo vero era lontano, le vere grandi capitali
della terra erano altre. Parigi, Londra, mi capisce? E io invidiavo.

35 Roma cominciò a scottarmi° sotto i piedi. Sospirai° l'Etoile, Piccadilly.[1] Per   **bruciarmi** / *I longed for*
caso in quel periodo Cristolera e io ci separammo. Seguì un regolare annullamen-
to. Ero ancora una bella donna. Conobbi Briz, il grande finanziere. Quando si
nasce fortunate!

Sempre più cosmopolita, sempre più in alto nella scala delle residenze
40 umane. Era una mania balorda°, però soltanto oggi lo capisco. Divenuta ufficial-   *foolish*
mente Mrs. Briz, grazie ai miliardi del marito, non avevo più che l'imbarazzo della
scelta.

Mi stabilii a Parigi, poi Parigi mi sembrò piena di polvere. Londra, per due
anni. Ma anche Londra era un poco sorpassata°. Nuova York, finalmente, ecco   **un:** *somewhat passé*
45 l'ultimo traguardo°. La piccola provinciale siciliana aveva fatto la sua strada.   **l'ultimo:** *ultimate desti-*
   nation

Ma non era così come pensavo. Per la gente «molto su», Nuova York era una
cafonata[2] insopportabile°. I veri aristocratici ci stavano solo lo strettamente neces-   *unbearable*
sario. Preferivano Boston, Washington, Charleston, città più vecchie, quiete, riser-
vate. E potevo io essere da meno? Tuttavia anche di là i raffinatissimi emigravano.
50 Chi nei deserti, chi nelle isolette del Pacifico. Anch'io mi avviai per quei pazzi
itinerari.

Ahimè, la società più filtrata ed esigente ebbe a noia il Pacifico e i deserti.
Prese l'aereo verso est, ritornò alla vecchia stanca Europa. Non già per infognarsi°   *to sink*
nella volgarità di Londra o di Parigi. Macché. Andava in cerca di eremi ed esilii, di
55 conventi, di ruderi e rovine. E io dietro.

---

[1] The Etoile and Piccadilly Circus are well-known landmarks in Paris and London respectively.

[2] The term **cafone** originally meant **contadino,** but it has acquired a derogatory connotation,
meaning **persona zotica, maleducata** (*uncouth, ill-bred, a clod*).

Proprio sopra il mio paesello siciliano sorgeva un castello diroccato°. La *ruined*
moda! L'eleganza del saper vivere moderno! Un grande poeta peruviano° ha *from Peru*
fatto restaurare la bicocca°, in breve il posto è diventato celebre. Oggi al mondo *hovel*
non c'è niente di più *chic* che possedere una casetta a Castellizzo.

60   E così: gira e gira, ho finito per ritornare al mio paesello, proprio là donde° **da dove**
sono partita. E la sera, dalla mia stanza di bambina, guardo i lumi della città sul
mare. E certe volte ho l'impressione di essere ancora quella di una volta, e che gli
anni non siano mai passati. E penso: laggiù è la vera vita, laggiù il mondo,
l'avventura, il sogno! E fantastico un giorno o l'altro di partire.

65   Lo vede dunque che non è mai finita?

Dino Buzzati, *Non è mai finita*

Comprensione

1. Che cosa dice di Castellizzo la signora Amelia?
2. Che cosa vedeva Amelia dalla sua stanza di bambina?
3. All'età di dodici anni, dove andò Amelia?
4. In che modo fu aiutata dalla fortuna Amelia?
5. Come si comportavano i signori che venivano in Sicilia da Roma?
6. Quale fu il secondo colpo di fortuna per Amelia?
7. Secondo Amelia, dove preferiscono vivere i veri aristocratici americani?
8. Di che cosa va in cerca la società esigente oggi (una cosa molto *chic!*)?
9. Come mai il paese di Castellizzo è diventato celebre?
10. Dove abita oggi Amelia?

✍ Temi per componimento o discussione

1. *Non è mai finita* è la storia di una piccola provinciale italiana. Sarebbe molto diversa la storia di una piccola provinciale americana? Provate a raccontarla!
2. Nella vita (non) è possibile trovare quello che si cerca.
3. Esaminare il personaggio di Amelia Briz spiegando i motivi delle sue decisioni. Che senso hanno? Perché? Conoscete altre Amelie Briz?
4. Qual è la vostra reazione personale a *Non è mai finita*?
   a. Pensate che la storia voglia suggerire qualcosa di più che le vicende personali della signora Briz? Che cosa?
   b. Vi sembra che l'autore si dilunghi in descrizioni verbose e particolareggiate o che si limiti agli elementi indispensabili espressi con il minor numero di parole? Spiegate.
   c. Trovate che l'autore faccia uso di una lingua elegante e ricercata o piuttosto di uno stile semplice, ottenuto con parole comuni e tono informale? Fornite esempi.

RICERCA WEB

L'Italia è ricca di tesori storici e culturali, alcuni famosi, altri da scoprire.

 a. Scegliere a caso sulla carta geografica dell'Italia città poco conosciute e ricercarne la storia e i tesori nascosti.
 b. La necropoli di Cerveteri
 c. I «trulli di Alberobello»
 d. «Italia da scoprire»

PER COMUNICARE

Che noia! Le vacanze in crociera non sono per tutti. Stefania, per esempio, si annoia a morte e continua a lamentarsi con il marito.

STEFANIA: Che noia! È sempre coperto e tira un gran vento. Non si può neanche stare sul ponte° a prendere il sole. Non mi aspettavo di passare le giornate così! *deck*

FLAVIO: Non è tanto male, è sempre meglio che stare in città! E poi la visita delle isole è interessante.

STEFANIA: Ma dai! Son tutte uguali! Una vera delusione!

FLAVIO: Tu ti stanchi subito di tutto, non sei mai contenta! Io ho conosciuto della gente simpatica.

STEFANIA: Compresa la signora che non perde l'occasione di starti vicino e di attaccare discorso°. **attaccare:** *to strike up a conversation*

FLAVIO: Quella sì che è una seccatura. Quando comincia a parlare non finisce più. Comunque anche tu hai un ammiratore.

STEFANIA: Già, pare che sia un rubacuori di professione. Corre voce che sia venuto con la moglie e un'altra signora... A quanto pare fa la corte a tutte, perfino a me.

Esprimere insoddisfazione

Com'è monotono!	
Che noia!	*How boring!*
Che delusione!	*How disappointing!*
Che seccatura!	*What a nuisance!*
Che strazio!	
Che scocciatura!	*What a pain in the neck!*
Mi aspettavo qualcosa di diverso.	*I expected something different.*
Ci si annoia facilmente qui.	*It's easy to get bored here.*
Mi sono stancato/a di...	*I am tired of . . .*
Sarebbe stato meglio se fossimo andati a...	*It would have been better if we had gone . . .*

Contraddire

Non è come dici tu.	*It's not as you say.*
Non è poi così brutto/noioso.	*It's not all that bad/boring!*
È meglio di niente.	*It's better than nothing.*
Stai esagerando.	
Che esagerazione!	*You're exaggerating.*
Lascia perdere, per favore.	*Let's not talk about it, please.*
Ma non sei mai contento/a!	
Sei un/a eterno/a insoddisfatto/a!	*You're never happy/satisfied.*

Riferire qualcosa senza citarne la fonte

Ho sentito dire che...	
Mi hanno riferito che...	*They told me/her that . . .*
Le hanno detto che...	
Dicono che...	*They say that . . .*
A quanto pare...	*The way it looks/sounds . . .*
(In giro) si dice che...	
C'è in giro la voce che...	*There is a rumor that . . .*
Corre voce che...	

Che cosa dice?

1. All'università qualcuno Le ha detto che il professore con cui Lei sta facendo la tesi sta per andare in congedo per un anno. Riferisca la notizia a un Suo compagno/una Sua compagna di corso.
2. Non è soddisfatto della casa che ha appena comprato. Ne parla con il Suo agente immobiliare.
3. Suo figlio si lamenta sempre che Lei non gli dà abbastanza soldi. Lei non ne può più (*can't take it any longer*).
4. Va in viaggio di nozze in un'isola tropicale, ma quando arriva all'hotel si rende conto che la stanza non ha né bagno né aria condizionata.
5. Dove lavora Lei, si parla di prossimi licenziamenti (*layoffs*) e di tagli alla produzione. Lo dice al Suo ragazzo/alla Sua ragazza.
6. Il vicino della casa accanto non lavora da più di due anni ed ha appena comprato una Maserati nuova. Le gente del quartiere pensa che traffichi (*deals*) in droga.

Situazioni

1. Il signore che abita nell'appartamento accanto al Suo è proprio strano. Vive solo, non ha l'automobile, va e viene senza orari precisi, ogni tanto in casa si sente la voce di un bambino... Ne parli con il Suo compagno/la Sua compagna.

2. Lei vuole fare l'astronauta e si è iscritto/a a ingegneria aerospaziale, ma le cose non vanno bene. Deve studiare tanta matematica, in laboratorio si fanno sempre le stesse cose, gli esami sono difficili e Lei non riesce a prendere buoni voti. Lei è demoralizzato/a e decide di parlarne con il Suo medico.

3. Secondo Lei, Suo fratello/Sua sorella è affetto/a da mania di persecuzione. Continua a dire che lo stipendio è miserevole, che non avrà mai occasione di fare carriera, che il direttore promuove solo gli amici; è convinto/a che nessuno gli/le vuole bene e che non riuscirà mai a dimostrare le sue buone qualità. Lei invece è ottimista e vede sempre i lati positivi. Ha invitato Suo fratello/Sua sorella a cena e si finisce col parlare dei suoi problemi.

I. Verbi coniugati con *essere* nei tempi composti

accadere	*to happen*	nascere	*to be born*
andare	*to go*	parere	*to seem*
arrivare	*to arrive*	partire (ripartire)	*to leave, depart (to leave again)*
arrossire	*to blush*		
avvenire	*to happen*	passare (ripassare)	*to stop by (to stop by again)*
bastare	*to be enough*		
cadere	*to fall*	piacere	*to be pleasing*
cambiare	*to become different*	restare	*to stay*
capitare	*to happen*	ricorrere	*to recur, occur*
comparire	*to appear*	rimanere	*to remain*
costare	*to cost*	risultare	*to be known*
crescere	*to grow*	ritornare (tornare)	*to return*
dimagrire	*to lose weight*	riuscire	*to succeed*
dipendere	*to depend*	salire (risalire)	*to go up (to go up again)*
dispiacere (spiacere)	*to be sorry, to mind*	saltare (in aria)	*to explode*
divenire (diventare)	*to become*	scappare	*to run away*
durare	*to last*	scattare	*to click*
entrare	*to go in, enter*	scendere	*to descend*
esplodere	*to explode*	scivolare	*to slide*
essere	*to be*	scomparire	*to disappear*
evadere	*to escape*	scoppiare	*to explode*
fuggire	*to flee*	sembrare	*to seem*
giungere	*to arrive*	servire	*to be of use*
guarire	*to get well*	sparire	*to disappear*
impazzire	*to go mad*	sprizzare	*to spray*
importare	*to matter*	stare	*to stay*
ingrassare	*to get fat, put on weight*	succedere	*to happen*
mancare	*to lack, be lacking*	uscire	*to go out*
morire	*to die*	venire	*to come*

+ all verbs used reflexively

II. Verbi ed espressioni seguiti dalla preposizione *a*

A. davanti a un nome o a un pronome

abituarsi a	to get used to	giocare a	to play (a game or a sport)
assistere a	to attend		
assomigliare (somigliare) a	to resemble	interessarsi a	to be interested in
		mescolarsi a	to get mixed with
badare a	to pay attention to	partecipare a	to participate in
contravvenire a	to go against	pensare a	to think about
credere a	to believe in	raccomandarsi a	to ask favors of
dare noia a	to bother	ricordare a	to remind
da mangiare a	to feed	rinunciare a	to give up
fastidio a	to bother	servire a	to be good for
retta a	to listen to	stare bene a	to look good on
torto a	to blame	stringere la mano a	to shake hands with
la caccia a	to chase	tenere a	to value, to care about
un calcio a	to kick		
un pugno a	to punch		
fare attenzione (caso) a	to pay attention to		
bene (male) a	to be good (bad) for		
piacere a	to please		
vedere a	to show		
visita a	to visit		
un regalo a	to give a present to		

B. davanti a un infinito

abituarsi a	to get used to	invitare a	to invite
affrettarsi a	to hurry	mandare a	to send
aiutare a	to help	mettersi a	to start
cominciare (incominciare) a	to begin	obbligare a	to oblige
		pensare a	to think about
condannare a	to condemn	persuadere a	to convince
continuare a	to continue	preparare a	to prepare
convincere a	to convince	provare a	to try
costringere a	to compel	rinunciare a	to give up
decidersi a	to make up one's mind	servire a	to be good for
		volerci a (per)	to take, require
divertirsi a	to have a good time		
fare meglio a	to be better off	+ verbs of movement:	
fare presto a	to do (something) quickly	andare a	to go
imparare a	to learn	correre a	to run
incoraggiare a	to encourage	fermarsi a	to stop
insegnare a	to teach	passare a	to stop by

riprendere a	*to start again, to resume*	stare a	*to stay*
riuscire a	*to succeed*	tornare a	*to return*
sbrigarsi a	*to hurry*	venire a	*to come*

III. Verbi ed espressioni seguiti dalla preposizione *di*

A. davanti a un nome o a un pronome

accorgersi di	*to notice*	occuparsi di	*to take care of, attend to*
avere bisogno di	*to need*		
avere paura di	*to be afraid*	pensare di	*to have in mind, plan*
beffarsi di	*to make fun*		
coprire di	*to cover with*	pentirsi di	*to be sorry about*
dimenticarsi di	*to forget*	non poterne più di	*not to be able to take*
fare a meno di	*to do without*	preoccuparsi di	
fidarsi di	*to trust*	(per)	*to worry about*
innamorarsi di	*to fall in love with*	rendersi conto di	*to realize*
infischiarsi di	*not to care about*	ricordarsi di	*to remember*
intendersi di	*to be knowledgeable about*	ridere di	*to laugh at*
		riempire di	*to fill with*
interessarsi di	*to be interested in*	ringraziare di (per)	*to thank for*
lamentarsi di	*to complain about*	soffrire di	*to suffer from*
meravigliarsi di (per)	*to be surprised about*	stupirsi di	*to be astonished at*
		trattare di	*to deal with*
nutrirsi di	*to feed on, nourish oneself with*	vergognarsi di	*to be ashamed about*
		vivere di	*to live on*

B. davanti a un infinito

accettare di	*to accept*	avere voglia di	*to feel like*
accorgersi di	*to notice*	cercare di	*to try*
ammettere di	*to admit*	cessare di	*to stop*
aspettare di	*to wait for*	chiedere di	*to ask*
aspettarsi di	*to expect*	comandare di	*to order*
augurare di	*to wish*	confessare di	*to confess*
augurarsi di	*to hope*	consigliare di	*to advise*
avere bisogno di	*to need*	contare di	*to plan*
avere il diritto di	*to have the right*	credere di	*to believe*
avere fretta di	*to be in a hurry*	decidere di	*to decide*
avere l'impressione di	*to have the feeling*	dimenticare (dimenticarsi) di	*to forget*
avere intenzione di	*to intend*	dire di	*to say, tell*
avere paura di	*to be afraid*	dispiacere di	*to be sorry*
avere ragione di	*to be right*	domandare di	*to ask*
avere torto di	*to be wrong*	dubitare di	*to doubt*
avere vergogna di	*to be ashamed*	essere in grado di	*to be in a position to*

fantasticare di	*to imagine*	r<u>e</u>ndersi conto di	*to realize*
fare a meno di	*to do without*	ricordare	
fare segno di	*to motion*	(ricordarsi) di	*to remember*
fingere di	*to pretend*	rifiutare (rifiutarsi)	
fin<u>i</u>re di	*to finish*	di	*to refuse*
ill<u>u</u>dersi di	*to delude oneself*	ringraziare di	*to thank*
impedire di	*to prevent*	sapere di	*to know*
infischiarsi di	*not to care about*	sent<u>i</u>rsela di	*to feel up to*
lamentarsi di	*to complain about*	sforzarsi di	*to make an effort*
meravigliarsi di	*to be surprised*	sm<u>e</u>ttere di	*to stop*
minacciare di	*to threaten*	sognare (sognarsi)	
offrire di	*to offer*	di	*to dream, to imagine*
ordinare di	*to order*	sperare di	*to hope*
pensare di	*to plan*	stancarsi di	*to get tired*
pentirsi di	*to repent*	suggerire di	*to suggest*
perm<u>e</u>ttere di	*to permit*	temere di	*to fear*
pregare di	*to beg*	tentare di	*to attempt*
preoccuparsi di	*to fret*	non vedere l'ora di	*to look forward to*
proibire di	*to prohibit*	vergognarsi di	*to be ashamed about*
prom<u>e</u>ttere di	*to promise*	vietare di	*to forbid*
proporre di	*to propose*		

IV. Verbi seguiti dalla preposizione *su*

contare su	*to count on*	rifl<u>e</u>ttere su	*to ponder on*
giurare su	*to swear on*	scomm<u>e</u>ttere su	*to bet on*

V. Verbi ed espressioni seguiti direttamente dall'infinito

dovere	*to have to*	fare	*to make*
potere	*to be able*	gradire	*to appreciate*
sapere	*to know how*	lasciare	*to let, allow*
solere (<u>e</u>ssere s<u>o</u>lito)	*to be accustomed to*	osare	*to dare*
volere	*to want*	piacere	*to like*
amare	*to love*	preferire	*to prefer*
desiderare	*to wish*		

VERBI IMPERSONALI

basta	*it is enough*	pare (sembra)	*it seems*
bisogna (occorre)	*it is necessary*		

VERBI DI PERCEZIONE

ascoltare	*to listen*	sentire	*to hear*
guardare	*to look at*	udire	*to hear*
osservare	*to observe*	vedere	*to see*

VI. Aggettivi seguiti da preposizioni + infinito

A. aggettivi seguiti da **a** + infinito

abituato	*accustomed*	solo	*only*
attento	*attentive, careful*	ultimo	*last*
disposto	*willing*	unico	*only*
pronto	*ready*		

B. aggettivi seguiti da **di** + infinito

capace (incapace)	*capable (incapable)*	sicuro	*sure*
contento	*contented*	soddisfatto	*satisfied*
(scontento)	*(discontented)*	spiacente	*sorry*
curioso	*curious*	stanco	*tired*
desideroso	*wishing*	triste	*sad*
felice	*happy*		

VII. Verbi ed espressioni che reggono il congiuntivo

A. Verbi che esprimono

SENTIMENTI

augurarsi (sperare)	*to hope*	piacere	*to like*
non vedere l'ora	*to look forward*	dispiacere	*to be sorry*
avere bisogno	*to need*	preferire	*to prefer*
avere paura	*to be afraid*	temere	*to fear*
essere contento	*to be glad*	tenerci	*to value*
essere felice	*to be happy*		

DESIDERIO, VOLONTÀ, ORDINE

comandare	*to order*	pregare	*to beg*
desiderare	*to wish*	pretendere	*to demand*
esigere	*to demand*	proibire	*to prohibit*
impedire	*to prevent*	proporre	*to propose*
insistere	*to insist*	suggerire	*to suggest*
lasciare	*to let, allow*	vietare	*to forbid*
ordinare	*to order*	volere	*to want*
permettere	*to permit*		

OPINIONE

avere l'impressione	*to have the feeling*	negare	*to deny*
credere	*to believe*	pensare	*to think*
immaginare		supporre	*to suppose*
(immaginarsi)	*to wonder*		

non capire	*not to understand*	dubitare	*to doubt*
chiedersi		non sapere	*not to know*
(domandarsi)	*to wonder*		

ASPETTATIVA

aspettare	*to wait*	aspettarsi	*to expect*

B. Espressioni impersonali

è bene (male)	*it is good (bad)*	è possibile	*it is possible*
è essenziale	*it is essential*	(impossibile)	*(impossible)*
è facile (= è		è probabile	*it is probable*
probabile)	*it is probable*	(improbabile)	*(improbable)*
è difficile (= è		è raro	*it is rare*
improbabile)	*it is improbable*	è strano	*it is strange*
è giusto	*it is right*	è utile (inutile)	*it is useful (useless)*
è importante	*it is important*	è una vergogna	*it is a shame*
è incredibile	*it is incredible*	basta	*it suffices*
è indispensabile	*it is indispensable*	bisogna	*it is necessary*
è meglio	*it is better*	importa	*it matters*
è naturale	*it is natural*	occorre	*it is necessary*
è necessario	*it is necessary*	pare	*it seems*
è normale	*it is normal*	può darsi	*it is possible*
è ora	*it is time*	sembra	*it seems*
[è un] peccato	*it is a pity*		

LA CONIUGAZIONE DEI VERBI

Avere ed essere

Coniugazione del verbo avere

INDICATIVO			
Presente	**Passato prossimo**	**Imperfetto**	**Trapassato prossimo**
io ho	ho avuto	avevo	avevo avuto
tu hai	hai avuto	avevi	avevi avuto
lui ha	ha avuto	aveva	aveva avuto
noi abbiamo	abbiamo avuto	avevamo	avevamo avuto
voi avete	avete avuto	avevate	avevate avuto
loro hanno	hanno avuto	avevano	avevano avuto
Passato remoto	**Trapassato remoto**	**Futuro**	**Futuro anteriore**
io ebbi	ebbi avuto	avrò	avrò avuto
tu avesti	avesti avuto	avrai	avrai avuto
lui ebbe	ebbe avuto	avrà	avrà avuto
noi avemmo	avemmo avuto	avremo	avremo avuto
voi aveste	aveste avuto	avrete	avrete avuto
loro ebbero	ebbero avuto	avranno	avranno avuto

CONGIUNTIVO			
Presente	**Passato**	**Imperfetto**	**Trapassato**
io abbia	abbia avuto	avessi	avessi avuto
tu abbia	abbia avuto	avessi	avessi avuto
lui abbia	abbia avuto	avesse	avesse avuto
noi abbiamo	abbiamo avuto	avessimo	avessimo avuto
voi abbiate	abbiate avuto	aveste	aveste avuto
loro abbiano	abbiano avuto	avessero	avessero avuto

CONDIZIONALE		IMPERATIVO	
Presente	**Passato**		
io avrei	avrei avuto	(tu)	abbi! (*neg* non avere!)
tu avresti	avresti avuto	(Lei)	abbia!
lui avrebbe	avrebbe avuto	(noi)	abbiamo!
noi avremmo	avremmo avuto	(voi)	abbiate!
voi avreste	avreste avuto	(Loro)	abbiano!
loro avrebbero	avrebbero avuto		

INFINITO		PARTICIPIO		GERUNDIO	
Presente	**Passato**	**Presente**	**Passato**	**Presente**	**Passato**
avere	avere avuto	avente (*raro*)	avuto	avendo	avendo avuto

Coniugazione del verbo *essere*

INDICATIVO			
Presente	**Passato prossimo**	**Imperfetto**	**Trapassato prossimo**
io sono	sono stato/a	ero	ero stato/a
tu sei	sei stato/a	eri	eri stato/a
lui è	è stato/a	era	era stato/a
noi siamo	siamo stati/e	eravamo	eravamo stati/e
voi siete	siete stati/e	eravate	eravate stati/e
loro sono	sono stati/e	erano	erano stati/e
Passato remoto	**Trapassato remoto**	**Futuro**	**Futuro anteriore**
io fui	fui stato/a	sarò	sarò stato/a
tu fosti	fosti stato/a	sarai	sarai stato/a
lui fu	fu stato/a	sarà	sarà stato/a
noi fummo	fummo stati/e	saremo	saremo stati/e
voi foste	foste stati/e	sarete	sarete stati/e
loro furono	furono stati/e	saranno	saranno stati/e

CONGIUNTIVO			
Presente	**Passato**	**Imperfetto**	**Trapassato**
io sia	sia stato/a	fossi	fossi stato/a
tu sia	sia stato/a	fossi	fossi stato/a
lui sia	sia stato/a	fosse	fosse stato/a
noi siamo	siamo stati/e	fossimo	fossimo stati/e
voi siate	siate stati/e	foste	foste stati/e
loro siano	siano stati/e	fossero	fossero stati/e

CONDIZIONALE		IMPERATIVO	
Presente	**Passato**		
io sarei	sarei stato/a	(tu)	sii! (*neg* non essere!)
tu saresti	saresti stato/a	(Lei)	sia!
lui sarebbe	sarebbe stato/a	(noi)	siamo!
noi saremmo	saremmo stati/e	(voi)	siate!
voi sareste	sareste stati/e	(Loro)	siano!
loro sarebbero	sarebbero stati/e		

INFINITO		PARTICIPIO		GERUNDIO	
Presente	**Passato**	**Presente**	**Passato**	**Presente**	**Passato**
essere	essere stato/a/i/e	—	stato/a/i/e	essendo	essendo stato/a/i/e

Verbi regolari

Prima coniugazione: *amare*

INDICATIVO			
Presente	**Passato prossimo**	**Imperfetto**	**Trapassato prossimo**
amo	ho amato	amavo	avevo amato
ami	hai amato	amavi	avevi amato
ama	ha amato	amava	aveva amato
amiamo	abbiamo amato	amavamo	avevamo amato
amate	avete amato	amavate	avevate amato
amano	hanno amato	amavano	avevano amato
Passato remoto	**Trapassato remoto**	**Futuro semplice**	**Futuro anteriore**
amai	ebbi amato	amerò	avrò amato
amasti	avesti amato	amerai	avrai amato
amò	ebbe amato	amerà	avrà amato
amammo	avemmo amato	ameremo	avremo amato
amaste	aveste amato	amerete	avrete amato
amarono	ebbero amato	ameranno	avranno amato

CONGIUNTIVO			
Presente	**Passato**	**Imperfetto**	**Trapassato**
ami	abbia amato	amassi	avessi amato
ami	abbia amato	amassi	avessi amato
ami	abbia amato	amasse	avesse amato
amiamo	abbiamo amato	amassimo	avessimo amato
amiate	abbiate amato	amaste	aveste amato
amino	abbiano amato	amassero	avessero amato

CONDIZIONALE		IMPERATIVO	
Presente	**Passato**		
amerei	avrei amato		
ameresti	avresti amato	ama! (*neg* non amare!)	
amerebbe	avrebbe amato	ami!	
ameremmo	avremmo amato	amiamo!	
amereste	avreste amato	amate!	
amerebbero	avrebbero amato	amino!	

INFINITO		PARTICIPIO		GERUNDIO	
Presente	**Passato**	**Presente**	**Passato**	**Presente**	**Passato**
amare	aver amato	amante	amato	amando	avendo amato

Seconda coniugazione: *credere*

INDICATIVO			
Presente	**Passato prossimo**	**Imperfetto**	**Trapassato prossimo**
credo	ho creduto	credevo	avevo creduto
credi	hai creduto	credevi	avevi creduto
crede	ha creduto	credeva	aveva creduto
crediamo	abbiamo creduto	credevamo	avevamo creduto
credete	avete creduto	credevate	avevate creduto
credono	hanno creduto	credevano	avevano creduto
Passato remoto	**Trapassato remoto**	**Futuro semplice**	**Futuro anteriore**
credei (credetti)	ebbi creduto	crederò	avrò creduto
credesti	avesti creduto	crederai	avrai creduto
credè (credette)	ebbe creduto	crederà	avrà creduto
credemmo	avemmo creduto	crederemo	avremo creduto
credeste	aveste creduto	crederete	avrete creduto
crederono (credettero)	ebbero creduto	crederanno	avranno creduto

CONGIUNTIVO			
Presente	**Passato**	**Imperfetto**	**Trapassato**
creda	abbia creduto	credessi	avessi creduto
creda	abbia creduto	credessi	avessi creduto
creda	abbia creduto	credesse	avesse creduto
crediamo	abbiamo creduto	credessimo	avessimo creduto
crediate	abbiate creduto	credeste	aveste creduto
credano	abbiano creduto	credessero	avessero creduto

CONDIZIONALE		IMPERATIVO
Presente	**Passato**	
crederei	avrei creduto	
crederesti	avresti creduto	credi! (*neg* non credere!)
crederebbe	avrebbe creduto	creda!
crederemmo	avremmo creduto	crediamo!
credereste	avreste creduto	credete!
crederebbero	avrebbero creduto	credano!

INFINITO		PARTICIPIO		GERUNDIO	
Presente	**Passato**	**Presente**	**Passato**	**Presente**	**Passato**
credere	aver creduto	credente	creduto	credendo	avendo creduto

Terza coniugazione: *finire (-isc)*

INDICATIVO			
Presente	**Passato prossimo**	**Imperfetto**	**Trapassato prossimo**
finisco	ho finito	finivo	avevo finito
finisci	hai finito	finivi	avevi finito
finisce	ha finito	finiva	aveva finito
finiamo	abbiamo finito	finivamo	avevamo finito
finite	avete finito	finivate	avevate finito
finiscono	hanno finito	finivano	avevano finito
Passato remoto	**Trapassato remoto**	**Futuro semplice**	**Futuro anteriore**
finii	ebbi finito	finirò	avrò finito
finisti	avesti finito	finirai	avrai finito
finì	ebbe finito	finirà	avrà finito
finimmo	avemmo finito	finiremo	avremo finito
finiste	aveste finito	finirete	avrete finito
finirono	ebbero finito	finiranno	avranno finito

CONGIUNTIVO			
Presente	**Passato**	**Imperfetto**	**Trapassato**
finisca	abbia finito	finissi	avessi finito
finisca	abbia finito	finissi	avessi finito
finisca	abbia finito	finisse	avesse finito
finiamo	abbiamo finito	finissimo	avessimo finito
finiate	abbiate finito	finiste	aveste finito
finiscano	abbiano finito	finissero	avessero finito

CONDIZIONALE		IMPERATIVO
Presente	**Passato**	
finirei	avrei finito	
finiresti	avresti finito	finisci! (*neg* non finire!)
finirebbe	avrebbe finito	finisca!
finiremmo	avremmo finito	finiamo!
finireste	avreste finito	finite!
finirebbero	avrebbero finito	finiscano!

INFINITO		PARTICIPIO		GERUNDIO	
Presente	**Passato**	**Presente**	**Passato**	**Presente**	**Passato**
finire	aver finito	finente	finito	finendo	avendo finito

Terza coniugazione: *partire**

The conjugations of verbs like **partire** differ from the conjugation of **finire** only in the following cases:

Indicativo presente	Congiuntivo presente	Imperativo
parto	parta	
parti	parta	parti! (*neg* non partire!)
parte	parta	parta!
partiamo	partiamo	partiamo!
partite	partiate	partite!
partono	partano	partano!

Verbi irregolari

Gruppo A

Verbs that are irregular in different tenses and persons. Only the irregular forms are given.

accadere   *to happen* (see **cadere**)

---

accogliere   *to welcome* (see **cogliere**)

---

andare   *to go*
Indicativo presente: vado, vai, va, andiamo, andate, vanno
Futuro: andrò, andrai, andrà, andremo, andrete, andranno
Condizionale: andrei, andresti, andrebbe, andremmo, andreste, andrebbero
Imperativo: va' (vai), vada, andiamo, andate, vadano
Congiuntivo presente: vada, vada, vada, andiamo, andiate, vadano

---

avvenire   *to happen* (see **venire**)

---

bere   *to drink*
Passato remoto: bevvi, bevesti, bevve, bevemmo, beveste, bevvero
Futuro: berrò, berrai, berrà, berremo, berrete, berranno
Condizionale: berrei, berresti, berrebbe, berremmo, berreste, berrebbero
The Latin stem **bev-** *is used in all other forms with regular endings.*

---

cadere   *to fall*
Passato remoto: caddi, cadesti, cadde, cademmo, cadeste, caddero
Futuro: cadrò, cadrai, cadrà, cadremo, cadrete, cadranno
Condizionale: cadrei, cadresti, cadrebbe, cadremmo, cadreste, cadrebbero

---

cogliere   *to pick*
Indicativo presente: colgo, cogli, coglie, cogliamo, cogliete, colgono
Passato remoto: colsi, cogliesti, colse, cogliemmo, coglieste, colsero
Congiuntivo presente: colga, colga, colga, cogliamo, cogliate, colgano
Imperativo: cogli, colga, cogliamo, cogliete, colgano
Participio passato: colto

comparire   *to appear*
Indicativo presente: compaio, compari, compare, compariamo, comparite, compaiono
Passato remoto: comparvi, comparisti, comparve, comparimmo, compariste, comparvero
Congiuntivo presente: compaia, compaia, compaia, compariamo, compariate, compaiano
Imperativo: compari, compaia, compariamo, comparite, compaiano
Participio passato: comparso

compire (compiere)   *to complete*
Indicativo presente: compio, compi, compie, compiamo, compite, compiono
Congiuntivo presente: compia, compia, compia, compiamo, compiate, compiano
Imperativo: compi, compia, compiamo, compite, compiano
Participio passato: compiuto
Gerundio: compiendo

comprendere   *to understand* (see **prendere**)

contenere   *to contain* (see **tenere**)

dare   *to give*
Indicativo presente: do, dai, dà, diamo, date, danno
Passato remoto: diedi (detti), desti, diede (dette), demmo, deste, diedero (dettero)
Futuro: darò, darai, darà, daremo, darete, daranno
Condizionale: darei, daresti, darebbe, daremmo, dareste, darebbero
Congiuntivo presente: dia, dia, dia, diamo, diate, diano
Congiuntivo imperfetto: dessi, dessi, desse, dessimo, deste, dessero
Imperativo: da' (dai), dia, diamo, date, diano

dire   *to say*
Indicativo presente: dico, dici, dice, diciamo, dite, dicono
Imperfetto: dicevo, dicevi, diceva, dicevamo, dicevate, dicevano
Passato remoto: dissi, dicesti, disse, dicemmo, diceste, dissero
Congiuntivo presente: dica, dica, dica, diciamo, diciate, dicano
Congiuntivo imperfetto: dicessi, dicessi, dicesse, dicessimo, diceste, dicessero
Imperativo: di', dica, diciamo, dite, dicano
Participio passato: detto
Gerundio: dicendo

dispiacere   *to be sorry, to mind* (see **piacere**)

distrarre   *to distract* (see **trarre**)

divenire   *to become* (see **venire**)

---

dovere   *to have to, must*
Indicativo presente: devo (debbo), devi, deve, dobbiamo, dovete, devono (debbono)
Futuro: dovrò, dovrai, dovrà, dovremo, dovrete, dovranno
Condizionale: dovrei, dovresti, dovrebbe, dovremmo, dovreste, dovrebbero
Congiuntivo presente: debba, debba, debba, dobbiamo, dobbiate, debbano

---

fare   *to do, to make*
Indicativo presente: faccio, fai, fa, facciamo, fate, fanno
Imperfetto: facevo, facevi, faceva, facevamo, facevate, facevano
Passato remoto: feci, facesti, fece, facemmo, faceste, fecero
Futuro: farò, farai, farà, faremo, farete, faranno
Condizionale: farei, faresti, farebbe, faremmo, fareste, farebbero
Congiuntivo presente: faccia, faccia, faccia, facciamo, facciate, facciano
Congiuntivo imperfetto: facessi, facessi, facesse, facessimo, faceste, facessero
Imperativo: fa' (fai), faccia, facciamo, fate, facciano
Participio passato: fatto
Gerundio: facendo

---

godere   *to enjoy*
Futuro: godrò, godrai, godrà, godremo, godrete, godranno
Condizionale: godrei, godresti, godrebbe, godremmo, godreste, godrebbero

---

imporre   *to impose* (see **porre**)

---

intervenire   *to intervene* (see **venire**)

---

introdurre   *to introduce* (see **tradurre**)

---

mantenere   *to maintain* (see **tenere**)

---

morire   *to die*
Indicativo presente: muoio, muori, muore, moriamo, morite, muoiono
Congiuntivo presente: muoia, muoia, muoia, moriamo, moriate, muoiano
Imperativo: muori, muoia, moriamo, morite, muoiano
Participio passato: morto

---

opporre   *to oppose* (see **porre**)

---

parere   *to appear*
Indicativo presente: paio, pari, pare, paiamo, parete, paiono
Passato remoto: parvi, paresti, parve, paremmo, pareste, parvero
Futuro: parrò, parrai, parrà, parremo, parrete, parranno
Condizionale: parrei, parresti, parrebbe, parremmo, parreste, parrebbero
Congiuntivo presente: paia, paia, paia, paiamo (pariamo), paiate, paiano
Imperativo: pari, paia, paiamo, parete, paiano
Participio passato: parso

piacere *to please*
Indicativo presente: piaccio, piaci, piace, piacciamo, piacete, piacciono
Passato remoto: piacqui, piacesti, piacque, piacemmo, piaceste, piacquero
Congiuntivo presente: piaccia, piaccia, piaccia, piacciamo, piacciate, piacciano
Imperativo: piaci, piaccia, piacciamo, piacete, piacciano
Participio passato: piaciuto

---

porre *to put*
Indicativo presente: pongo, poni, pone, poniamo, ponete, pongono
Passato remoto: posi, ponesti, pose, ponemmo, poneste, posero
Congiuntivo presente: ponga, ponga, ponga, poniamo, poniate, pongano
Imperativo: poni, ponga, poniamo, ponete, pongano
Participio passato: posto
Gerundio: ponendo

---

possedere *to own, to possess* (see **sedere**)

---

potere *to be able to, can*
Indicativo presente: posso, puoi, può, possiamo, potete, possono
Futuro: potrò, potrai, potrà, potremo, potrete, potranno
Condizionale: potrei, potresti, potrebbe, potremmo, potreste, potrebbero
Congiuntivo presente: possa, possa, possa, possiamo, possiate, possano

---

prevedere *to foresee* (see **vedere**)

---

ridurre *to change* (see **tradurre**)

---

riempire *to fill*
Indicativo presente: riempio, riempi, riempie, riempiamo, riempite, riempiono
Congiuntivo presente: riempia, riempia, riempia, riempiamo, riempiate, riempiano
Imperativo: riempi, riempia, riempiamo, riempite, riempiano

---

rifare *to redo* (see **fare**)

---

rimanere *to remain*
Indicativo presente: rimango, rimani, rimane, rimaniamo, rimanete, rimangono
Passato remoto: rimasi, rimanesti, rimase, rimanemmo, rimaneste, rimasero
Futuro: rimarrò, rimarrai, rimarrà, rimarremo, rimarrete, rimarranno
Condizionale: rimarrei, rimarresti, rimarrebbe, rimarremmo, rimarreste, rimarrebbero
Congiuntivo presente: rimanga, rimanga, rimanga, rimaniamo, rimaniate, rimangano
Imperativo: rimani, rimanga, rimaniamo, rimanete, rimangano
Participio passato: rimasto

---

riuscire *to succeed* (see **uscire**)

---

rivedere *to see again* (see **vedere**)

---

salire   *to go up*
Indicativo presente: salgo, sali, sale, saliamo, salite, salgono
Congiuntivo presente: salga, salga, salga, saliamo, saliate, salgano
Imperativo: sali, salga, saliamo, salite, salgano

---

sapere   *to know*
Indicativo presente: so, sai, sa, sappiamo, sapete, sanno
Passato remoto: seppi, sapesti, seppe, sapemmo, sapeste, seppero
Futuro: saprò, saprai, saprà, sapremo, saprete, sapranno
Condizionale: saprei, sapresti, saprebbe, sapremmo, sapreste, saprebbero
Congiuntivo presente: sappia, sappia, sappia, sappiamo, sappiate, sappiano
Imperativo: sappi, sappia, sappiamo, sappiate, sappiano

---

scegliere   *to choose*
Indicativo presente: scelgo, scegli, sceglie, scegliamo, scegliete, scelgono
Passato remoto: scelsi, scegliesti, scelse, scegliemmo, sceglieste, scelsero
Congiuntivo presente: scelga, scelga, scelga, scegliamo, scegliate, scelgano
Imperativo: scegli, scelga, scegliamo, scegliete, scelgano
Participio passato: scelto

---

sciogliere   *to dissolve*
Indicativo presente: sciolgo, sciogli, scioglie, sciogliamo, sciogliete, sciolgono
Passato remoto: sciolsi, sciogliesti, sciolse, sciogliemmo, scioglieste, sciolsero
Congiuntivo presente: sciolga, sciolga, sciolga, sciogliamo, sciogliate, sciolgano
Imperativo: sciogli, sciolga, sciogliamo, sciogliete, sciolgano
Participio passato: sciolto

---

scomparire   *to disappear*
Indicativo presente: scompaio, scompari, scompare, scompariamo, scomparite, scompaiono
Passato remoto: scomparvi, scomparisti, scomparve, scomparimmo, scompariste, scomparvero
Congiuntivo presente: scompaia, scompaia, scompaia, scompariamo, scompariate, scompaiano
Imperativo: scompari, scompaia, scompariamo, scomparite, scompaiano
Participio passato: scomparso

---

scomporsi   *to lose one's calm* (see **porre**)

---

sedere   *to sit*
Indicativo presente: siedo (seggo), siedi, siede, sediamo, sedete, siedono (seggono)
Congiuntivo presente: sieda, sieda, sieda (segga), sediamo, sediate, siedano (seggano)
Imperativo: siedi, sieda (segga), sediamo, sedete, siedano (seggano)

---

sostenere   *to support, to maintain* (see **tenere**)

---

stare   *to stay*
Indicativo presente: sto, stai, sta, stiamo, state, stanno
Passato remoto: stetti, stesti, stette, stemmo, steste, stettero

Futuro: starò, starai, starà, staremo, starete, staranno
Condizionale: starei, staresti, starebbe, staremmo, stareste, starebbero
Congiuntivo presente: stia, stia, stia, stiamo, stiate, stiano
Congiuntivo imperfetto: stessi, stessi, stesse, stessimo, steste, stessero
Imperativo: sta' (stai), stia, stiamo, state, stiano

---

supporre   *to suppose* (see **porre**)

---

tacere   *to be silent*
Indicativo presente: taccio, taci, tace, taciamo, tacete, tacciono
Passato remoto: tacqui, tacesti, tacque, tacemmo, taceste, tacquero
Congiuntivo presente: taccia, taccia, taccia, tacciamo, tacciate, tacciano
Imperativo: taci, taccia, taciamo, tacete, tacciano
Participio passato: taciuto

---

tenere   *to keep*
Indicativo presente: tengo, tieni, tiene, teniamo, tenete, tengono
Passato remoto: tenni, tenesti, tenne, tenemmo, teneste, tennero
Futuro: terrò, terrai, terrà, terremo, terrete, terranno
Condizionale: terrei, terresti, terrebbe, terremmo, terreste, terrebbero
Congiuntivo presente: tenga, tenga, tenga, teniamo, teniate, tengano
Imperativo: tieni, tenga, teniamo, tenete, tengano

---

togliere   *to remove* (see **cogliere**)

---

tradurre   *to translate*
Indicativo presente: traduco, traduci, traduce, traduciamo, traducete, traducono
Imperfetto: traducevo, traducevi, traduceva, traducevamo, traducevate, traducevano
Passato remoto: tradussi, traducesti, tradusse, traducemmo, traduceste, tradussero
Congiuntivo presente: traduca, traduca, traduca, traduciamo, traduciate, traducano
Congiuntivo imperfetto: traducessi, traducessi, traducesse, traducessimo, traduceste, traducessero
Imperativo: traduci, traduca, traduciamo, traducete, traducano
Participio passato: tradotto
Gerundio: traducendo

---

trarre   *to take out*
Indicativo presente: traggo, trai, trae, traiamo, traete, traggono
Imperfetto: traevo, traevi, traeva, traevamo, traevate, traevano
Passato remoto: trassi, traesti, trasse, traemmo, traeste, trassero
Futuro: trarrò, trarrai, trarrà, trarremo, trarrete, trarranno
Condizionale: trarrei, trarresti, trarrebbe, trarremmo, trarreste, trarrebbero
Congiuntivo presente: tragga, tragga, tragga, traiamo, traiate, traggano
Congiuntivo imperfetto: traessi, traessi, traesse, traessimo, traeste, traessero
Imperativo: trai, tragga, traiamo, traete, traggano
Participio passato: tratto
Gerundio: traendo

---

trattenere   *to hold back* (see **tenere**)

---

udire   *to hear*
Indicativo presente: odo, odi, ode, udiamo, udite, <u>o</u>dono
Congiuntivo presente: oda, oda, oda, udiamo, udiate, <u>o</u>dano
Imperativo: odi, oda, udiamo, udite, <u>o</u>dano

---

uscire   *to go out*
Indicativo presente: esco, esci, esce, usciamo, uscite, <u>e</u>scono
Congiuntivo presente: esca, esca, esca, usciamo, usciate, <u>e</u>scano
Imperativo: esci, esca, usciamo, uscite, <u>e</u>scano

---

vedere   *to see*
Passato remoto: vidi, vedesti, vide, vedemmo, vedeste, v<u>i</u>dero
Futuro: vedrò, vedrai, vedrà, vedremo, vedrete, vedranno
Condizionale: vedrei, vedresti, vedrebbe, vedremmo, vedreste, vedr<u>e</u>bbero
Participio passato: visto (veduto)

---

venire   *to come*
Indicativo presente: vengo, vieni, viene, veniamo, venite, v<u>e</u>ngono
Passato remoto: venni, venisti, venne, venimmo, veniste, v<u>e</u>nnero
Futuro: verrò, verrai, verrà, verremo, verrete, verranno
Condizionale: verrei, verresti, verrebbe, verremmo, verreste, verr<u>e</u>bbero
Congiuntivo presente: venga, venga, venga, veniamo, veniate, v<u>e</u>ngano
Imperativo: vieni, venga, veniamo, venite, v<u>e</u>ngano
Participio passato: venuto

---

v<u>i</u>vere   *to live*
Passato remoto: vissi, vivesti, visse, vivemmo, viveste, v<u>i</u>ssero
Futuro: vivrò, vivrai, vivrà, vivremo, vivrete, vivranno
Condizionale: vivrei, vivresti, vivrebbe, vivremmo, vivreste, vivr<u>e</u>bbero
Participio passato: vissuto

---

volere   *to want*
Indicativo presente: voglio, vuoi, vuole, vogliamo, volete, v<u>o</u>gliono
Passato remoto: volli, volesti, volle, volemmo, voleste, v<u>o</u>llero
Futuro: vorrò, vorrai, vorrà, vorremo, vorrete, vorranno
Condizionale: vorrei, vorresti, vorrebbe, vorremmo, vorreste, vorr<u>e</u>bbero
Congiuntivo presente: voglia, voglia, voglia, vogliamo, vogliate, v<u>o</u>gliano
Imperativo: vogli, voglia, vogliamo, vogliate, v<u>o</u>gliano

---

Gruppo B

These verbs are irregular only in the **passato remoto** and/or the **participio passato**. Regular forms are given in parentheses.

		Passato remoto	Participio passato
accendere	*to light*	accesi	acceso
accorgersi	*to notice*	accorsi	accorto
appendere	*to hang*	appesi	appeso
aprire	*to open*	(aprii)	aperto
assistere	*to help*	(assistei)	assistito

		Passato remoto	Participio passato
attendere	*to wait*	attesi	atteso
chiedere	*to ask*	chiesi	chiesto
chiudere	*to close*	chiusi	chiuso
concludere	*to conclude*	conclusi	concluso
confondere	*to confuse*	confusi	confuso
conoscere	*to know*	conobbi	(conosciuto)
coprire	*to cover*	(coprii)	coperto
correggere	*to correct*	corressi	corretto
correre	*to run*	corsi	corso
crescere	*to grow*	crebbi	(cresciuto)
decidere	*to decide*	decisi	deciso
difendere	*to defend*	difesi	difeso
dipendere	*to depend*	dipesi	dipeso
dipingere	*to paint*	dipinsi	dipinto
discutere	*to discuss*	discussi	discusso
distruggere	*to destroy*	distrussi	distrutto
dividere	*to divide*	divisi	diviso
esplodere	*to explode*	esplosi	esploso
esprimere	*to express*	espressi	espresso
evadere	*to escape*	evasi	evaso
fingere	*to pretend*	finsi	finto
giungere	*to arrive*	giunsi	giunto
illudersi	*to delude oneself*	illusi	illuso
insistere	*to insist*	(insistei)	insistito
leggere	*to read*	lessi	letto
mettere	*to put*	misi	messo
muovere	*to move*	mossi	mosso
nascere	*to be born*	nacqui	nato
nascondere	*to hide*	nascosi	nascosto
offendere	*to offend*	offesi	offeso
offrire	*to offer*	(offrii)	offerto
perdere	*to lose*	persi (perdei) (perdetti)	perso (perduto)
persuadere	*to persuade*	persuasi	persuaso
piangere	*to cry*	piansi	pianto
piovere	*to rain*	piovve	(piovuto)
porgere	*to hand*	porsi	porto
prendere	*to take*	presi	preso
reggere	*to govern*	ressi	retto
rendere	*to give back*	resi	reso
resistere	*to resist*	(resistei)	resistito

		Passato remoto	Participio passato
ridere	*to laugh*	risi	riso
risolvere	*to solve*	risolsi (risolvei) (risolvetti)	risolto
rispondere	*to answer*	risposi	risposto
rompere	*to break*	ruppi	rotto
scendere	*to descend*	scesi	sceso
scoprire	*to discover*	(scoprii)	scoperto
scrivere	*to write*	scrissi	scritto
scuotere	*to shake*	scossi	scosso
soffrire	*to suffer*	(soffrii)	sofferto
sorgere	*to rise*	sorsi	sorto
sospendere	*to suspend*	sospesi	sospeso
spegnere	*to turn off*	spensi	spento
spendere	*to spend (money)*	spesi	speso
spingere	*to push*	spinsi	spinto
stendere	*to stretch out*	stesi	steso
succedere	*to happen*	successi	successo
tendere	*to hold out*	tesi	teso
trascorrere	*to spend (time)*	trascorsi	trascorso
uccidere	*to kill*	uccisi	ucciso
vincere	*to win*	vinsi	vinto

VOCABOLARIO

This vocabulary contains all the Italian words and expressions that appear in the text, with the exception of the most obvious cognates and the expressions that are glossed in the text itself. Only those meanings that correspond to the text use have been given.

An asterisk * before a verb indicates that the verb requires **essere** in compound tenses. (**isc**) after an **-ire** verb indicates that the verb is conjugated with **-isc-** in the present indicative, present subjunctive, and imperative.

A dash (——) in a phrase indicates that the Italian word appears therein in its basic form, with no article. Articles and changes in form are indicated.

In Italian words of two or more syllables, the stress usually falls on the next-to-last syllable. Exceptions to this rule are indicated by a line below the vowel of the syllable to be stressed.

ABBREVIATIONS

adj	adjective	*inf*	infinitive	*pp*	past participle
adv	adverb	*interj*	interjection	*pr*	passato remoto
conj	conjunction	*inv*	invariable	*prep*	preposition
def art	definite article	*m*	masculine	*subj*	subjunctive
f	feminine	*pl*	plural		

A

abbandonare to abandon
abbasso down with
abbastanza enough
l'abbazia abbey
l'abbigliamento clothing
abbracciare to embrace
l'abbraccio embrace
abile able
l'abilità ability
abitare to live, reside
abituarsi (a) to get used (to); **abituato a** used to, in the habit of
l'abitudine habit
abusivo unauthorized
***accadere** (*pr* accaddi) to happen
accanto nearby; —— **a** (*prep*) near
accelerare to accelerate
accendere (*pp* acceso; *pr* accesi) to light; to turn on
l'accendino (l'accendisigari) lighter
accennare to nod

acceso turned on
l'accesso access
l'accessorio accessory
accettare (**di** + *inf*) to accept
accidenti! darn it!
accogliere (*pp* accolto; *pr* accolsi) to receive
accomodarsi to make oneself comfortable
accompagnare to accompany
accontentarsi to be content with
accordo agreement; **d'——!** agreed! **essere d'——** to be in agreement; **andare d'——** to get along; **mettersi d'——** to come to an agreement
accorgersi (di) (*pp* accorto; *pr* accorsi) to notice
accusare to accuse
acerbo green, unripe
l'acquario aquarium
l'acquisto purchase
adagio slowly
adattarsi to adapt oneself

adatto appropriate
addio farewell
addirittura simply
addormentarsi to fall asleep
adeguarsi to adapt oneself
adesso now
adolescente adolescent
adoperare to use
adulare to flatter
adulto adult
l'aeroplano (l'aereo) airplane, plane
l'afa mugginess
l'affamato hungry person
l'affare (*m*) business, bargain
affascinante fascinating
affermare to state
l'affermazione (*f*) statement
affezionato (a) fond (of)
affidabile reliable
affittare to rent
l'affitto rent; **prendere in ——** to rent (as renter)
affollarsi to gather

affrettarsi   to hasten
affrettato   hurried
affrontare   to face, to confront
l'agenzia   agency
aggirarsi   to be about
aggiungere (*pp* **aggiunto**; *pr* **ag-giunsi**) to add
aggiustare   to fix, repair
ahimé   alas
aiutare (**a** + *inf*)   to help
l'aiuto   help
l'albergo   hotel
l'albero   tree
l'alcolico   alcoholic drink
alfine   finally
l'alibi (*m*)   alibi
allarmato   alarmed
allarmarsi   to become alarmed
allegro   cheerful
l'allenamento   training
l'allenatore (*m*)   coach
allestire   to prepare
allontanarsi   to go away, walk away
allora   then
allungare   to extend
almeno   at least
alto   tall, high; **in** — high up
l'alto   high point
altrimenti   otherwise
alzare   to raise; **alzarsi** to get up, stand up; **essere alzato** to be up; **stare alzato** to stay up
l'amante (*m or f*)   lover
l'amarezza   bitterness
l'ambasciatore (*m*)   ambassador
l'ambiente (*m*)   environment
l'ambulanza   ambulance
a meno che   unless
l'amica (*f*)   friend
l'amicizia   friendship; **fare** — to make friends
l'amico (*m*) (*pl* gli **amici**) friend
ammazzare   to kill
ammalarsi   to get sick
ammettere (*pp* **ammesso;** *pr* **ammisi**) to admit
ammirare   to admire
ammobiliare   to furnish
l'amore (*m*)   love; **per l'— del cielo!** for heaven's sake!; — **proprio** pride
l'anatra   duck
anche   also, too; even; — **se** even if
ancora   still, yet, again
*andare   to go; **andarsene** to leave, go away
l'andata   going; — **e ritorno** round trip
l'anello   ring
l'anfiteatro   amphitheater
l'angolo   corner
l'anima (l'animo)   soul
l'anno   year

annoiarsi   to get bored
annoiato   bored
annunciare   to announce
l'annunciatore (*m*), l'annunciatrice (*f*)   announcer, speaker
l'annuncio   announcement; want ad
annusare   to sniff
ansimante   panting
l'antibiotico   antibiotic
l'anticipo   advance; **in** — in advance
antico   ancient, antique
l'anticoncezionale (*m*) contraceptive
l'antipatia   dislike
antipatico   disagreeable, unpleasant, not likeable; **essere** — **a** not to please
anzi   rather; on the contrary
aperto   open
l'apice   peak
l'apparecchio   device
*apparire (*pp* **apparso;** *pr* **apparvi**) to appear
l'appartamento   apartment
appartenere (*pr* **appartenni**) to belong
appena   just, just barely; as soon as
appendere (*pp* **appeso;** *pr* **appesi**) to hang
l'appetito   appetite
applaudire (**isc**)   to applaud
applicare   to fit
l'appoggio   support
apposta   on purpose
apprendere (*pp* **appreso;** *pr* **appresi**) to learn
apprezzare   to appreciate
approfittare   to take advantage
l'appuntamento   appointment, date
appunto   precisely; **per l'appunto** precisely
l'appunto   note
aprire (*pp* **aperto**)   to open
l'arancia   orange
l'arena   arena
l'argento   silver
l'argomento   subject, topic; proof, reasoning
l'aria   air
l'arma (*pl* le **armi**)   arm, weapon
l'armadio   wardrobe
armato   armed
arrabbiarsi   to get angry
arrampicarsi   to climb
l'arredamento   home furnishing
arrestare   to arrest
arricciare   to curl; — **il naso** to turn up one's nose

arrischiare   to risk
*arrivare   to arrive
l'arrivo   arrival
*arrossire (**isc**)   to blush
l'arte (*f*)   art
l'articolo   article; item; **articoli sportivi** sporting goods
artificiale   artificial
l'artigianato   craftsmanship
artistico   artistic
l'ascensore (*m*)   elevator
l'asciugamano   towel
asciutto   dry
a seconda di   according to
l'asilo   kindergarten; — **infantile** nursery school
ascoltare   to listen, listen to
aspettare   to wait (for), expect; **aspettarsi** to expect; **l'aspettativa** expectation
l'aspetto   aspect, appearance
l'aspirina   aspirin
assassinare   to assassinate
l'assegno   check
assicurare   to assure; **assicurarsi che** (+ *subj*) to make sure
le assicurazioni   insurance
assistere (**a**) (*pp* **assistito**) to attend
assoluto   absolute
l'assoluzione (*f*)   absolution
assomigliare (**a**)   to resemble
assumere (*pp* **assunto;** *pr* **assunsi**) to hire, to take on
assurdo   absurd
l'atleta (*m or f*)   athlete
attaccare   to attack; — **discorso** to strike up a conversation
attendere (*pp* **atteso;** *pr* **attesi**) wait (for)
attento   attentive; **stare** — to pay attention
l'attenzione (*f*)   attention; **fare** — to pay attention; —! watch it!
l'attesa   wait
attingere (*pp* **attinto,** *pr* **attinsi**) to draw from
l'atto   act, action
l'attore   actor
attorno   around; — **a** (*prep*) around
attraversare   to cross
attraverso   across
l'attrice (*f*)   actress
attuale   contemporary, present
augurare   to wish; **augurarsi** to hope
l'augurio   good wish
l'aula   classroom
aumentare   to raise, increase
l'aumento   raise
autentico   authentic
l'autista (*m or f*)   driver
l'autobus (il bus)   bus

l'auto**mo**bile (*f*) (l'**auto** *f*)   car
l'automobi**lista** (*m or f*)   motorist
l'auto**pu**bblica   taxi
l'au**to**re   author
l'auto**stra**da   highway
a**van**ti   forward; come on; —!
   come in!; an**da**re — to go on,
   go ahead
a**ve**re (*pr* **e**bbi)   to have; — a noia
   not to like; a**ve**rcela con to be
   angry at, bear a grudge against
*av**ve**nire (*pp* avve**nu**to; *pr* av**ve**nni)
   to happen
l'av**ve**nire (*m*)   future
l'avven**tu**ra   adventure
avve**rar**si   to come true
avver**ti**re   to inform, warn
av**viar**si   to start out, set out
avvici**nar**si (a)   to approach,
   go near
l'avvo**ca**to   lawyer

B

il **ba**bbo   father, dad
ba**cia**re   to kiss
il **ba**cio   kiss
il **ba**ffo   moustache
il baga**glia**io   trunk
ba**gnar**si   to get wet, soaked
ba**gna**to   wet
il **ba**gno   bath; bathroom; **fa**re
   il — to take a bath
balbe**tta**re   to stammer, stutter
bal**la**re   to dance
il **ba**llo   dance
il bam**bi**no, la bam**bi**na   child
la **bam**bola   doll
la **ban**ca   bank
la banca**re**lla   market stall
il **ban**co   school desk
la **ban**da   band, gang
il ban**di**to   bandit
il **bar**   café
la **bar**ba   beard
la **bar**ca   boat; — a vela sailboat
ba**ro**cco   Baroque
la barze**lle**tta   joke
la ba**si**lica   basilica
basso   low, short
il **ba**sso   low point
basta   enough
*ba**sta**re   to suffice, last, be enough
il basti**men**to   ship
basto**na**re   to beat with a stick
il ba**sto**ne   stick
battere   to beat; **ba**ttersi per to
   fight for
il be**bé**   baby
be**ffar**si di   to make fun of
la be**lle**zza   beauty; **che** —! how
   nice!
bello   beautiful, fine; **fa** — the
   weather is nice

bene   well
il **be**ne   good; **fa**re del — to do
   good
il benefa**tto**re   benefactor
la ben**zi**na   gasoline
bere (*pp* be**vu**to; *pr* **be**vvi)   to
   drink
il be**rre**tto   beret
la bianche**ri**a   laundry; — **in**tima
   lingerie
bianco   white
la bi**blio**teca   library
il bi**cchie**re   glass
la bici**cle**tta   bicycle
il bi**glie**tto   ticket
il bi**lan**cio   budget
il **bim**bo, la **bim**ba   child
biondo   blond
la **bi**rra   beer
il bi**so**gno   need; **a**vere — **di** to
   need
la bi**ste**cca   beefsteak
blo**cca**re   to stop
blo**ccar**si   to get stuck
blu (*inv*)   blue
la **bo**cca   mouth
bo**ccia**re   to flunk
bo**lli**to   boiled
la **bom**ba   bomb
il bombarda**men**to   bombing
la **bor**sa   purse; — di **stu**dio scholarship; o la — o la **vi**ta! either
   your money or your life!
il **bo**sco   woods, forest
la bottiglie**ri**a   liquor store
il **bra**ccio (*pl* le **bra**ccia)   arm
il **bra**no   passage, selection
bravo   good, clever, skillful; **fa**re il
   — (la **bra**va) to be a good boy
   (good girl)
breve   short, brief; in — in a
   short time
il bri**gan**te   bandit
bri**llan**te   shiny
bri**ta**nnico   British
il **bri**vido   shiver; **a**vere i **bri**vidi to
   shiver
il **bron**zo   bronze
bru**cia**re   to burn
bruno   dark-haired; dark
brusco   abrupt; brusque
brutto   ugly; **fa** — the weather
   is bad
bu**ca**to   with holes
il **bu**co   hole
il **bue**   ox
buffo   funny
la bu**gi**a   lie
bu**giar**do   insincere
il bu**giar**do   liar
buio   dark
il **bu**io   dark, darkness; **al** — in
   the dark

il **bu**rro   butter
bu**ssa**re   to knock
la **bu**sta   envelope
bu**tta**re   to throw; — **giù** to jot
   down

C

il ca**ca**o   cocoa
la **ca**ccia   hunting, hunt; chase;
   an**da**re a — to go hunting; **da**re
   la — a to chase
ca**ccia**re   to throw out
il caccia**to**re   hunter
*ca**de**re (*pr* **ca**ddi)   to fall
il ca**ffè**   coffee; café
la ca**ffe**ina   caffeine
il **cal**cio   kick; soccer; **da**re un — a
   to kick
caldo   hot, warm
il **cal**do   heat; **a**vere — to be hot;
   fa — it is hot (weather)
la calli**gra**fia   handwriting
la **cal**ma   calm
il ca**lo**re   warmth
calvo   bald
la **cal**za   sock, stocking
la calzole**ri**a   shoe store
i cal**zo**ni   pants, trousers
cam**bia**re   to change, alter something; to exchange; to become
   different; — **ca**sa to move; **cam**-
   biarsi to change one's clothes
il cambia**men**to   change, alteration
il **cam**bio   change, exchange rate,
   financial transaction; in — in
   return
la **ca**mera   room; — da **ba**gno
   bathroom; — da **gio**co play-
   room; — da **le**tto bedroom
la came**rie**ra   waitress, maid
il came**rie**re   waiter
la cami**ce**tta   blouse
la ca**mi**cia   shirt
il **ca**mion   truck
cammi**na**re   to walk
la cam**pa**gna   country; in —
   in(to) the country
la cam**pa**na   bell
il campa**ne**llo   doorbell
il campio**na**to   championship
il cam**pio**ne   champion
il **cam**po   field
il **ca**ne   dog
il/la can**tan**te   singer
il **can**to   singing
la can**zo**ne   song
ca**pa**ce (**di** + *inf*)   capable
i ca**pe**lli   hair
ca**pi**re (**isc**)   to understand
la capi**ta**le   capital (city)
il capi**ta**no   captain
*capi**ta**re   to happen

il capo head; chief, boss; **da —** from the beginning; **dolore di — ** headache

il capolavoro masterpiece

il cappello hat

il cappotto winter coat

la capra goat

il carabiniere policeman

la caramella candy

il carattere disposition

il carcere prison

il cardinale cardinal

carico (*pl* **carichi**) loaded, burdened

la carità charity; **per —!** for goodness' sake!

la carne meat; flesh; **di — e ossa** real

caro dear; expensive

la carriera career

la carrozzeria body (of a car)

la carta paper; card; **— di credito** credit card; **giocare a carte** to play cards

il cartello sign (written or printed)

il cartellone billboard

la cartolina postcard

il/la cartomante fortune teller

i cartoni animati cartoons

la casa house, home; **a (in) —** at home; **a — di** at, to the house of

la casalinga housewife

il caso case; chance; event; **a —** at random; **fare — a** to pay attention to; **per —** by chance

la cassa case

la cassaforte safe

la cassetta tape

la cassiera woman cashier

il castello castle

il catalogo catalogue

la categoria category

la catena chain

la cattedra teacher's desk

la cattedrale cathedral

la causa cause, reason; **a — di** because of

il cavallo horse; **andare a —** to ride a horse

cavare to take out; **cavarsela** to get by, to manage

il cavolo cabbage

celebrare to celebrate

celebre famous

celibe single (man)

la cena supper

cenare to have supper

la cenere ash; **ridurre in —** to destroy

il centesimo cent

il centro center; **in —** downtown

la cerca search; **in — di** looking for

cercare to look for; **— di** + *inf* to try

cerebrale cerebral, mental

il cerino waxed match

certo certain; certainly

la certosa monastery

cessare (**di** + *inf*) to stop, cease

il cetriolo cucumber

chiacchierare to chat

chiamare to call; **chiamarsi** to be named

chiaro light, clear

chiassoso noisy

la chiave key; **chiudere a —** to lock

chiedere (*pp* **chiesto;** *pr* **chiesi**) to ask, ask for; **chiedersi** to wonder

la chiesa church

chinarsi to bend down

il chirurgo surgeon

chissà (**chi sa**)? who knows?

chiudere (*pp* **chiuso;** *pr* **chiusi**) to close; to turn off; **— a chiave** to lock

chiuso closed

il cibo food

il cielo sky, heaven; **per l'amor del —!** for heaven's sake!

il ciglio (*pl* **le ciglia**) eyelash

la ciliegia cherry

la cima top, summit; **in — a** at the top of

il cinema (cinematografo) movie theater

la cinepresa movie camera

il cioccolato chocolate; **il cioccolatino** chocolate candy

cioè that is

la cipolla onion

circa about, approximately

il circo circus

il circolo club

la citazione quotation

la città city, town

la civetta owl

la civiltà civilization

la classe students in a course, classroom

il/la cliente client

la clinica public hospital

la coda tail

il cofano hood (of a car)

cogliere (*pp* **colto;** *pr* **colsi**) to pick

il cognato brother-in-law

la colazione breakfast, lunch; **fare —** to have breakfast/lunch

collaborare to collaborate

la collana necklace

il/la collega colleague

il collettivo group

il colletto collar

collezionare to collect

la collina hill

il collo neck

il colloquio interview

la colonia camp

la colonna column

colorato colored

il colore color

il colorito coloring

il colpo banging; blow; **di —** suddenly

colpire (**isc**) to strike, hit

il coltello knife

il comandante chief

comandare to order, command

combattere to fight

come like, how; as; **— se** as if; **— mai** how come

cominciare to begin

il/la commensale dinner guest/companion

commentare to comment (on)

commerciare to deal, trade

il commesso sales clerk

commettere (*pp* **commesso;** *pr* **commisi**) to commit

il commissario inspector

commissione d'esame examining committee

commosso moved

commovente moving

commuovere (*pp* **commosso;** *pr* **commossi**) to move, touch; **commuoversi** to be moved, touched

comodo comfortable

il comodo convenience, comfort; **fare i propri comodi** to do as one pleases

la compagnia company, companionship; **fare —** to keep company

il compagno companion, friend

*****comparire** (*pp* **comparso;** *pr* **comparvi**) to appear

la compassione sympathy

compassionevole sympathetic, understanding

(in) compenso in return

comperare (**comprare**) to buy

compiere (**compire**) to complete

il compito homework, task; **— in classe** written test

il compleanno birthday

la complicazione complication

il complimento compliment; **fare un —** to pay a compliment

il comportamento behavior

il componimento composition

comportarsi to behave

comprendere (*pp* compreso; *pr* compresi) to understand
la comprensione understanding
comprensivo understanding, sympathetic
comune common
comunicare to communicate
la comunicazione communication
comunista communist
concedere (*pp* concesso, *pr* concessi) to grant, to allow
concentrare to concentrate; concentrarsi to concentrate one's thoughts
il concessionario dealer
il concittadino fellow citizen
concludere (*pp* concluso; *pr* conclusi) to conclude
condannare to condemn
condire (isc) to season
la condizione condition; a — che on condition that
le condoglianze condolences
la condotta behavior
il condotto pipe
il/la conducente driver
la conferenza lecture; conference
confessare to confess; to admit; confessarsi to confess to oneself
la confidenza confidence, secret
confondere (*pp* confuso; *pr* confusi) to confuse; confondersi to get confused
il confronto comparison
la confusione confusion
il congedo leave of absence
il congresso conference
coniugato married
il/la coniuge spouse
il/la connazionale compatriot
il/la conoscente acquaintance
conoscere (*pp* conosciuto; *pr* conobbi) to know; to meet
consegnare to hand over
la conseguenza consequence
conservare to keep
il conservatorio music school
considerare to consider, examine
la considerazione consideration, comment
consigliare (di + *inf*) to advise; — bene/male to give good/bad advice
il consiglio advice
la consolazione consolation
il consultorio public clinic
consumare to use; to consume
il consumismo consumerism
il contadino farmer, peasant
(in) contanti cash

contare to count; — (di + *inf*) to plan
contemporaneamente at the same time
contenere to contain
contento glad, content
il contenuto content
continuare (a + *inf*) to continue
il conto account; check, bill; per — suo by himself/herself
il contorno side dish
contrario opposite
contravvenire a to go against
la contravvenzione fine, ticket
contro against
controllare to check
la contropartita compensation
la convalescenza convalescence
conversare to converse, chat
convincente convincing
convincere (*pp* convinto; *pr* convinsi) to convince
convinto convinced
coperto cloudy
la coppia couple
coprire (di) (*pp* coperto) to cover (with)
il coraggio courage
il corpo body
correggere (*pp* corretto; *pr* corressi) to correct
correre (*pp* corso; *pr* corsi) to run
il corridoio corridor
la corsa race; di — running
la corsia lane; hospital ward
il corsivo italics
il corso course; (main) street
cortese kind, courteous
il cortile courtyard
corto short
il corvo raven
la coscienza conscience; avere la — tranquilla to have a clear conscience
così so, thus; like this
cosiddetto so-called
cosmopolita cosmopolitan
*costare to cost
costoso expensive
costretto compelled
costringere (a + *inf*) (*pp* costretto; *pr* costrinsi) to compel
costruire (isc) to build
cotto cooked
la cravatta tie
credere to think, believe
la crema custard
*crescere (*pp* cresciuto; *pr* crebbi) to grow, grow up
il cristallo crystal
criticare to criticize

la crociera cruise
crudo raw
il cruscotto dashboard
il cucchiaio spoon
la cucina kitchen
cucinare to cook
cucire to sew
il cugino, la cugina cousin
cuocere (*pp* cotto; *pr* cossi) to cook; — al forno to bake; — alla griglia on the grill; — a vapore to steam
il cuoio leather
il cuore heart
la cupola dome
curare to take care of, treat
la curiosità curiosity
curioso curious

D

da from, by; at (to) the place of; with; since
dannato darned
il danno damage
dappertutto everywhere
dare (*pp* dato; *pr* diedi) to give; — le dimissioni to resign, to retire; — un dispiacere to worry, to trouble (someone); — un esame to take an exam; — retta (a) to listen to, heed, mark someone's words
dato che since
il datore di lavoro employer
davanti in front; — a (*prep*) in front of
davvero really, indeed
il debito debt
decidere (di + *inf*) (*pp* deciso; *pr* decisi) to decide; decidersi (a + *inf*) to make up one's mind
decisamente decidedly
la decisione decision; prendere una — to make a decision
deciso firm, decided
dedicarsi to devote oneself
la deduzione deduction
il delitto crime
demolire (isc) to demolish
il dente tooth
il/la dentista dentist
dentro inside; — a (*prep*) inside
la denuncia (denunzia) turning in, indictment
denunciare (denunziare) to turn in, report
il dépliant brochure
derubare to rob (a person)
descrivere (*pp* descritto; *pr* descrissi) to describe
il deserto desert
desiderare to wish

il desiderio wish, desire

desideroso (di + *inf*) desirous, eager

il destino destiny

destro right; **a destra** to the right

di of; — **là (lì)** from there

il dialogo dialogue

il diamante diamond

il diario diary

il diavolo devil; **al** — to hell with

dichiarare to state, declare

la dichiarazione statement, declaration

la dieta diet

dietro behind; — **a** (*prep*) behind

difendere (*pp* **difeso;** *pr* **difesi**) to defend

la differenza difference

difficile difficult; improbable

diffondere (*pp* **diffuso,** *pr* **diffusi**) to spread

digerire (isc) to digest

digiunare to fast

il digiuno fast

la dignità dignity

dignitoso dignified

*****dimagrire (isc)** to lose weight

dimenticare (dimenticarsi) (di + *inf*) to forget

dimostrare to show

i dintorni surroundings

il dio (*pl* **gli dei**) god

il/la dipendente employee

*****dipendere (da)** (*pp* **dipeso;** *pr* **dipesi**) to depend (on)

dipingere (*pp* **dipinto;** *pr* **dipinsi**) to paint

il diploma secondary school diploma

dire (*pp* **detto;** *pr* **dissi**) to say, tell

diretto bound

dirigere (*pp* **diretto;** *pr* **diressi**) to direct

dirigente executive

diritto, dritto straight

la direzione direction

il diritto right; law; **avere** — **a** to be entitled to

disabitato uninhabited

il disagio discomfort, uneasiness

il disastro disaster

il/la discendente descendant

il disco record

discorrere (*pp* **discorso;** *pr* **discorsi**) to talk; — **del più e del meno** to talk of this and that

il discorso speech, talk

la discoteca discotheque

discreto discreet

la discussione argument; discussion; **avere (fare) una** — to have an argument

discutere (*pp* **discusso;** *pr* **discussi**) to discuss, argue

disegnare to design, draw

disgraziatamente unfortunately

disgraziato wretched

disgustoso disgusting

disoccupato unemployed

la disoccupazione unemployment

disordinato messy

il disordine disorder, mess

dispendioso expensive

disperato desperate

*****dispiacere** to be sorry, to mind

disposto willing, disposed; placed

il disprezzo contempt

dissuadere (*pp* **dissuaso;** *pr* **dissuasi**) to dissuade, to deter

distante (*adv*) far away

distintamente distinctly

distrarre (*pp* **distratto;** *pr* **distrassi**) to distract; **distrarsi** to let one's mind wander

distruggere (*pp* **distrutto;** *pr* **distrussi**) to destroy

disturbare to bother

disubbidire (isc) to disobey

la ditta business, firm

la dittatura dictatorship

il dito (*pl* **le dita**) finger

il divano sofa, davenport

*****divenire** (*pp* **divenuto;** *pr* **divenni**) to become

*****diventare** to become

diverso different; *pl* different, several

divertente amusing

divertire to amuse; **divertirsi** to have a good time

dividere (*pp* **diviso;** *pr* **divisi**) to share; to divide

la divisa uniform

il divieto prohibition

divorziare to divorce

divorziato divorced

la doccia shower; **fare la** — to take a shower

il/la docente teacher

il documento document

dolce sweet

il dolce dessert; **i dolci** sweets

il dollaro dollar

il dolore pain, sorrow; — **di capo** headache

doloroso painful

la domanda question; — **di assunzione** job application; **fare una** — to ask a question

domandare to ask; **domandarsi** to wonder

domani tomorrow

la domenica Sunday

la domestica maid

il domicilio residence; **consegnare a** — to deliver to a customer's house

dominare to control

donare to give (as a present)

la donna woman

dopo after, afterwards

dorato gilt, gold-plated

dormire to sleep

il dormitorio dormitory

il dovere duty

la dozzina dozen

il dubbio doubt

dubitare to doubt; to fear

dunque well then, therefore

durante during

*****durare** to last

la durata duration

E

ebbene (*interj*) well

ebreo Jewish

eccellente excellent

eccellere to excel

eccetera (ecc.) etcetera (etc.)

l'eccezione (*f*) exception

economico economical

ecco here is, here are; here you are; — **tutto** that's all

l'edificio building

educato well-mannered, polite

l'educazione (*f*) upbringing

effettivamente actually

efficace effective

efficiente efficient

egoista selfish

elastico elastic

l'eleganza elegance

elencare to list

l'elenco list

l'elettrauto electrical parts repair shop

l'elettrodomestico appliance

emarginato excluded

l'emergenza emergency

emigrare to emigrate

energico energetic

enorme enormous

entrambe/i both

*****entrare** to go in, come in; — **in vigore** to go into effect (of law)

l'entrata entrance

eppure and yet

l'erba grass

ereditare to inherit

l'eremo hermitage

erigere (*pp* **eretto;** *pr* **eressi**) to build, to erect

l'eroina heroine

l'errore (*m*) mistake

esagerare   to exaggerate
l'esame (m)   exam; dare (fare) un — to take an exam; — del sangue blood test; — di riparazione make-up exam
esasperante   exasperating
esatto   correct
esclamare   to exclaim
l'esclamazione (f)   exclamation
l'esempio   example
l'esercito   army
esibirsi (isc)   to perform
esigente   demanding
esigere (pp esatto)   to demand, insist
l'esigenza   demand
l'esilio   exile
esitare   to hesitate
l'espediente (m)   expedient, resource, device; vivere di espedienti to live by one's wits
l'esperimento   experiment
*esplodere (pp esploso; pr esplosi) to explode
l'esplosione (f)   explosion
esprimere (pp espresso; pr espressi)   to express
essenziale   essential
*essere (pp stato; pr fui)   to be
l'est (m)   east
l'estate (f)   summer
estero   foreign; all'— abroad; dall'— from abroad
l'età   age
eterno   eternal
*evadere (pp evaso; pr evasi)   to escape
evidente   evident
eventuale   possible
l'evidenza   evidence
evitare   to avoid
evolutivo   developmental

F

fa   ago
la fabbrica   factory
la faccenda   matter; le faccende di casa household chores
la faccia   face
facile   easy; likely
la facoltà   college, school
il fagiolino   string bean
il fagiolo   bean
fallire (isc)   to fail, be unsuccessful, go bankrupt
il fallo   fault; senza — undoubtedly
falso   false
la fame   hunger; avere — to be hungry
famoso   famous
il fango   mud
la fantascienza   science fiction

la fantasia   imagination, fantasy
fantasticare (di + inf)   to imagine
fare (pp fatto; pr feci)   to do, make; — arrabbiare   to make someone angry; — bene (male) a to be good (bad) for; — sì che + subj to cause; — tardi to be late; — + def art + noun to be a (+ profession); farcela to make it, to manage; non farcela not to cope, to be unable to go on; farcela a + inf to manage to do something; farsi capire to make oneself understood; — male to get hurt; — farsi operare to undergo surgery
i fari   headlights
la farina   flour
il fascino   charm
il fascismo   fascism
il fastidio   nuisance, bother; dare — (a) to bother
il fatto   fact, matter
la fava   broad bean
la favola   fable, fairy tale
favoloso   fabulous
la febbre   fever; avere la — to have a fever
felice   happy
femminile   feminine
il femminismo   feminism
le ferie   holidays, vacation
ferirsi   to injure oneself
il ferito, la ferita   wounded, injured person
fermare   to stop; fermarsi to stop, come to a halt
la fermata   stop (bus, streetcar, train)
fermo   stopped; fermi tutti! no one move!
ferreo   of iron
il ferro   iron
la festa   party, holiday
festeggiare   to celebrate
fiaba   fairy tale
la fiamma   flame
il fiammifero   match
il fidanzato, la fidanzata   fiancé, fiancée
fidarsi (di)   to trust
la fiducia   confidence, trust; avere — in to trust
la fiera   fair
la figura   figure; fare bella — to look smart, elegant
la figurina   trade card
la fila   row
il film   movie, film
filtrato   filtered
il finale   ending
finalmente   at last

il finanziere   financier
finché (non) (conj)   till, until
la fine   end
la finestra   window; il finestrino train window
fingere (di + inf) (pp finto; pr finsi)   to pretend
finire (isc)   to finish, end
fino a (prep)   till, until; as far as
finora   until now
la finta   pretense; fare — di (+ inf) to pretend
finto   fake, false
il fiocco   tassel; con i fiocchi excellent
il fiore   flower; in — in bloom
fiorentino   Florentine
firmare   to sign
fischiare   to whistle (5 to boo, in U.S.A.)
fissare   to establish; — un appuntamento to make an appointment
fitto   thick
la flanella   flannel
la foca   seal
la foglia   leaf
il foglio   sheet (of paper)
la folla   crowd
fondare   to found
il fondatore   founder
il fondo   background; bottom; end; in — in the background; in reality; in — a at the bottom of, at the end of
la forchetta   fork
la foresta   forest
il forestiero   stranger
la forma   shape; essere in — to be in good shape
il formaggio   cheese
la formica   ant
forse   perhaps, maybe
forte   strong; fast; adv loudly, fast
la fortuna   luck, fortune; per — luckily, fortunately
fortunato   lucky, fortunate
la forza   strength; —! come on!
la foschia   haze
la fotografia (la foto)   photograph; fare una — to take a picture
il fotoromanzo   romance magazine that uses photos
fra   between; in
il fragore   roar
il francobollo   stamp
la frase   sentence; phrase
il fratello   brother
la frattura   fracture
freddo   cold
il freddo   cold; avere — to be cold; fa — it is cold (weather)

frenare   to brake
il freno   brake
frequentare   to attend (school)
frequente   frequent
fresco   fresh, cool
la fretta   haste, hurry; in — in a hurry; avere — to be in a hurry
il frigorifero (il frigo)   refrigerator
fritto   fried
il frumento   wheat
la frutta   fruit
il fucile   gun
*fuggire   to flee, run away
fumare   to smoke
il fumetto   comic strip
il fumo   smoke, smoking
funzionare   to work, function
fuori   out, outside; — di (prep) outside
il furto   robbery

G

la gamba   leg
garantire (isc)   to guarantee
il gatto   cat
gelato   frozen
il gelato   ice cream
il gelo   frost
geloso   jealous
il gemello   twin
il generale   general
la generazione   generation
il genere   kind
i generi alimentari   food items
il genero   brother-in-law
generoso   generous
il genitore   parent
la gente   people
gentile   kind
il gentiluomo   gentleman
il gesto   gesture
gettare   to throw
già   already, yet; sure, of course; non — certainly not
la giacca   jacket, short coat
giallo   yellow
il giallo   thriller (movie or book), detective story
il giardiniere   gardener
il giardino   garden
il ginocchio (pl le ginocchia)   knee
giocare   to play; — a to play (a game, sport)
il giocattolo   toy
il gioco   game
la gioia   joy
il gioielliere   jeweler
il gioiello   jewel
il giornale   newspaper
il/la giornalista   journalist

la giornata   day; — feriale weekday; — festiva holiday; — lavorativa working day
il giorno   day; al — d'oggi nowadays; di — during the day
la giostra   merry-go-round
il/la giovane   young person
il giovanotto   young man
la giovinezza   youth
girare   to turn; to go around; to visit; girarsi to turn around
il giro   tour; fare un — to take a tour
la gita   short trip; fare una — to take a short trip
giù   down
giudicare   to judge
il giudice   judge
il giudizio   judgment
*giungere (pp giunto; pr giunsi)   to arrive
giurare   to swear, promise
giusto   right, correct
godere   to enjoy
la goccia   drop
il golf   sweater
il golfo   gulf
gonfio   swollen
la governante   governess
gradire (isc)   to enjoy, appreciate, welcome
il grado   state, condition; rank; essere in — (di + inf) to be in a position to
grande   big, great
grandinare   to hail
la grandine   hail
il grano   wheat
il granturco   corn
grasso   fat, greasy
gratis (adv)   free
la gratitudine   gratitude
gratuitamente   free
gratuito (adj)   free
grave   serious
la gravidanza   pregnancy
grazie   thanks, thank you
greco (pl greci)   Greek
gridare   to shout, scream
grigio   grey
la griglia   grill
grosso   big
guadagnare   to earn
il guaio   trouble, predicament
il guanto   glove
guardare   to look (at)
la guarigione   recovery
*guarire (isc)   to get well
il guasto   trouble, breakdown
la guerra   war
guidare   to drive
gustare   to enjoy, savor, appreciate
il gusto   taste

gustoso   tasty

I

l'idea   idea
identico   identical
idiota   idiotic, stupid
ieri   yesterday
illudersi (pp illuso; pr illusi)   to delude oneself
illuminare   to light something up; illuminarsi to light up
l'illusione (f)   illusion, delusion
illustrare   to illustrate
imbarazzato   embarrassed
l'imbarazzo   embarrassment
imbattibile   unbeatable
imbucare   to mail
immaginare, immaginarsi   to imagine
immaturo   immature
imparare (a + inf)   to learn
*impazzire (isc)   to go crazy
impedire (isc) (di + inf)   to prevent
l'impegno   obligation, commitment
impersonale   impersonal
l'impiegato   clerk; — statale public servant
l'impiego   employment, job
imporre (pp imposto; pr imposi)   to impose, to require
importante   important
*importare   to matter
impossibile   impossible
impostare   to mail
imprecisato   undetermined, undefined
impressionare   to scare
l'impressione (f)   impression
imprestare   to lend; farsi — to borrow
imprevisto   unforseen, unexpected
improvviso   sudden; all'— suddenly
inaugurare   to open
l'incantesimo   spell
incapace   incapable
l'incendio   fire
incerto   uncertain
l'inchiesta   inquiry
l'incidente (m)   accident
incominciare   to begin
l'incomunicabilità   inability to communicate
incontrare   to meet
l'incontro   meeting
incoraggiare (a + inf)   to encourage
l'incubo   nightmare
incuriosire (isc)   to make curious

l'indiano Indian
indiavolato infernal
indicare to point at, indicate
indietro back
indirizzarsi to address oneself
l'indirizzo address
indistinto unclear
indisturbato undisturbed
indovinare to guess
indotto induced
l'industriale (*m or f*) industrialist
l'infanzia childhood
infastidito annoyed
infelice unhappy
l'inferno hell
l'infezione (*f*) infection
infischiarsi di not to care about
l'inflazione (*f*) inflation
informarsi to inquire
ingannare to swindle, deceive
l'ingegnere (*m*) engineer
l'ingegneria engineering
l'ingessatura cast
l'ingiustizia injustice
ingiusto unjust
l'ingresso entrance, admission
*****ingrassare** to get fat, put on weight
iniziare to start, to begin
l'inizio beginning
l'iniezione shot; **fare un'—** to give a shot
innamorarsi (di) to fall in love (with)
innamorato in love; **essere — (di)** to be in love (with)
innestare to engage; **— la marcia** to engage the clutch
inoltre also, moreover
l'insegna sign (over stores or public places)
l'insegnamento teaching
l'insegnante (*m or f*) teacher
insegnare to teach
inserire (isc) to insert
l'inserzione (*f*) want ad
insicuro insecure
insieme together; **— a** (*or* **con**) together with
insipido tasteless
insistere (*pp* **insistito**) to insist
insolito unusual
insomma in short, anyway
insopportabile unbearable
l'insuccesso failure
l'insufficienza failing grade
insultare to insult
l'insulto insult
intendere to mean; **intendersi di** to be knowledgeable about; **— (+ *inf*)** to plan
l'intenzione (*f*) intention; **avere — di + *inf*** to intend

interessante interesting
interessare to interest; **interessarsi (a** *or* **di)** to be interested (in)
interno internal
intero entire
l'interprete (*m or f*) interpreter
interrogare to interrogate, question
l'interrogazione oral test
interrompere (*pp* **interrotto;** *pr* **interruppi**) to interrupt
*****intervenire** (*pp* **intervenuto;** *pr* **intervenni**) to intervene
l'intervista interview
intervistare to interview
intimo intimate
intorno around; **— a** (*prep*) around
introdurre (*pp* **introdotto;** *pr* **introdussi**) to introduce, insert, bring in
l'intuito intuition
inutile useless
invano in vain
invariabile invariable
invece instead, on the contrary; **— di** instead of
l'inventore (*m*) inventor
l'inverno winter; **d'—** in winter
inviare to send
invidiare to envy
invitare to invite
l'invitato guest
l'invito invitation
irritato irritated
iscriversi (*pp* **iscritto;** *pr* **iscrissi**) to register
l'iscrizione (*f*) inscription, registration
l'isola island
l'isolamento isolation
isolare to isolate
l'ispirazione (*f*) inspiration
l'istante (*m*) instant, moment
l'istituto department; **— professionale** trade school
istruire (isc) to instruct, educate
istruito educated
l'istruzione (*f*) education
l'itinerario itinerary

L

là there
il labbro (*pl* **le labbra**) lip
il ladro thief
laggiù down there
il lago lake
lamentarsi (di) to complain (about)
la lampadina light bulb
il lampo lightning
lanciare to throw

largo wide, broad
lasciare to leave; to let; **— cadere** to drop; **— in pace** to leave alone; **— stare (perdere)** to leave alone
lassù up there; **di —** from up there
il lato side; **ai lati** on the sides
la laurea university degree
laurearsi to graduate (from a university)
la lavagna blackboard
lavare to wash; **lavarsi** to wash up
la lavastoviglie dishwasher
la lavatrice washing machine
lavorare to work
il lavoratore/la lavoratrice worker
il lavoro work, job
leale loyal; fair
legare to tie
la legge law
leggere (*pp* **letto;** *pr* **lessi**) to read
leggero light
il legno wood
lento slow
il leone lion
la lepre hare
la lettera letter; **alla —** literally; **le lettere** humanities; **fare lettere** to study humanities
il letterato man of letters
il letto bed; **a —** in bed
la lettura reading
lì there
la libbra pound
liberare to free
il libretto universitario grade record book
la licenza permit
licenziare to fire, to dismiss
il liceo prep school
libero free
lieto glad
la lingua language
il liquore liqueur, liquor
liscio straight (hair)
litigare to argue, quarrel
il litigio quarrel
il locale place, premises
lodare to praise
la lode praise
logico logical
lontano far
la lotta fight
la luce light
lucido clear
il lume light
il/la luminare famous professional
la luna moon; **— di miele** honeymoon; **avere la — (le lune) per traverso** to be in a bad mood

il luna-park amusement park
lungo long; along; **a —** a long time
il luogo place; **avere —** to take place

M

ma but
macché nonsense; not on your life
la macchia blur; spot, stain
macchiato spotted, stained
la macchina car; machine
la maestà majesty
il maestro/la maestra elementary school teacher
magari if only, perhaps
maggiore bigger, greater; older
maggiorenne of age
la magia magic spell
magico magic
magro thin, skinny, lean
mai ever; **non... —** never
il maiale pig, pork
malato sick, ill; **— di** sick with
la malattia sickness, illness
male (*adv*) badly, poorly
il male pain; disease; **— di testa** headache; **fare del male** to hurt/damage (someone); **farsi — to get hurt; andare a —** to spoil, go bad
malinconico sad
il maltempo bad weather
la mancanza lack, absence
*****mancare** to lack; **— di** + *inf* to fail, neglect
la mancia tip
mandare to send
mangiare to eat; **dare da —** to feed
la mania mania, craze
la maniera way, manner
la mano (*pl* **le mani**) hand; **mani in alto!** stick 'em up!; **sotto —** handy; **stringere la — a** to shake hands with
la manovra maneuver
mantenere (*pp* **mantenni**) to support; to keep; **— una promessa** to keep a promise; **— una scommessa** to stick to a bet
il mappamondo globe
la marachella prank
la marcia march, running; **in —** marching
il marciapiede sidewalk
il mare sea
la margarina margarine
la marinara sailor suit
il marito husband
marittimo maritime
la marmellata jam, preserve, marmalade

il marmo marble
marrone (*inv*) brown
il martirio martyrdom
il marzapane marzipan candy
il marziano Martian
mascherato masked
maschile masculine
massimo greatest
masticare to chew
la materia subject
materno maternal
la matricola (*m or f*) freshman
il matrimonio wedding, matrimony
il mattino (**la mattina**) morning
la maturità standardized final secondary school exam
maturo mature
il meccanico mechanic
la medicina medicine; **— di stato** public health care
il medico doctor, physician
meditare to meditate
meglio (*adv*) better; **fare — a** + *inf* to be better off doing something
il melone melon
meno less; **essere da —** to be inferior; **fare a — di** to do without; **non posso fare a — di** + *inf* I cannot help doing (something)
la mensilità monthly payment
la menta peppermint, mint
mentalmente mentally
la mente mind; **venire in —** to come to mind
mentre while
la meraviglia marvel, wonder, surprise
meraviglioso marvelous
la merce merchandise, goods
la merenda snack
meritare to deserve
il merito merit
mescolarsi (**a**) to get mixed (with)
il mese month
il messaggero messenger
il mestiere job, trade
la metà half
il metallo metal
mettere (*pp* **messo;** *pr* **misi**) to put; **mettersi** to put on; **— a** + *inf* to start
la mezzanotte midnight
mezzo half; **in — a** between, amidst, in the middle of
il mezzogiorno noon
mica at all
il miele honey
il miglio (*pl* **le miglia**) mile
migliorare to improve
il miliardo billion, a thousand million

la minaccia threat
minore smaller, lesser; younger
minorenne minor, under age
il minuto minute
miope nearsighted
il miracolo miracle
la misericordia mercy
la missione mission
la misura measurement; amount; size
il mobile piece of furniture; **i mobili** furniture
la moda fashion
modificare to modify, change
il modo way, manner; **ad ogni —** at any rate
la moglie wife; **chiedere in —** to ask in marriage
il momento moment
il monastero monastery
il mondo world
la moneta coin
la montagna mountain; **in —** in(to) the mountains
montare to mount
*****morire** (*pp* **morto**) to die
la morte death
morto dead
il morto, la morta dead person; **un — di fame** a good-for-nothing
mostrare to show
il motivo reason
la motocicletta (**la moto**) motorcycle
la motonave motorboat
il motore motor
il motoscafo speedboat
la mucca cow
il mucchio pile; **un — di** a lot of
la multa fine, ticket
il mulino mill
muovere (*pp* **mosso;** *pr* **mossi**) to move; **muoversi** to move, change place
il muro wall
la musica music
il/la musicista musician
mutare to change
muto silent, dumb
il mutuo mortgage

N

*****nascere** (*pp* **nato;** *pr* **nacqui**) to be born
la nascita birth
nascondere (*pp* **nascosto;** *pr* **nascosi**) to hide; **nascondersi** to hide oneself
il nascondiglio hiding place
nascosto hidden; **di —** secretly
il naso nose
il nastro ribbon

natale native
il Natale Christmas
naturale natural
la nave ship
la nebbia fog
necessario necessary
negare to deny
il negozio store, shop
il nemico (*pl* **i nemici**) enemy
il neonato newborn
neppure not even
nero black
il nervo nerve
il nervosismo nervousness
la neve snow
nevicare to snow
il nido nest; day care center
niente nothing
il/la nipote nephew; niece; grandchild
nobile noble
la nocciola hazelnut
la noia annoyance; **avere a —** not to like; **dare — a** to bother; **prendere a —** to take a dislike to; **venire a —** to become a bother
noioso boring
noleggiare to rent (movable things)
il noleggio rent
il nolo fee for rental; **prendere a — to rent**
il nome name
nominare to appoint; to mention
non not; **— ... affatto** not at all; **— ... che** only
il nonno, la nonna grandfather, grandmother
nonostante in spite of
la norma rule
normale normal
notare to notice; **farsi —** to attract attention
la notizia piece of news; **le notizie** news; **avere notizie di** (**ricevere notizie da**) to hear from
noto well-known
la notorietà notoriety
la notte night; **di —** at night; **la —** at night
la novella short story
le nozze wedding, nuptials; **viaggio di —** honeymoon
nubile single (woman)
il/la nudista nudist
nulla nothing
numeroso numerous
la nuora sister-in-law
nuovo new; **di —** again
nutrirsi di to feed on
la nuvola cloud

O

obbedire (**isc**) to obey
obbligare (**a** + *inf*) to oblige
obbligatorio mandatory
l'obiezione objection; **fare —** to raise objection
l'occasione (*f*) opportunity, bargain
gli occhiali glasses
l'occhiata glance
l'occhio eye
*****occorrere** (*pp* **occorso**; *pr* **occorsi**) to need
occulto hidden
occupare to occupy; **occuparsi di** to take care of, attend to
occupato busy
odiare to hate
l'odore (*m*) smell
offendere (*pp* **offeso**; *pr* **offesi**) to offend; **offendersi** to take offense
l'offensiva offensive
l'offerta offer
offrire (*pp* **offerto**) to offer
l'oggetto object
oggi today; **al giorno d'—** nowadays
ogni every; **— tanto** now and then
oltre beyond; **— a** besides, in addition to; **— tutto** after all
l'ombrello umbrella
l'onda wave; **andare in —** to go on the air
onorare to honor
l'opera work; opera
l'operaio worker, workman
operistico operatic
l'opinione (*f*) opinion
opporre (*pp* **opposto**; *pr* **opposi**) to oppose
opportuno appropriate
opposto opposite
l'opposto opposite
oppure or
ora now
l'ora hour, time
l'orario schedule; **in —** on schedule
ordinare to order
l'ordine order; **mettere in —** to straighten
l'orecchio ear
ormai by now
l'oro gold
l'orologeria clock mechanism
l'orologio watch; clock
orribile horrible
l'orso bear
l'ortaggio vegetable
l'orto vegetable garden
l'ortopedia orthopedics

osare to dare
l'ospedale (*m*) hospital
l'ospite (*m or f*) house guest
osservare to observe, watch, point out
l'osso (*pl* **le ossa**) bone
ostinato obstinate, stubborn

P

il pacco package
la pace peace, calm; **lasciare in — to leave alone**
il paesaggio landscape
il paese village; country; **il paesello** little village
pagare to pay; **farsi —** to charge
la pagella report card
la pagina page; **a — ...** on page . . .
il paio (*pl* **le paia**) pair, couple
il palazzo palace; apartment house
la palla ball; **il pallone** big ball
pallido pale
il pallino polka dot; **a pallini** polka-dotted
il palmo palm
il paltò winter coat
la panchina bench
la panna cream
il panorama panorama, view
i pantaloni pants, trousers
la pantofola slipper
il papa pope
il papà daddy
il parabrezza windshield
il paradiso paradise
il paradosso paradox
il paragone comparison
la parcella prefessional fee
il parco park
parecchio a lot of; *pl* several
il/la parente relative
*****parere** (*pp* **parso**; *pr* **parvi**) to seem
il parere opinion
la parità equality; **— dei diritti** equal rights
parlare to speak, talk; **— di** to talk about
il parmigiano Parmesan cheese
la parola word
il parrucchiere hairdresser
la parte part, side; **d'altra —** on the other hand; **dalla — di** in the direction of; **da una —** on one side; **fare —** to be a part; **la maggior — di** most
partecipare (**a**) to participate (in)
la partenza departure
particolare particular; out of the ordinary, unusual; **in —** particularly
il particolare detail

*partire to leave, go on a trip, depart

la partita game

il partito political party

il parto childbirth

il passaggio passing; lift; **di —** passing through; **chiedere un —** to hitchhike, ask for a lift

il/la passante passerby

il passaporto passport

passare to spend (time); to stop by, pass by, go by

il passatempo pastime

la passeggiata walk; **fare una —** to take a walk

il passo step; **commettere un — falso** to do the wrong thing; **fare due passi** to take a short walk

la pasticceria pastry shop

la pasta pastry

la pastiglia tablet

il pasto meal

il pastore shepherd

la patata potato

la patente driver's license

paterno paternal, on one's father's side

la paura fear; **avere —** (**di**) to be afraid (of)

il pavimento floor

la pazienza patience; **avere —** to be patient

pazzo mad, crazy

peccato too bad

il peccato sin

la pecora sheep

il/la pediatra pediatrician

il pegno token

la pelle skin; leather

la pelletteria leather store

la pelliccia fur coat

la pellicola movie, film

la penna pen; **una buona —** a good writer

pensare (a) to think (about); **— di (qualcosa o qualcuna)** to have an opinion on (something or somebody); **— di + inf** to plan

il pensiero thought; **essere (stare) in — per** to worry about

la pensione inexpensive hotel; **andare in —** to retire

il pentimento regret

pentirsi (di) to repent, regret

il pepe pepper

il peperoncino chili

il peperone pepper

per for

la pera pear

perché why, because; so that

perciò therefore

il percorso route

perdere (*pp* **perso;** *pr* **persi**) to lose; **— il treno** to miss the train; **— di vista** to lose touch with

la perdita loss

perfetto perfect

perfezionarsi to improve oneself

il pericolo danger

pericoloso dangerous

il periodo period

la perla pearl

la permanenza stay

il permesso permission

permettere (*pp* **permesso;** *pr* **permisi**) to allow; **potersi —** to be able to afford

però however

perplesso perplexed

persino even

la persona person; *pl* people

il personaggio important person; character

persuadere (**a** + *inf*) (*pp* **persuaso;** *pr* **persuasi**) to convince

pesare to weigh

la pesca peach

pescare to fish

il pesce fish

il peso weight

il pettegolezzo gossip; **fare pettegolezzi** to gossip

pettinare to comb

il petto chest

il pezzo piece

*piacere (*pp* **piaciuto;** *pr* **piacqui**) to like

il piacere pleasure; **fare — a** to give pleasure to, to please

piacevole pleasant

piangere (*pp* **pianto;** *pr* **piansi**) to cry

piano (*adv*) slowly

il piano floor, story; plan; surface; piano; **— regolatore** town plan

piantarla to stop it; **piantala!** stop it!

la pianura plain

il piatto dish, plate; **il primo/ il secondo —** first/second course

la piazza square

piccante spicy

picchiare to beat

piccino tiny

piccolo small, little; **da —** as a young boy

il piede foot; **andare (venire) a piedi** to walk, go on foot; **essere in piedi** to be up; **stare in piedi** to stand

pieno full

la pietà pity

la pioggia rain

piovere (*pp* **piovve**) to rain

la pipa pipe

il pittore painter

la pittura painting

pitturare to paint

più more; plus; **non —** no more, no longer; **sempre —** more and more

il più the greater part; **parlare del — e del meno** to talk about this and that

la piuma feather

piuttosto rather

la plastica plastic

poco not much; **fra —** shortly; **un — (un po')** a little

il poema poem

la poesia poem; poetry

il poeta poet

poggiato placed

poi then, afterwards

polacco Polish

la politica politics; policy

politico political; **uomo —** politician

la polizia police

il poliziotto policeman

il polso pulse, wrist

la poltrona armchair

la polvere powder; dust

il pompiere fireman

il ponte bridge

popolare popular

il popolo people (of a country)

porgere (*pp* **porto;** *pr* **porsi**) to hand, give, extend

porre (*pp* **posto;** *pr* **posi**) to put; **— a termine** to finish

la porta door

il portafogli wallet

portare to bring, take, carry, accompany; to wear

il portico arcade

la portiera door (of a car)

posare to put down

le posate silverware

la posizione job, position, standing

possedere to own, possess

la posta mail; **le poste** postal services

il posteggio parking place

il postino mailman

il posto place; **a —** in order, in place; **— di lavoro** position

potente powerful

potere to be able; **non poterne più (di)** not to be able to take

il potere power

povero poor

pranzare to dine, have dinner

il pranzo dinner

la pratica   practice; fare — to practice

la precauzione   precaution; per — as a precaution

precipitarsi   to rush

preciso   precise

la predica   sermon

predire (*pp* predetto; *pr* predissi)   to foretell

la preferenza   preference

preferire (isc)   to prefer

pregare (di + *inf*)   to pray, beg

il pregiudizio   prejudice

premiare   to reward

il premio   prize

la premura   haste, hurry; concern

prendere (*pp* preso; *pr* presi)   to take, pick up; to have (food); prendersela to take offense

preoccupare   to worry, trouble; preoccuparsi (di) to be concerned, to worry (about)

preoccupato   worried

la preoccupazione   worry

preparare   to prepare

la prepotenza   arrogant action, bullying

presentare   to present, introduce, get people acquainted

il presente   person present

la presenza   presence; alla — di in the presence of

presso   near, at

il prestito   loan

la prestazione   performance; service

presto (*adv*)   early, soon, quickly; al più — as soon as possible; fare — a + *inf* to do something quickly

il prete   priest

pretendere (*pp* preteso; *pr* pretesi)   to demand, expect

la pretesa   demand

prevedere (*pp* previsto; *pr* previdi)   to foresee, forecast

prezioso   precious

il prezzo   price

la prigione   prison, jail

il prigioniero   prisoner

prima   before; — di (*prep*) before; — o poi sooner or later

il primato   record

la primavera   spring

il principe   prince

la principessa   princess

il principio   beginning; in — at the beginning

probabile   probable

il problema   problem

processare   to try (in a court of law)

il prodotto   product

produrre (*pp* prodotto; *pr* produssi)   to produce

la professione   profession

il/la professionista   professional

profondo   deep

il profumo   perfume

il programma   program

proibire (isc) (di + *inf*)   to prohibit

la proibizione   prohibition

la proiezione   projection

la promessa   promise

promettere (di + *inf*) (*pp* promesso; *pr* promisi)   to promise

promosso   successful

pronto   ready; il — soccorso emergency room

pronunciare   to pronounce

il proposito   purpose; a — by the way; a — di with regard to, apropos of

la proposta   proposal

il proprietario   owner

proprio   own; (*adv*) truly, really, exactly

il prosciutto   cured ham

proseguire   to continue

prossimo   next

il/la protagonista   protagonist

protestare   to protest

la prova   test, trial; rehearsal

provare   to try, try on, try out; to feel; — a + *inf* to try

*provenire (*pp* provenuto; *pr* provenni)   to come (from)

la provvista   supply

la prudenza   prudence

la/lo psichiatra   psychiatrist

pubblicare   to publish

pubblico   public

il pugno   fist; punch; dare un — a to punch

pulire (isc)   to clean

punire (isc)   to punish

la punta   tip

la puntata   installment

il punto   point, stitch; — di vista point of view

puntuale   punctual, on time

la puntura   sting, injection

pure   also; (*with imperative*) by all means, go ahead

purtroppo   unfortunately

Q

qua, qui   here

il quadrato   square

il quadro   painting

la qualifica   qualification

qualsiasi   any

quando   when; da — since

quanto   how much; as; — a noi as for us; per — although; as far

as; per — possibile as much as possible

quasi   almost, nearly; — (che) as if

i quattrini   money

la quiete   calm

quieto   quiet

quindi   then; therefore

quotidiano   daily

R

la rabbia   anger

il raccolto   harvest

raccomandare   to recommend; raccomandarsi (a) to depend on; to ask favors of

raccontare   to tell, narrate, recount, relate

il racconto   tale, short story

il radio   radium

la radio   radio

la radiografia   x-ray

radunare   to gather

il raffinato   refined man

il raffreddore   cold; avere il — to have a cold; prendere un/il — to catch a cold

raggiante   radiant, beaming

il raggio   ray

raggiungere (*pp* raggiunto; *pr* raggiunsi)   to reach

la ragione   reason; avere — to be right; dare — a qualcuno to concede that someone is right

il ragioniere   accountant

rallentare   to slow down

rammendare   to mend

il ramo   branch

il ranocchio   frog

la rapa   turnip

il rapimento   kidnapping

rapinare   to rob (a person)

rapire (isc)   to kidnap

rapito   enraptured, entranced

il rapporto   relationship

rappresentare   to represent

raro   rare

rassegnarsi   to resign oneself

la razza   kind, race

il razzo   rocket

il re (*pl* i re)   king

reagire (isc)   to react

reale   real

realizzare   to realize, achieve

la realtà   reality; in — actually

recarsi   to go

recitare   to play, act

la réclame   advertising

la reclusione   imprisonment

il redattore   editor

il reddito   income

referenziato   with references

regalare   to give (as a gift)

il regalo gift; **fare un — a** give a gift to
reggere (*pp* **retto;** *pr* **ressi**) to govern
il/la regista movie director
il registro register
la regola rule
il regolamento rule
regolarmente regularly
il relatore thesis advisor
rendere (*pp* **reso;** *pr* **resi**) to return, give back; **— + *adj*** to make; **rendersi conto** (**di**) to realize, understand
la repubblica republic
la residenza residence
respinto failed
respirare to breathe
il respiro breath
responsabile (**di**) responsible (for)
il/la responsabile responsible party
*****restare** to remain, stay
restaurare to restore
restituire (**isc**) to return, give back
il resto change, money given back; rest, remainder
la rete net, network; **— televisiva** TV channel
retribuito paid
il retrovisore rear-view mirror
retta; dare — a to listen to, heed
rialzarsi to get up again
riaprire (*pp* **riaperto**) to reopen
ribattere to retort
ribelle rebellious
il ribrezzo disgust
la ricerca research
la ricetta (**medica**) prescription
riccio curly
ricco rich
ricevere to receive
il richiamo call
la richiesta request
riconoscere (*pp* **riconosciuto;** *pr* **riconobbi**) to recognize
ricopiare to copy
ricordare to remember; **— qualcosa a qualcuno** to remind someone of something; **ricordarsi** (**di**) to remember
il ricordo memory
*****ricorrere** (*pp* **ricorso;** *pr* **ricorsi**) to recur, occur
ricoverare to hospitalize
ridere (**di**) (*pp* **riso;** *pr* **risi**) to laugh (at)
ridicolo ridiculous
ridurre (*pp* **ridotto;** *pr* **ridussi**) to reduce; **— in cenere** to turn to ashes, to destroy

rievocare to recall
riempire (**di**) to fill (with); **riempirsi** (**di**) to get filled (with)
rifare (*pp* **rifatto;** *pr* **rifeci**) to do again
rifiutare (**rifiutarsi**) (**di** + *inf*) to refuse
riflettere to think
la riga stripe; **a righe** striped
riguardare to concern
riguardo a on the subject of
la rima rhyme
rimandato a settembre failed in one or more subjects
*****rimanere** (*pp* **rimasto;** *pr* **rimasi**) to remain; **— contento** to be satisfied
rimproverare to reprimand, scold
ringraziare (**di**) to thank (for)
rinnovare to renew
rinunciare (**a**) to give up
*****ripartire** to leave again
*****ripassare** to stop by again
ripetere to repeat
riposarsi to rest
riprendere (**a** + *inf*) (*pp* **ripreso;** *pr* **ripresi**) to resume, start again; to take back
*****risalire** to go up again
il rischio risk
riservato reserved
il riso laughter
risolvere (*pp* **risolto**) to solve
la risorsa resource
i risparmi savings
risparmiare to save
rispettabile respectable
rispettare to respect
rispondere (*pp* **risposto;** *pr* **risposi**) to answer, reply
la risposta answer
il ristorante restaurant
*****risultare** to be known
il risultato result
risuolare to resole
il ritardo delay; **essere in —** to be late
ritirare to withdraw; to pick up; **ritirarsi** to retire, to withdraw (from an exam)
*****ritornare** to return, go back
il ritorno return; **andata e — round trip**
ritrovarsi to find oneself again
la riunione reunion
riunire (**isc**) to reunite
*****riuscire** to be successful, turn out, come out; **— a or di** + *inf* to succeed in
la riuscita issue, result; **la buona — success; la cattiva —** failure
rivedere (*pp* **rivisto;** *pr* **rividi**) to see again; to revise

rivelare to reveal
la rivista magazine
rivolgere la parola to talk, to address
la roba stuff
romantico romantic
il romanzo novel
rompere (*pp* **rotto;** *pr* **ruppi**) to break; **rompersi** to get broken
rosa (*inv*) pink
la rosa rose
roseo rosy
rosso red
rotto broken
rovesciato upside down
la rovina ruin
rovinare to ruin
rubare to steal
il rudere ruin
la ruga wrinkle
rullare to roll (of drums)
il rumore noise
la rupe cliff

S

il sacco sack; **un — di** a lot of
sacrificare sacrifice
il sacrificio sacrifice
la sala room, hall; **— d'ingresso** entry hall; **— da giochi** arcade; **— da pranzo** dining room; **— operatoria** surgery room
salato salty
il saldo sale
il sale salt
salire to climb, go up; **— in macchina** to get in a car
la salita climb; **in —** on the climb
il salotto living room
saltare to jump; **— in aria** to explode
il salto jump
salutare to greet, say goodbye to
la salute health
il saluto greeting
salvare to save
il sangue blood
il sanitario doctor
sano healthy
santificare to observe, sanctify
santo saint, holy, saintly; **— cielo!** for heaven's sake!
sapere (*pr* **seppi**) to know, have knowledge of; to find out; **il saper vivere** rules of etiquette
saporito tasty
il sarto tailor
sbagliare (**sbagliarsi**) to make a mistake, to be mistaken; **— strada** to take the wrong road

sbagliato wrong
lo sbaglio mistake
sbattere to slam
sbottonato unbuttoned
sbrigarsi to hurry up
lo scaffale bookshelf
la scala staircase; sequence; **lo scalone** big staircase
scaldare to warm up; **scaldarsi** to get warm, become excited
scalzo barefoot
scambiare to exchange; **scambiarsi** to give (to) one another
lo scambio exchange
scandalizzarsi to be shocked
lo scandalo scandal
lo scapolo bachelor
*scappare to run along, run away
scaricare to unload
la scarpa shoe; — **da ginnastica** sneaker
scatenato boisterous
la scatola box
*scattare to click
lo scatto sudden movement; **di — suddenly**
scegliere (*pp* **scelto**; *pr* **scelsi**) to choose
la scelta choice
la scena scene
scendere (*pp* **sceso**; *pr* **scesi**) to descend, get off; — **dalla macchina** to get out of a car
lo schermo screen
scherzare to joke
lo scherzo joke, practical joke, trick; **fare uno —** to play a trick; **per —** jokingly
la schiava, lo schiavo slave
la schiena back
schifoso lousy; disgusting, filthy
sciare to ski
gli sci skis
la scienza science
la scienziata, lo scienziato scientist
la scimmia monkey
la sciocchezza foolishness; trifle
sciocco foolish; **sciocchino** little fool
sciogliersi (*pp* **sciolto**; *pr* **sciolsi**) to come untied; to dissolve
lo sciopero strike; **fare —** (**scioperare**) to strike; **essere in —** to be on strike
lo sciroppo syrup
*scivolare to slide
lo scoiattolo squirrel
lo scolaro pupil
la scommessa bet; **mantenere una —** to stick to a bet

scommettere (*pp* **scommesso**; *pr* **scommessi**) to bet
*scomparire (*pp* **scomparso**; *pr* **scomparvi**) to disappear
scomporsi (*pp* **scomposto**; *pr* **scomposi**) to lose one's calm
sconcertato disconcerted
scontento discontented, unhappy
lo sconto discount
scontrarsi to collide
la scoperta discovery
*scoppiare to explode; — **a ridere** (**piangere**) to burst out laughing (crying)
lo scoppio explosion
scoprire (*pp* **scoperto**) to discover
scorso last, past; **l'anno —** last year
la scrivania writing desk
scrivere (*pp* **scritto**; *pr* **scrissi**) to write
lo scrittore, la scrittrice writer
lo scultore sculptor
scuro dark
la scusa apology; excuse; **chiedere —** to apologize
scusarsi to apologize
se if, whether
sebbene though, although
secco dry
il secolo century
secondo according to
sedere, sedersi to sit, sit down
la sedia (**seggiola**) chair
il sedile seat; — **anteriore/ posteriore** front/back seat
seduto seated
il segnale sign, signal
segnare to mark
il segno mark, sign; **in — di** as a sign of; **fare — di** + *inf* to motion
la segreteria registrar's office
il segreto secret
seguente following
seguire to follow; to take (a course)
il seguito succession; **al suo —** following him/her; **di — consecutively**
la selvaggina game
il semaforo traffic light
*sembrare to appear
sempre always, all the time; — **più** more and more
sensibile sensitive
il senso sense
il sentiero trail
sentimentale sentimental
il sentimento feeling
sentire to feel; to sense; to hear; to smell; — **dire che** to hear a

rumor that; — **parlare di** to hear of; **sentirci** to be able to hear; **sentirsi** to feel
senza without; **senz'altro** of course
separarsi to separate, part
separato separated
il sequestro kidnapping
la sera evening, night; **la —** at night
la serata evening
il serbatoio gas tank
sereno clear
serio serious; **sul —** seriously
la serranda rolling door shutter
la serva maid, servant
servire to serve; to help; — **a** to be of use, to be good for; **servirsi di** to use
la servitù servants
il servizio service; set; **essere di —** to be on duty; — **giornalistico** news report; — **sanitario** health-related service
la seta silk
la sete thirst; **avere —** to be thirsty
la settimana week
severo severe
sfasciarsi to fall apart
la sfiducia mistrust
la sfortuna bad luck
sfortunatamente unfortunately
sfortunato unlucky
sforzarsi (**di** + *inf*) to make an effort
lo sforzo effort
sgradito unpleasant
lo sguardo look
siccome as, since
la sicurezza safety
sicuro sure; safe
la sigaretta cigarette
significare to mean
il significato meaning
il signore gentleman
il silenzio silence
la silenziosità quietness
silenzioso silent
simile similar
la simpatia liking, attraction
simpatico likeable, congenial, nice; **essere — a** to please
la sinagoga Jewish temple, synagogue
sincero sincere
il singolare singular
singolo single
la sinistra left side; **a —** to the left; **tenere la —** to keep to the left
sinistro left, sinister
il sistema system
sistemarsi to settle (down)

la situazione   situation

smettere (di + inf) (pp smesso; pr smisi)   to stop, cease

snello   slender

la società   society

socievole   sociable

il soccorso   help

soddisfatto   satisfied

la soddisfazione   satisfaction

sodo   firm; hard-boiled (egg); lavorare — to work hard

soffiare   to blow

soffrire (pp sofferto)   to suffer, stand, tolerate; — di to suffer from

la soggezione   awe

il soggiorno   stay

sognare   to dream, dream of or about; sognarsi (di + inf) to imagine

il sogno   dream; fare un — to have a dream

il soldato   soldier

il soldo   penny; i soldi money

il sole   sun

solitario   aloof, lonely

solito   usual; di — usually

solo   alone, lonely; (adv) only

soltanto   only

somigliare (a)   to resemble

la somma   sum

la sonata   sonata

il sonetto   sonnet

il sonno   sleep; avere — to be sleepy

sopportare   to tolerate

sopra   on, upon, over

il sopracciglio (pl le sopracciglia)   eyebrow

soprattutto   above all

*sopravvenire (pr sopravvenni)   to arise

sordo   deaf

la sorella   sister

*sorgere (pp sorto; pr sorsi)   to rise

sorpreso   surprised

sorridente   smiling

sorridere (pp sorriso; pr sorrisi)   to smile

il sorriso   smile

sorta di   kind of

la sorte   fate, destiny

la sorveglianza   watching over, surveillance

sorvegliare   to watch over

sorvolare   to skip, fly

sospeso (pp of sospendere)   suspended

sospetto   suspect

sospirare   to sigh, sigh for

il sospiro   sigh

sostenere (pp sostenni)   to maintain

sotto   under; — casa near home

il sovrano   sovereign

spagnolo   Spanish

spalancare   to open wide

la spalla   shoulder; in — on one's shoulders

sparare (a)   to shoot

spargere (pp sparso, pr sparsi)   to spread

*sparire (isc)   to disappear

spaventare   to scare, frighten

spaventarsi   to get scared

spaventato   scared

lo spavento   scare, fright, fear

spaventoso   frightful

lo spazio   space

spazzolare   to brush

la specialità   specialty

la specie   kind

spedire (isc)   to mail

spegnere (pp spento; pr spensi)   to turn off

spendere (pp speso; pr spesi)   to spend (money)

spensierato   carefree

la speranza   hope

sperare (di + inf)   to hope

sperduto   lost

la spesa   expense; shopping; fare la — to buy groceries

spesso   thick; (adv) often

lo spettacolo   show

spettegolare   to gossip

la spia   spy

spiacente   sorry

*spiacere   to mind

spiacevole   unpleasant

spiare   to spy on

gli spiccioli   small change, small bills

spiegare   to explain; spiegarsi to make oneself clear

la spiegazione   explanation

gli spinaci   spinach

spingere (pp spinto; pr spinsi)   to push, to drive

sporco   dirty

lo sportello   door (of a piece of furniture)

sportivo (adj)   sports

lo sportivo   sportsman

lo sposo, la sposa   bridegroom, bride

sposare   to marry; sposarsi to get married; sposarsi con to marry

sposato   married

sprecare   to waste

*sprizzare   to spray

spronare   to spur, incite

lo spruzzo   splashing

lo spunto   starting point

squallido   squalid, dreary

lo squillo   ringing

stabilire (isc)   to establish; stabilirsi (isc) to settle

staccare   to detach, separate; staccarsi to fall out; to come loose

la stagione   season

la stampa   press

le stampelle   crutches

stancare   to tire out; stancarsi (di + inf) to get tired

stanco   tired

la stanza   room (in a building)

*stare (pr stetti)   to stay; — bene to be well; — bene a to look good on; — per + inf to be about to

starnutire (isc)   to sneeze

la statua   statue

la stazione   station

la stella   star

stendere (pp steso; pr stesi)   to spread

la stenografia   shorthand

steso (pp of stendere)   stretched out

stesso   same; lo — just the same

lo/la stilista   designer

la stima   esteem

lo stipendio   salary

stirare   to iron

lo stivale   boot

la stoffa   material; le stoffe textiles

la storia   story; history

la strada   street, road; farsi — to grow, to advance in one's career

straniero   foreign

strano   strange

strettamente   strictly

stretto   tight

stringere (pp stretto; pr strinsi)   to tighten, to grasp; — la mano (a) to shake hands with

la striscia   stripe

lo studio   study; — legale attorney's office

studioso   studious

stupido   stupid

stupirsi (isc) di   to be astonished at

stupito   astonished, astounded

su   on; come on; about

subire   to undergo

subito   immediately

*succedere (pp successo; pr successi)   to happen; to succeed[1]

successivo   following

il successo   success

il sud   south

sudato   perspiring

la sufficienza   passing grade

il suggerimento   suggestion

suggerire (isc)   to suggest

il suocero father-in-law

suonare to play, ring; **— uno strumento** to play an instrument

il suono sound

superare to overcome; to pass

supplicare to beg, to implore

supporre (*pp* **supposto;** *pr* **supposi**) to suppose

la supposizione conjecture, supposition

supremo supreme

sussurrare to whisper

la sveglia alarm clock

svegliare to awaken; **svegliarsi** to wake up

svelto quick

la svendita sale

svenire to faint

lo sviluppo development

la sventura misfortune

svolgersi (*pp* **svolto,** *pr* **svolsi**) to unroll, to develop

T

il tabaccaio tobacconist

il tacchino turkey

tacere (*pp* **taciuto;** *pr* **tacqui**) to be quiet; to keep quiet

tagliare to cut

il tailleur woman's suit

tale such

il tamburino drummer boy

il tamburo drum

tanto so, so much; **— ... quanto** as much as; **— più** all the more

tardare to be late

tardi late; **fare —** to be late

la tasca pocket

la tassa tax

il tassì (il taxi) taxi

il tatto touch; tact

la tavola (il tavolo) table

il tè tea

tedesco German

la telecronaca telecast, TV report

telefonare (a) to call, phone

il telefono telephone; **al —** on the phone

il telegiornale TV news

il teleromanzo TV serial

la televisione television

il televisore TV set

il tema topic, theme

temere to fear

temibile to be feared

il tempo time; weather; **a — perso** in one's spare time; **— pieno/— parziale** full/part time

il temporale thunderstorm

tendere (*pp* **teso;** *pr* **tesi**) to hold out; **tendere a** to be inclined to; to tend to

tenere (*pr* **tenni**) to keep, hold; to consider; **— a** to value, care about; **tenuto conto di** considering that

la tensione tension

tentare (**di** + *inf*) to try, attempt

terminare to finish

il termine end; **porre — a** to end

la terra earth; land; **a —** on the ground

il territorio territory

il/la terrorista terrorist

la tesi (di laurea) dissertation

la testa head; **a — bassa** with one's head down

testamento last will

il/la testimone witness

testimoniare to bear witness, give evidence

il tetto roof

la tigre tiger

il timore fear

il tipo character, type (of person or thing)

tirare to pull

toccare to touch; **— a** to happen to

togliere (*pp* **tolto;** *pr* **tolsi**) to remove

tollerare to tolerate

tondo round; **in —** around

il tono tone

il topo mouse; **il topolino** little mouse

il tormento torment

*****tornare** to return; **— indietro** to go (come) back

la torta cake

il torto wrong; **avere —** to be wrong; **dare — a** to blame

il Totocalcio Italian soccer betting pool

tra between, among; in

il tradimento treason

tradurre (*pp* **tradotto;** *pr* **tradussi**) to translate

il traffico traffic

il tragitto way

la trama plot

il tramonto sunset

tranquillizzato reassured

tranquillo calm, quiet

trarre (*pp* **tratto;** *pr* **trassi**) to take out

trascorrere (*pp* **trascorso;** *pr* **trascorsi**) to spend (time)

trasferirsi (isc) to move, change residence

trasformare to transform; **— in** to turn into

traslocare to move, change residence

trasportare to transport

il trasporto transportation; **mezzo di —** means of transportation

trattare to treat; **— di** to be about, deal with; **trattarsi di** to be a question of

trattenere (*pr* **trattenni**) to hold back

il tratto stretch, period of time; **a(d) un —** suddenly

la trattoria restaurant

tremare to tremble

la tribuna platform

tribunale court

triste sad

trottare to trot

trovare to find; to visit; **trovarsi** to happen to be; **trovarsi (bene)** to like it (in a place), to feel comfortable

il trucco trick

la truppa troup

tuonare to thunder

il tuono thunder

il turco Turkish language

il turismo tourism

il turno turn, shift; **a —** in turn

tuttavia however

tutti all, everybody; **tutti e due (tutt'e due)** both

tutto all, whole; **del —** completely

U

ubbidiente obedient

l'uccello bird

uccidere (*pp* **ucciso;** *pr* **uccisi**) to kill

udire to hear

l'ufficiale officer

ufficialmente officially

l'ufficio office

uguale equal

ultimo last, latest

umano human

umido humid

l'umore (*m*) mood; **essere di buon (cattivo) —** to be in a good (bad) mood

l'umorismo humor

unico only

l'università university

universitario of the university

l'uomo (*pl* **gli uomini**) man

l'uovo (*pl* **le uova**) egg

urbano of the city

urgente urgent

urlare to scream

urtare to bump against

usare to use

*****uscire** to go out, leave; **— di casa** to leave the house

gli usi e i costumi   customs
l'uso   use; fare — di to use
utile   useful
utilizzare   to use

V

la vacanza   vacation; in — on vacation
valere la pena   to be worth while
la valigia   suitcase
la vanità   vanity
il vapore   steam
il vaso   vase
vecchio   old
vedere (*pp* visto *or* veduto; *pr* vidi) to see, watch, meet; fare — a to show, non — l'ora di + *inf* to look forward to
il vedovo/la vedova   widower, widow
la veduta   view; di larghe vedute broad-minded
il velo   veil
veloce   fast, rapid
la velocità   speed
vendere   to sell
la vendita   sale; in — for sale
*venire   to come
il vento   wind
veramente   truly, really
la verdura   vegetables
vergognarsi (di)   to be ashamed (about)
verificarsi   to happen
la verità   truth
vero   true, real
verso   toward, towards; about, around

la vertigine   dizziness; avere le vertigini to be dizzy
il verso   verse
vestire   to dress; vestirsi to get dressed
vestito   dressed
il vestito   dress, suit
la vetrina   shop window
il vetro   glass
via   away; — — gradually
viaggiare   to travel
il viaggio   trip, travel; fare un — to take a trip
la vibrazione   vibration
la vicenda   event; succession; a — mutually
vicino   near
il vicino   neighbor
vietare   to forbid; vietato forbidden
il vigile   policeman
la vigilia   eve
in vigore   in force (of a law)
la villeggiatura   vacation; posto di — vacation place
vincere (*pp* vinto; *pr* vinsi) to win
la visione   vision; film di prima — first-run movie
la visita   visit; fare — a to visit, pay a visit to
visitare   to visit; to examine
il viso   face
la vista   view, sight; punto di — point of view
la vita   life; fare la bella — to enjoy life
la vitamina   vitamin
la vite   screw

vittorioso   victorious
il vitto   food
vivere (di) (*pp* vissuto; *pr* vissi)   to live (on)
vivo   alive
il vizio   vice, weakness
la voce   voice; a bassa — in a low voice, softly
la voglia   desire; avere — di to feel like, to want
volentieri   with pleasure, gladly
volere (*pr* volli)   to want; — bene a to love; — dire to mean; *volerci to take
la volgarità   vulgarity
il volo   flight
la volontà   will
la volpe   fox
la volta   time; turn; a sua — in turn; qualche — sometimes; alle volte at times
voltare   to turn; voltarsi to turn around
il volto   face
il voto   grade
vuoto   empty

Z

la zampa   paw
la zia   aunt
lo zio   uncle
la zitella   spinster
zitto   silent; stare — to keep quiet
la zucca   squash

---

[1] When succedere has this meaning, it has regular forms.

INDICE ANALITICO

*References are to pages. Words and expressions from **Studio di parole** are normally indexed only under their English meaning.*

Text Credits

19-20 Antonio De Crescenzo: from "Tonino Capone ovvero filosofia napoletana," in *Storia della filosofia greca,* Arnoldo mondadori Editore, Milano, 1983; **44-45** Susanna Agnelli: "Ricordi d'infanzia," from *Vestivamo alla marinara,* Arnoldo Mondadori Editore, Milano, 1975; **101-102** Natalia Ginzburg: "La stanza," from *L'inserzione,* in *Ti ho sposata per allegria ed alter commedie,* Giulio Einaudi Editore, Torino, 1968; **207-208** Carlo Cassola: "Padre e figlia," from *Monte Mario,* Rizzoli Editore, Milano, 1973; **234-235 Carlo Manzoni: "Una vite de troppo,"** *Il signor Brambilla e divitorni,* **Milano;** **256-259** Gianni Rodari: "Il tropo dei fumetti," from *Favole al telefono,* Giulio Einaudi Editore, Torino, 1962; "Avventura con il televisore," from *Tante storie per giocare,* Editori Riunti, Roma, 1974; **289-291** Mario Lodi: "Il Primo Giorno," in *Il Salvagente* N. 26. Suplemento dell *'Unita'* del 9.ix.1989; **370-372** Dino Buzzati: "Non è mai finita," from *Siamo spiacenti di,* Arnoldo Mondadori Editore, Milano, 1975

Photo Credits

Cover: Bruce Chashin / Suart Cohen / Mark Polott from Index Stock Imagery; **3, 10, 128** Courtesy of the authors; **27, 43, 74, 100, 138, 179, 189, 201, 206, 222, 266, 288, 313, 326, 341** From the Heinle Image Resource Bank; **17** Kindra Clineff/Index Stock Imagery; **135** John Connell/Index Stock Imagery; **156** Bettmann CORBIS; **165** Scala/Art Resource, NY; **233** Irene bayer; **260** Network Productions/Index Stock Imagery; **317** Irene Bayer; **347** Scala/Art Resource, NY; **353** Garry Adams/Index Stock Imagery; **369** International Photobank/Index Stock Imagery

Other Credits

All cartoons, with the exception of the cartoons on pages **65, 93, 120, 145, 172, 276** [drawn by Dave Sullivan], by permission of Disegantori Riuniti, Milan, Italy.